ULMER
NATURFÜHRER

Oskar Angerer / Thomas Muer

Alpenpflanzen

mit Beiträgen von
Günther Gottschlich (Hieracium)
Götz Heinrich Loos (Einleitung)
Wolfgang Wucherpfennig (Orchideen)

815 Farbfotos
mit Zeichnungen von Martin Schmid (†)

Ulmer

Inhalt

Das hier verwendete farbige Leitsystem erlaubt dem Nutzer des Buches ein schnelleres Auffinden der Familien, Gattungen u. Arten. Aus Gründen der Übersichtlichkeit wird zur Gliederung die systematische Ebene der „Klasse" bzw. „Unterklasse" benutzt (z. B. **Bärlappähnliche = Lycopodiopsida**) In der zweiten. Ebene wird nach Familien gegliedert (z. B. **Bärlappgewächse = Lycopodiaceae**) . Die Systematik der Pflanzen wurde aus WISSKIRCHEN & HAEUPLER, *Standardliste der Farn- und Blütenpflanzen Deutschlands 1998*, übernommen und bezieht sich nur auf Pflanzenarten, die in diesem Buch vorgestellt werden.

Vorwort

Alljährlich besuchen Millionen von Menschen die Alpen – mehr als manche Gebiete dieses bezaubernden Naturraumes verkraften können. Die Besucher bewundern nicht zuletzt den Formenreichtum und die Farbenpracht der alpinen Pflanzenarten – eine überwältigende Mannigfaltigkeit auf kleinstem Raum. Zusammen mit den eindrucksvollen alpinen Landschaftsbildern bewirken sie das besondere Erlebnis der Alpen.

Die Pflanzenwelt ist das Ergebnis einer über hunderttausende von Jahren andauernden Entwicklung und Anpassung an die besonderen Wuchsbedingungen im Gebirge. Viele der hier abgebildeten Pflanzen sind mittlerweile aus den verschiedensten Gründen in der Natur außerordentlich selten geworden und zum Teil vom Aussterben bedroht. Sie zu kennen bedeutet auch, sie als schützenswerte Lebewesen zu verstehen und zu bewundern, aber nicht als kurzlebige und schnell welkende Beute zu betrachten.

Über die Alpenpflanzen gibt es bereits zahlreiche Bücher, von umfangreichen wissenschaftlichen Abhandlungen bis zu schmalen, nur wenige Arten aufführenden Bändchen. Mit dem hier vorliegenden Buch ist es den Autoren gelungen, eine wirklich repräsentative Auswahl an Arten in Wort und Bild darzustellen. Diese Auswahl konzentriert sich auf diejenigen Arten, die in höheren Lagen (in der Regel über 1500 m) anzutreffen sind. Dabei wird der gesamte Alpenraum gleichberechtigt behandelt. Besonderer Wert wird darauf gelegt, für diesen Bereich charakteristische Artengruppen vollständig darzustellen, wie z. B. Hahnenfuss- und Steinbrech-Arten, Felsenblümchen, Primeln, Enziane, Läusekräuter und Beifuß-Arten und viele andere mehr. Einige wenige Artengruppen, wie z. B. die Gattung Frauenmantel sowie die Sauer- und Süßgräser, werden nur exemplarisch dargestellt, eine zwingende Notwendigkeit, da sonst der Rahmen dieses Buches gesprengt würde. Außerdem erfordert eine korrekte Ansprache dieser schwierigen Artengruppen gute Vorkenntnisse.

Mit diesem Buch möchten die beiden renommierten Autoren neben der Freude an der Schönheit der Alpenflora auch ihr Wissen über die Welt der Alpenpflanzen dem interessierten Leser näher bringen. Viel Erfahrung und gute Kenntnisse der Arten, ihrer Standorte und nicht zuletzt ihrer Wuchsorte sind dazu erforderlich.

Die Dokumentation der Arten stellt besondere Anforderungen an den Fotografen. Wer selbst schon Pflanzen fotografiert hat weiß aus eigener Erfahrung, wie schwer es ist, die Merkmale einer Art mit nur einem Bild zu charakterisieren und dabei ästhetischen Gesichtspunkten gerecht zu werden. Wer dies tun will, muss nicht nur fotografisches Geschick aufweisen, sondern auch Geduld haben und den Blick für das Wesentliche schärfen. Die Betrachtungsweise der Autoren soll den Leser über die Befriedigung der reinen Neugier hinaus dazu anregen, genauer hinzusehen: auch zunächst Unscheinbares kann bezaubern!

Es ist zu hoffen, dass dieses Buch den Alpenblumen zahlreiche neue Freunde schafft. Denn Freunde betrachten die Pflanzen als lebende Wesen, die es zu achten und zu erhalten gilt. Sie werden sich Gedanken über ihr Wohlergehen machen und- wo nötig- sich auch für ihren Schutz und ihre Erhaltung einsetzen.

Wolfgang Lippert, 1. Vorsitzender der
Bayerischen Botanischen Gesellschaft

Autoren und Verlag widmen dieses Buch
Dieter Kleinschrot, der es gestaltet und
mit großer Leidenschaft betreut hat.
Leider verstarb er kurz vor der Fertigstellung.

Einleitung

von Götz Heinrich Loos

Das „Ökosystem" Alpen, wie der Alpenraum oft genannt wird, weist besondere Eigenschaften auf, die dieses Gebiet charakterisieren und gegen sein Umland abgrenzen. Diese Besonderheiten sind geographisch fassbare Phänomene, und sie werden – da sie den Naturraum und den vom Menschen daraus geschaffenen Kulturraum der Alpen betreffen – als **Ökofaktoren** bezeichnet.

Ökofaktoren der Alpen

Sie umfassen die Oberflächengestalt, den Gesteinsuntergrund, die Böden, das Klima und die Wassersituation, die Pflanzen- und Tierwelt sowie die Auswirkungen der menschlichen Tätigkeiten auf die Lebensräume der Pflanzen und Tiere. Ein **Ökosystem** umfasst mehrere bis zahlreiche Lebensräume (Biotope), die in räumlicher Nähe zueinander liegen und gewisse Ähnlichkeiten hinsichtlich ihrer Ökofaktoren aufweisen. Die für das Pflanzenvorkommen relevanten Ökofaktoren werden im Folgenden dargestellt.

Entstehung und Ausdehnung der Alpen

Die Alpen sind ein Faltengebirge, das aus einer Kollision der Afrikanischen mit der Europäischen Kontinentalplatte am Ende der Kreidezeit vor ca. 65 Millionen Jahren hervorgegangen ist. Dabei wurde die Erdkruste in Folge einer Auffaltung dieses Bereichs von ehemals rund 30 km auf bis zu 60 km verdickt. Die gebirgsbildenden Prozesse zogen sich allerdings über einen aus menschlicher Perspektive unvorstellbar langen Zeitraum hin: Die Heraushebung über den Meeresspiegel und die Entwicklung zum Hochgebirge begann vor etwa 40 Millionen Jahren und dauert bis heute an. In ihrer Oberflächengestalt sind die Alpen sehr vielfältig, was durch den Gesteinsuntergrund sowie klimatische und durch Lebewesen erzeugte Phänomene zu erklären ist. Hierzu gehören neben dem Prozess der Abtragung auch die Ansammlung von abgetragenem Material sowie die Bildung von Felsmassiven aus Kalkriffen, die Überreste von Meeresorganismen sind. Entscheidend für das heutige Erscheinungsbild der Alpen waren vor allem die Eiszeiten, die sich nicht nur gravierend auf die Organismen auswirkten, sondern insbesondere für viele Abtragungsvorgänge verantwortlich waren.

Eine grobe naturräumliche Unterteilung, die hauptsächlich auf Reliefunterschieden sowie dem Vorherrschen bestimmter Gesteinstypen basiert, trennt die **Westalpen** von den **Ostalpen**. Eine Grenzlinie kann vom Bodensee über das Hinterrheintal und den Splügenpass zum Comer See gezogen werden. Die Westalpen erreichen größere Höhen als die Ostalpen und weisen stärkere Vergletscherungen auf, auch sind sie tiefer zerteilt und insgesamt geschlossener. Im zentralen Bereich liegen die höchsten Alpenmassive (Mont Blanc, Gotthard, Penninische Alpen). Das westliche Zentralalpengebiet besteht überwiegend aus Silikatgestein, im westlichsten Teil des Gebirges dominiert dagegen Kalk (Französische Kalkalpen). Während nach Norden und Westen die Westalpen allmählich zum Alpenvorland bzw. zum Rhonetal hin ausklingen, ragen die ebenfalls den Westalpen zuzuordnenden See- und Südalpen steil über Mittelmeer und Poebene auf.

Die niedrigeren, breiteren und besonders im Osten stark aufgelockerten Ostalpen zeigen eine geologische Dreigliederung: Kalkketten im Norden (Nördliche Kalkalpen) und Süden (Südliche Kalkalpen), dazwischen, im zentralen Teil, Silikatgebirge mit den Hohen Tauern als höchste Erhebungen. Den Nördlichen Kalkalpen vorgelagert sind zwei Zonen aus alpinem Abtragungsmaterial: Eine Flyschzone – so nennt man das aus Ton, Mergel oder Schiefer bestehende Gebiet sanfter Mittelgebirgsformen – sowie eine flachere Molassezone, die aus Sand und Konglomeraten aufgebaut ist. Dieser Bereich leitet ins Alpenvorland über. Im Osten flachen die Nördlichen Kalkalpen deutlich ab und erreichen vor ihrem endgültigen Auslaufen in auseinander strebenden Vorhügelbereichen noch einen schroffen Abfall (Hohe Wand). Während im Norden das Wiener Becken den Faltengebirgskomplex unterbricht, der östlich als Karpaten fortgeführt wird, biegen die südlichen Ketten im Bereich der Julischen Alpen nach Südosten um und führen zu den Balkangebirgen.

Oberflächenformen und Böden

Die Alpen sind ein Gebirgsmassiv mit sehr steilen und hohen, aus der flachen Umgebung herausgehobenen Bergen. Wesentlich geprägt sind die Alpen durch das **Eiszeitalter** mit ausgedehnten Vergletscherungen und auch durch die heutigen Gletscher. Die dadurch bedingten Abtragungs- und Ablagerungsprozesse haben das Landschaftsbild massiv beeinflusst. Sie tragen auch zur Bodenbildung bei, die für das Pflanzenwachstum ganz entscheidend ist. Je nach Ablagerungsart und Material unterscheidet man grob zwischen Schwemmkegel, Murkegel, Moränen und glazifluvialen Ablagerungen, wobei die **Moränen** die größte Bedeutung aufweisen – je nach ihrer Position bei der Mitführung durch den Gletscher werden sie als End-, Mittel-, Seiten- und Grundmoränen bezeichnet. Sie unterscheiden sich in der Größenordnung des Gesteinsmaterials und bieten somit für die Verwitterung und die Bodenbildung unterschiedliche Grundvoraussetzungen.

Neben den gletscherbedingten Prozessen gibt es die **periglazialen Phänomene**, die in den nicht vergletscherten Bereichen stattfinden. Es handelt sich dabei um hangabwärts gerichtete Verlagerungen von Boden- und Gesteinspartikeln mit charakteristischen Erscheinungsbildern, die man unter dem Begriff **Bodenfließen** zusammenfasst. Umlagerung und Durchmischung des Bodens sorgen für die Bildung neuer Bodenarten und -typen; dadurch entstehen neue ökologische Nischen, was die Ansiedlung weiterer Pflanzensippen begünstigt. So haben Lawinen, Bergstürze, Steinschlag, Rutschungen, Talauffüllungen und Muren für die talbewohnenden Menschen oft drastische Folgen, aber sie schaffen auch auf natürlichem Weg neue Pflanzenstandorte.

Von größter Bedeutung für die Bodenbildung und die Ausbildung unterschiedlicher Pflanzen-

▼ Felsfluren ④ auf Silikat mit Alpen-Vergißmeinnicht und Kriechender Nelkenwurz.

▲ Schuttflur ④ auf Dolomit mit Gelbem Alpenmohn.

gemeinschaften sind die Unterschiede zwischen den **basischen Kalkgesteinen** und den **sauren Silikatgesteinen**. In Kombination mit den extremen Klimabedingungen bieten sie ganz unterschiedliche Lebensbedingungen für die Pflanzen.

Klima

Der wichtigste Faktor für die Pflanzen ist das **Klima**. Es beeinflusst alle anderen Ökofaktoren. Gleichzeitig weist das Klima mit den anderen Ökofaktoren Wechselbeziehungen auf – so bedingen beispielsweise Schattenwirkungen von Bergen das lokale bzw. regionale Klima. Das Klima im Hochgebirge ist durch mehrere Besonderheiten gekennzeichnet, die sowohl das allgemeine Großklima der Regionen wie auch das spezielle Mikroklima eines Pflanzenstandortes betreffen. Im Gebirge müssen die Pflanzen häufige und extreme Wechsel der klimatischen Situation bewältigen, wobei die Jahreszeiten Frühling, Sommer und Herbst in ein enges Zeitfenster zusammenfallen, das mit zunehmender Höhe immer kleiner wird (pro 100 m um etwa eine Woche). Mit zunehmender Höhe nimmt auch die Temperatur im Durchschnitt um 0,6° Celsius pro 100 m ab. Ab 3000 m Höhe ist sogar an Sommertagen Frost möglich: Tagsüber erwärmen sich Boden und Pflanzen bis auf 40° Celsius, nachts kann die Temperatur auf −10° Celsius sinken. Eine zunehmend stärkere Bewölkung mit der Höhe sorgt allerdings für einen gewissen Ausgleich der **Temperaturextreme**. Durch die Wolken nimmt die Belichtung der Standorte ab, und die Niederschlagstätigkeit (in den Höhenlagen auch im Sommer als Schnee) steigt an. Während in den Alpenrandgebieten durch die Barrierewirkung des Hochgebirges gegenüber dem Umland sehr hohe Niederschläge zu verzeichnen sind, herrschen in den inneralpinen Regionen oft kontinentale Klimaeffekte: Hohe Temperaturschwankungen einerseits, jahreszeitlich konzentrierte bzw. allgemein geringere Niederschläge andererseits. Mit der Höhe nehmen außerdem Luftdruck und Wasserdampfgehalt der Luft ab, während Wind und Strahlung zunehmen.

Letztlich ist aber der einzelne Standort mit seiner Ausrichtung zu Sonne, Wind und Niederschlägen und somit die jeweilige **Kombination der Klimafaktoren** dafür entscheidend, welche Pflanze wo wächst. Viele Alpenpflanzen sind beispielsweise in der Lage, selbst unter einer dicken Schneedecke mit dem lichtabhängigen Prozess der Photosynthese Traubenzucker zu bilden. Dennoch sind viele photosynthetisch aktive Pflanzen auf relativ schneearme oder dauernd schneefreie Plätze angewiesen, also auf wind- und sonnenexponierte Grate, Vorsprünge, Halden oder Felsflächen.

Die Höhenstufen

Je nach Entwicklung der Vegetation im Bereich bestimmter Höhenabschnitte lässt sich eine **Höhenstufung** feststellen, die schon Leonardo da Vinci beschrieben hat. Ein heute anerkanntes System klassifiziert folgende Höhenstufen:

- **Eichen-Buchen-Stufe** (Kolline Stufe): Nach oben begrenzt durch die oberen Vorkommen der Eiche. Vorhanden sind sommergrüne Laubwälder, Nadelwälder finden sich ausnahmsweise an Spezialstandorten oder wurden gepflanzt. Im Norden herrscht die Buche vor, in den kontinentalen Zentralalpen die Flaum-Eiche und in den Südalpen ein ganzes Spektrum an wärmeliebenden Laubbäumen.
- **Weißtannen-Buchen-Stufe** (Montane Stufe): Abgrenzung nach oben durch das obere Buchen-Vorkommen. Hier findet man Buchen- und Buchen-Nadelbaum-Mischwälder; nur an Standorten, die für die Buche ungünstig sind, herrschen Nadelwälder vor.
- **Fichten-Stufe** (Subalpine Stufe): Die obere Grenze der Fichte markiert die Obergrenze. Vorherrschend ist die Fichte. In inneralpinen, kontinental geprägten Tälern findet sich eine Ausbildung, in der die Wald-Kiefer dominiert.
- **Waldkiefern-Stufe** (Kontinentale Stufe): Eine Sonderhöhenstufe der innersten Zentralalpen, die sich unten an die kolline Stufe anschließt. Vorherrschaft der Flaum-Eiche.

▼ Subalpiner Lärchenbestand ①.

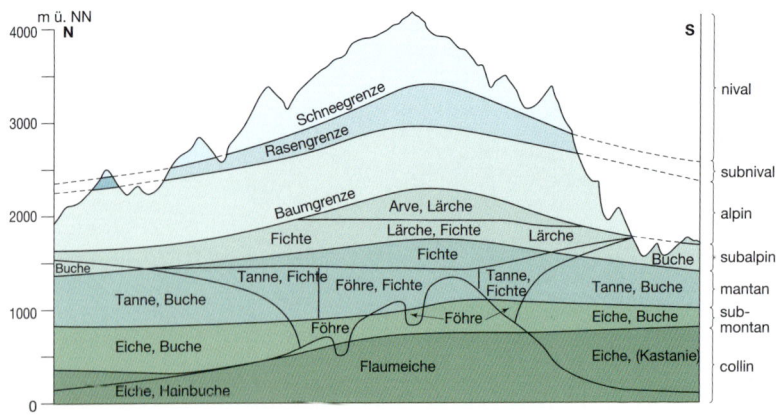

▲ Subalpiner Fichtenwald ① mit Farnpflanzen im Unterwuchs.

▼ Schematische Höhenstufenabfolge im Querschnitt durch die mittleren Alpen (aus Veit, Die Alpen, 2002).

• **Arven-Stufe** (Suprasubalpine Stufe): Charakteristische Stufe der Zentralalpen, die sich hier oberhalb der Fichten-Stufe einschiebt und deren obere Grenze die obersten Vorkommen der Arve darstellen. Subalpine und suprasubalpine Stufe sind heute oft hinsichtlich ihrer Grenze nach oben hin durch das zusammenhängende Auftreten von mindestens 20–30 cm hohen Zwergsträuchern (v. a. Rostblättrige Alpenrose) gekennzeichnet.

- Rasen-Stufe (Alpine Stufe): Oberhalb der Baumgrenze gelegen und gekennzeichnet durch zusammenhängende Rasenflecken, die unter 30 cm hoch und dicht sind, gebildet durch Seggen-Arten und das Nacktried.
- Flachpolster-Stufe (Subnivale Stufe): Nach oben begrenzt durch das ausklingende Vorkommen von Blütenpflanzen, die schon innerhalb der Stufe nur noch zerstreut auftreten und durch eine meist flach polsterartige Wuchsform gekennzeichnet sind.
- Schnee-Stufe (Nivale Stufe): Nur an den inneralpinen Bergketten vorhanden (bei etwa 3000 m). Hier können Blütenpflanzen außer in vereinzelten Felsnischen mit lokal höheren Temperaturen nicht mehr existieren, während Sporenpflanzen wie Algen und Flechten auf Gestein und Firneis die höchsten Gipfel erreichen.

Leben unter extremen Bedingungen

Um mit den widrigen Lebensbedingungen zurecht zu kommen, zeigen gerade die Pflanzen der höheren Lagen besondere Anpassungsmerkmale. So fallen Pflanzen auf, die nadelartige, immergrüne tragen, oder solche mit dick fleischigen, wasserspeichernden Blättern. Beide Blattformen schützen vor Verdunstung und verlängern dadurch die Vegetationsperiode. Denselben Zweck erfüllt eine frühzeitige Anlage der Blütenknospen (im Herbst oder Winter), so dass die Blüte direkt nach der Schneeschmelze einsetzen kann. Die Blüten sind oft groß, denn viel Zeit bleibt nicht zum Blühen und deshalb muss alle Kraft darauf verwendet werden, Bestäuber anzulocken. Rote und blaue Farbstoffe in den Blüten und anderen Pflanzenteilen überwiegen, weil die tagsüber bei starker Belichtung produzierten Zuckermengen wegen zu tiefer Nachttemperaturen nicht in den Speicherstoff Stärke umgewandelt werden können. Der Zucker verbleibt in den Blüten und erzeugt die entsprechenden Farbstoffe (Anthocyane). Hohe Zuckerkonzentrationen in den Pflanzen wirken gleichzeitig als Frostschutzmittel.

Die Bestäubung durch Insekten wird für die Pflanzen in der Schnee-Stufe problematisch, da hier kaum noch Bestäuber leben. Die meisten hier lebenden Pflanzen lassen deshalb ihre Pollenkörner durch den Wind verbreiten. Einige Pflanzen verzichten auf die Fremdbestäubung: Sie bestäuben sich selbst oder die Samenbildung erfolgt ohne Befruchtung. Auch die vegetative Vermehrung, ganz ohne Blüten, durch Ausläufer oder Erdsprosse spielt eine entscheidende Rolle in der Fortpflanzung der Alpenpflanzen. Manche Arten bilden statt Blüten bewurzelbare Scheinknospen aus, die abfallen und sich bewurzeln können. Für die Ausbreitung der Früchte und Samen sorgt vor allem der Wind.

Bei den Blättern finden sich zahlreiche Anpassungen an extreme Strahlungs- und Temperaturbedingungen, die Austrocknung, Auskühlung und Erfrierung verhindern sollen. Neben dem Einrollen von Blättern zählen dazu die Ausbildung extrem schmaler, mitunter fast fädiger Blattformen, Behaarungen sowie die Entwicklung sehr dicker Wachsschichten auf den Blättern.

Für die ganze Pflanze ist eine mehrjährige Entwicklung höchst vorteilhaft, denn im ersten Jahr reicht die Zeit oft nur für das Aufwachsen, die Entwicklung von Blüten und Früchten fällt in das Folgejahr. Häufig findet man auch Zwergwuchs – das verbreiteteste Anpassungsphänomen in den Alpen. Die winzigen Pflanzen können trotz kleinster Triebe, Blätter und Blüten und geringer flächiger Ausdehnung oft über 100 Jahre alt sein.

▼ Pionier-Flora bei bewegtem Boden (aus H. ELLENBERG, Vegetation Mitteleuropas mit den Alpen).

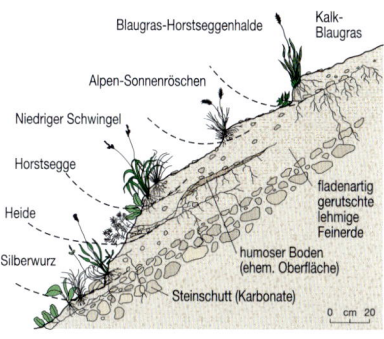

Blaugras-Horstseggenhalde

Kalk-Blaugras

Alpen-Sonnenröschen

Niedriger Schwingel

Horstsegge

Heide

Silberwurz

fladenartig gerutschte lehmige Feinerde

humoser Boden (ehem. Oberfläche)

Steinschutt (Karbonate)

0   cm   20

Die charakteristische Wuchsform der alpinen Höhenstufe ist der **Kissen- oder Polsterwuchs**: Sehr langsam wachsende Pflanzen mit gleichmäßig mehrfach gabelig verzweigten Stängeln und meist langen, im Substrat tief verankerten Pfahlwurzeln, die jährlich neue Blatt- und Blütentriebe ausbilden, während im Inneren des Polsters die alten Triebe vergehen und für selbstproduzierten Humus sorgen. Neben dieser typischen Wuchsform finden sich auch Rosettenpflanzen, bei denen durch langsames Wachstum des Haupttriebes die Abstände zwischen den Blättern sehr kurz bleiben, so dass eine dichte Blattspirale entsteht. Gräsern bilden gerne Horste mit dichtem Schopf.

Ein besonderes Problem für Pflanzen stellen **Bodenfließen und Felsschuttbewegungen** dar, die bereits vorhandene Pflanzenbestände überschütten und höchstens am Rand noch einige Individuen frei lassen. Auch hier existieren verschiedene Anpassungsmechanismen, um mit diesem Phänomen fertig zu werden: Spalierstäucher mit erdoberflächennahem Wuchs und geringem Stammdurchmesser sowie kleinen Organen als Windschutz, **Schuttwanderer** mit biegsamen, nicht zerbrechlichen Trieben, die den Schutt durchziehen, **Schuttstrecker** mit streckungsfähigen Organen, die sie durch den Schutt nach oben treiben, **Schuttdecker**, die wurzelnde Triebe auf die Schuttoberfläche treiben und sie somit festigen, **Schuttstauer** mit Pfahlwurzeln und horst- bis polsterförmigem Wuchs, die das Weiterrutschen der Schuttdecke abbremsen, sowie **Schuttüberkriecher** mit dünnen, biegsamen Trieben, welche auf die Schuttoberfläche getrieben werden und ebenfalls das weitere Abrutschen einschränken.

Natürlich kann es auch Bedingungen geben, in denen das Überleben fast unmöglich wird. Solche Verhältnisse ergaben sich insbesondere in den Eiszeiten, in denen weite Bereiche der Alpen vergletscherten und somit große potenzielle Pflanzenwuchsgebiete für längere Zeit überdeckt wurden. Auch während der Eiszeiten gab es weiterhin kleine, klimatisch begünstigte,

▼ Die Viehhaltung beeinflusst Untergrund und Vegetation im Alpenraum sehr stark.

▲ Durch Überdüngung und Viehtritt entstandene Erosionsrinnen.

nicht überdeckte Stellen, auf denen einige Pflanzenarten überlebten. Die Ausbreitung war für diese Arten nach dem Rückzug des Eises und der Klimaverbesserung wieder möglich, gelang jedoch nicht immer, weshalb es in den Alpen viele Endemiten gibt. Endemiten sind Pflanzen mit ganz engen Verbreitungsgebieten, im Extremfall nur mit einem Wuchsort und wenigen Exemplaren.

Mensch und Alpen

Die ersten menschlichen Spuren im Alpenraum sind ca. 1 Million Jahre alt und stammen vom Alpenrand (Riviera zwischen Nizza und Imperia). Die Alpen selbst sind vermutlich seit der letzten Zwischeneiszeit, also seit etwa 100 000 Jahren, menschliches Siedlungsgebiet. Sechs verschiedene **Landwirtschaftssysteme** lassen sich in den verschiedenen Regionen und im Laufe der Zeit (bisweilen zeitgleich) nachweisen, die vom Jäger- und Sammlertum über Hirtenwirt-

schaft, Sommernutzung der höheren Lagen bis hin zu einem ganzjährigen Verbleib auf den Bergen reichen. Eine generelle Umstellung vom Schaf auf das Rind erfolgte ab dem 19. Jahrhundert, vorher wurden eher vereinzelt Rinder gezüchtet. Der Ackerbau konzentrierte und konzentriert sich auf die Täler, seit dem Ende des 18. Jahrhunderts kam dort der Kartoffelanbau hinzu. Klee- und Luzerneanbau am Alpennordrand ab dem Ende des 18. Jahrhunderts bedingten, dass mehr Vieh auf gleicher Fläche gehalten werden konnte.

Die landwirtschaftliche Tätigkeit in den Alpen ist die Ursache für die artenreiche **Kulturlandschaft**. Das Vieh wurde in die Wälder getrieben (Waldweide), der Holzbedarf wuchs durch Bergbau, Erzverarbeitung und andere Gewerbe. Die Almgebiete wurden talwärts vergrößert. Oberhalb der Täler diente die Rodung der Schaffung einer neuen Kulturstufe. Überall im Alpenraum rückte so die Waldgrenze etwa 300 m nach unten. Kuhalmen liegen auf ehemaligen Waldflächen, heutige Schafalmen befinden sich in der Mattenregion. Durch das

Vieh entstanden auf aktivem Weg neue Biotopstrukturen: Schafe gestalten schmale, höhenlinienparallele „Wege", die ganze Hänge überziehen können, wodurch sich eine „Treppung" ergibt, die auch Massenbewegungen und Bodenfließen aufhalten kann. Durch das größere Gewicht der Rinder und ihre Angewohnheit, mit dem Kopf nach oben parallel zur Hangneigung zu fressen, wird der Boden in Form von Terrassen zusammengedrückt (Viehgangeln). Sind sie den „Schafwegen" ähnlich ausgeprägt, können sie einen Hang zusätzlich befestigen; werden sie aber größer und ausgetretener, verfestigt sich der Boden derart, dass der Wuchs beeinträchtigt wird, die Vegetationsdecke abreißt und Löcher entstehen, die sich bei der Schneeschmelze mit Wasser füllen. Dadurch können tiefe Boden- und Gesteinsabtragungen folgen.

Die Verwendung von Düngern, der Wiederauftrag von abgeschwemmtem Bodenmaterial, Verwendung von Erde oder Asche zur Auslösung der Schneeschmelze, Bewässerungsmaßnahmen sowie Begradigung und Tieferlegung der größeren Alpenflüsse veränderten die Pflanzenstandorte nachhaltig und förderten bestimmte Vegetationstypen.

Zwischen 1850 und 1914 brach die alpine Wirtschaft und Kultur zusammen. Als Gegenentwicklungen entstanden **Tourismus**, **Industrialisierung** und **Verkehrstransit**. Dennoch fand ab 1920 eine zweite und nach dem Zweiten Weltkrieg eine dritte Zusammenbruchsphase statt. Der touristische Aufschwung betraf nur eine Hälfte des Alpenraums, in der anderen Hälfte brach zwischen 1955 und 1985 die traditionelle Landwirtschaft ein und in der Folge entvölkerten sich ganze Alpentäler. Industrialisierung und die Ausrichtung auf Dienstleistungen im Tourismussektor haben den Alpenraum im 19./20. Jahrhundert dennoch völlig umgestaltet: Zuvor spielte die Landwirtschaft die wichtigste Rolle. Jetzt erforderte die harte Konkurrenz im Tourismussektor Investitionen in Projekte, die zu einer Verarmung der traditionellen Kulturlandschaft und ihres Lebeweseninventars führen (z.B. Kunstschneeanlagen in schneearmen Wintern). Das Alpenklima wurde stark von Luftschadstoffen aus den europäischen Ballungsräumen beeinträchtigt, wodurch es in einigen Regionen zum „Waldsterben" kam. In den touristisch stark erschlossenen Regionen ergeben sich typische Umweltprobleme städtischer Gebiete und ein „Gesichtsverlust" der Alpen als eigenständige Natur- und Kulturlandschaft. Das Anstreben einer positiven Wirtschaftsentwicklung führt zwangsläufig zu immer größeren Eingriffen in Natur und Kultur, wodurch die Gefahr von Katastrophen durch Massenbewegungen und Überflutungen stetig weiter wächst. Gemeinsame Naturnutzungskonzeptionen sind noch selten.

Eine Beeinflussung der gesamten Alpen ergibt sich aus den eher mittelbaren Effekten der globalen Umweltveränderungen. In den letzten 30 Jahren konnte dort ein eindeutiger Temperaturanstieg festgestellt werden. Als Folge kann die Mächtigkeit der sommerlichen Auftauschicht der immer gefrorenen Böden (Permafrost) zunehmen, wodurch sich die Bewegungsintensität der entsprechenden Böden ändert. Zunehmende Bewegung bedeutet, dass sich die Wiederbesiedlung der Standorte mit Pflanzen über einen längeren Zeitraum erstreckt. Längerfristig nicht über Vegetation gebundene Böden bringen eine verstärkte Bodenerosion und einen Sedimentaustrag durch die Bäche und Flüsse mit sich. In Kombination mit einem Abschmelzen der Gletscher sind deshalb vermehrt Schlammlawinen zu erwarten. Der für die Vegetation drastischste Einfluss dürfte sich durch eine Verlagerung der Höhenstufen nach oben hin ergeben, was zum „Wandern" der Pflanzen und zum Zurückdrängen der Vegetation der alpinen Stufe führen kann. Nicht minder gravierend sind die Einflüsse von Stickstoff aus der Luft, der von Landwirtschaft und Kraftfahrzeugverkehr verursacht wurde und wird. In alpinen Rasen werden durch Stickstoff bestimmte Pflanzensippen einseitig gefördert, was zur Verdrängung konkurrenzschwächerer Pflanzenarten führt.

Die wichtigsten Pflanzengemeinschaften der Alpenpflanzen

Verschiedene Pflanzensippen, die am gleichen Standort wachsen, sind den gleichen ökologischen Bedingungen ausgesetzt und bilden eine

▲ Zwergstrauchgemeinschaft ① mit Alpenrosengebüsch.

▶ Hochstaudenflur ② mit Gelbem Eisenhut und Alpen-Dost.

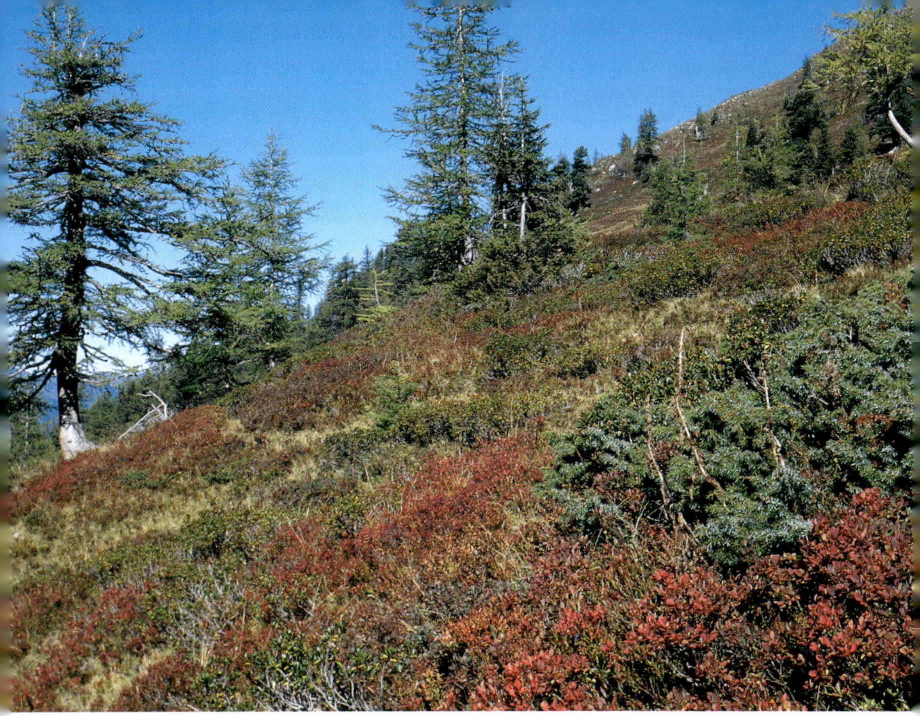

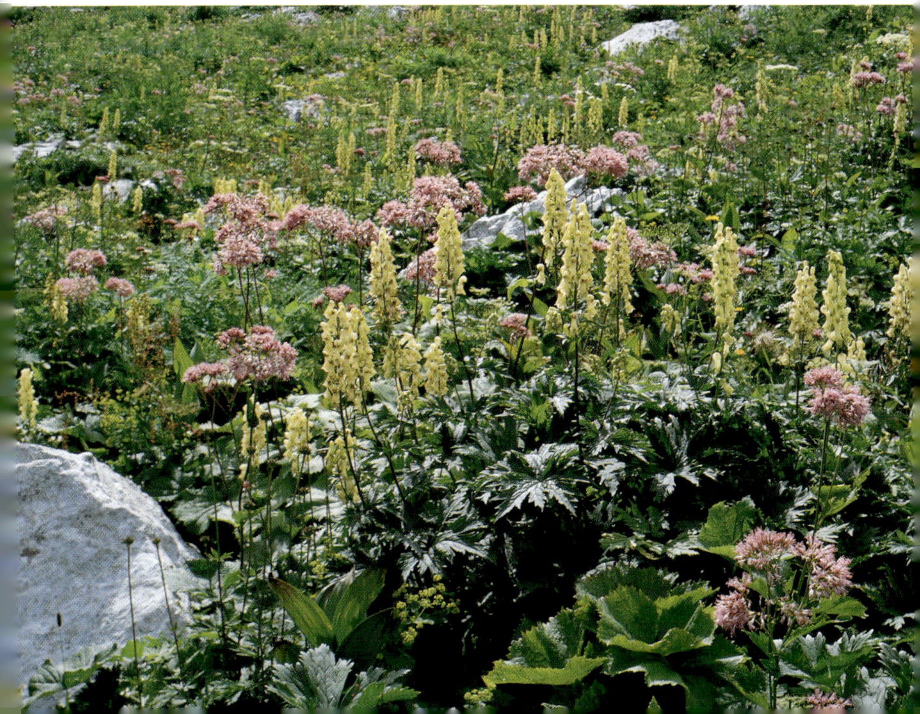

Gesellschaft. Zwar sind diese Gesellschaften abstrakte Gebilde, aber eine Regelmäßigkeit in der Sippenkombination lässt gut auf die ökologischen Verhältnisse vor Ort schließen und umgekehrt auf Wechselwirkungen der Pflanzendecke mit den ökologischen Bedingungen sowie der Pflanzensippen untereinander. Die Pflanzensoziologie, die sich mit den Pflanzengesellschaften beschäftigt, ist hinsichtlich ihrer Terminologie eine komplizierte Angelegenheit. Deshalb soll hier etwas allgemeiner von Pflanzengemeinschaften gesprochen werden, die bestimmte Vegetationstypen charakterisieren, welche im vorliegenden Buch auch zur Anordnung der Arten herangezogen werden.

Wälder und Zwergstrauchheiden

Die typischen Waldgesellschaften der höheren Lagen sind Nadelbaumbestände. In der subalpinen Höhenstufe dominiert die Fichte und bildet hier auf kalkarmen und kalkfreien, sauren Böden den **Subalpinen Fichten-Wald**. Im Unterwuchs finden sich zahlreiche säurezeigende Pflanzenarten, Sporenpflanzen herrschen in

nördlich ausgerichteten Lagen vor (s. Foto S. 10). **Lärchen-Fichten-Wälder** sind inneralpin und in den südlichen Ketten verbreitet (s. Foto S. 9). In den Zentralalpen ist die Arve oder Zirbe in der obersten Waldstufe vertreten und bildet mit der Europäischen Lärche etwa zwischen 1800 und 2400 m, v. a. auf Silikatuntergrund **Lärchen-Arven-Wälder**. Sträucher, Zwergsträucher und Kräuter sind im Unterwuchs vorhanden. Der **Erika-Bergkiefern-Wald** tritt an sonnigen Stellen auf nährstoffarmen Gesteinen auf, während im Schatten ein von der Behaarten Alpenrose geprägter **Bergkiefern-Wald** zu finden ist. **Weißtannen-Wälder** mit dem Grauen Alpendost als gesellschaftsprägende Art finden sich in der montanen Stufe. Hier kommen auch Laubwälder vor, nämlich **Ahorn-Buchen-Wälder**, in Schluchtsituationen mit hoher Luftfeuchtigkeit überwiegt der Berg-Ahorn. In von Föhn geprägten Täler wachsen **Wald-Kiefern**. Für Flussauen sind bis auf 1200 bis 1600 m Höhe

▼ Hochalpines Seeufer ③ mit Scheuchzers Wollgras.

▲ Bachufer ③ mit Fetthennen-Steinbrech und Fleischers Weidenröschen.

Grauerlen-Wälder typisch, während die darüber liegenden inneralpinen, maximal 10 m hohen, lichten Auenwaldreste von der **Lorbeer-Weide** dominiert werden.

Von den physiognomisch interessanten **Zwergstrauchgemeinschaften** sind zunächst die **Alpenrosen-Gebüsche** zu nennen, die infolge von Rodung und extensiver Beweidung entstanden sind. Auf kalkfreien Böden findet man Heidelbeere, Alpen-Moorbeere und Rostblättrige Alpenrose, auf kalkreichen Böden wachsen stattdessen (und kleinflächiger) Bestände der Behaarten Alpenrose, gemeinsam mit Arten der Bergkiefern-Wälder und der Milchkraut-Weide (s. u.). Oberhalb der natürlichen Waldgrenze finden sich die niedrigen **Alpenazaleen** und das **Isländisch Moos** – eine Flechtenart, der oft Rentierflechten beigemischt sind. An Südhängen wird die Alpenrose durch **Zwergwacholder-Alpenbärentraube-Gebüsche** ersetzt. **Krähenbeeren-Heidelbeeren-Bestände**

gedeihen an Stellen mit geringerer Schneebedeckung außerhalb der Kalkalpen. **Legföhren-Bestände** vertragen ebenfalls geringere Schneebedeckungen und sind oft an flachgründigen Hängen sowie an sonnenbeschienenen Lawinenhängen zu sehen. Bachufer werden häufig von Gebüschen verschiedener Weidenarten besiedelt (s. Foto S. 15 oben).

Hochstaudenfluren und Gebüsche

Subalpine Hochstaudenfluren entwickeln sich auf nährstoffreichem, lange Zeit schneebedecktem Boden. Sie sind oft artenreich und fallen durch ihre Blütenpracht auf. Die hier auftretenden Bestände gehören vorwiegend zur **Alpenmilchlattich-Hochstaudenflur**, u.a. mit Eisenhut-Arten und Filzigem Alpendost. An eingetieften Sonderstandorten mit höherer Nährstoffversorgung aufgrund von Flugstäuben können Hochstauden auch auf natürlichem Weg über die Baumgrenze gelangen.

Auf feuchtem, mineralreichem Boden und bei erhöhter Luftfeuchtigkeit stellen sich Gebüsche einer sehr niedrig wüchsigen, kom-

▲ Felsspaltengemeinschaft ④ auf Silikat mit Vandelli-Mannsschild.

▲ Felsspaltengemeinschaft ④ auf Kalk mit Schweizer Mannsschild.

pakten Erlenart, der **Grün-Erle**, ein, oft gemeinsam mit Weiden wie der Großblättrigen Weide und nährstoffliebenden Hochstauden wie der Meisterwurz, aber auch zahlreichen anderen Arten (s. Foto S. 15 unten).

Gewässer, Quell- und Rieselfluren, Moore, Bäche
Stehende und **langsam fließende Gewässer** verlanden mit der Zeit und die Moorbildung setzt ein. In tieferen Lagen beginnt die Verlandung mit Schilf und Seggen, in höheren Bereichen dominiert die **Schnabel-Segge** etwa bis zur Waldgrenze. In noch höheren Lagen sind Bestände von **Scheuchzers Wollgras** an den Gewässerufern markant. Flachmoore und flachmoorartige Lebensräume mit mehr oder weniger starken Humus- bzw. Torfschichten werden **durch Davallseggen- und Braunseggen-Rieder** charakterisiert. Während die mit dem Grundwasser in Verbindung stehenden Flachmoore oft noch verhältnismäßig viele Nährstoffe enthalten, wer-

den Hochmoore ausschließlich von Regenwasser gespeist und sind nährstoffarm. Hochmoore enthalten Torfmoosarten, die durch ihr Längenwachstum für die uhrglasförmige Aufwölbung der Moore und ihr Herausheben aus der Umgebung verantwortlich sind. Hier finden sich Gemeinschaften von Pflanzen sehr nährstoffarmer Lebensräume, u.a. der Rundblättrige Sonnentau, eine insektenfangende und -verdauende Pflanze, die sich auf diese Weise die fehlenden Nährstoffe besorgt. Ganz anders sieht die Vegetation der **Quellen und Bäche** aus. Überrieselte Felsen und kleine Quellen zeigen meist eine ausgeprägte Moosflora mit einzelnen besonderen Blütenpflanzen. In kalkreichem Bachwasser entwickelt sich die **Bachgänsekressen-Bachflur**, u.a. mit Bach-Gänsekresse, Bewimpertem Steinbrech und an den trockeneren Bereichen am

▶▲ Schuttflur ④ mit Hornklee und Gemswurz.
▶ Bergfettwiese ⑤ mit Türkenbund und Bärenklau.

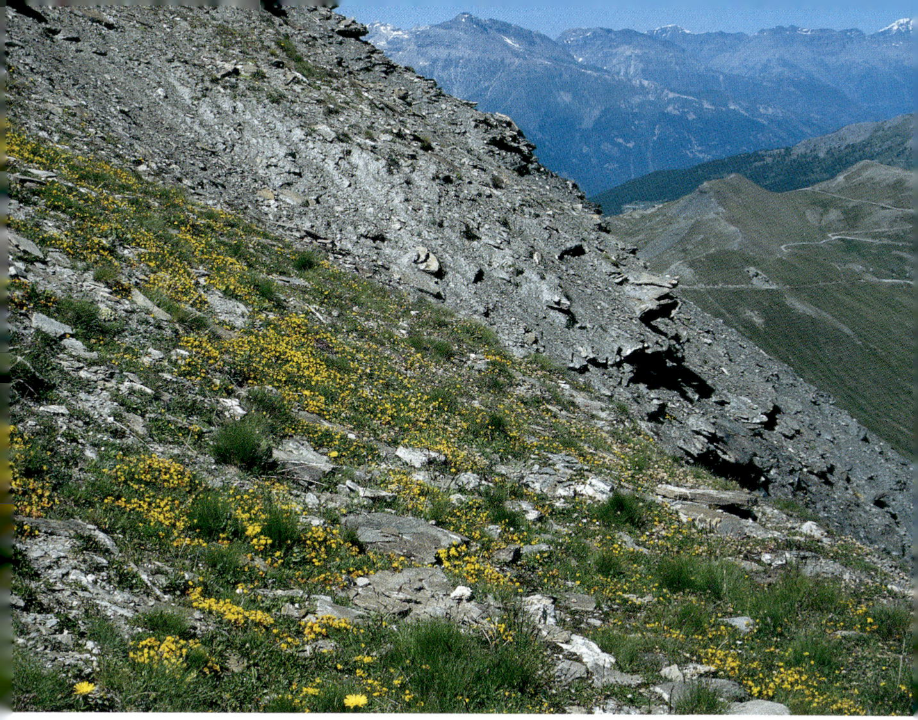

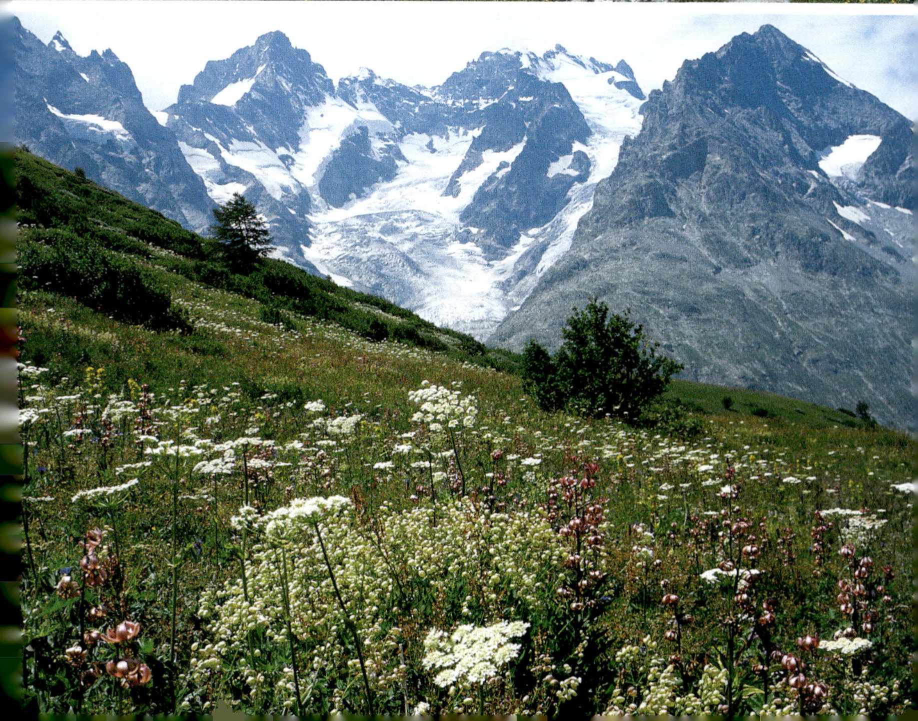

▲ Mähwiese ⑤ mit Wildtulpe und Narzissenblütiger Anemone.

Ufer Fleischers Weidenröschen (s. Foto S. 17). Die artenärmere **Bitterschaumkraut-Bachflur** (u. a. mit Bitterem Schaumkraut, Sumpf-Dotterblume und Stern-Steinbrech) findet sich oft in kalkärmerem Bachwasser.

Steinfluren und alpine Rasen
Von den felsbewohnenden Polsterpflanzengemeinschaften hin zum dichten natürlichen Grünland zieht sich eine Linie von Pflanzengemeinschaftsübergängen, so dass sie hier gemeinsam behandelt werden. Das bedeutendste Grünland in dieser Betrachtung sind die Rasen oberhalb der Waldgrenze, weil es sich um natürliche Lebensräume handelt (Urwiesen) und nicht um solche, die durch Beweidung oder Wiesennutzung entstanden sind.

Rasen sind meist niedrig wüchsige, mitunter tatsächlich an Zierrasen erinnernde Flächen mit einem überwiegend hohen Deckungsanteil an Süß- oder Sauergräsern. An trockenen und sauren

Standorten mit meist kurzer Schneebedeckung gedeiht die **Alpenazaleen-Heidelbeer-Flur**; bei schwach sauren bis basischen Verhältnissen, humusreichem Boden und ausgesprochener Wind- und Kälteausrichtung des Wuchsortes zeigt sich der **Nacktried-Rasen** mit Nacktried, Einköpfigem Berufkraut, Karpaten-Katzenpfötchen, Spätblühender Faltenlilie, Zwerg-Mutterwurz und vielen Flechtenarten. An ausgesprochen basischen und windexponierten Stellen gedeiht der **Polsterseggen-Rasen**, der u. a. Alpen-Sonnenröschen und Zwergorchis beherbergt. Der **Krummseggen-Rasen** bevorzugt kalkarmen Untergrund bei mäßiger Trockenheit und ist leicht an den braun gefärbten abgestorbenen Blattspitzen zu erkennen. In den tiefer gelegenen Zonen gibt es Übergänge zu **Borstgras-Rasen**, die vermehrt unterhalb der Waldgrenze vorhanden sind. Nach Süden ausgerichtete Stellen auf Kalk besiedelt der **Blaugras-Rasen**, in dem außer Blaugras Immergrüne Segge, Alpen-Tragant, Alpen-Aster und Edelweiß als charakteristische Elemente gefunden werden können. Auf den entsprechenden Nordseiten findet sich der **Rost-**

seggen-Rasen. Der **Buntschwingel-Rasen** ist auf mäßig basischem Silikatgestein im südlicheren Alpenbereich vorhanden. **Blaugras- und Buntschwingel-Rasen** sind treppenartig aufgebaut.

Basenreichere Standorte an Südhängen beherbergen schließlich den **Violettschwingel-Rasen** mit der namengebenden Art, Thals-Klee und Schnee-Klee, Berg-Wegerich sowie Sippen, die eine Verbindung zur Milchkraut-Weide (s. u.) belegen. Grünland-Vegetationstypen der unteren alpinen Stufen, wie Bergwiese und Mähder, unterliegen fast sämtlich menschlicher Nutzung, sollen in ähnlicher Weise aber auch natürlich auftreten.

Felsfluren sind zusammengesetzt aus Pflanzen, die aus Felsspalten herauswachsen. Es gibt vier typische Gemeinschaften: Auf Kalk unterhalb der Waldgrenze die Felsflur des **Stängel-Fingerkrautes**, oberhalb der Waldgrenze diejenige mit Schweizer Mannsschild; auf Silikat unterhalb der Waldgrenze die Felsflur mit **Roter Felsenprimel** und Streifenfarn-Arten, oberhalb existiert die Felsflur mit **Vandellis Mannsschild**.

Felsspaltengemeinschaften enthalten viele Endemiten, die hier Reste einer ehemals vermutlich weiterer Verbreitung darstellen.

An Stellen mit mehr als neun Monaten Schneebedeckung entstehen **Schneetälchen**, in denen nur eine lückige Vegetation vorzufinden ist, welche mit oft nur ein bis zwei Monaten Entwicklungszeit zurecht kommen muss.

Auf silikatischem Untergrund wachsen **Krautweiden-Rasen** mit einer oft großen Menge an Kräutern und Widertonmoos, auf Kalk finden sich der **Spalierweiden-Rasen** mit **Netz- und Stumpfblättriger Weide**, Alpen-Hahnenfuß und Bayerischem Enzian. An flachgründigeren Stellen trifft man auf Kalk die **Gänsekressen-Schuttflur** an mit Bläulicher Gänsekresse, Schnee-Ampfer, Mannsschild-Steinbrech und Hoppes Ruhrkraut.

In der subnivalen Stufe sind Schuttfluren auf ruhendem Schutt entwickelt, die auf Silikatuntergrund der **Alpenmannsschild-Schuttflur** angehören, auf basenreichem Gestein die Schut-

▼ Lägerflur ⑥ mit Alpen-Ampfer.

tflur von Hoppes Felsenblümchen, wobei hartes Kalkgestein hier kaum Bewuchs aufweist (geringer Feinerdegehalt mit extrem geringer Wasserhaltung). In der alpinen Stufe haben sich die Ruhschuttfluren meist mit einem Rasen überzogen, während die Fluren auf beweglichem Schutt und Moränen charakteristische Schuttflurgemeinschaften zeigen, angefangen mit der **Säuerlings-Schuttflur** als erstbesiedelnder Bestand, u. a. mit Berg-Nelkenwurz und Alpen-Aster. Unter der Vielzahl weiterer, z. T. von wenigen Arten oder stark wechselnden Artenkombinationen geprägten Gemeinschaften, seien die **Rundblatttäschelkraut- und die Berglöwenzahn-Schuttfluren** erwähnt. Eine charakteristische Schuttflur der Kalkschutthalden unterhalb der Waldgrenze wird von der **Alpen-Pestwurz** dominiert. **Das Foto S. 19 oben** zeigt einen Rutschhang mit Hornklee und Gemswurz, auf **Seite 8** ist einen Aspekt des Gelben Alpenmohns auf Dolomit.

Durch menschliche Wirtschaft bedingte Vegetation

Unterhalb der natürlichen Waldgrenze ist das **Grünland** in seinem Bestand weitestgehend davon abhängig, dass die Wiesen und Weiden weiterhin genutzt werden. Die typischen **Berg-Fettwiesen** oder **Goldhafer-Wiesen** benötigen eine regelmäßige Mahd und eine gewisse Düngung, weshalb sie sich meist nur noch in Siedlungsnähe bei nicht zu steiler Lage finden, wo sie relativ leicht mit landwirtschaftlichen Maschinen bearbeitet werden können. Zu ihren Charakterarten zählen der Weißblütige Krokus, Schlangen-Knöterich, Scheuchzers Glockenblume und Dreifarbiges Stiefmütterchen. Das Auftreten und die Kombination der Sippen ist dabei abhängig von der Bodenfeuchte.

Insgesamt handelt es sich um sehr artenreiches Grünland. Im Gegensatz zu den Berg-Fettwiesen werden so genannte **Mähder** viel seltener geschnitten und kaum gedüngt. Sie sind äußerst farbenprächtig bei Vollblüte, aber wenig ertragreich, weshalb sie immer mehr verschwinden. Ein Mähder auf basenreichem Boden mit Wild-Tulpe und Narzissenblütiger Anemone ist auf dem **Foto S. 20** zu sehen. Je nach Feuchtigkeit, Nährstoffgehalt und Basenreichtum bzw. -armut des Bodens lassen sich verschiedene Gemeinschaften und zahlreiche Gesellschaften (oder zumindest Untergesellschaften) des Mähders herausarbeiten.

Vegetation hochgradig gestörter Standorte

Durch direkten menschliche Einfluss hervorgerufene Vegetationstypen finden sich vor allem an oder in der Nähe von Häusern bzw. in Siedlungen. Hier stellen sich vorübergehende Offenlandgesellschaften ein, die man in ähnlicher Weise auch aus dem Tiefland kennt. Hierzu gehören die **Mastkraut-Silbermoos-Gesellschaft** in den Pflasterritzen der Grundstücks- und Gehsteigbepflasterung sowie auf und am Rande der Wanderpfade die **Breitwegerich-Weißklee-Gesellschaft**.

Die so genannten **Lägerfluren** entstehen in der Umgebung von Almen, Sennhütten, Ställen oder dort, wo Wild oder das Weidevieh häufig lagern. Es sind meist artenarme Bestände, stark dominiert vom Alpen-Ampfer, daneben als häufige Arten: Behaarter Kälberkropf, Hain-Sternmiere, Frauenmantel-Arten, Aronstabblättriger Ampfer, Große Brennessel in tieferen Lagen und Blauer Eisenhut, auf äußerst stickstoffreichen Böden. Da nur Ziegen den Alpen-Ampfer verzehren, nicht aber Rinder, können sich die Bestände durch die ausgeprägte Stickstoffansammlung immer weiter ausdehnen. Auch die Beweidung mit erhöhter Viehdichte pro Weidefläche verändert die Vegetation durch erhöhte Nährstoffanreicherung (Rinderdung) und Zerstörung der Grasnarbe durch Tritt. So können sich bei Trittweidenhängen die bekannten Treppungen (**Viehgangeln**) herausbilden (s. S. 14 oben). Bei flach geneigten Trittweiden kann zuerst eine flächige Erosion (**Bleiken**) entstehen, bis es nach und nach zur Zerstörung der Weideflächen durch Bildung von tiefen Erosionsrinnen kommt (s. Foto S. 13).

Alpenpflanzen

1 Huperzia selago (L.)
Bernh. ex Schrank et Mart.

Tannen-Bärlapp

Lycopode selaginé
Licopodio abietino, brezklaso lisičje

Ch; F I H D Ö S; § in H D Ö; RL in H (4); ⚣

M 5–25 cm hoch. Pflanze ohne kriechenden Hauptspross (Unterschied zur Gattung **Lycopodium**), mit aufsteigenden, derben (z. T. gabelästigen) langlebigen Trieben. Sporophylle nicht in vom Laubspross abgesetzten Ähren. Oberste Blätter oft mit achselständigen Brutknospen.
StO ①④ Zwergstrauchheiden, bodensaure Wälder, Silikatfelsfluren, bis 3080 m.
V Alpen: verbreitet und häufig, zerstreut in Slowenien (Julische Alpen, Karawanken). Allgemein: zirkumpolar-ozeanisch bis subozeanisch.

2 Lycopodium clavatum L.

Keulen-Bärlapp

Lycopode en massue
Licopodio clavato
kijasti lisičjak

Ch; F I H D Ö S; § in H DÖ; RL in H (4) D (3); ⚣; ✠

M Oberirdisch kriechende Sprosse 0,5 bis 4 m. Triebe 5–20 cm hoch aufsteigend, mit deutlich abgesetzten, lang gestielten 3–6 cm langen Sporophyllständen. Blätter aufrecht abstehend, weich, mit 2–4 mm langer, weißer Haarspitze, nur undeutlich gezähnt.
StO ①⑤ Bodensaure, lichte Wälder und Magerrasen, bis 2000(2300) m.
V Alpen: in kalkarmen Gebieten zerstreut bis häufig. Allgemein: zirkumpolar, südlich bis in die Gebirge N-Spaniens und der Pyrenäen, N-Apennin, Karpaten, Bulgarien; Tropen.
B ssp. **monostachyum** (Hook & Grev.) Sol. Schneehuhn-B., C; §; RL (4); ⚣?; ✠: **U** Sporophyllstände 1–2 cm lang, 0–1(2) cm lang gestielt. Blätter kaum gezähnt. **V** Alpen: nur in Ö (Tauern, Gurktaler und Seetaler Alpen), selten.

3 Lycopodium annotinum L.
Sprossender Bärlapp
Lycopode à rameaux annuels
Licopodio annotino
brinolistni lisičjak

Ch; F I H D Ö S; § in H D Ö; RL in H (4); ☙?; ✠; G
M Ähnlich **L. clavatum**, aber die 10–30 cm aufsteigenden Triebe können einen dicht beblätterten, unmittelbar aufsitzenden Sporophyllstand tragen. Blätter waagerecht abstehend, starr, scharf zugespitzt, fein gesägt, ohne Haarspitze.
StO ①④ Schattige, feuchte, bodensaure Wälder besonders Nadelwälder, Zwergstrauchheiden Blockhalden, bis 2200(2830) m.
V Alpen: verbreitet und meist häufig. Allgemein: zirkumpolar, Europa südlich bis Pyrenäen, N-Italien, S-Karpaten.
B Zuweilen abgetrennt wird **L. dubium** Zoëga, Zweifelhafter B.: § in H; RL in H (2). **U** Triebe aufrecht, Blätter ± ganzrandig. Sporangienähren 0,5–1,5 cm lang. Subalpine Zwergstrauchheiden, Weiden, Moore.

4 Diphasiastrum alpinum (L.) Holub
Alpen-Flachbärlapp
Lycopode des Alpes
Licopodio alpino
alpski dvorednik

Ch; F I H D Ö S; § in H D Ö; RL in H (4) D (2)
M Oberirdische, sterile Sprosse 4-kantig, nicht abgeflacht (an schattigen Standorten etwas abgeflacht), Ventralblätter deutlich gestielt und gekniet. Dorsal- und Ventralblätter gleichgroß, Pflanze blaugrün überlaufen. Sporophyllstand ungestielt.
StO ①④⑤ Bodensaure Magerrasen, Zwergstrauchheiden, alpine Rasen bis 2500(2800) m.
V Alpen: verbreitet, aber nicht häufig. Allgemein: in Europa südlich bis in die Pyrenäen, Karpaten, Sudeten und Apennin, vereinzelt auf dem Balkan. N-Amerika, Asien.
B Außerdem selten in den Alpen: **D. complanatum** (L.) Holub §, RL 2 u. **D. issleri** (Rouy) Holub §, RL 2 in der subalpinen Stufe, Zwergstrauchheiden, lichte Nadelwälder.

5 Selaginella selaginoides
(L.) P. Beauv.
Gezähnter Moosfarn
Sélaginelle fausse sélagine
Selaginella alpina, alpska drežica

Ch; F I H D Ö S; § in D Ö
M Pflanze moosartig. Aufrechte Triebe 2–12 cm. Stängel fadenförmig, bis 5 cm weit kriechend. Blätter ca. 2 mm lang, spiralig angeordnet, wimperig gezähnt. Sporangien in nicht deutlich getrennten Ähren, blattachselständig.
StO ③④⑤ Rieselfluren, Flach- und Quellmoore, Magerrasen, Bergwiesen und alpine Rasen, bis 2900 m.
V Alpen: verbreitet und oft häufig (H Ö), ansonsten seltener. Allgemein: Europa südlich bis Pyrenäen, Balkan. N-Amerika, Asien.
B Außerdem in den Alpen **S. helvetica** (L.) Spring, Schweizer M. Ch; F I H (D) (Ö) S; § in F D Ö; RL in F(3). **M** Stängel abgeflacht, Blätter (fast) ganzrandig, 4-zeilig angeordnet. **StO** Schattige Felsen und Mauern, lückige Magerrasen bis 1600(2100) m. **V** Alpen: zerstreut, gebietsweise (z. B. Südalpen) häufig.

6 Botrychium simplex E. Hitchc.
Einfache Mondraute
Botryche simple
Botrichio minore
enostavna mladomesečina

Ge; F I H (D) Ö S; § (§B §F) in F H D; RL in F (3) I (3) H (2) D (1) Ö (1) S (0)
M 2–8(15) cm. Blattstiel von abgestorbenen, braunen Scheiden vorjähriger Blätter umhüllt, Blätter einzeln, kahl, gelbgrün, steriler Abschnitt im Umriss eiförmig bis länglich, deutlich gestielt, im unteren Teil entspringend, ungeteilt bis 3-teilig, dünnfleischig, fertiler Teil ebenfalls lang gestielt, einfach bis doppelt gefiedert. Ähre bis 8 cm lang gestielt, oft nur 5–12 Sporangien, 0,5–5 cm lang.
StO ③⑤ Quellige, anmoorige Wiesenstellen, bis 2150 m.
V Alpen: sehr selten. Allgemein: Zirkumpolar, in Europa v. a. im Ostseegebiet, nordwärts bis 65° n. Br., nordöstlicher Teil von M-Europa bis westliches Russland, Alpen. Einzelfunde in den Pyrenäen und auf Korsika. N-Amerika, O-Asien(?).

7 Botrychium lunaria (L.) Sw.
Echte Mondraute
Botryche lunaire
Botrichio lunaria
navadna mladomesečina

Ge; F, I, H, D, Ö, S; § in H D; RL in H (4) D (3)
M 2–30 cm. Blätter kräftig, frischgrün, steriler Abschnitt im Umriss länglich bis eilänglich, fast sitzend, im mittleren Drittel der Pflanze abzweigend, gefiedert mit 2–9 nieren- bis halbrundförmigen Abschnitten. Abschnitte 1. Ordnung ungeteilt oder vorn handförmig gelappt. Fertiler Abschnitt eine Rispe bildend, lang gestielt.
StO ⑤ Trockene Magerwiesen und -weiden, bis 3100 m.
V Alpen: zerstreut bis verbreitet. Allgemein: auf der Nordhalbkugel zirkumpolar, gemäßigte u. kühle Gebiete Europas, Asiens und N-Amerikas. S-Chile, Patagonien, Australien, Tasmanien, Neuseeland.
B Vier weitere, (sehr) seltene Botrychium-Arten im Gebiet (bis in die subalpine Stufe). Alle mit RL-Status.

8 Cryptogramma crispa
(L.) R. BR. ex Hook ssp. crispa
Krauser Rollfarn
Cryptogramme crispée
Felcetta crespa

He; F I H (D) Ö; § in D; RL in D (4)
M Fertile und sterile Wedel verschieden, die sterilen Wedel 5–30 cm, büschelig, zart, frischgrün, 2–4fach gefiedert. Blattstiel länger als die Spreite, sporangientragende fertile Wedel die sterilen überragend, mit am Rand umgerollten Fiedern.
StO ④ Geröll, Grobschutt (Silikat), bis 2800 m.
V Alpen: in den Silikatgebieten zerstreut bis häufig. Allgemein: Europa, Skandinavien bis Großbritannien, Pyrenäen, Kaukasus, europäische Mittelgebirge. Asien, N-Amerika.

9 Asplenium viride Huds.
Grüner Streifenfarn
Asplénium à pétiole vert
Asplenio verde
zeleni sršaj

He; F I H D Ö S; § in H; RL in H (4)

M Wedel 5–15(20) cm lang, einfach gefiedert, mit bis zu 30 Fiedern. Blattstiel nur am Grund rot- bis schwarzbraun, sonst wie die Rhachis grün. Blattspindelrücken zuweilen drüsig.

StO ①④⑥ schattige, kalkhaltige, basische Felsen, Geröll, steinige Wälder, bis 3050 m.

V Alpen: verbreitet und meist häufig. Allgemein: zirkumpolar, in Europa südwärts bis in den Mittelmeerraum, ostwärts bis Finnland und Kaukasus; Asien, N-Afrika, N-Amerika.

B Ähnlich: **A. trichomanes** L. Brauner St., aber Blattstiel und Rhachis bis zur Spitze schwarzbraun, deutlich schmal geflügelt, häufig in Fels- und Mauerspalten, sowie **A. adulterinum** Milde, Braungrüner St., aber vorderer Abschnitt der Rhachis grün (10–50 % der Länge), sonst kräftig rotbraun. Blattstiel und Rhachis ungeflügelt. Felsspalten u. -fluren über Serpentin u. Magnesit, selten. § in H. RL in H S (4).

10 Asplenium seelosii Leyb.
ssp. seelosii
Dolomiten-Streifenfarn
Asplenio delle Dolomiti
Seelosov sršaj

He; ● I (D) (Ö) (S); RL in D (1) Ö (4)

M Wedel 3–10 cm lang. 3-spaltig bis 3-fingerig, lederartig, glanzlos, deutlich gestielt, beiderseits drüsenhaarig, zerstreut gliederhaarig. Blattabschnitte oft 3-spaltig, keilförmig, mittlerer Abschnitt größer.

StO ④ Dolomit-Felsspalten, gern unter Überhängen, bis 2400 m.

V Endemit der O-Alpen, besonders in S-Tirol und den Trientiner Dolomiten, Karawanken, Julische Alpen bis ins südöstliche Alpenvorland, selten.

11 **Asplenium septentrionale**
(L.) Hoffm.
Nordischer Streifenfarn
Asplénium septentrional
Asplenio settentrionale, severni sršaj

He; F I H D Ö (S); § in H; RL in H (4)
M Wedel 5–15(17) cm lang. Spreite stark reduziert, 1–3fach gabelteilig, ledrig, kahl, schwach glänzend, Abschnitte lineal lanzettlich, nur 1 bis 2 mm breit. Sori lineal, die ganze Unterseite bedeckend.
StO ④ Kalkarme bis -freie Felsspalten, bis 2500 m.
V Alpen: in den Urgesteinsgebieten verbreitet und häufig. Allgemein: ganz Europa, in den nördlichsten Teilen und im Mittelmeergebiet selten oder fehlend. Asien, N-Amerika.
B In den Alpen verbreitet und häufig ist auch **A. ruta-muraria** L., Mauerraute, He; F I H D Ö S. **M** Wedel 15(20) cm lang. Blattstiel grün, Basis schwarzbraun, zerstreut drüsig und spreuschuppig, Spreite im Umriss 3-eckig bis eiförmig, Fiedern doppelt fiederspaltig, keilförmig. **StO** Kalku. Dolomitfelsen.

12 **Dryopteris villarii**
(Bellardi) Woynar ex Thell.
Starrer Wurmfarn
Dryoptéris de Villars
Felce di Villars, Villarjeva glistovnica

He; F I H D Ö S
M 1–50(60) cm. Wedel in aufrechten Trichtern gehäuft, derb, wohlriechend, graugrün, schmal lanzettlich, wie die Rhachis beiderseits dicht gelbdrüsig. Spreite 2fach gefiedert, mit fiederspaltigen Fiederchen, diese dornig gezähnt. Blattstiel meist ½–⅓ so lang wie die Spreite.
StO ②④ Kalk- und Dolomitschuttfluren, Hochstaudenfluren, bis 2500 m.
V Alpen: zerstreut bis selten, gebietsweise häufig. Allgemein: Gebirge Z- und SO-Europas.
B Vier weitere **Dryopteris**-Arten, vorwiegend in Gebirgswäldern, bis in die subalpine Stufe.

13 **Polystichum lonchitis** (L.) Roth.
Lanzen-Schildfarn
Polystic en lance
Felce lonchite
kopjasta podlesnica

He; F I H Ö D S; § in H; RL in H (4)
M 10–50 cm. Wedel derb, lederartig, einfach gefiedert. Fiedern ungeteilt, mit spitz geöhrtem Grund, dicht stachelig gesägt bis gezähnt, an der Spitze mit Stachelborsten.
StO ①④ Steinschuttwälder, bebuschte Steinhalden, Fels- und Geröllfluren, bis 2100(2700) m.
V Alpen: verbreitet, meist häufig. Allgemein: In Europa von N-Norwegen bis in die Gebirge des Mittelmeergebietes. Asien, N-Amerika.
B Ähnlich ist **P. aculeatum** (L.) Roth., Gelappter Schildfarn. **M** Wedel 2fach gefiedert, derb ledrig, dunkelgrün, glänzend, oberseits kahl, im Umriss lanzettlich, zum Grund verschmälert. Fiederchen sichelförmig vorwärts geneigt, gesägt gezähnt. Blattzähne kräftig begrannt. Ähnlich ist auch **P. braunii** (Spenner) Fee, Schuppen-Schildfarn, § in H. **M** Blätter weich, sommergrün, oberseits mit weißlich bräunlichen haarartigen Schuppen (verkahlend). **StO** Schlucht- u. Steinschuttwälder.

14 **Cystopteris montana** (Lam.) Desv.
Berg-Blasenfarn
Cystoptéris des montagnes
Felcetta montana
gorska prišćanica

Ge, He; F I H D Ö S; § in D
M 10–45 cm. Blätter einzeln, Rhizom dünn, weit kriechend. Blattstiel 1–3-mal länger als Spreite, dunkelbraun, mit Spreuschuppen, diese am Rand drüsig. Spreite so lang wie breit, 3-eckig, 3–4fach fiedrig, dunkelgrün, Abschnitte stumpflich, Rhachis und Adern oft kleindrüsig, unterste Fiederchen länger als die folgenden.
StO ④ Felsspalten und Felsschutt in schattigfeuchten Bergwäldern, bis 2400(2500) m.
V Alpen: in den nördlichen Alpen verbreitet, in den südlichen Alpen seltener, insgesamt nicht häufig. Allgemein: Skandinavien, Schottland, N-Russland, Pyrenäen, Apennin, Jura, Karpaten, Balkan; Kaukasus, Sibirien, O-Asien, N-Amerika.

15 **Cystopteris alpina** (Lam.) Desv.
Alpen-Blasenfarn
Cystoptéris des Alpes
Felcetta reale
alpska priščanica

He; F I H D Ö S
M 10–30 cm. Blätter gehäuft, Rhizom kurz und dick. Blattspreite länglich eiförmig bis lanzettlich, 2–3fach gefiedert, Fiedern 2. Ordnung meist fiederteilig, mit länglich rechteckigen, an der Spitze 2-zähnigen, ausgerandeten oder stumpfen Abschnitten; alle oder die meisten Nerven in den Buchten der Abschnitte endend.
StO ④ Schattig-feuchte Kalk-Felsspalten u. Felsschutt, bis 2400(3000) m.
V Alpen: verbreitet in den Kalkgebieten, insgesamt zerstreut bis häufig. Allgemein: Skandinavien, Pyrenäen, Jura, Bayerischer Wald, Karpaten, Balkan. Kaukasus, Klein- u. M-Asien.
B Bis in die alpine Stufe kommt häufig der **Cystopteris fragilis** (L.) Bernh. s. str. He; F I H D Ö S vor. **U** Fiedern 2. Ordnung gesägt-gekerbt bis fiederteilig, selten gefiedert, mit länglich 3-eckigen, spitzen oder abgerundeten Zähnen bzw. Abschnitten, alle oder die meisten Nerven in den Spitzen der Zähne bzw. Abschnitte endend.

16 **Woodsia pulchella** Bertol.
Zierlicher Wimperfarn
Woodsia joli
Felcetta glabra
mična vudsovka

He; I H D Ö S; § in D; RL in He (2) D (4) Ö (3)
M 3–12 cm. Blattspreite länglich lanzettlich, einfach gefiedert. Fiedern gelappt bis fiederspaltig. Blattstiel unten schwarz, oben grün bis gelblich, kahl. Blattunterseite meist ohne Spreuschuppen und Haare. Schleier in haarförmige Fransen zerteilt.
StO ④ Kalkfelsspalten, bis 2000 m.
V Alpen: sehr selten. I: N-Italien, v. a. in S-Tirol. H: Obwalden, Appenzell, St. Gallen, Tessin. D: Bad Reichenhall und Berchtesgaden. Ö: Kärnten, Steiermark und N-Tirol. S: Julische Alpen. Allgemein: Alpen und Pyrenäen.

17 **Woodsia alpina** (Bolton) S. F. Gray
Alpen-Wimperfarn
Woodsia des Alpes
Felcetta alpina
alpska vudsovka

He; F I H D Ö S; § in D; RL in D (4) Ö (4) S (4)
M 3–15(25) cm. Blattspreite 1–2 cm breit, länglich bis länglich lanzettlich, einfach gefiedert, hell gelbgrün, unterseits wenig spreuschuppig u. verkahlend, Aderenden meist unverdickt. Blattstiel oberhalb des schwarzen Grunds bräunlich, mit 1–2 mm langen Spreuschuppen.
StO ④ Felsspalten, kalkmeidend, bis 2600 m.
V Alpen: zerstreut, gebietsweise selten. Allgemein: Skandinavien, Alpen, Pyrenäen, Apennin, Sudeten, Karpaten. Asien, N-Amerika.
B Ähnlich ist **W. ilvensis** (L.) R. Br. Südlicher W. He; (F) I H (D) I; § in D; RL in D (2), Ö (3). **M** 6–20(30) cm. Spreite bis 5 cm breit, bräunlich schmutzig grün, gefiedert, unterseits dicht spreuschuppig u. behaart. Adern deutlich verdickt. Blattstiel rotbraun, mit 2–3 mm langen Spreuschuppen. **StO** Kalkarme Felsspalten. **V** Alpen: vereinzelt, v. a. in tieferen Lagen. Allgemein: N-Europa. Asien, N-Amerika.

18 **Blechnum spicant** (L.) Roth.
Rippenfarn
Blechnum en épi
Lonchite minore
rebrenjača

He; F I H D Ö S; § in H; RL in H (4)
M 10–60 cm. Wedel rosettig gehäuft, verschieden gestaltet. Nicht sporangientragende Wedel einfach fiederteilig, derb lederartig, grün, dem Boden anliegend bzw. niedergebogen, sporangientragende Wedel zu wenigen, in der Mitte des Stockes straff aufrecht, rippenartig, bei Sporenreife braun.
StO ① Frische, bodensaure Wälder, Böschungen, bis 2000(2400) m.
V Alpen: verbreitet und meist häufig. Allgemein: Europa von N-Norwegen südwärts bis ins Mittelmeergebiet, Balkan, ostwärts bis Lettland und O-Karpaten. N-Afrika, Kleinasien, Kaukasus, O-Asien, N-Amerika.

19 Larix decidua Mill.

Europäische Lärche

Mélèze
Larice comune
navadni macesen

Ph; F I H D Ö S; ✠; 🏛

M Bis 40 m. Krone schlank kegelförmig. Nadeln flach, zu 20–40 an Kurztrieben entlang der rutenförmigen Langtriebe, hellgrün, im Herbst leuchtend gelb und abfallend. Kurztriebe grau, unbereift.

StO ① In Reinbeständen oder gemischt mit der Zirbelkiefer an der Waldgrenze, selten auch mit Weißtanne oder Buche, bis 2400(2900) m.

V Alpen: verbreitet und meist häufig (besonders in den zentralalpinen Trockentälern). Allgemein: Alpen, Sudeten, Karpaten, Polen (insgesamt vier unterschiedliche ökologisch-geografische Sippen).

20 Picea abies (L.) Karsten ssp. abies

Fichte, Rottanne

Epicéa, Sapin rouge
Peccio, Abete rosso
navadna smreka

Ph; F I H D Ö S; ✠; 🏛

M 30–50 m. Krone bis ins Alter kegelförmig. Nadeln einzeln an Langtrieben, ± 4-kantig, 1 mm breit, spitz, ohne scheibenförmige Ansatzstelle; Abbruchstelle der Nadeln machen Zweige nach Abfallen rau, Zapfen hängend, als Ganzes abfallend.

StO ① Waldbildend, in Reinbeständen oder auch gemischt mit anderen Gehölzen wie Lärche und Zirbe. Verbreitungsschwerpunkt in montanen bis subalpinen Fichten- und Fichtenmischwäldern, bis 2000(2360) m.

V Alpen: verbreitet, aber nicht überall häufig. Allgemein: Skandinavien, Baltikum, N-Russland östlich bis zum Ural, zentraleuropäische Mittelgebirge, Karpaten, Sudeten, Gebirge der Balkanhalbinsel.

21 **Pinus cembra** L.
Zirbel-Kiefer, Arve
Arole
Pino cembro
cemprin

Ph; F I H D Ö S; § in I H Ö; RL in H (4); ⑪, 🏛
M 10–20 m. Krone im Alter unregelmäßig mehr-
wipfelig, bis kurz über dem Grund verzweigt.
Nadeln zu 5 am Kurztrieb, 5–9 cm lang, Zapfen
bis über 10 cm lang, bläulich (violett) überlaufen, reif zimtbraun. Samen 9–14 mm, essbar.
StO ① In Reinbeständen oder vermischt mit der
Lärche, seltener mit Bergföhre oder Fichte, opti-
mal an der Waldgrenze im Alpenrosen-Arven-
wald und Lärchen-Arvenwald an Berghängen
und Höhenrücken, auch an steilen Felsbändern,
bis 2850 m.
V Alpen: in kontinentaler, trocken-warmer Klima-
lage gebietsweise verbreitet, nicht häufig. Allgemein: Alpen, Karpaten.
B Diese langsamwüchsige Baumart kann bis
1000 Jahre alt werden.

22 **Pinus mugo** Turra
Krummholz-Kiefer, Legföhre, Latsche
Pin couché
Pino mugo
rušje

Np; F I H D Ö S; § in Ö; ✠; ❀
M 3–5 m. Niederliegend bis aufsteigend, im Alter kegelförmig buschig, nie schirmförmig. Nadeln zu 2–3 am Kurztrieb, 1–5 cm lang. Zapfen
symmetrisch, 2–5 cm lang, unbereift, reif zimtbraun. Schuppenschild ziemlich flach, nicht hakig, Nabel zentral oder wenig unterhalb der
Mitte.
StO ①④ Meist in Reinbeständen an trockenen
Steilhängen, an Felsbändern und auf Geröllhalden.
V Alpen: v. a. im östlichen Teil: verbreitet und
meist häufig, nur vereinzelt in den See- u. Ligurischen Alpen. Allgemein: Deutsche Mittelgebirge, Alpen, Sudeten, Karpaten, Abruzzen, Balkan.

23 Juniperus communis L.
ssp. alpina Ćelak.
Zwerg-Wacholder
Genévrier nain
Ginepro nano, sibirski brin

Ch, Np; F I H D Ö (S); § in Ö; ✠
M 20–50 cm. Niederliegend spalierförmig wachsend. Nadeln an dicht gestellten Quirlen, sich daher dachziegelig deckend, aufwärts gekrümmt, kaum stechend, nicht herablaufend, ohne Harzdrüsen. Beerenzapfen blauschwarz, bereift, ± so lang wie die dazugehörige Nadel. **StO** ④⑤ Weiderasen, Felsfluren, bis 3570! m. **V** Alpen: ziemlich häufig. Allgemein: Alpen, Karpaten. Kaukasus, Asien, N-Amerika.
B ssp. **communis**, Heide-Wacholder, Np; F I H D Ö (S); § in Ö; (♟); ✠ unterscheidet sich wie folgt: **U** bis 12 m hoch, Wuchs aufrecht. Nadeln gerade abstehend, stechend. Beerenzapfen von der dazugehörigen Nadel deutlich überragt. **StO** Weiderasen, Felsbänder, Föhrenwälder, collin bis subalpin, bis 1500(1950) m. **V** Alpen verbreitet, aber nicht häufig. Allgemein: Europa, S-Sibirien.

24 Juniperus sabina L.
Stinkwacholder, Sadebaum
Genévrier sabine
Ginepro sabino, Sabina
smrdljivi brin

Np; F I H D Ö (S); § in H Ö; RL in H (4) D (4) S (4); ♟, ✠; ✿
M 0,5–2(12) m, meist niederliegend, vielästig, sich weit ausbreitend, scharf riechend. Blätter an jungen Trieben nadelförmig, an älteren schuppenförmig, (1,5–2 mm lang), ganzrandig, kreuzweise gegenständig, am Spross herablaufend, mit Harzdrüsen. Beerenzapfen blauschwarz. **StO** ④ Trockene Felshänge, bis 2500(3000) m. **V** Alpen: zerstreut, gebietsweise häufiger (v. a. Trockentäler der Z-Alpen). Allgemein: Spanische Gebirge, Schweizer Jura, Alpen, Apennin, Karpaten, Balkan. Algerien, Asien.
B In den SW-Alpen kommt selten **J. thurifera** L., Weihrauch-W., Np; F I; RL in I (4); ♟?; ✠? vor. **M** 3–10(20) m hoch, Wuchs pyramidenförmig, aufrecht. Zweige 4-kantig. Nadeln 1–1,25 mm lang, schuppenförmig, bisweilen gezähnt. Reife Beerenzapfen 7–8 mm, dunkelpurpurn. Südexponierte Trockenhänge.

25 Caltha palustris L.
Gewöhnliche Sumpfdotterblume

Populage, Caltha de marais
Calta palustre
navadna kalužnica

He; F I H D Ö S; § in I H; RL in H (4); ☠, ✤
M 15–60 cm, bogig aufsteigend. Blätter ungeteilt, rundlich, herz-nierenförmig, bis 15 cm Ø. Perigonblätter meist 5, dottergelb, mit Nektarien am Grund des Fruchtknotens. Nektarblätter fehlend. Fruchtblätter 5–8 (Balgfrüchte).
StO ③ Bachufer, Quellfluren, bis 2000(2530) m.
V Alpen: verbreitet und häufig. Allgemein: Europa, gemäßigtes und nördliches Asien, nördliches und arktisches N-Amerika.

26 Trollius europaeus L.
Europäische Trollblume

Boule d'or, Trolle d'Europe
Botton d'oro
navadna pogačica

He; F I H D Ö S; § in I H D Ö; RL in H (4) D (3); Ö (3); ☠, ✿
M 20–60–cm. Aufrecht, kahl, meist 1(2–3)-blütig. Grundständige Blätter rundlich, tief 5-teilig, Stängelblätter nach oben zunehmend weniger geteilt. Perigonblätter (5)10–15, gelb, kugelig zusammenneigend, Nektarblätter 4–10, zahlreiche Fruchtblätter (Balgfrüchte).
StO ②⑤ Frische Rasen, Hochstaudenfluren, bis 2100 m.
V Alpen zerstreut bis häufig. Allgemein: fast ganz Europa, in S-Europa v. a. in den Gebirgen.

27 **Helleborus niger** L.
ssp. **macranthus** (Freyn) Schiffner
Großblütige Schneerose
Rose de Noël
Elleboro bianco

He; ●l H; § in l H; RL in H (4); 🐾!✚;❀

M 15–30 cm. Stängel aufrecht mit 1–3 schuppenförmigen Hochblättern, Grundblätter 1–3, wintergrün, mit 7–9 Abschnitten, lederartig, matt, bläulichgrün, kahl, fußförmig. Abschnitte um die Mitte am breitesten, mit feinen, seitlich abstehenden, stechend spitzen Zähnen. Blüten 8–10 cm Ø. Perigon weiß bis schwach rosa.
StO ① Steinig buschige Hänge, Legföhrengebüsch, Gebirgswälder, bis 1850 m.
V Alpen: S-Tirol bis Tessin.
B Ähnlich und durch Übergänge mit 27 verbunden ist ssp. **niger**, Gewöhnliche Sch., (F) l H D Ö S; § in D Ö; RL in D Ö (3). Blätter glänzend, dunkelgrün, Abschnitte im vordersten Drittel am breitesten, mit nach vorn gekrümmten Zähnen. Blüten 6–8 cm Ø. **V** Zerstreut, besonders nordöstliche u. südliche Kalkalpen. Allgemein: Alpen, Apennin, Slowenien, Kroatien.

28 **Callianthemum coriandrifolium**
Rchb.
Korianderblättrige Schmuckblume
Callianthème à feuilles de coriandre
Ranunculo con folie di Coriandro

He; F l H Ö; § in l

M 10–20 cm, niederliegend bis aufsteigend. Grundblätter blaugrün, kahl, gefiedert, mit mehrfach fiederteiligen Abschnitten, zur Blütezeit meist voll entwickelt, untere Fiedern sitzend oder kurz gestielt. Stängelblätter 1–2. Blüten 20–30 mm im Ø. Kronblätter 6–13, breit eiförmig, weiß, selten rosa überlaufen. Kelchblätter blassgrünlich, hinfällig. Frucht mit Schnabel 3 mm lang, netzartig geadert.
StO ④ Feuchte Matten, steinige Rasen, auch zwischen Krummholz, seltener in Felsspalten, vor allem auf Silikatgestein, bis 2800 m.
V Alpen: von den Cottischen und Savoyer Alpen zerstreut und mit größeren Lücken bis in die O-Alpen (Stangalpe), selten. Allgemein: NW-Spanien, Pyrenäen, Alpen, Karpaten, Bosnien.

29 Callianthemum kerneranum Freyn
Kerners Schmuckblume
Ranunculo di Kerner

30 Callianthemum anemonoides
(J. Zahlbr.) Endl. ex Heynh.
Anemonen-Schmuckblume

He; ●I; §; RL (3)
M 3–6 cm, niederliegend bis aufsteigend. Grundblätter blaugrün, kahl, mit mehrfach fiederteiligen Abschnitten, zur Blütezeit noch nicht voll entwickelt, untere Fiedern nur kurz gestielt. Blüten 2,5–3 cm im Ø. Kelchblätter rötlich. Kronblätter 10–15, schmal eiförmig oder keilförmig, weiß, oft hellrosa überlaufen. Frucht mit Schnabel 3 mm lang, glatt.
StO ④ Steinige Rasen, Felsspalten, auf Kalk, 1500–2000 m.
V Endemit des Gardasee-Gebiets, selten.

He; ●Ö; § .
M 5–22 cm, niederliegend bis aufsteigend. Grundblätter blaugrün, kahl, gefiedert, mit mehrfach fiederteiligen Abschnitten, zur Blütezeit noch nicht voll entwickelt, untere Fiedern über 1 cm lang gestielt. Blüten 3–4(5) cm im Ø. Kelchblätter häutig, weißlich. Kronblätter linealisch (-keilförmig) 10–18, weiß oder rosa überlaufen, 2-mal so lang wie die Kelchblätter. Frucht mit Schnabel 4,5 mm lang, netzartig geadert.
StO ①④ Feucht schattige Felsen, Geröll, Föhrenwälder, auf Kalk und Dolomit, bis in die subalpine Stufe.
V Endemit der nordöstlichen Kalk(vor)alpen, zerstreut bis selten.

31 **Aquilegia alpina** L.
Alpen-Akelei

Ancolie des Alpes
Aquilegia maggiore

He; F I H Ö; § in I H Ö; RL in H (4) Ö (4); ♀

M 20–50(80) cm. Stängel drüsenlos, oben flaumhaarig, kaum verzweigt, 1–3-blütig. Grundblätter doppelt 3-teilig. Teilblättchen tief eingeschnitten, gekerbt. Blüten bis 5–8 cm Ø, (hell) blau. Spornlose Perigonblätter 35–45 mm lang und 15–20 mm breit. Staubblätter 2–4 mm kürzer als Perigon.

StO ①②④ Subalpine Lärchenwälder, rasige Schotterhänge, Gebüsch, Rostseggenrasen, bis 2600 m.

V Alpen: Seealpen bis Vorarlberg, zerstreut bis selten. Allgemein: Alpen, N-Apennin.

B Ähnlich ist **A. vulgaris** L., Gewöhnliche A.: F I H (D) Ö S; § in D Ö; ♀; ✽; ❀. **M** Stängel oben fast kahl, verzweigt, 3–10-blütig. Blüten bis 5 cm Ø, meist blauviolett. Blütensporn hakig. Perigonblätter 20–30 mm lang. Staubblätter kaum aus der Blüte ragend. **StO** Lichte Wälder, Gebüsche, Wiesen. **V** Alpen: verbreitet und häufig, bis ca. 2000 m ansteigend.

32 **Aquilegia atrata** W. D. J. Koch
Schwarzviolette Akelei

Ancolie noirâtre
Aquilegia scura
črnikasovijlična orlica

He; F I H D Ö S; § in I D Ö; RL in H (4); ♀; ❀

M 20–80 cm. Stängel 2–4 mm dick, oben dicht behaart, ohne Drüsen. Blätter unterseits kahl. Blüten dunkel(braun-)violett, an bis 10 cm langen Blütenstielen, Blütensporn hakig. Staubblätter weit (1–2) cm aus Blütenhülle ragend.

StO ① Lichte Wälder und Gebüsche, Krummholz, bis 2150 m.

V Alpen: zerstreut, gebietsweise häufig, östlich der Enns selten. Allgemein: Alpen, Voralpen, Apennin.

B Ähnlich ist **A. nigricans** Baumg., aber Stängel oben und Blütenstand dicht drüsig behaart. Blätter unterseits meist weichhaarig. Staubblätter 2–10 mm aus der Blütenhülle ragend. Blütenfarbe blau bis dunkel blauviolett. **StO** Schluchtwälder, Hochstaudenfluren, steinige Abhänge. **V** SO-Alpen, selten bis zerstreut, (I Ö S). Ansonsten: Ungarn, Balkan.

33 **Aquilegia einseleana** F. W. Schultz
Kleinblütige Akelei
Ancolie de Einsele
Aquilegia di Einsele
Einselejeva orlica

34 **Aquilegia thalictrifolia**
Schott et Kotschy
Wiesenrautenblättrige Akelei
Aquilegia con foglie di Thalictrum

He; ●I H D Ö S; § in I H D Ö; RL in H (2) D Ö (4)
M 10–45 cm. Stängel zierlich, 1–3-blütig, meist ungeteilt, nur im oberen Teil spärlich drüsig flaumhaarig. Blätter doppelt 3-teilig, graugrün (z. T. rötlich überlaufen), unterseits kahl, mit nur undeutlicher Nervatur. Blättchen meist nur bis auf ¼ der Länge eingeschnitten, gelappt oder gekerbt, mit breit gerundeten länglichen Lappen. Blüten 25–30(40) mm Ø, mit fast geradem Sporn, nickend, blauviolett, an bis zu 10 cm langen Stielen. Perigonblätter 15–20 mm lang und 7–8 mm breit. Sporn 7–10 mm lang u. 2–3 mm breit.
StO ①④ Geröll- und Blockhalden, Felsspalten, auch Bergföhrenwälder, über Kalk, bis 2100 m.
V Endemisch in den O-Alpen: südliche Kalkalpen vom Luganer See bis zu den Karawanken, vereinzelt in den nördlichen Kalkalpen, insgesamt selten.

He; ●I; §
M 20–60 cm, Stängel verzweigt. Grundblätter doppelt 3-teilig. Stängel, Blattstiele und Blätter ± dicht drüsig behaart. Blätter doppelt 3-teilig, dunkelgrün, unterseits mit deutlicher Nervatur. Blättchen bis fast zur Mitte eingeschnitten oder tief gezähnt, meist 3-spaltig, mit nach oben verbreiterten, abgerundeten, stumpf gelappten Zipfeln, die weit voneinander abstehen. Blüten 25–30(40) mm Ø, mit geradem oder schwach gekrümmtem Sporn, nickend, blauviolett, an bis zu 10 cm langen Stielen. Perigonblätter ca. 20 mm lang und 7–8 mm breit. Sporn 8–11 mm lang und 3–4 mm breit.
StO ④ Im feuchten Kalkmulm überhängender Felsen (Balmen) bis 1600 m.
V Endemisch in den südlichen Kalkalpen von S-Tirol, der Lombardei und den Vicentinischen Alpen, sehr selten. Schützenswert.

35 Delphinium elatum L.
ssp. austriacum Pawl.
Österreichischer Rittersporn

He; ●Ö; §; RL (3); ⚥!, 🌼
M 80–250 cm, zerstreut behaart (rauwandig matte sowie flaschenförmige Haare, 20fache Vergrößerung!). Laubblätter handförmig geteilt, mit 3–7-fiedrig eingeschnittenen gesägten Abschnitten, kahl. Blütenstand rispig. Blüten blau, aus 5 kronblattartigen Kelchblättern (die 4 unteren eiförmig, das obere mit langem runzeligen Sporn) und 4 Kronblättern (die 2 oberen gespornt, die 2 unteren ausgerandet, weißbärtig und meist schwarzbraun gefärbt).
StO ②③ Hochstaudenfluren, Bachufer, Waldränder, bis etwa 2000 m.
V Alpen: nur Ö (Salzburg, Kärnten, Steiermark).
B Im Alpenraum weitere, sehr ähnliche Unterarten (§!). Ähnlich auch **D. dubium** (Rouy et Fouc.) B. Pawl., Zweifelhafter R. mit glatten, glänzenden Haaren (fast) ohne flaschenförmige Haare.
V Seealpen bis Venezianische Alpen. § in I.

36 Aconitum variegatum L.
ssp. variegatum
Bunter Eisenhut
Aconit panaché
Aconito screziato, pisana preobjeda

He; F I H D Ö S; § in I H D; RL in H (4) Ö (4); ⚥!; ✠
M 30–200(250) cm. Stängel hin- u. hergebogen, oft überhängend, kahl. Blätter netznervig. Blütenstand rispig. Helm des Perigons deutlich höher als breit, nur am Rücken behaart, blau bis violett, manchmal grünlich oder weiß gescheckt, selten lila. Blütenstiele kahl oder unter den Vorblättern krummhaarig, drüsenlos. Nektarien gerade, den Helmgipfel nicht erreichend. (3–)5 Fruchtblätter, zumindest an den Bauchnähten behaart, Perigon außen kahl. Samen braun.
StO ②③ Hochstaudenfluren, Bachufer, Grauerlengebüsch, bis 2300 m.
V Alpen: Seealpen bis O-Alpen, zerstreut bis häufig. Gebietsweise fehlend. Allgemein: Alpen, M-Gebirge M- u. SO-Europas, Apennin.
B In den Alpen weitere, sehr ähnliche Unterarten.

37 **Aconitum degenii** Gayer
ssp. paniculatum (Arcang.) Mucher

Rispen-Eisenhut

Aconit paniculé
Aconito pannocchiuto, latasta preobjeda

He; F I H D Ö S; § in H D Ö; RL in H (4); ♀!; ✠
M 40–300 cm, aufrecht oder überhängend, ausgebreitet ästig, Stängelblätter unterseits mit deutlicher Netznervatur. Blüten blauviolett, auf dem Rücken drüsig, Blütenstiele abstehend drüsenhaarig. Helm nur so hoch wie oder nur wenig höher als breit. Nektarien gebogen, den Helmgipfel erreichend. Stiel der Nektarblätter gebogen, der Sporn nur wenig gebogen. Vorblätter lineal. Fruchtblätter 3(–5), kahl. Samen braun. Variabel in der Behaarung der Nektarblätter und Staubblätter.
StO ②③ Hochstauden, Ufer, Wälder bis 2500 m.
V Alpen: zerstreut bis häufig, von den Seealpen bis Slowenien. Ansonsten: Apennin, Balkan.
B Weitere ähnliche Unterarten, nahe verwandte Arten bzw. Hybriden, die erst seit kurzem unterschieden werden.

38 **Aconitum napellus** L. ssp. napellus
Blauer Eisenhut

Casque-de-Jupiter
Aconito napello
repicasta preobjeda

He; F I H D Ö S; § in I D; ♀!; ✠
M 30–200 cm, steif aufrecht. Stängelblätter unterseits meist ohne deutliche Netznervatur. Blütenstand stark verzweigt, dicht krummhaarig, selten mit Drüsen, Helm breiter als hoch, außen ± bogenhaarig, tiefblau (bis weiß). Nektar- und Staubblätter dicht behaart. Vorblätter der untersten Endtraubenblüte 3–8(15) mm lang, lanzettlich bis spatelig, allseits krummhaarig oder tief eingeschnitten. (2–)3(–5) Fruchtblätter, kahl. Samen schwarz.
StO ②③⑥ Lägerfluren, Hochstauden, Ufer.
V Alpen: häufig. Allgemein: M- u. NW-Europa, Pyrenäen. Weitere Unterarten in den Alpen.
B Ähnlich ist **A. tauricum** Wulfen, Tauern-E., He; I D Ö S; § in D; RL in D (4); ♀!; ✠. **U** wie **38**, aber 15–80 cm hoch. Blütenstand meist kahl, ± unverzweigt, Perigonblätter außen kahl, Vorblätter fadenförmig lineal. Weitere, sehr ähnliche Arten mit lokaler Verbreitung.

39 Aconitum lycoctonum L. ssp. ranunculifolium (Rchb.) Schinz et Keller

Hahnenfußblättriger Wolfs-E.

Aconit de Lamarck, Aconito di Lamarck
ozkočeladasta preobjeda

He; F I H Ö (S); § in I Ö; ☠!
M 0,4–2 m hoch. Wurzel nicht verdickt. Stängel steif aufrecht. Stängelblätter handförmig 5–7-teilig, fast bis zum Grund geteilt, mit schmalen, linealen Blattzipfeln. Blütenstand dicht, ungeteilt oder mit aufrechten Ästen. Blütenstiele meist ± dicht krummhaarig, meist drüsenlos. Helm ca. 3-mal so hoch wie breit. Staubblätter oft behaart. Balgfrüchte kahl oder krummhaarig.
StO ①②⑤ Legföhren- und Grünerlengebüsch, felsige Hänge, Hochstaudenfluren, Bergweiden, lichte Wälder.
V Alpen: W-Alpen, in den Z- und O-Alpen vor allem in den südlichen Gebirgsketten, nördlich bis Graubünden, östlich bis zu den Julischen Alpen, zerstreut bis häufig. Allgemein: Alpen, Gebirge S-Europas, von Spanien bis zum Balkan.

40 Aconitum anthora L.

Gift-Eisenhut, Blassgelber E.

Aconit anthora
Aconito antora
primorska preobjeda

Ge He; F I H (Ö) (S); § in I H Ö; RL in H (2) Ö (4) S (4); ☠!, (✠)
M 25–100 cm. Wurzel rübenförmig verdickt. Stängel steif aufrecht, bläulich grün, behaart. Stängelblätter handförmig geteilt, bis zum Grund 5–7-teilig, ihre Abschnitte 2–3fach fiederteilig mit schmal linealen 1–2 mm breiten Zipfeln. Blüten blassgelb, weichhaarig. Helm halbkugelig, etwa so hoch wie breit. Balgfrüchte dicht weichhaarig.
StO ②④ Steinige Hänge, Gebüsche, Staudenfluren, bis 2200 m.
V Alpen: selten. Seealpen bis Grajische Alpen und südliche Kalkalpen. Allgemein: Alpen, Spanische Gebirge, Pyrenäen, Corbieres, Jura (F H), Niederösterreich, Istrien, Kroatien, Ungarn, Mähren, Galizien.

41 **Anemone narcissiflora** L.
Narzissenblütiges Windröschen

Anémone à fleurs de narcisse
Anemone narcissino
kobulasta vetrnica

Ge; F I H D Ö S; § in I H D Ö; RL in H (4) D (3)
M 20–50 cm. Stängel aufrecht, abstehend zottig behaart, Grundblätter stets vorhanden, 4–8 cm Ø, handförmig 3–5-teilig. Blüten in doldigen Blütenständen, weiß, 2–3 cm Ø, Nüsschen kahl.
StO ①②④ Steinrasen, Hochstaudenfluren, Legföhrengebüsch, meist auf Kalk, bis 2500 m.
V Alpen: verbreitet; häufig in den nördlichen u. südlichen Gebirgsketten, selten in den mittleren. Allgemein: Gebirge S- und Z-Europas.
B In den SO-Alpen (I Ö S) kommt v. a. in montanen Buchenwäldern bis 1860 m das Dreiblättrige W., **A. trifolia** L. vor: **M** 10–30 cm, Grundblatt 0(–1), Stängel im oberen Teil mit 3 lang gestielten, 3-teiligen Hochblättern, Abschnitte ungeteilt, eiförmig lanzettlich, randlich gesägt. Blüte weiß, einzeln, Perigon 6-teilig, Staubbeutel bläulich weiß. **V** Südeuropäische Gebirgspflanze.

42 **Anemone baldensis** L.
Monte-Baldo-Windröschen

Anémone du M. Baldo
Anemone del M. Baldo
mala vetrnica

Ge; F I H Ö S; § in I Ö; RL in Ö (3)
M 5–12 cm, fruchtend bis 20 cm. Stängel flaumig behaart, 1-blütig. Grundblätter lang gestielt, 3-teilig, mit gestielten, bis zum Grund 3-teiligen, tief eingeschnittenen Abschnitten. Stängelblätter ähnlich gestaltet, in der unteren Stängelhälfte. Blüte 2,5–4 cm Ø, mit (6)8–10 außen behaarten Perigonblättern. Nüsschen von weißen Wollhaaren dicht eingehüllt.
StO ④ Steinrasen, Schutt, auf Kalk, bis 3050 m.
V Alpen: S-Alpen häufig, N-Alpen selten. Ansonsten: Kroatien (Grna Gora), SO-Karpaten.
B Das häufige Busch-W. **A. nemorosa** L, steigt in den Alpen bis 1800 m auf. **M** Grundblätter zur Blütezeit fehlend, Stängelblätter mindestens 1 cm gestielt, Abschnitte der 3-teiligen Stängelblätter ± tief 2–5-teilig, grob gezähnt. Blüte 1(–2). Perigon 6(–9)-teilig, außen kahl. Staubbeutel gelb. **StO** Wälder, Bergwiesen.

43 **Pulsatilla alpina** (L.) Del. ssp. alpina
Alpen-Kuhschelle
Pulsatille des Alpes
Pulsatilla alpina
alpski kosmatinec

He; F I H D Ö S; § in I H D Ö; RL in H (4); ☥
M 20–40 cm. Grundständige Blätter 3-teilig, mit 3-teiligen Abschnitten. Am Stängel meist 3 den Grundblättern ähnliche Hochblätter, diese am Grund nicht verwachsen. Endfieder der Laubblätter fiederspaltig. Spreite gegen den Stiel nicht abgewinkelt, deutlich behaart. Blüten weiß, 4–6 cm Ø, aufrecht. Perigonblätter 20–30 mm lang und 10–20 mm breit, innen weiß, außen bläulich überlaufen. Nektarblätter fehlend. Nüsschen mit langem, fedrig behaartem Griffel.
StO ①②④ Kalkreiche, steinige Rasen, Legföhren, Hochstauden, Felsen, bis 2500 m.
V Alpen: verbreitet und meist häufig, nördliche u. südliche Kalkalpen. Pyrenäen, Jura, Apennin.
B ssp. **alba** (Rchb.) Domin ist zierlicher. Endfieder der Laubblätter fiederschnittig. Spreite gegen den Stiel deutlich abgewinkelt, fast kahl. Blüten nur 2–3 cm Ø. Perigonblätter nur 10–20 mm lang und 5–10 mm breit.

44 **Pulsatilla alpina** (L.) Del. ssp. apiifolia (Scop.) Nyman
Gelbe Alpen-Kuhschelle
Pulsatille soufrée
Pulsatilla sulfurea, alpski kosmatinec

He; F I H D Ö S; § in I H D Ö; RL in H (4) D (4); ☥
M 20–50(70) cm. Stängelblätter gestielt, frei, nicht verwachsen, den grundständigen ähnlich, doppelt 3-teilig, laubblattartig. Perigonblätter außen und innen schwefelgelb, 3–5 cm Ø. Nektarblätter fehlen.
StO ④⑤ Kalkarme, bodensaure Magerrasen, bis 2400 m.
V Alpen: in den Silikatgebieten verbreitet und meist häufig (W- und Z-Alpen), SO- und N-Alpen nur vereinzelt, in D nur selten im Allgäu. Ansonsten: spanische Gebirge, Pyrenäen.

45 Pulsatilla vernalis (L.) Mill.
Frühlings-Kuhschelle
Pulsatille du printemps
Pulsatilla primaverile

He; F I H (D) Ö; § in I H D Ö; RL in H (4); ⚥
M 5–15 (fruchtend 35) cm. Laubblätter grundständig, 1–2fach gefiedert, wintergrün, schwach behaart bis fast kahl, nach der Blüte erscheinend. Hochblätter am Grund scheidenartig zu ⅓–¼ miteinander verwachsen, bronzegolden behaart. Blüte einzeln. Perigonblätter innen gelblich weiß, außen rosa, violett bis blau, anfangs nickend, später aufrecht, ebenfalls bronzegolden behaart. Nektarblätter vorhanden. Nüsschen mit langem, fedrig behaartem Griffel.
StO ① ④ ⑤ Silikat-Magerrasen, Zwergstrauchheiden, Kiefernheiden (tiefere Lagen), bis 2600 (3100) m.
V Alpen: verbreitet, aber nicht häufig; Dauphiné-Alpen bis Allgäu, Tirol u. Steiermark. Ansonsten: Pyrenäen, Z-Frankreich, N- u. Z-Deutschland, Riesengebirge, Gesenke, Skandinavien bis Jütland, Finnland, Karelien.

46 Pulsatilla halleri (All.) Willd.
Hallers Kuhschelle
Pulsatille de Haller
Pulsatilla di Haller

He; ● F I H; § in I H; RL in H (3); ⚥
M 5–10 cm, fruchtend bis 30 cm. Grundständige Blätter nicht überwinternd, während der Blüte erscheinend, Spreite 3–7 cm lang, meist 2fach gefiedert, mit (2)6–11(22) mm breiten Zipfeln, jung stark, etwas seidig glänzend behaart, später zottig behaart, mit deutlicher spitzer Haarzotte an den Zipfelenden. Hochblätter verwachsen, mit seidig zottiger Behaarung. Perigonblätter hell- bis blauviolett, außen zottig behaart, meist kürzer als 35 mm. Blüten nach dem Aufblühen aufrecht, glockig, später sternförmig ausgebreitet, zuletzt oft nickend.
StO ④ ⑤ Trockene Fels- u. Geröllhänge, sonnige Rasen, über Kalk oder Schiefer, bis 3000 m.
V Endemisch in den SW u. SZ-Alpen, selten; Seealpen bis Wallis, Piemont u. Lombardei.
B Sehr ähnlich ist die im Murtal (Ö, Steiermark) endemische **P. styriaca** (G.A. Pritzel) Simonkai, Steirische K. **StO** Lichte Kiefernwälder, montan.

47 Clematis alpina (L.) Mill. ssp. alpina
Alpen-Waldrebe
Clématide des Alpes
Clematide alpina
planinski srobot

N li; F I H D Ö S; § in H D Ö; RL (4); ⚱
M 100–200 cm. Stängel kahl, verholzend, mit Blattstielen rankend und klimmend. Blätter 1–2fach 3-zählig oder handförmig, Teilblättchen sitzend, tief gesägt. Blüten einzeln, lang gestielt, mit 4(–5) glockig zusammenneigenden, lanzettlichen Perigonblätter, violett bis hellblau. Nektarblätter 10–12, weißlich. Staubblätter gelb. Früchte mit 3(–4) cm langem, abstehend behaartem Griffel.
StO ①④ Alpenrosen- u. Legföhrengebüsch, alpine Nadelwälder, Blockhalden, bis 2000(2400) m, meist auf Kalk, selten auf Silikat.
V Alpen; v. a. Ostalpen, insgesamt zerstreut bis häufig. Ansonsten: Apennin, Karpaten.

48 Adonis pyrenaica DC.
Pyrenäen-Adonisröschen
Adonis des Pyrénées

He; F; §; RL (3); ⚱!
M 15–40 cm. Laubblätter 3–4fach fiederteilig, mit 1–2 mm breiten, schmal linealen Zipfeln. Grundblätter vorhanden, lang gestielt, Stängelblätter sitzend. Blüten einzeln, 4–7 cm Ø, endständig, gelb. Kronblätter 12–18, elliptisch, doppelt so lang wie die kahlen Kelchblätter. Staubbeutel gelb. Nüsschen dicht gedrängt, ca. 6 mm lang, mit einem 2–3 mm langen, gekrümmten Schnabel, meist behaart.
StO ④ Kalkschutt, 2200–2300 m.
V Alpen: nur an 2 Stellen in den Französischen Seealpen. Ansonsten: Pyrenäen.

49 Ranunculus kuepferi
Greuter & Bourdet (syn.: R. pyrenaeus ssp. plantagineus (All.) Rouy & Fouc.)
Küpfers Hahnenfuß
Renoncule de Küpfer, Ranuncolo di Küpfer

He; F I H Ö; § in H Ö; RL in H (4); ☙
M (5)10–15(40) cm. Stängel aufrecht, einfach, 1-blütig, seltener verzweigt (dann mehrblütig). Grundblätter lineal lanzettlich, ganzrandig, kahl. Blütenstiele kahl oder behaart. Blüten 20–30 mm im Ø, Kronblätter weiß. Kelchblätter kahl. Nüsschen etwa 3 mm lang und 2 mm breit, aufgeblasen, unberandet, kahl.
StO ④⑤ Feuchte Rasen, bis 3000 m.
V Alpen: Seealpen bis Kärnten, v. a. in den zentralen Gebirgsketten, gebietsweise häufig (Ligurische bis penninische Alpen), seltener in den N- u. S-Alpen. Ansonsten: Pyrenäen, Korsika.
B Nah verwandte Sippen in den Pyrenäen und Gebirgen der Iberischen Halbinsel.

50 Ranunculus aconitifolius L.
Eisenhutblättriger Hahnenfuß
Renoncule à feuilles d'aconit
Ranuncolo a foglie d'Aconito
omejelistna zlatica

He; F I H D Ö S; § in H; RL in H (4); ☙
M (15)20–50 cm. Stängel hohl, fest, nicht zusammendrückbar, zerstreut abstehend behaart, an Blattansätzen stielrund. Äste aufrecht. Laubblätter 3–5(7)-teilig, Mittelabschnitt bis zum Grund frei, gestielt, Abschnitte breit, bis zur Spitze gesägt. Blüten weiß, Blütenstiele 1–3mal so lang wie Tragblätter, meist kraus anliegend behaart. Reife Früchte 2–3 mm lang, 2 mm breit.
StO ①②④ Hochstauden, Bachufer, Quellfluren, Gebüsch, staudenreiche Wälder, bis 2350 m.
V Alpen: verbreitet bis zerstreut; ansonsten mittel- und südeuropäische Gebirge.
B Verbreitet und meist häufig ist der ähnliche Platanenblättrige H., **R. platanifolius** L. **M** 40–120 cm, Laubblätter 5–7-teilig, Mittelabschnitt am Grund nicht frei, ungestielt. Blütenstiele 4–5-mal so lang wie Tragblätter, meist kahl. Reife Früchte 3–4 mm lang und 3 mm breit. **StO** Wie 50.

51 Ranunculus parnassifolius L.
ssp. heterocarpus Küpfer

Herzblättriger Hahnenfuß

Renoncule à feuilles de parnassia
Ranuncolo a foglie di Parnassia

He; F I H D Ö; § in I H Ö; RL in H (4) D (1) Ö (4); ☠

M 4–10(20) cm. Stängel bogig aufsteigend, mehrblütig, weiß wollig behaart, grundständige Laubblätter gestielt, mit breiter Scheide, breit lanzettlich bis breit eiförmig, ungeteilt, bläulich grün, verkahlend. Kelchblätter zottig behaart, Kronblätter weiß, rötlich überlaufen, oft fehlend oder verkrüppelt. Nüsschen 3 mm lang, 2 mm breit, deutlich geadert.

StO ④ Feuchter, grusiger Felsschutt, auf kalkhaltigem Gestein, bis 2900 m.

V Alpen: Seealpen bis zu den Eisenerzer Alpen, v. a. in den kalkreichen Gebirgsketten der zentralen SW-Alpen, vereinzelt in den N- und S-Alpen. Ansonsten mit mehreren Unterarten in den Pyrenäen und nordspanischen Gebirgen.

52 Ranunculus glacialis L.

Gletscher-Hahnenfuß

Renoncule des glaciers
Ranuncolo glaciale

He; F I H D Ö; § in I H Ö; RL in H (4) D (4); ☠

M (4)10–15(25) cm. Stängel dick, aufrecht bis aufsteigend, kahl, selten zottig behaart. Grundständige Blätter fleischig, gestielt, bis zum Grund 3-teilig, Abschnitte 2 bis vielteilig. Stängelblätter 3–5-teilig. Blüten weiß, 12–30 mm Ø, Kronblätter außen oft rosarot bis tiefrot, nach der Blüte bleibend. Kelchblätter außen rotbraun behaart. Nüsschen 2,5 mm lang und 2 mm breit.

StO ④ Kalkarmer Felsschutt, Moränen, seltener in Felsspalten, bis 4000(4275) m.

V Alpen: verbreitet und häufig. Allgemein: Sierra Nevada, Pyrenäen, Alpen, Karpaten, Siebenbürgen, nördliches und arktisches Europa bis NW-Russland, Island, Grönland.

53 **Ranunculus seguieri** Vill.
Seguiers Hahnenfuß

Renoncule de Séguier
Ranuncolo di Séguier
Seguierijeva zlaqtica

He; F I H Ö S; § in I H; RL in H (2) S (4); ☠
M 8–15(25) cm. Stängel aufrecht bis bogig aufsteigend, anfangs weißzottig behaart, verkahlend. Blätter dunkelgrün. Grundständige Blätter gestielt, bis zum Grund 3–5teilig, mit mehrfach geteilten, spitzzähnigen Abschnitten. Stängelblätter 1–3, den Grundblättern ähnlich, zuweilen ungeteilt. Blüten 1–3, auf ungefurchten Stielen, weiß, 20–25 mm Ø, Kronblätter breit eiförmig, abgerundet. Kelchblätter kahl. Nüsschen 3–5 mm lang und 3–4 mm breit, deutlich netznervig.
StO ④ Feuchter, kalkhaltiger, mergeliger Schutt, selten Felsspalten, bis 2400(2570) m.
V Alpen: SW- u. W-Alpen, Z-Schweiz, S-Alpen östlich bis Karawanken, selten bis sehr zerstreut. Ansonsten: Apennin, Jura.

54 **Ranunculus alpestris** L.
Alpen-Hahnenfuß

Renoncule alpestre
Ranuncolo alpestre
alpska zlatica

He; F I H D Ö S; § in I H; RL in H (4) S (4); ☠
M 5–10(20) cm. Stängel gefurcht, kahl, 1(–3)-blütig. Grundständige Laubblätter geteilt, rundlich bis nierenförmig, mit herzförmigem oder gestutztem Grund, 3–5-lappig oder -spaltig, (jung) glänzend. Mittelabschnitt am Grund breiter als 2,5 mm. Stängelblätter fehlend oder schmal linealisch, ungeteilt. Blüten weiß, 2–2,5 cm Ø. Kronblätter ausgerandet, Kelchblätter kahl oder weiß behaart. Fruchtköpfchen ± kugelig. Nüsschen aufgeblasen, 2 mm lang, 1,5 mm breit.
StO ④ Kalkhaltige Böden mit langer Schneebedeckung, feuchte Felsspalten, bis 2760(2940) m.
V Alpen: verbreitet u. häufig. Ansonsten: Pyrenäen, Apennin, Jura, Karpaten.

55 Ranunculus traunfellneri Hoppe
Traunfellners Hahnenfuß
Ranuncolo di Traunfellner
Traunfellnerjeva zlatica

He; ● I Ö S; ☿
M ähnlich **R. alpestris**, aber insgesamt etwas zierlicher. Grundblätter bis zum Grund 3-teilig, mit keilförmigem Grund, meist matt, nicht glänzend. Seitliche Abschnitte mehrmals tief bis fast zum Grund eingeschnitten. Mittelabschnitt am Grund maximal 2 mm breit. Fruchtköpfchen oval.
StO ④ Kalkhaltige Böden mit langer Schneebedeckung, feuchte Felsspalten, bis 2300 m.
V Endemit der südöstlichen Kalkalpen, selten bis mäßig häufig: in den Karawanken, Steiner Alpen, Julischen Alpen südlich bis zum Snežnik.

56 Ranunculus bilobus Bertol.
Zweilappiger Hahnenfuß
Ranuncolo bilobo

He; ● I; ☿
M 5–15 cm. Stängel 1–3-blütig, nicht verzweigt, kahl. Grundständige Laubblätter ungeteilt, rundlich-nierenförmig, stumpf gekerbt, deutlich 5-nervig, kahl. Stängelblätter hochblattartig, lineal lanzettlich. Blüten weiß, 2–2,5 cm Ø. Kronblätter breit eiförmig, ausgerandet. Kelchblätter kahl oder weiß behaart. Nüsschen fast kugelig, 2 mm lang, 1,5 mm breit.
StO ④ Feuchter Kalkschutt, an Felsen, offene Rasen, bis 2000 m.
V Alpen: Endemit der italienischen S-Alpen zwischen Idro- und Gardasee.

57 **Ranunculus crenatus** Waldst. et Kit.
Gekerbter Hahnenfuß

He; Ö; RL (4); ☠

M Ähnlich **R. bilobus**, aber grundständige Blätter rundum gleichmäßig spitz gekerbt, undeutlich 5-nervig. Kronblätter vorn etwas wellig, gezähnelt oder ganzrandig, sehr selten ausgerandet.

StO ④ Feuchte Rasen, 1750–2400 m.

V Alpen: östliche Z-Alpen (Niedere Tauern), sehr selten. Ansonsten: Karpaten, Gebirge der Balkanhalbinsel.

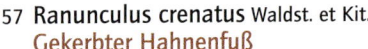

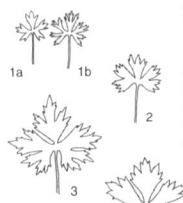

Blattschnitte R. montanus-Gruppe
1 Ranunculus carinthiacus
 (während a Blüte, b Frucht)
2 Ranunculus montanus
3 Ranunculus aduncus
4 Ranunculus breyninus
5 Ranunculus villarsii
6 Ranunculus venetus

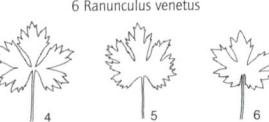

58 **Ranunculus breyninus**
Crantz (syn: R. oreophilus M.B.)
Gebirgs-Hahnenfuß
Renoncule (des montagnes)
Ranuncolo orofilo, Hornschuchova zlatica

He; F I H D Ö S; RL in D (3); ☠

M 5–15(50) cm. Oberer Teil des Wurzelstockes dicht (büschelartig oder gleichmäßig) behaart (2–4 mm lang), Wurzeln dünn. Stängel aufrecht, meist unverzweigt. Blütenstiele 1–5, anliegend behaart, ungefurcht. Spreite matt, anliegend behaart (etwa 6–12 Haare je mm^2), bis fast zum Grund 3-teilig, mit scharf zugespitzten Zähnen, jung gefaltet, nach unten geknickt. Stängelblätter klein, nur mit 3–5 linealischen Zipfeln. Blüten gelb. Staubfadenansatzstelle behaart. Fruchtschnabel kurz.

StO ①④ Steinrasen, Schutthalden, Föhrenwälder, kalkliebend, bis 2500 m.

V Alpen: südliche und nördliche Kalkalpen zerstreut, in den Zentralalpen selten. Allgemein: Pyrenäen, Korsika, Apennin, Jura, Alpen, Alpenvorland, Bosnien, Istrien, Karpaten, Krim, Kaukasus.

59 **Ranunculus montanus** Willd.
Berg-Hahnenfuß
Renoncule des montagnes
Ranuncolo montano
gorska zlatica

He; F I H D Ö S; RL in D (3); ☠

M (5)25–30(50) cm. Wurzelstock kahl. Stängel einfach, unten abstehend, oben meist anliegend behaart. Blätter kahl bis zerstreut behaart (weniger als 6 Haare je mm²), Stängelblätter 3–7-teilig, ihre Abschnitte lanzettlich, weniger als 7-mal so lang wie breit, etwas oberhalb der Mitte am breitesten. Blütenstiele 1(–3), seidig behaart, nicht gefurcht. Staubfadenansatzstelle kahl. Blüten gelb. Fruchtschnabel deutlich.

StO ①③⑤ Weiderasen, Flachmoorwiesen, lichte Wälder, kalkliebend, bis 2500(2950) m.

V Alpen: verbreitet und häufig. Ansonsten: Karpaten, Jura, Schwarzwald.

B Ähnlich ist **R. venetus** Huter, mit dichter behaarten Blättern (6–12 Haare je mm²), die Abschnitte der kleineren Stängelblätter meist wenig unterhalb der Mitte am breitesten. **StO** Kalkgeröll, Wiesen, Weiden, bis 2400 m. **V** ● S-Alpen, selten: Judikarien bis Tagliamento.

60 **Ranunculus carinthiacus** Hoppe
Kärntner Hahnenfuß
Renoncule (des montagnes)
Ranuncolo carinzia
koroška zlatica

He; F I H D Ö S; RL in D (2); ☠

M 4–20(40) cm. Wurzelstock kahl. Stängel unverzweigt, unten anliegend (selten abstehend) behaart. Grundblätter glänzend, kahl, zuweilen randlich bewimpert, nierenförmig oder 5–7-eckig, bis fast zum Grund in 3 Abschnitte geteilt. Spreiten im gefalteten Zustand aufrecht. Stängelblätter 3–7-teilig, ihre Abschnitte schmal lanzettlich bis lineal, 6–15-mal so lang wie breit. Blütenstiele 1(–3), ungefurcht, angedrückt seidig behaart. Blüten gelb. Staubfadenansatzstelle kahl. Fruchtschnabel sehr kurz.

StO ①④ Alpine Steinrasen, Föhrenwälder, kalkliebend, bis 2500 m.

V Alpen, ziemlich häufig bis selten, gebietsweise fehlend: Basses Alpes bis Karawanken. Ansonsten: N-Spanien, Pyrenäen, Jura, Schwäbische Alb, Gebirge des ehemaligen Jugoslawien.

61 Ranunculus villarsii DC.
(syn.: R. grenieranus Jord.)
Greniers Hahnenfuß
Renoncule de Grenier
Ranuncolo di Grenier

He; ●F I H D Ö; RL in D (4); ☠
M (3)12–20(60) cm. Wurzelstock walzlich, wie abgebissen, kahl, mit fleischigen Wurzeln. Stängel aufrecht. Fibrillen vorjähriger Blattscheiden vorhanden. Grundblätter 3-teilig, seitliche Abschnitte mindestens bis zur Mitte 2fach geteilt, matt, gelblich grün, dicht seidig behaart (8–20 Haare je mm^2), Segmente (3–5) der Stängelblätter lineal lanzettlich bis lanzettlich, ebenso behaart. Blüten gelb. Blütenstiele seidig behaart, ungefurcht. Staubfadenansatzstelle kahl. Fruchtschnabel deutlich.
StO ①④⑤ Silikat-Magerrasen, Wiesen, Weiderasen, lichte Lärchenwälder, kalkmeidend, bis 2800 m.
V Endemisch in den Alpen, ziemlich häufig: Seealpen bis Stubaier Alpen, Allgäu, v. a. in den Z-Alpen.

62 Ranunculus thora L.
Gift-Hahnenfuß
Renoncule vénéneuse
Ranuncolo erba-tora
opojna zlatica

He; F I H Ö S; § in I H Ö; RL in H (4) Ö (4); ☠!
M 10–30 cm. Laubblätter etwas lederartig, blaugrün bereift, kahl. Grundblätter zur Blütezeit vertrocknet. Unterstes Stängelblatt rundlich oder nierenförmig, oberhalb der Stängelmitte, sitzend, am Rande gekerbt bis gesägt, obere 3-teilig mit zugespitzten Abschnitten, oder einfach, lanzettlich. Blüten gelb, 1–2 cm Ø. Wenige kahle, deutlich geaderte, fast kugelige, 3–4 mm lange und 2,5–3,5 mm breite Nüsschen, Schnabel kurz, gebogen.
StO ①④ Steinige Rasen, Felsschutt, Felsbänder, Legföhrengebüsch, bis 2400 m, auf Kalk.
V Alpen: verbreitet und meist häufig in den südlichen Gebirgszügen von den W-Alpen bis zu den Julischen Alpen; sehr selten oder fehlend in den N-Alpen und österreichischen Z-Alpen. Ansonsten: NW-Spanien, Pyrenäen, Jura, Alpen, Karpaten, Apennin, Balkan.

63 **Ranunculus hybridus** Biria
Nierenblättriger Hahnenfuß
Ranuncolo ibrido
izrodna zlatica

He; I D Ö S; RL in D (4); ☠

M 10–15(20) cm. Laubblätter etwas lederartig, blaugrün bereift, kahl, zur Blütezeit meist mit 1–2(4) grundständigen, nierenförmigen, in den Blattstiel verschmälerten, vorne 3–5-lappigen Blättern. Stängelblätter ähnlich, 3–5-lappig bis handförmig. Blüten gelb, 1–2 cm Ø. Wenige kahle, deutlich geaderte, fast kugelige, 3,5–4 mm lange Nüsschen, Schnabel kurz, gebogen.
StO ①④ Felsschutt, Felsspalten, steinige Rasen, Legföhrengebüsch, auf Kalk, bis 2500 m.
V Alpen: Zerstreut bis häufig in den Kalkzügen der südlichen u. nördlichen O-Alpen. Ansonsten: W-Bosnien.

64 **Ranunculus pygmaeus** Wahlenb.
Zwerg-Hahnenfuß
Ranuncolo pigmeo

He; I H Ö; § in H Ö; RL in H (2) Ö (4); ☠

M 2–5 cm, Stängel 1-blütig. Grundblätter bis über die Mitte 3–5-teilig, Stängelblätter 1–2, sitzend, bis zum Grund 3–5-teilig, kahl. Blüten 5–10 mm Ø. Kelch u. Kronblätter ± gleich lang. Nüsschen eiförmig, glatt, kahl, Schnabel kurz.
StO ④ Kalkfreie, feuchte Böden, Schneetälchen, feuchte Felsbänder, bis 2700 m.
V Alpen, sehr selten: vom Unterengadin östlich bis zu den Hohen Tauern. Ansonsten: Karpaten, v. a. in der arktischen Region.
B Der Knollige H., **R. bulbosus** L., ☠; ✞, steigt in den Alpen bis 2100 (max. 3029) m an. **M** 15–30 cm, mit Sprossknolle und ± fleischigen Wurzeln. Grundblätter vielgestaltig, im Umriss eiförmig, bis zur Mitte 3-teilig, mit zahlreichen stumpfen Zähnen, ± stark behaart. Blütenstiele gefurcht. Blüten gelb. Kelchblätter zurückgeschlagen. **StO** Kalk-Magerrasen, trockene Wiesen, Böschungen

65 Thalictrum aquilegifolium L.
Akeleiblättrige Wiesenraute

Pigamon à feuilles d' ancolie
Pigamo colombino
vetrovka talin

He; F I H D Ö S; § in I H; RL in H (4)
M 40–120 cm, kahl. Blätter 3fach gefiedert, mit rundlichen oder ovalen, vorne eingeschnitten gekerbten oder gelappten Abschnitten. Perigonblätter 4–5, winzig klein, früh abfallend. Staubfäden lila bis hellviolett (selten weiß), unter den Staubbeuteln verdickt. Frucht lang gestielt, glatt (ohne Rippen), 3-kantig geflügelt, später hängend.
StO ①② Hochstaudenfluren, Gebüsche, Auenwälder, bis 2500 m.
V Alpen: verbreitet u. meist häufig, in den Silikatgebirgen teilweise fehlend. Allgemein: In Europa nördlich bis S-Schweden, südlich bis in die Gebirge SO-Europas, Italiens und N-Spaniens, Pyrenäen, östlich bis zur mittleren Wolga.

66 Thalictrum alpinum L.
Alpen-Wiesenraute

Pigamon des Alpes
Pigamo alpino

He; F I H Ö; § in H; RL in H (3) Ö (4)
M 5–15 cm, sehr zierlich. Blätter grundständig, (selten ein Stängelblatt), 2fach gefiedert, Blättchen 2–4 mm lang, grob eingeschnitten kerbt. Blüten klein, überhängend. Blütenhülle braunrot, unscheinbar, bis 2 mm lang, 4-teilig, hinfällig. Staubblätter etwa 15, gelb, Staubfäden violett. Nüsschen sitzend oder kurz gestielt.
StO ③④⑤ Steinige Magerasen, Quell- u. Flachmoore, bis 2800 m.
V Alpen: selten (gebietsweise häufig); W-Alpen (Seealpen bis Savoyer Alpen) sowie O-Alpen (Engadin bis Kärnten u. Steiermark). Ansonsten: Nördliches und arktisches Eurasien und N-Amerika, Gebirge Z-Asiens (im Himalaja bis 5200 m!), östlich bis Japan, Kaukasus, Balkan, Siebenbürgen, Pyrenäen.

67 **Papaver alpinum** L.
ssp. **ernesti-mayeri** (Markgraf) T. Wraber
(ssp. **julicum** E. Meyer et Merxm.)
Julischer Alpen-Mohn
Papavero delle Alpi Giulie, julijski mak

He; I S
M 15–20 cm, kräftig, aber nicht derb, meist
kahl. Stängel 1-blütig, am Grund mit festem Faserschopf. Laubblätter alle grundständig, 1–2fach
gefiedert, mit 2–3 meist genähert stehenden
Fiederpaaren u. vorwärts gebogenen, stumpfen,
(1)2–4 mm breiten Fiedern. Blüten weiß, 6 cm
Ø. Kronblätter 4, Staubblätter zahlreich. Fruchtknoten mit meist 5 lang herablaufenden Narbenstrahlen. Narbenkrone meist spitz. Kapsel
kurz ellipsoidisch, 11 mm lang.
StO ④ Kalkschuttfluren, bis 2400 m.
V Alpen: Julische Alpen, nicht häufig. Ansonsten:
Abruzzen.
Ähnlich sind: ssp. **alpinum**, Bursers A., ●Ö; § in
Ö, Totes Gebirge bis Wiener Schneeberg, und
ssp. **kerneri** (Hay.) Fedde, Karawanken-A.: Ö S; §
in Ö S. Karawanken, Steiner Alpen.

68 **Papaver alpinum** L.
ssp. **occidentale** Markgraf
Westlicher Alpen-Mohn
Pavot occidental

He; F H; § in H; RL in H (3)
M 15–20 cm, kräftig, aber nicht derb, meist
kahl. Stängel am Grund mit lockerem Faserschopf. Laubblätter alle grundständig, 1–2fach
gefiedert, mit 2–4 meist entfernt stehenden Fiederpaaren, Fiedern stumpf, 2–3 mm breit. Blüten weiß, 4–5 cm Ø. Kronblätter 4, Staubblätter
zahlreich. Fruchtknoten mit meist 4 lang herablaufenden Narbenstrahlen. Narbenkrone kurz
bespitzt. Kapsel kurz ellipsoidisch, 11 mm lang.
StO ④ Kalkschuttfluren, bis 2400 m.
V Alpen: zerstreut. Dauphiné bis zur Z-Schweiz.
B Ähnlich ist ssp. **sendtneri** (Hayek) Schinz &
Thell, Sendtners A.: H D Ö; § in H D Ö; RL in H
(3). **M** 5–15 cm, derb, behaart. Stängel am Grund
mit festem Faserschopf, 1(–2)fach gefiedert, meist
mit 2 genähert stehenden Fiederpaaren, Fiedern
spitz, 1,5–2,2 mm breit. Blüten meist weiß. Narbenkrone flach, Narbenstrahlen meist 5, kurz
herablaufend. **StO** Wie 67. **V** N-Alpen: Z-Schweiz
(Pilatus) bis Dachstein.

69 Papaver alpinum L.
ssp. **rhaeticum** (Ler.) Markgraf
Gelber Alpen-Mohn
Pavot rhétique
Papavero alpino, retijski mak

He; F I H Ö S ; § in I H Ö
M 5–20 cm, kräftig, derb, behaart oder kahl. Stängel am Grund mit dichtem Faserschopf. Laubblätter alle grundständig, 1(–2)fach gefiedert, meist mit 2 genäherten Fiederpaaren, Fiedern stumpf, 1–6 mm breit. Blüten meist gelb, 4–5 cm Ø. Kronblätter 4, Staubblätter zahlreich. Fruchtknoten mit meist 5–7 nur kurz herablaufenden Narbenstrahlen. Narbenkrone flach. Kapsel kurz ellipsoidisch, 14 mm lang.
StO ④ Beweglicher Felsschutt (Kalk, Kalkschiefer, Dolomit), bis 3000 m.
V Alpen, zerstreut: im Westen in den Ligurischen Alpen, Seealpen, Dauphiné, im Osten von den Rhätischen und Bergamasker bis zu den Julischen Alpen. Ansonsten: Pyrenäen, Balkanhalbinsel.

70 Alnus alnobetula (Ehrh.) K. Koch
Grün-Erle
Aune vert
Ontano verde
zelena jelša

Np; F I H D Ö S; § in Ö; ✠
M 0,5–2,5(4) m, vielästig. Blätter kurz zugespitzt, herb duftend, jung klebrig. Fruchtkätzchen an diesjährigen Zweigen mit den Blättern erscheinend. Samen breit geflügelt.
StO ② Bestandsbildend auf frischen, kalkarmen, nährstoffreichen Lehmböden, zwischen 1500–2000 m, bis 2800 m ansteigend.
V Alpen: verbreitet und meist häufig, von der Dauphiné bis Slowenien. Ansonsten: deutsche Mittelgebirge, Karpaten, Kroatien, Balkan.
B Die Grauerle **A. incana** (L.) Moench, Ph; F I H D Ö S; ✠ bildet in den Alpen oft Bestände an Ufern, Flüssen u. in Auwäldern, bis 1600(1850) m.
M 5–15(20) m. Blätter zugespitzt, doppelt gesägt, unterwärts graugrün, ± behaart. Knospe nicht klebrig. Fruchtkätzchen an vorjährigen Zweigen, vor Erscheinen der Blätter blühend. Früchte zapfenförmig, Samen kaum geflügelt. **V** Alpen: verbreitet u. häufig.

71 Chenopodium foliosum Asch.
Echter Erdbeerspinat,
Durchblätterter Gänsefuß
Epinard-fraise en baguette
Farinello foglioso

Th; F I H (D) Ö; RL in Ö (3); ✿
M 30–100 cm, einfach oder am Grund verzweigt. Blätter 3-eckig spießförmig, unregelmäßig buchtig gezähnt. Blüten in kugeligen Knäueln in den Achseln von laubblattähnlichen Tragblättern, zur Fruchtzeit fleischig, maulbeerartig, intensiv rot. Samen gerillt.
StO ④⑤⑥ Ruderalstellen, Balmen, Viehläger, Sennhütten, bis 2000(2420) m.
V Alpen: selten. Allgemein: Gebirge der Iberischen Halbinsel, Pyrenäen, Alpen; Gebirge NW-Afrikas, Kaukasus, Elburs, Gebirge Z-Asiens. Als Kulturrelikt in allen europäischen Ländern, sowie häufig in den Ländern des Nahen u. Mittleren Ostens bis nach Indien bzw. in die Mongolei. Eingeschleppt in S-Afrika u. N-Amerika.

72 Chenopodium bonus-henricus L.
Guter Heinrich
Chènopode Bon-Henri
Farinello Buon-Enrico
stajska metlica

Th, Ge; F I H D Ö S; RL in D (3); ✿
M 20–100 cm. Meist unverzweigt. Blätter bis 15 cm lang, 3-eckig spießförmig, unterseits mehlig bestäubt. Blütenstand eine nur am Grund beblätterte, mit vielen dicht stehenden Seitenästen versehene Scheinähre, oft nickend.
StO ⑥ Viehläger, Sennhütten, Schuttstellen, an Wegen, bis 2100 m, vereinzelt höher (3105 m).
V Alpen: zerstreut bis mäßig häufig. Allgemein: fast ganz Europa, nördlich bis Skandinavien (62°), östlich bis zur Wolga u. Dnjepr, südwestlich bis zu den Pyrenäen.
B Der Weiße G., **Ch. album** L., besiedelt häufig Ruderalstellen, in den Alpen bis 2500 m.
M (5)15–180 cm, ± dicht mehlig bestäubt, graugrün. Stängel grün gestreift, oft rot überlaufen. Blätter variabel: oval, lanzettlich oder rhombisch, meist unregelmäßig gesägt, auch ganzrandig, Gesamtblütenstand pyramidal. Blütenknäuel weißlich grün, stark mehlig.

73 Montia fontana L. ssp. fontana
Bach-Quellkraut
Mouron des fontaines
Pendolino delle fonti
navadni mokrič

Hy; (F) I H (D) Ö (S)
M 10–30 cm, niederliegende, aufrecht oder flutende, kahle etwas fleischige Pflanze, stark verzweigt. Blätter gegenständig, lanzettlich bis spatelförmig, sitzend, dunkelgrün. Blüten kurz gestielt, zu 2–5 seiten- oder endständig, unscheinbar. Perigon 5-teilig, 3–4 mm lang, Staubblätter 3. Frucht eine Kapsel, sich mit 3 Klappen öffnend. Reife Samen glatt, stark glänzend.
StO ③ Kalkarme Quellfluren, bis 2350 m.
V Alpen: zerstreut in den östlichen Z- u. S-Alpen, vom obersten Rhône- u. Reußtal bis Kärnten. Allgemein: ozeanisch zirkumpolar, südlich bis M- u. S-Europa, Z-Asien, Mexico u. USA. Auch auf der S-Halbkugel.

74 Telephium imperati L.
Telephie
Téléphium d'Imperato
Telefio d'Imperato

Ch; (F) I H; RL in H (2)
M 15–30(40) cm, niederliegend oder aufsteigend, ausgebreitet, oft an Felsen hängend, kahl. Blätter 0,5–2 cm lang, verkehrt eiförmig, etwas fleischig, blaugrün, wechselständig. Nebenblätter klein, häutig. Blütenstände trugdoldig, endständig. Blüten 5-zählig. Kronblätter weiß, 4–7 mm lang, ca. so lang wie der krautige, weißlich berandete Kelch. Staubblätter 5. Kapsel 3(–4)-klappig aufspringend.
StO ①④ Sonnig-felsige Abhänge, Steinschutt, Felsen, lichte Föhrenwälder, bis 1800 m.
V Alpen: selten: Trockentäler der Z-Alpen (Vintschgau, mittleres Rhonetal). Ansonsten: Iberische Halbinsel, S-Frankreich, Balkan; Kleinasien bis Iran, N-Afrika.

75 Paronychia polygonifolia (Vill.) DC.
Knöterichblättriges Nagelheil
Paronyque à feuilles de renourée
Paronichia con foglie di Polygono

Ch; F I
M 10–30 cm, niederliegend, reich verzweigt, rasig wachsend, fast kahl. Laubblätter geknäuelt, 2–3(10) mm lang, lanzettlich bis spatelförmig. Nebenblätter häutig. Blüten in 3–6 mm breiten Knäueln, unscheinbar. Tragblätter lanzettlich, 2–4 mm lang, länger als der Kelch. Kelchblätter 1,2–1,75 mm lang, am Rand häutig, begrannt. Kronblätter meist fehlend. Staubblätter 5. Griffel 2.
StO ④ Felsen, Schuttfluren, auf Silikat, bis 2500 m. **V** Alpen: SW-Alpen, selten; See- bis Grajische Alpen. Ansonsten: Pyrenäen, Cevennen, Korsika, Gebirge S-Europas; Marocco, Türkei.

76 Herniaria alpina Chaix
Alpen-Bruchkraut
Herniaire des Alpes
Erniaria alpina

Ch; F I H Ö; RL in Ö (3)
M 5–20 cm lang, niederliegend, in flachen Polstern wachsend, stark verzweigt. Stängel rauhaarig. Laubblätter 2–5 mm lang, eiförmig, oberseits meist kahl, am Rand bewimpert. Nebenblätter weißlich. Blüten kurz gestielt, zu 1–4 knäuelig, grünlich, meist ohne Kronblätter. Kelchblätter 1–1,5 mm lang, zerstreut borstlich behaart. Griffel 2. Frucht kürzer als Kelch.
StO ④ Steinschutt, Felsen, Moränen, bis 3320 m **V** Alpen: SW- u. W-Alpen östlich bis zur Venedigergruppe. Ansonsten: Pyrenäen.
B H. glabra L., Kahles Bruchkraut, steigt gelegentlich (v. a. Z-Alpen) bis in die (sub)alpine Stufe auf. **U** Pflanze oft kahl, mitunter locker behaart. Blätter 3–8 mm lang, eiförmig lanzettlich, kahl oder kurz bewimpert. Blüten fast sitzend. Kelchblätter 0,5 mm lang, kahl. Frucht länger als der Kelch. **StO** Sandig-kiesige Orte. **V** Europa, Asien.

77 Arenaria biflora L.
Zweiblütiges Sandkraut
Sabline à deux fleurs
Arenaria biflora

Ch ; F I H D Ö
M Bis 30 cm lang, niederliegend kriechend, mit seitlichen Trieben. Blätter rundlich, stumpf, bis 5 mm lang, nur am kurzen Blattstiel bewimpert. Blüten 1–2, gestielt; Kelchblätter 4–4,5 mm lang. Kronblätter ganzrandig, meist etwas länger als der Kelch. Griffel 3. Kapsel 6-zähnig. Samen ohne Anhängsel.
StO ③④ Kalkarme Böden mit langer Schneebedeckung, Schneetälchen, feuchte Rasen, feuchter Schutt.
V Alpen: verbreitet und häufig (Silikatgebiete). Ansonsten: Pyrenäen, Karpaten, Apennin, Balkan.
B Charakteristische Merkmale der **Arenaria**-Arten im Unterschied zu ähnlichen Nelkengewächsen sind: Kronblätter ungeteilt, 3 Griffel, mit 6 Zähnen aufspringende Fruchtkapseln und warzige Samen ohne Anhängsel.

78 Arenaria ciliata L.
ssp. multicaulis (L.) Arcang.
Wimper-Sandkraut
Sabline ciliée
Arenaria cigliata

Ch; F I H D Ö
M 3–10 cm, rasig wachsend. Blätter 3–7 mm lang, 2–3-mal so lang wie breit, eiförmig bis lanzettlich, am Grund bewimpert. Blüten zu (2)3–5(7). Kronblätter ganzrandig, 4–6(7) mm lang, länger als der 3–3,5 mm lange Kelch. Griffel 3. Kapsel 6-zähnig. Samen ohne Anhängsel.
StO ④ Lückige, kalkhaltige Rasen, bis 3100 m.
V Alpen: W- u. Z-Alpen, östlich bis Allgäu u. Bergamasker Alpen, zerstreut. Ansonsten: Pyrenäen, Gebirge Spaniens, Jura (F u. H)
B ssp. **ciliata** Ch; F I H D Ö S, ist von dichterem Wuchs. Blätter schmaler (3–4-mal so lang wie breit). Blüten zu 1–2(3) pro Zweig. Kronblätter (5)6–9 mm lang. **StO** Alpine Rasen (v. a. Polterseggen- u. Nacktriedrasen), bis 3100 m. **V** Alpen, Z- und O-Alpen, zerstreut, häufiger in den östlichen Z-Alpen. Ansonsten: Karpaten, Irland, Skandinavien, Grönland, Asien.

79 **Arenaria huteri** Kerner
Huter-Sandkraut
Arenaria di Huter

Ch; ●I

M 5–20 cm, lockere Polster bildend, oft herab-hängend, mit aufsteigenden Blühtrieben, dicht drüsig behaart, graugrün. Blätter länglich bis eilanzettlich, 8–10 mm lang u. 2–3 mm breit, die unteren dicht gedrängt. Kelchblätter 5 mm lang, ohne deutliche Nerven, schmal hautrandig. Blüten 5-zählig, bis 15 mm Ø. Kronblätter 7–9 mm lang.
StO ④ Steile Dolomitfelsen, 700–2000 m.
V Endemit der Venezianischen Alpen, selten.
B In den O- u. SW-Alpen kommt zerstreut bis selten **A. grandiflora** L. Großblütiges S. Ch; F I H Ö; RL in Ö (4) ; vor. **M** Dichte Rasen oder Polster bildend. Stängel und Kelch kurzdrüsig behaart. Blätter ca. 1 cm lang und 1,5 mm breit, schmal lanzettlich, mit deutlichem Mittelnerv und 1 mm langer Stachelspitze, Blattrand verdickt. Kronblät-ter 6–12 mm lang, ca. 2-mal so lang wie der Kelch. **StO** Felsen, Geröll, steinige Gebirgswie-sen, nur auf Kalk, bis 1900 m.

80 **Arenaria marschlinsii** Koch
Alpen-Sandkraut
Sabline de Marschlins
Arenaria di Marschlins
marschlinsova peščenka

Th, He; F I H Ö S

M 2–5(10) cm hoch, dicht kurzhaarig (Haare 0,2–0,5 mm lang), meist nur oben gabelästig, auf-recht oder niederliegend bis aufsteigend, grün oder gelbgrün. Blätter eiförmig, zugespitzt, kurz gewimpert. Kronblätter kürzer als die spitzen Kelchblätter, diese meist etwas länger als die Frucht.
StO ④⑥ Felsschutt, Lägerstellen des Gebirges, 2000–3200 m.
V Alpen: zerstreut bis selten, fehlt in den nörd-lichen Kalkalpen. Allgemein: Pyrenäen, Alpen, Balkan, Kaukasus.
B Sehr ähnlich ist **A. serpyllifolia** L. Thymian-blättriges S. **M** 2,5–15 cm hoch, graugrün. Haare der Laub- und Kelchblätter 0,1–0,2 mm lang. Frucht meist etwas länger als der Kelch. **StO** ⑤⑥ Trockenrasen, lückige Ruderalfluren, bis 2650 m, häufig. **V** Fast ganz Europa, Asien, N-Afrika, N-Amerika.

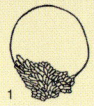 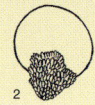    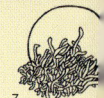

1 2 3 4 5 6 7

81 **Moehringia ciliata** (Scop.) Dalla Torre
Gewimperte Nabelmiere
Moehringie ciliée
Moehringia cigliata
resata popcoresa

He; F I H D Ö S
M 5–20 cm. Niederliegend, stark verzweigt, mit bis zu 8 cm aufsteigenden Blühtrieben. Blätter bis 1 cm lang, lineal, dicklich, grün. Blüten 5-zählig. Kronblätter ganzrandig, länger als die 3–4 mm langen Kelchblätter. Griffel 3. Kapsel etwas länger als der Kelch, sich mit 6 stark nach außen gebogenen Zähnen öffnend. Samen glatt, mit sehr kleinem, gefranstem Anhängsel.
StO ④ Feuchte Steinschuttfluren, Felsen, auf Kalk, bis 3125 m.
V Alpen: v. a. in den Kalkalpen verbreitet u. meist häufig. Ansonsten: NW-Teil der Balkanhalbinsel, O-Pyrenäen.
B Charakteristische Merkmale der **Moehringia**-Arten im Unterschied zu ähnlichen Nelkengewächsen sind: Kronblätter ungeteilt, 3 Griffel, mit 4 oder 6 Klappen aufspringende Fruchtkapseln und Samen mit Anhängsel.

82 **Moehringia muscosa** L.
Moos-Nabelmiere
Moehringie mousse
Moehringia muscosa
mahovna popcoresa

He; F I H D Ö (S)
M 5–20 cm, lockerrasig, verzweigt, kahl, grün. Stängel zart, mit 3–5 Blüten. Blätter bis 4 cm lang u. 0,5–1,5 mm breit, fädig. Blüten 4-zählig. Kronblätter länger als die zugespitzten, hautrandigen Kelchblätter. Griffel 3. Kapsel kugelig, etwas länger als Kelch, 4-klappig. Samen mit fast ganzrandigem Anhängsel.
StO ④ Schattige, feuchte Felswände, Felsschutt, auf Kalk, bis 2300 m.
V Alpen: Südliche u. nördliche Kalkalpen verbreitet u. häufig, Z Alpen seltener, Silikatgebiete fehlend. Allgemein: Alpen, Jura, Karpaten, Südeuropäische Gebirge.
B Ähnlich ist **M. markgrafii** Merxm. et Guterm., ● I; RL (r), aber Stängel fast immer 1-blütig, Blätter etwas fleischig u. im vorderen Viertel abgeflacht. Samen mit lang zerschlitztem Anhängsel. **StO** ④ Steile Felswände, auf Kalk. **V** Endemisch im Val Sabbia (Brescia).

  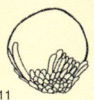

Samen der Moehringia-Arten
1 M. sedifolia, 2 M. dielsiana, 3 M. markgrafii,
4 M. bavarica ssp. bavarica, 5 M. lebrunii, 6 M. tommasinii,
7 M. villosa, 8 M. diversifolia, 9 M. glaucovirens,
10 M. intermedia, 11 M. bavarica ssp. insubrica

83 **Moehringia bavarica** (L.) Gren.
ssp. bavarica
Etschtaler Nabelmiere
Moehringia bavarese
bavarska popcoresa

Ch; ● I (Ö) (S); RL in Ö (4)
M Polster bildende Pflanze, mit bis zu 60 cm lang kriechenden oder hängenden, zerbrechlichen Stängeln, kahl, grün bis schwach bläulich. Stängelblätter fleischig, linealisch, 10–20(35) mm lang, oberseits kaum abgeflacht. Kronblätter 5,5–7 mm lang. Kelch 3–4 mm lang.
StO ④ Senkrechte Kalkfelswände, bis 1200 m.
V Endemit der mittleren Südlichen Kalkalpen, östliche Voralpen zwischen Mur u. Raab; Bosnien, selten, lokal häufig.
B ssp. **insubrica** (Degen) Sauer besitzt intensiv blaugrün gefärbte, nur bis 15 mm lange Blätter. **StO** Wie ssp. **bavarica**. Sehr lokal u. sehr selten in den Südlichen Kalkalpen (Idrosee, Grigna). Weitere, meist sehr lokal verbreitete Arten in den SW-Alpen, meist §! (**M. lebrunii, M. sedifolia, M. intermedia**), SO-Alpen (**M. tommasinii, M. villosa**) und O-Alpen (**M. diversifolia**).

84 **Moehringia glaucovirens** Bertol.
Graugrüne Nabelmiere
Moehringia verde-glauca

Ch; ● I
M Bis 15 cm hoch, dicht rasig wachsend, blaugrün. Stängel zerbrechlich, nur am Grund verzweigt. Stängelblätter nicht fleischig, schmal linealisch, nur 0,4–0,5 mm breit, die 3–12 mm lang, am Grund nicht verwachsen. Kronblätter 5,3–4 mm lang, wenig länger als der Kelch.
StO ④ Regengeschützte Stellen an steilen Felswänden, Balmen, auf Kalk, von 700–2350 m.
V Endemisch in den Südalpen (Judikarische Alpen u. Dolomiten).
B Ein sehr lokal in den Bergamasker Alpen vorkommender Endemit ist **M. dielsiana** Mattf., Presolana-N., Ch; ● I; RL (r). **M** Pflanze 5–20 cm, in lockeren Polstern, blau-grün, Stängelblätter länglich lanzettlich, dicklich, 2–3 mm breit u. 5–11 mm lang, oberseits abgeflacht. Kronblätter 5, 4,5–5,5 mm lang, ca. ⅓ länger als der Kelch. Kelchblätter 1-nervig, deutlich gekielt. **StO** An steilen Kalkfelswänden.

85 **Minuartia sedoides** (L.) Hiern.
Zwerg-Miere
Minuartie faux orpin
Minuartia sedoide
homulična črvinka

Ch; F I H D Ö S; § in Ö
M 2–5 cm. Dichte Polster bildend, mit zahlreichen, dicht beblätterten Stängeln, im unteren Teil mit abgestorbenen Blättern. Blätter 3–6 mm lang, schmal lanzettlich. Kronblätter fehlend oder fadenförmig. Kelchblätter 5, 2–3 mm lang, stumpf, 3-nervig, grünlich gelb. Griffel 3. Staubblätter 10. Kapsel 3-klappig, fast doppelt so lang wie der Kelch.
StO ④ Felsspalten, Felsschutt, Polsterseggenrasen, oft auf kalkarmen Böden, bis 3825 m.
V Alpen: verbreitet und ziemlich häufig. Allgemein: Alpen, Pyrenäen, Karpaten, Schottland, Gebirge SO-Europas.
B Charakteristische Merkmale der **Minuartia**-Arten im Unterschied zu ähnlichen Nelkengewächsen sind: Kronblätter ungeteilt, 3 Griffel, mit 3 Zähnen aufspringende Fruchtkapseln und Samen ohne Anhängsel.

86 **Minuartia cherlerioides**
(Hoppe) Bech.
Polster-Miere
Minuartie coussinet
Minuartia a otti stami, blazinastra črvinka

Ch; I H D Ö S; § in Ö
M 2–5 cm. Dicht polsterförmig wachsend, mit säulenförmigen Stängeln, diese unterseits mit abgestorbenen, oberseits mit lebenden Blättern dicht bestückt. Blätter 1–3 mm lang, eiförmig, oberseits rinnig, vorn abgerundet, dicht dachziegelig stehend, kahl (ssp. **cherlerioides**) oder am Rand bewimpert (ssp. **rionii** (Gremli) Friedr.) 4(–0) Kron- und 4 Kelchblätter, 2–3 mm lang, Staubblätter 8. Griffel meist 3.
StO ④ Felsen und Felsschutt, ssp. **cherlerioides** auf Kalk, ssp. **rionii** auf Silikat, bis 3400 m.
V Alpen: ssp. **cherlerioides** in den nordöstlichen Kalkalpen bis in die östlichen Z-Alpen, S-Alpen. ssp. **rionii** in den mittleren Z-Alpen.

87 Minuartia rupestris
(Scop.) Schinz et Thell.
Felsen-Miere
Minuartie des rochers
Minuartia rupestre, skalna črvinka

Ch; F I H D Ö S; § in Ö; RL in D (4) S (4)
M 4–15 cm. Rasig kriechend. Blätter 2–5 mm lang, lanzettlich, 4–5-nervig, spitz, oberseits flach, bewimpert, starr. Blüten einzeln. Blütenstiel 1–4 mm lang. Kronblätter 5, etwa so lang wie die 4 mm langen Kelchblätter. Griffel 3. Staubblätter 10.
StO ④ Felsenspalten, selten im Felsschutt, meist auf Kalk, bis 3100 m.
V Alpen: Salzburger u. Kärntner Alpen mit größeren Lücken bis W- u. SW-Alpen.
B In den Cottischen Alpen endemisch ist **M. lanceolata** (All.) Mattf., Lanzettblättrige M., Ch; ●F I. **M** Blätter bis zu 8 mm lang, pfriemlich, sehr spitz, 5–7-nervig. Blüten meist zu 2, auf 8–15 mm langen Blütenstielen. **StO** Felsen, bis 2800 m.

88 Minuartia biflora Schinz et Thell.
Zweiblütige Miere
Minuartia à deux fleurs
Minuartia biflora

Ch; I H Ö; § in Ö; RL in Ö (4)
M 5–10 cm hoch. Dichte Rasen bildend. Blätter breit linealisch, 5–10 mm lang 3–8 mal so lang wie breit, vorn stumpf, 1-nervig. Blüten zu 1–2(3), auf kurzen, 5 mm langen, behaarten Stielen. Kelchblätter vorn breit abgerundet, 3-nervig, 3,5–4,5 mm lang, schmal hautrandig, an der Spitze kapuzenförmig nach innen gebogen. Kronblätter 1–1,5-mal länger als der Kelch. Griffel 3. Kapsel 3-klappig, ca. 1,5-mal länger als der Kelch.
StO ④⑥ Schneetälchen, Felsschutt, Nacktriedrasen, Schafläger, bis 2785 m.
V Alpen: selten in Tirol (Stubaier-, Zillertaler Alpen, Hohe Tauern) in S-Tirol (Brennergebiet), Waadt, Graubünden, Ober- u. Unterengadin. Ansonsten: arktische Gebiete, zentralasiatische Gebiete bis ins Baikal-Gebirge.

89 Minuartia austriaca (Jacq.) Hayek
Österreichische Miere
Minuartia austriaca
avstrijska črvinka

Ch; ● I D Ö S; § in Ö; RL in D (4)
M 8–20 cm, lockere Rasen bildend. Blätter 1–2 cm lang u. bis 1 mm breit, lineal, 3-nervig. Blütenstiele bis 6 cm lang. Kelchblätter 5–6 mm lang, eiförmig, 3-nervig, zugespitzt, grün, schmal hautrandig, kahl oder etwas drüsig. Kronblätter u. Kapsel ca. 2-mal so lang wie der Kelch.
StO ④ Kalkschutt, Felsen, bis 2470 m.
V Alpen: Endemit der O-Alpen (hier zerstreut in den nördlichen u. südlichen Kalkalpen, selten in den östlichen Z-Alpen.
B Ein Endemit der westlichen Bergamasker Alpen ist **M. grignensis** (Rchb.) Mattf. Grigna-M., Ch; ● I. **M** Pflanze 5–10 cm hoch, kahl. Stängelblätter starr, 6–15 mm lang, fast nadelförmig, unterseits 3-nervig. Kelchblätter 2,5–3,5 mm lang, schmal eiförmig, stachelspitzig, undeutlich 3-nervig, grün. Kronblätter länglich lanzettlich, wie die Kapsel etwas länger als der Kelch. **StO** Felsspalten, Kalkschutt, bis 2180 m.

90 Minuartia laricifolia (L.) Sch. et Thell.
Lärchenblättrige Miere
Minuartie à feuilles de mélèze
Minuartia con foglie di Larice

Ch; F I H Ö
M 5–25 cm, lockere Rasen bildend. Stängel meist zahlreich, oben kurz flaumhaarig. Nichtblühende Triebe kurz, dicht beblättert. Blätter nadelförmig, bis 2 cm lang u. 0,5 mm breit, ± sichelförmig gebogen, spitzlich, 0–1-nervig. Kelchblätter eiförmig, stumpf, 5–6 mm lang, flaumhaarig, ohne Drüsen, deutlich 3-nervig. Kronblätter 1,5-mal so lang wie der Kelch. Kapsel etwa so lang wie der Kelch.
StO ①④ Trockene Felsen, Felsschutt, lückige Rasen, Föhrenwälder, auf Silikat, bis 2500 m.
V Alpen: SW- u. Z-Alpen, zerstreut bis häufig.
B Ähnlich ist **M. capillacea** (All.) Graebn., Feinblättrige M.; Ch; F I H. **M** Oberer Stängelteil, Blütenstiele u. Kelchblätter drüsig behaart, Kelchblätter 5–8 mm lang, mit im oberen Drittel kaum sichtbaren Nerven, ca. ½–⅓ so lang wie die Kronblätter. Felsen, Schutt, nur auf Kalk, bis 2000 m. **V** Alpensüdrand. S-Europa.

91 **Minuartia villarii** (Balbis) Chenev.
  Schlaffe Miere
  Minuartie de Villars
  Minuartia di Villars

92 **Minuartia mutabilis** (Lap) Bech.
  Geschnäbelte Miere
  Minuartie changeante
  Minuartia mutevole

Ch; F I

M 5–20 cm, lockerrasig wachsend. Blätter bis 2 cm lang u. 1(–2) mm breit, lineal, deutlich 3-nervig, bisweilen etwas flaumig behaart. Blüten 2–7, meist zu 3 (bei **M. austriaca** (1–)2). Blütenstiele nicht länger als 2 cm (meist 5–15 mm) lang. Kelchblätter 3–4 mm lang, lanzettlich, spitz, schmal hautrandig, deutlich 3-nervig, etwas drüsig, flaumhaarig. Kronblätter etwa 2-mal so lang wie der Kelch. Kapsel höchstens so lang wie der Kelch.

StO ④ Felsen, Schutt, kalkliebend, bis 2300 m.
V Alpen: Seealpen bis zum M. Rosa, häufig. Ansonsten: Pyrenäen, Gebirge Spaniens. Weitere, nah verwandte Sippen in Asien.

Ch; F I H

M 5–15 cm hoch, Rasen bildend. Nichtblühende Triebe kurz, dicht beblättert. Blätter starr, linealisch, 10–30 mal so lang wie breit, 3-nervig, gerade. Kronblätter wenig kürzer als der Kelch. Kelchblätter sehr spitz, 3–4 mm lang, lanzettlich, breit weiß hautrandig, mit grünem Mittelstreifen, dieser 1–2-nervig. Kapsel ± so lang wie der Kelch.

StO ④ Trockenrasen, Felsen, Schutt, bis 2800 m.
V Alpen S-Tirol bis SW-Alpen, zerstreut, gebietsweise häufig. Ansonsten: S-Frankreich bis O-Pyrenäen, Korsika.
B In den inneralpinen Trockentälern bis 2000 m ansteigend findet sich in Trockenrasen zerstreut **M. rubra** (Scop) Mc Neill, Büschelige M. Th, Bi; F I H (D) (Ö) (S). **M** ähnlich **92**, aber kurzlebig, bis 30 cm hoch. Kronblätter ½ so lang wie die 4–6 mm langen Kelchblätter. 2 grüne Mittelstreifen. Kapsel kürzer als der Kelch.

93 **Minuartia verna** (L.) Hiern.
ssp. **gerardii** (Willd.) Graebn.
Alpen-Frühlingsmiere
Minuartie du printemps
Minuartia primaverile, gerardova črvinka

Ch; F I H D Ö S; § in Ö
M 5–15 cm hoch, ± dichte Polster bildend, mit
(1)2–4(7)-blütigen Stängeln und nichtblühenden
Trieben, ohne holzige Grundachse. Blätter linealisch, 5–10 mm lang, gerade, undeutlich (getrocknet deutlich) 3-nervig. Achselständige Blatt-
büschel meist fehlend. Kelchblätter 3,5–4,5 mm
lang, spitz, deutlich 3-nervig, kahl oder drüsig
behaart, schmal hautrandig, zur Blütezeit abstehend. Kronblätter 4–5 mm lang, vorn abgerundet, elliptisch, meist 1 mm länger als Kelch. Griffel 3, Kapsel 3-klappig.
StO ④ Felsschutt, lückige Rasen, bis 3320 m.
V Alpen: verbreitet. Allgemein: europäische Hochgebirge, von den Pyrenäen bis in die Karpaten
und zum Peleponnes.

94 **Minuartia recurva**
(All.) Schinz. et Thell. ssp. recurva
Krummblättrige Miere
Minuartie recourbée
Minuartia ricurva

Ch; F I H Ö; § in Ö.
M wie **M. verna** ssp. **gerardii**, aber Grundachse
± holzig, mit schwärzlicher Rinde. Blätter pfriemlich lineal, sichelförmig nach einer Seite gekrümmt. Kelchblätter eilanzettlich, lang zugespitzt, getrocknet deutlich 5–7-nervig, 4–5 mm
lang, grün oder häufig violett überlaufen. Kronblätter elliptisch oder eiförmig, stumpf, mit sehr
kurzem Nagel, so lang wie oder länger als der
Kelch.
StO ④ Felsige Rasen, Moränen, Geröll, auf Silikat,
kalkmeidend, bis 3100 m.
V Alpen: mit Ausnahme der nördlichen Kalkalpen im gesamten Gebiet, aber selten. Ansonsten: Siebenbürgen, S-Karpaten, Balkan. Kleinasien.

95 **Minuartia graminifolia** (Arduino) Jav.
Grasblättrige Miere
Minuartia graminifoglia

96 **Cerastium cerastoides** (L.) Britton
Dreigriffliges Hornkraut
Céraiste faux céraiste
Peverina a tre stimmi

Ch; I

M 5–10 cm hoch, dichte Rasen bildend, drüsig behaart. Sprosse aufrecht, unten dicht mit abgestorbenern Blättern bedeckt. Laubblätter starr, 1–3 cm lang u. 1,5–3 mm breit, 5–7-nervig, dicht drüsenhaarig. Blütenstände endständig, (2)5–7(10)-blütig. Kelchblätter 5–7 mm lang, lanzettlich zugespitzt, 5–7-nervig, drüsig behaart. Kronblätter den Kelch nur um ¼ überragend.
StO ④ Felsspalten, Kalk- u. Dolomitfelsschutt, bis 2200 m.
V Alpen: selten in den südöstlichen Dolomiten. Ansonsten: Apennin, Sizilien, Balkan.

Ch; F I H D Ö

M 5–15 cm, niederliegend aufsteigend, mit aufrechten Blühtrieben, unterhalb der Blüten mit Haarleiste. Blätter bis 1 cm lang, lanzettlich, dicklich, kahl. Tragblätter krautig. Blütenstiele drüsig flaumig. Kronblätter 2-spaltig, etwa 2-mal so lang wie der 5–6 mm lange, am Grund drüsenhaarige Kelch. Griffel 3 (selten 4–5). Kapsel länger als der Kelch, sich mit 6 Zähnen öffnend.
StO ③④ Lange schneebedeckte, feuchte Böden, an Quellen, bis 3000 m.
V Alpen: verbreitet, fehlt in S. Ansonsten: Arktis u. Subarktis, europäische Hochgebirge. Gebirge Kleinasiens, Kaukasus, Himalaja.
B Charakteristische Merkmale der **Cerastium**-Arten im Unterschied zu ähnlichen Nelkengewächsen sind: Kronblätter 2-spaltig oder ausgerandet, 5 Griffel (Ausnahme **96**), mit 10 Zähnen aufspringende Fruchtkapseln (Ausnahme **96**) und Samen ohne Anhängsel.

97 Cerastium julicum Schellm.
Felsen-Hornkraut
julijska smiljka

98 Cerastium alpinum L. ssp. alpinum
Alpen-Hornkraut
Céraiste des Alpes
Peverina alpina

Ch; ● Ö S; RL in Ö (4)
M 7–15 cm, dichtrasig oder polsterförmig. Stängel aufrecht, oben drüsenhaarig, unten kahl. Blühende u. nicht blühende Triebe (in den Achseln der unteren Stängelblätter) etwa gleich lang. Blätter bis 10–30 mm lang u. 1–2,5 mm breit, lineal lanzettlich, steif, kahl, glänzend, am Grund spärlich bewimpert. Blütenstand 1-3-blütig. Obere Tragblätter hautrandig, untere grün. Kelchblätter 5–8 mm lang, zerstreut behaart, breit hautrandig. Kronblätter 1,5–2-mal so lang wie der Kelch. Kapsel gerade.
StO ④ Felsen, Felsschutt, auf Kalk, bis 2400 m.
V Endemit der Südöstlichen Kalkalpen, selten.
B Endemit der Julischen Alpen ist **C. subtriflorum** (Rchb.) Pacher. He, Bi; ● I S. **M** 20–40 cm. Blätter sitzend, 8–20(30) mm lang u. 5–9(13) mm breit, ± dicht behaart. Blütenstand vielblütig. Fruchtstiel 20–45 mm. Kronblätter bis 3-mal so lang wie der 2–5 mm lange Kelch. **StO** Feuchtes Geröll, Felsen, v. a. montan, nicht selten.

Ch; F I H D Ö
M 6–20 cm. Mit nicht blühenden, rosettenähnlichen Trieben, lockerrasig, mit zahlreichen (1–1,5 mm) langen, weichen Haaren und vereinzelten Drüsenhaaren, seltener kahl, graugrün. Blätter eiförmig bis lanzettlich. Obere Tragblätter sehr schmal hautrandig, die unteren oft krautig. Kronblätter ausgerandet, 14–18 mm lang, etwa 2-mal so lang wie der meist drüsige Kelch. Kapsel 1–2-mal so lang wie der Kelch.
StO ④ Steinige Rasen in Gratlagen (oft Nacktriedrasen), seltener Felsen u. Schutt, bis 3000 m.
V Alpen: zerstreut, v. a. in den westlichen u. mittleren Z-Alpen. Ansonsten: Arktisches u. subarktisches Europa südlich bis England, europäische Hochgebirge. Asien, Amerika.
B ssp. **lanatum** (Lam.) Asch. & Graebn. Wolliges Alpen-Hornkraut wie ssp. **alpinum**, jedoch mit dicht kraushaariger, aber drüsenloser Behaarung. 4–10 cm hoch, v. a. östliche Z-Alpen.

99 Cerastium uniflorum Clairv.
Einblütiges Hornkraut
Céraiste uniflore
Peverina die ghiaioni
enocvetna smiljka

Ch; F I H D Ö S

M 2–8 cm. Dicht rasig, zahlreiche nicht blühende Triebe, grauhaarig. Blätter 4–14(18) mm lang, eiförmig lanzettlich, abgerundet, oberhalb der Mitte am breitesten, starr, mit bis 1,5 mm langen, zottigen Gliederhaaren. Tragblätter ohne Hautrand. Kronblätter 10–16 mm lang, tief ausgerandet, 1,5–2-mal so lang wie der Kelch. Griffel 5. Kapsel ca. 12 mm lang.

StO ④ Felsspalten, Felsschutt, Steinrasen, meist auf Silikat, selten auf Kalk, bis 3400 m.

V Alpen: v. a. in den Z-Alpen häufig, ansonsten selten. Allgemein: Alpen, W-Karpaten, Balkan.

B C. lineare All. § in I, ein Endemit der Grajischen u. Cottischen Alpen, ist **99** ähnlich, aber nur 5–12 cm hoch. Blätter verschiedenartig: untere Stängelblätter elliptisch, dicht langhaarig, die oberen lineal, kahl. Kelch langhaarig, an der Spitze kahl. **StO** ④ Felsen, Schutt, bis 2400 m.

100 Cerastium latifolium L.
Breitblättriges Hornkraut
Céraiste à larges feuilles
Peverina latifoglia

Ch; F I H D Ö

M 3–10 cm. Locker rasig, mit wenigen nicht blühenden Trieben, bläulich grün. Blätter 10–35 mm lang, breit eiförmig bis lanzettlich, spitz, dicklich, in oder unterhalb der Mitte am breitesten, weich, kurz (0,5 mm) borstig behaart. Tragblätter stängelblattartig, ohne Hautrand. Kelchblätter stumpf. Kronblätter 12–18 mm, leicht ausgerandet, meist mehr als 2-mal so lang wie der Kelch. Kapsel ca. 15 mm lang.

StO ④ Steinschuttfluren, Moränen, seltener Felsen, auf Kalk, bis 3150 m.

V Alpen: zerstreut in den nördlichen und zentralen Gebieten der mittleren Alpen bis in die SW-Alpen, gebietsweise häufiger. Ansonsten: N-Apennin.

101 **Cerastium pedunculatum** Gaudin
Langstieliges Hornkraut
Céraiste à longs pédoncules
Peverina delle morene

Ch; F I H Ö
M 3–10 cm hoch, mit wenigen nicht blühenden
Trieben, grasgrün. Stängel zart, 1–2(4)-blütig,
mit am Grund dichtstehenden Blättern. Blätter
5–20 mm lang u. ca. 3 mm breit, schmal lanzettlich, unterhalb der Mitte am breitesten, kurz behaart, spitz. Alle Tragblätter krautig, ohne Hautrand. Kelchblätter 5–7 mm lang. Kronblätter
vorne ausgerandet, nur 1–1,5-mal so lang wie die
Kelchblätter. Fruchtstiele 20–45 mm lang, herabgeschlagen. Kapsel fast gerade, 12 mm lang.
StO ④ Feuchte Schutt- u. Gesteinsfluren, Moränen, kalkmeidend, bis 3160 m.
V Alpen: v.a. Z-Alpen, Hohe Tauern bis Cottische Alpen, zerstreut, gebietsweise häufig.
B Weit verbreitet u. recht häufig ist das Quell-H.
C. fontanum Baumg. **M** Ch; Kronblätter fast
1,5-mal so lang wie Kelchblätter, obere Tragblätter hautrandig. Gesteinsfluren, Viehläger.

102 **Cerastium carinthiacum** Vest
ssp. austroalpinum (Kunz) Kunz
Südalpen-Hornkraut
Céraiste des Alpes méridionales
Peverina di Carinzia, koroška smiljka

Ch; I H Ö S
M 10–20 cm, kurzhaarig, mit wenigen nichtblühenden Trieben. Stängel oben dicht drüsig
behaart. Stängelblätter eiförmig bis eilanzettlich, bis 2,5 cm lang u. 3–10 mm breit, ohne blattachselständige Triebe. Untere Tragblätter hautrandig, oberste ohne Hautrand, nur mit trocken-
häutiger Spitze. Kelchblätter 5–6 mm lang, breit
hautrandig. Kronblätter 1,5–2,5mal so lang wie
der Kelch. Kapsel 2-mal so lang wie der Kelch.
StO ④ Felsen, Felsschutt, auf Kalk, bis 2400 m.
V Alpen: nördöstliche u. südöstliche Kalkalpen,
westlich bis ins Tessin, zerstreut.
B ssp. **carinthiacum**, Kärntner H., Ch; I Ö S;
kommt in den NO-Alpen, den östlichen Z-Alpen
(Kalkgebiete), den östlichen S-Alpen und den
Karpaten vor. **U** Pflanze meist fast kahl. Oberste
Tragblätter breit hautrandig.

103 **Sagina glabra** (Willd.) Fenzl
Kahles Mastkraut
Sagine glabre
Sagina glabra

He; F I H
M 2–8 cm, niederliegend aufsteigend, meist unverzweigt. Blätter schmal lineal, mit kurzer Stachelspitze, kahl. Blüten 5-zählig, ihre Stiele bis 2,5 cm lang. Kronblätter 1,5–2-mal so lang wie die Kelchblätter. Kapseln 5-zählig, 2,5–3,5 mm lang, wenig bis um die Hälfte länger als der Kelch.
StO ④⑤ Sonnige Wiesen u. sandige Stellen der Krummholzregion, von 1600 bis 2000 m.
V Alpen: SW-, S- u. Z-Alpen, selten. Ansonsten: Apennin, Pyrenäen.
B Ähnlich ist das Alpen-M., **S. saginoides** (L.) H. Karsten; F I H D Ö S; aber Kronblätter wenig kürzer als der 2–3 mm lange, meist kahle Kelch. **StO** Schneetälchen, Quellfluren, Weiden, Lägerfluren, bis 3200 m. **V** Alpen: verbreitet. Allgemein: Gebirge Europas, nördliches u. arktisches Eurasien, N-Amerika bis Mexiko.

104 **Gypsophila repens** L.
Kriechendes Gipskraut
Gypsophile rampante
Gipsofila strisciante
plazeča sadrenka

Ch; F I H D Ö S
M 8–25 cm, mit zahlreichen sterilen Trieben, kahl. Stängel niederliegend aufsteigend. Blätter 1–3 cm lang, lanzettlich., blaugrün. Blütenstand locker. Blüten weiß oder rosa. Kelchblätter glockig, 3–4 mm lang, miteinander verbunden, mit trockenhäutigen Streifen. Kronblätter 8–10 mm lang, etwas ausgerandet, im Schlund ohne Nebenkrone. Griffel 2. Kapsel öffnet sich mit 4 Zähnen. Samen mit kegelförmigen Warzen.
StO ④ Felsspalten, Felsschutt, Flussschotter, alpine Rasen, auf Kalk, bis über 3000 m.
V Alpen: In den Kalkalpen verbreitet und häufig, in den Z-Alpen selten. Ansonsten: Pyrenäen, Apennin, Karpaten, Auvergne, Jura, Harz.
B Endemisch am Gardasee ist **G. papillosa** Porta, Warziges G. Ch; ● I § RL (3). Sprosse 20–40 cm, verzweigt, aufrecht, kahl. Blätter 1–2 mm breit, fleischig. Blütenstand kopfig-rispig. Felsschutt, Ödland, ca. 200 m, sehr selten.

105 Saponaria ocymoides L.
Kleines Seifenkraut

Saponaire rose
Saponaria rossa
rdeča milnica

He; F I H (D) Ö S; RL in S (4)
M 10–40 cm. Rasen bildend, verzweigt, mit niederliegenden bis aufsteigenden Trieben. Blätter eiförmig spatelig, behaart. Blüten büschelig an Zweigenden. Kronblätter lebhaft rot, mit ca. 1 mm langer Nebenkrone. Kelchblätter zu einer Röhre verwachsen, 8–10 mm lang, drüsig behaart. Kapsel öffnet sich mit vier Zähnen.
StO ①④ Trockene Hänge, Felsschuttfluren, Wegböschungen, Föhrenwälder, Mauern, meist auf Kalk, bis 2300 m.
V Alpen: häufig, in den N-Alpen seltener (warme Täler), gebietsweise fehlend. Ansonsten: Gebirge von Spanien über Korsika, Sardinien, Apennin bis Slowenien.

106 Saponaria lutea L.
Gelbes Seifenkraut

Saponaire jaune
Saponaria gialla

Ch; ● F I H; § in F I H; RL in F (4) H (2)
M 5–10 cm, mit zahlreichen nicht blühenden Trieben. Blätter schmal lanzettlich, am Rand bewimpert, spitz. Blüten kurz gestielt, in kopfigen Blütenständen. Kelch etwa 8 mm lang, wollig behaart. Kronblätter hellgelb, mit violettem Nagel und ca. 1 mm hoher Nebenkrone. Griffel 2. Kapsel 6–8 mm lang, kürzer als der Kelch, mit 4 Zähnen aufstringend.
StO ④ Felsspalten, Felsschutt, steinige Rasen, 2600 m.
V Endemisch in den zentralen W-Alpen, ziemlich selten.

107 Saponaria pumilio L. Fenzl
Niedriges Seifenkraut
Saponaria minore

Ch; I Ö; § in Ö
M 3–5 cm hoch, in dichten Polstern wachsend.
Blätter linealisch, kahl. Stängel 1-blütig, mit
2–2,5 cm breiter Blüte. Kelch 13–15 mm lang,
aufgeblasen, kurz zottig behaart. Kronblätter
hell purpurrot. Nebenkrone bis 4 mm lang, aus
zwei fadenförmigen Anhängseln bestehend.
Griffel meist 3, selten 2. Kapsel kürzer als der
Kelch, mit 4 Zähnen aufspringend.
StO ①④ Krummseggenrasen, Zwergstrauchheiden, Felsschutt, auf kalkarmen Böden, bis
2700 m.
V Alpen: in den zentralen O-Alpen von O-Tirol
ostwärts, Dolomiten u. Sarntaler Alpen, gebietsweise häufig. Ansonsten: SO-Karpaten.

108 Dianthus sylvestris Wulfen
Stein-Nelke
Oeillet des rochers, Pipolet
Garofano selvatico
divji klinček

Ch; F I H D Ö S; § in I H D Ö; RL in H (4)
M 5–30 cm, mit zahlreichen sterilen Rosetten.
Stängel einfach oder oberwärts verzweigt, kahl.
Blätter 2–4 cm lang, schmal lineal, rinnig. Blü-
ten einzeln, rotviolett bis rosa. Kelchschuppen
2–4, breit eiförmig, plötzlich kurz zugespitzt.
Kelch 20–25 mm lang, 4-mal so lang wie die
Kelchschuppen. Platte der Kronblätter 10–12
mm, vorne gezähnt, ohne Zeichnung, kahl. Nebenkrone fehlt (wie bei allen **Dianthus**-Arten).
StO ④ Steinige, trockene Rasen, Felsspalten, Felsschutt, bis 2800 m.
V Alpen: verbreitet, in den NO-Alpen selten oder
fehlend. Allgemein: Spanien bis Griechenland.
B Ähnlich ist **D. subacaulis** Vill., Kurzstängelige
N. **M** 3–20 cm, in dichten Polstern, Stängel 1-
blütig, Kelchblätter 6–10 mm lang, Kelchschuppen 4, ca. ½–⅓ mal so lang wie Kelch, fast
stumpf. **StO** Trockene Felshänge, auf Kalk, subalpin. **V** Franz. SW-Alpen, sehr selten.

109 **Dianthus glacialis** Haenke
Gletscher-Nelke
Garofano glaciale

110 **Dianthus alpinus** L.
Alpen-Nelke

Ch; ● I H Ö; § in I H Ö; RL in H (4)
M 3–8(10) cm, rasenförmig wachsend, mit zahlreichen nicht blühenden Trieben, kahl. Blätter linealisch, 1–2 mm breit, stumpf, den 1-blütigen Stängel oft überragend. Blüte purpurrot. Platte der Kronblätter 9–10 mm lang, gezähnt, ± ungefleckt. Kelch 12–16 mm lang. Kelchschuppen meist etwas länger als die Kelchröhre, allmählich in eine lange Spitze auslaufend.
StO ④ Lückige Rasen, besonders Nacktried-Rasen, schwach saure bis kalkhaltige Böden, bis 2900 m.
V Alpen: Endemit der östlichen Z-Alpen, zerstreut bis selten.
B In Magerrasen bis in die subalpine Stufe ansteigend wächst **D. deltoides** L.; Heide-N.
M 10–20 cm, Stängel wie die schmal lanzettlichen Laubblätter kurzhaarig. Blüten 1–3. Kronblätter purpurn, mit weißen Punkten und dunklem Ring. In den Alpen nur vereinzelt.

Ch; ● Ö; §
M 3–10(20) cm, in lockeren Rasen wachsend, kahl. Blätter lineal-lanzettlich, 3–5 mm breit, 1-nervig, spitz. Stängel 1-blütig. Blüte purpurrot. Platte der Kronblätter 15–18 mm lang, gezähnt, am Schlund tief purpurn, weiß gesprenkelt. Kelch 15–18 mm lang. Kelchschuppen 2–4, etwa so lang wie die Kelchröhre, allmählich in eine Spitze auslaufend.
StO ④ Steinige Rasen, auf Kalk, bis 2400 m.
V Endemisch in den NO-Alpen.
B Bis in die subalpine Stufe der S- u. W-Alpen, kommt in Magerrasen u. an buschigen Hängen **D. seguieri** Vill., Busch-N. vor. **M** 30–60 cm, lockerrasig, ± kahl. Blätter schmal lanzettlich. Blüten zu (1)2–8 büschelig am Stängelende gehäuft. Platte der Kronblätter hell bis dunkelrosa, am Schlund mit dunkelroten Punkten. Kelch 14–20 mm lang. Kelchschuppen 4, plötzlich zugespitzt, etwa so lang wie der Kelch.

111 Dianthus pavonius Tausch
(syn: D. neglectus Loisel.)
Übersehene Nelke

Oeillet négligé
Garofano negletto

Ch; F I; § in I

M 5–12(20) cm, in lockeren Rasen wachsend, kahl. Blätter schmal lineal, 1–2,5 mm breit, unterseits deutlich 3-nervig, zugespitzt. Stängel 1-blütig. Blüte purpurrot bis rosa. Platte der Kronblätter 10–15 mm lang, gezähnt, am Schlund mit Haaren, ohne Zeichnung, unterseits gelblich bis grünlich gelb. Kelch 12–16 mm lang. Kelchschuppen 2–4, etwa so lang wie die Kelchröhre, allmählich in eine Spitze verschmälert.
StO ④ Steinige Rasen, Schutt, meist auf Urgestein, bis 3000 m.
V Alpen: W-Alpen, von den Seealpen bis zum Aostatal, S-Alpen (Brenta). Ansonsten: Pyrenäen.

112 Dianthus furcatus Balbis
ssp. lereschii (Burnat) Pignatti
Gegabelte Nelke

Garofano forcato

Ch; ●I; §

M 3–15 cm, ± dichte Rasen bildend. Stängel 1-blütig, mit nur zwei Blattpaaren. Blätter 1–2 mm breit, lineal lanzettlich. Kelch 10–13 mm lang. Kelchschuppen (2–)4, in eine pfriemliche Spitze verlängert, etwa ½-mal so lang wie der Kelch. Platte der Kronblätter 5 mm, hell- bis dunkelrosa oder weiß, an der Basis dunkler, auf ⅓–¼ der Länge fransig eingeschnitten, kahl, nicht gepunktet.
StO ④ Felsen, steinige Magerrasen, bis 2200 m.
V endemische Unterart der Grajischen Alpen, selten.
B In den Seealpen an ähnlichen Standorten findet sich ssp. **furcatus**. **M** (8)15–20(35) cm hoch, mehr lockerrasig, meist 2–3-blütig, Stängel mit mindestens 3 Blattpaaren. Kelch 13–16 mm lang, Kelchschuppen 4–6. Platte der Kronblätter 5–7 mm lang, ganzrandig bis gezähnt.

113 Dianthus plumarius L.
ssp. blandus (Rchb.) Hegi
Zierliche Federnelke

114 Dianthus monspessulanus L.
Montpellier-Nelke
Oeillet de Montpellier
Garofano di bosco
Montpellierski klinček

Ch; ● Ö; §, ❀

M 20–30 cm, blaugrün bereift, kahl. Stängel ± vierkantig, 1–5-blütig. Blätter lineal lanzettlich, 1–1,5 mm breit. Platte der Kronblätter 13–15 mm lang, rosa bis rötlich, bis etwa zur Mitte zerschlitzt. Nagel der Kronblätter bis 5 mm aus dem Kelch herausragend. Kelch etwa 25 mm lang. Kelchschuppen mit kurzer Stachelspitze, etwa ¼-mal so lang wie die Kelchröhre.

StO ④ Fels u. -schutt, Felshänge, bis 2200 m.

V Endemit der Nördlichen Kalkalpen, (Dachstein- u. Ennstaler Alpen), zerstreut.

B ssp. **hoppei** (Portenschl.) Hegi , Hoppes F. Ch; Ö S, unterscheidet sich von **113** wie folgt: Pflanze grasgrün, Kelchröhre etwa 3 mm lang, Nagel den Kelch nicht überragend. Endemit der östlichen Z-Alpen, § RL in S (4). ssp. **neilreichii** (Hayek) Hegi, Mödlinger F.; Ch; ● Ö; §, RL (2) ist ein Lokalendemit der Dolomitberge bei Wien.

StO Felsen im Schwarzkiefernwald.

Ch; F I H (S); § in I H; RL in H (4)

M 25–50 cm, kahl. Stängelblätter lineal-lanzett- lich, zugespitzt, ± schlaff, zumindest die mittle- ren länger als die Internodien. Blüten in locke- ren Rispen (seltener kopfig oder einzeln), weiß, helllila oder blassrosa. Platte der Kronblätter 12–18 mm lang, etwa bis zur Mitte zerschlitzt. Kelch 20–25 mm lang, Kelchzähne stachelspit- zig. Kelchschuppen 4, allmählich in eine lange, pfriemliche Spitze übergehend, mit dieser min- destens ½-mal so lang wie die Kelchröhre.

StO ①②⑤ Bergwiesen, lichte Wälder, Gebüsche, bis 2100 m.

V Alpen: S-Alpen, nicht selten. Allgemein: von Portugal bis Montenegro, nördlich bis in den Schweizer Jura.

115 **Dianthus sternbergii** Sieber
Alpen-Federnelke
Garofano di Sternberg
Sternbergov klinček

Ch; I Ö (S); § in I Ö S
M Ähnlich **D. monspessulanus**, aber nur 10–20(30) cm hoch, Stängelblätter steif abstehend, zumindest die mittleren kürzer als die Internodien. Kelchschuppen nur $\frac{1}{3}$–$\frac{1}{2}$-mal so lang wie der Kelch. Blüten einzeln, in tieferen Lagen auch 2–4-blütig. Platte der Kronblätter 15–20 mm lang, rosarot bis hell purpurn.
StO ④⑤ Lückige steinige Rasen, Felsschutt, auf Kalk u. Dolomit, bis 2500 m.
V Alpen: zerstreut, verbreitet in Slowenien, in den NO-Alpen nur im Dachstein-Gebiet. Allgemein: Pyrenäen durch Italien u. S-Alpen bis zum Balkan (Serbien, Montenegro).

116 **Dianthus superbus** L.
ssp. alpestris Čelak.
Alpen-Pracht-Nelke
Oeillet superbe
Garofano a pennacchio, čudoviti klinček

He; F I H D Ö S; § in I H, D Ö; RL in H (4) D (3)
M 20–30 cm, kahl. Stängel steif aufrecht, bläulich bereift, 1- bis wenigblütig. Blätter 2–3 mm breit, lineal lanzettlich. Blüten zu 2–10 in Rispen. Kelch 2–3 cm lang. 2–4 Kelchschuppen kurz zugespitzt, $\frac{1}{4}$–$\frac{1}{3}$-mal so lang wie die Kelchröhre. Platte der Kronblätter 15–30 mm lang, lila bis hellpurpurn, bis weit über die Mitte unregelmäßig fiedrig zerschlitzt, am Grund mit grünem Fleck.
StO ②⑤ Grasfluren u. Gebüsche der subalpinen u. alpinen Stufe, bis 2400 m.
V Alpen zerstreut bis häufig, ssp. **superbus** in fast ganz Europa. Asien.
B In Moorwiesen wächst ssp. **superbus**, Gewöhnliche Pracht-N. **M** wie ssp. **alpestris** aber 20–60 cm hoch, mit am Grund aufsteigenden Stängeln, wenig verzweigt, grasgrün. Tieflandsrasse.

ssp. cenesia

117 Dianthus barbatus L.
Bart-Nelke

Oeillet barbu
Garofano montano
brkati klinček

Ch; (F) I (H) Ö S; § in I Ö; ✿

M 20–60 cm, kahl. Blätter lanzettlich, 3–12 cm lang und 5–20 mm breit. Blüten zu 3–30 in dichten Büscheln am Stängelende, von schmal lanzettlichen Hochblättern umgeben. Kelch 15–18 mm lang. Platte der Kronblätter etwa 4 mm lang, rot, gezähnt, mit Streifen u. weißen Punkten, am Schlund behaart. Kelchschuppen 4, grannenartig zugespitzt, etwa so lang wie der Kelch.

StO ①②⑤ Gebüsche, Bergwiesen, bis 2500 m.

V Alpen: ursprünglich in den östlichen S-Alpen, zerstreut, vielerorts verwildert u. eingebürgert. Allgemein: Submediterrane Gebirge, von den Pyrenäen bis zu den Karpaten u. dem Balkan.

B Bis in die alpine Stufe hinein findet sich in trockenen Magerrasen **D. carthusianorum** L., Karthäuser-N. **M** 20–50 cm, Blätter 2–4 mm breit, Blüten purpurrot, meist zu 3–15 kopfig zusammengezogen, von Hochblättern umgeben. Kelchschuppen lang begrannt. Platte 7–12 mm.

118 Silene acaulis (L.) Jacq.
inkl. ssp. longiscapa (Kerner) Hayek
Kalk-Polsternelke

Silène acaule
Silene a cuscinetto, brezstebelna lepnica

Ch; F I H D Ö S; § in H Ö; RL in H (4)

M 1–3 cm. Dichte Polster bildend, mit dachziegeligen, aufrecht abstehenden, bis 12 mm langen Blättern. Stängel 1-blütig, ungeflügelt. Blütenstiele 10–30 mm lang. Kronblätter purpurrot, seicht ausgerandet. Kelch am Grund plötzlich verschmälert, kürzer als die elliptische Fruchtkapsel. Das Foto zeigt ssp. **cenisia** Vierh.

StO ④ Steinige Kalk-Magerrasen u. Kalkfelsfluren, bis 2900 m.

V Alpen: In den Kalkgebieten verbreitet, in den Z-Alpen zerstreut. Allgemein: Gebirge S-, M- u. N-Europa, westliche u. östliche Arktis.

B Ähnlich **118** ist die Kiesel-P., **S. excapa** All., Ch; F I H D Ö; § in H Ö; RL in H (4). **U** Blätter aufrecht, (4–8 mm lang). Blütenstiele höchstens 5 mm lang, etwas geflügelt. Kelch am Grund allmählich verschmälert. Fruchtkapsel kugelig, kaum länger als der Kelch. **StO** ④ Bodensaure Magerrasen u. Silikatfelsfluren, bis 3500 m. **V** Z-Alpen, Pyrenäen.

119 Silene elisabethae Jan
Großblütiges Leimkraut
Silene di Elisabetta

120 Silene cordifolia All.
Herzblättriges Leimkraut
Silène à feuilles en coeur
Silene a foglie cuoriformi

Ch; ● I; § RL (4)
M 8–30 cm, mit leicht klebrigem Stängel. Grundblätter lanzettlich, kahl, am Rand bewimpert. Stängelblätter zunehmend drüsig-filzig und klebrig. Stängel 1–2(4)-blütig, Blüten rot, bis 4 cm im Ø. Kelch 10-nervig, etwas aufgeblasen, drüsig weichhaarig. Kronblätter am Schlund mit 3–6 mm langer Nebenkrone.
StO ④ In lückigen Rasen, in Felsspalten, im Felsschutt, auf Kalk, bis 2450 m.
V Alpen: Endemit der südlichen Kalkalpen zwischen Comersee u. Gardasee, zerstreut.
B In Wiesen, Hochstauden- u. Lägerfluren findet sich bis 2500 m sehr häufig **S. dioica** (L.) Clairv., Rotes L. **M** 30–90 cm, behaart. Blätter eiförmig bis lanzettlich, nicht klebrig. Kelchröhren 10–15 mm lang, drüsig behaart, die der männlichen Blüten 10-nervig, die der weiblichen 20-nervig. Kronblätter rot, 2-spaltig, am Schlund mit Nebenkrone. Griffel 5. **StO** ②⑤.

He; ● F I
M 10–20 cm, lockerrasig wachsend, mit einfachen und Drüsenhaaren dicht besetzt. Stängelblätter ei- bis herzförmig, zugespitzt, die unteren eine Rosette bildend, die oberen entfernt, halbstängelumfassend. Stängel 1–4-blütig, Blüten kurz gestielt, bis 15 mm im Ø. Kelch 11–15 mm, 10-nervig, leicht aufgeblasen, dicht drüsenhaarig. Kronblätter weißlich rosa, grünlich geadert, tief gespalten, im Schlund mit kleiner Nebenkrone.
StO ④ Felsen, seltener im Felsschutt, auf Granit u. Gneis, bis 2400 m.
V Alpen: Endemit der Seealpen, stellenweise häufig.

121 Silene vulgaris (Moench) Garcke ssp.
glareosa (Jord.) Marsden-Jones et Turrill
Kies-Leimkraut
Silène à une fleur
Silene uniflora, pokalica

He; F I H D Ö S
M 10–30 cm, kahl, mit zahlreichen niederliegenden bis aufsteigenden Stängeln. Blütenstand (1)3–5(7)-blütig. Blätter schmal lanzettlich. Hochblätter krautig. Kelch mit 20 Nerven, netzartig verbunden. Kronblätter 15–25 mm lang, tief 2-spaltig, mit Nebenkrone. Kapselzähne umgebogen.
StO ④ Kalkgeröll, Bachschotter bis 2600 m.
V Alpen: v. a. in den Kalkgebieten der östlichen Alpen häufig, nach Westen seltener werdend.
B Ähnlich: ssp. **prostrata** (Gaudin) Schinz et Thell., besitzt aber eiförmige, bewimperte Blätter. Blüten 1–3. Nebenkrone fehlt. Felsschutt, auf Silikat u. Kalk, bis 2800 m. W-Alpen. ssp. **vulgaris** (ohne Nebenkrone, Blätter kahl) u. ssp. **antelopum** (Vest) Hayek (Nebenkrone, Blätter bewimpert) sind deutlich höher (30–70 cm), aufsteigend oder aufrecht, oberwärts verzweigt. Blütenstand 3–20-blütig. Kapselzähne aufrecht.

122 Silene vallesia L.
Walliser Leimkraut
Silène du Valais
Silene del Vallese

He; F I H; § in H; RL in H (3)
M 5–15 cm, aufsteigend, drüsig behaart, etwas klebrig. Blätter schmal lanzettlich bis linealisch. Stängel 1–3-blütig. Kelch 18–28 mm lang, drüsig, mit 10 miteinander vernetzten Nerven u. sehr kurzen Zähnen. Kronblätter 28–35 mm lang, oberseits blassrosa, unterseits rot, Platte 2-spaltig. Nebenkrone etwa 2 mm lang, 2-teilig. Kapsel 10–15 mm lang, breit eiförmig, ewa so lang wie der Kapselstiel.
StO ④ Kalkarmer Fels u. Felsschutt, bis 2500 m.
V Alpen: W-Alpen, Dauphiné u. Savoyen bis zum Simplon u. östlich bis Venetien, zerstreut.
B Nahe verwandt ist **S. graminea** Vis., Gras-L., (im Alpenraum nur am M. Ventoux). **U** zu **S. vallesia**: schmalere, weniger drüsige Blätter, Stängel stets 1-blütig, Blüten etwa halb so groß, Kelch 12–15 mm, Kronblätter oberseits weißlich, unterseits grünlich bis bräunlich violett. **StO** ④ Fels, Felsschutt, auf Kalk.

123 **Silene rupestris** L.
Felsen-Leimkraut

Silène des rochers
Silene rupestre
skalna lepnica

He; F I H D Ö S; § in D
M 10–25 cm. Aufsteigend, von Grund an verzweigt, bläulich grün, kahl, nicht drüsig klebrig. Blätter lanzettlich. Blütenstand locker. Kelch 4–7 mm lang, 10-nervig. Kronblätter 6–9 mm lang, weiß oder rosa, tief ausgerandet. Nebenkrone undeutlich. Griffel 3. Kapsel 5–6 mm lang. Samen randlich ohne Schuppen.
StO ④ Felsige Hänge, offene Böden, Felsspalten, Schutt, Böschungen, bis 3000 m.
V Alpen: Z- u. S-Alpen verbreitet, in den Kalkketten selten. Ansonsten: S. Nevada, Kantabrische Gebirge, Pyrenäen, Korsika, Sardinien, N-Apennin, Vogesen, Schwarzwald, Karpaten, Skandinavien.

124 **Silene saxifraga** L.
Steinbrech-Leimkraut

Silène saxifrage
Silene sassifraga
kamnokrečna lepnica

Ch; F I H Ö S; § in H; RL in H (3)
M 10–30 cm, aufsteigend oder hängend, meist unverzweigt. Stängel unten kurzhaarig oben klebrig, kahl. Blüten zu 1–3, lang gestielt. Blätter schmal lanzettlich oder lineal. Kelch 8–12(15) mm lang, keulig. Kronblätter 12–20 mm lang, oberseits weißlich, unterseits rötlich bis grün, ausgerandet, im Schlund mit kurzer 2-teiliger Nebenkrone, der Nagel kaum aus dem Kelch herausragend. Kapselstiel kahl. Zumindest der untere Teil der Kapsel im Kelch eingeschlossen.
StO ④ Felsspalten u. -schutt, auf Kalk, bis 2400 m.
V Alpen: ziemlich häufig. Ansonsten: Gebirge S-Europas, Jura, Auvergne, Cevennen.
B Ähnlich ist **S. hayekiana** Hand.-Mazz. & Janch., Karst-L.; Ch; ●I Ö S. **M** 20–40 cm, Kelch röhrig, 10–14 mm lang. Nagel der Krone zuletzt weit aus aus dem Kelch ragend, Kapsel vollständig aus dem Kelch ragend. Endemit der südöstlichen Kalk-Alpen, bis 1500 m. **StO** ④.

125 Silene campanula Pers.
Glockenblumen-Leimkraut
Silène campanule
Silene campanula

Ch; ● F I
M 5–20 cm, aufrecht, unverzweigt, kahl, nicht klebrig. Blätter lineal, 1–1,5 mm breit, kahl. Blüten meist einzeln, lang gestielt. Blüten ca. 15 mm im Ø. Kelch 7,5–9,5 mm lang, rötlich, Kelchzähne bis 2 mm lang. Kronblätter oberseits weißlich, unterseits rötlich, im Schlund mit kurzer 2-teiliger Nebenkrone. Kapselstiel kurzhaarig.
StO ④ Feuchte Felsspalten, Felsschutt, bis 2200 m.
V Alpen: Endemit der Seealpen u. Ligurischen Alpen, nicht häufig.

126 Silene pusilla Waldst. & Kit.
Kleines Leimkraut, Strahlensame
Silène miniature
Silene delle fonti
četverozoba lepnica

Ch; F I H D Ö S
M 5–20 cm, Stängel aufsteigend, oberwärts klebrig, unterste Glieder ohne Haarleisten. Rasen bis 10(–12) cm Ø. Blätter lineal, 1–2(3) mm breit. Blüten lang gestielt. Kelch (3)3,5–5,5(6,5) mm lang. Kronblätter weiß (blassrosa), 7–9 mm lang mit 4-zähniger Platte. Nebenkrone 1 mm, 2-teilig. Samen randlich mit dichtstehenden, strahlig abstehenden Papillen, diese ½–⅓-mal so lang wie der Samen-Ø.
StO ③④ Feuchter Fels u. Felsschutt, Quellfluren, meist auf Kalk, bis 2500 m.
V Alpen: Kalkgebirge, ziemlich häufig. Ansonsten: Pyrenäen, Jura, Apennin, Karpaten, Balkan.

127 Silene veselskyi (Janka) Bég.
Wolliger Strahlensame
Silene di Veselsky
Veselskyjeva lepnica

Ch; ● I Ö S; § in Ö; RL in Ö (2) S (4)
M Ähnlich **S. pusilla**, aber Stängel und Kelch mit langen, vielzelligen Woll- u. Drüsenhaaren. Kronblätter 6–8 mm. Samen randlich mit strahlig locker stehenden, kurzen Papillen (ca. ¼ des Samen-Ø).
StO ④ Überhängende Felswände, Felsgrotten, Felsritzen, auf Kalk u. Dolomit, bis 2200 m.
V Alpen: Endemit der SO-Alpen, von S-Tirol bis Slowenien, selten.
B Sehr ähnlich: **S. pudibunda** Hoffmanns, Rosafarbener St., Ch; Ö. **M** lockere Rasen mit meist (10)15–20(25) cm Ø. Stängel bis 25(30) cm, Kelch (4,5)5,5–6,5(7,5) mm lang. Kronblätter rosa bis purpurn (selten weiß). **StO** ③ Bachränder, Quellfluren, auf fast kalkfreien Silikatgesteinen, in Ö zerstreut.

128 Silene alpestris Jacq.
Alpen-Leimkraut
Silene alpestre
planinska lepnica

Ch; I Ö S
M 10–30 cm, lockerrasig. Stängel kahl, oben klebrig, unterste Stängelglieder mit 2 Haarleisten. Blätter eilanzettlich bis lineal-lanzettlich, (2)3–5(9) mm breit. Blüten lang gestielt. Kelch 5–7(8) mm lang, drüsig-flaumig. Kronblätter 10–12 mm lang, weiß, mit 4–6-zähniger Platte, der Nagel meist bewimpert (bei **S. pusilla** stets kahl). Nebenkrone kurz, 2-teilig. Kapsel 7–9 mm lang. Samen randlich mit dicht stehenden, strahlig abstehenden, langen Papillen, diese halb so lang wie Samen-Ø.
StO ②④ Felsschutt, Bachschotter, Felshänge, offene Rasen, Krummholz-Gebüsch, bis 2200 m, nur auf Kalk.
V Alpen: Endemit der O- u. SO-Alpen, zerstreut bis häufig (z. B. Dolomiten), in den Z-Alpen auf Kalkinseln, selten.

129 Silene suecica (Lodd.) Greut. & Burd.
(syn. Lychnis alpina L.)
Alpen-Pechnelke
Silène de Suède
Crotonella alpina

He; F I H Ö; § in I; RL in Ö (4)
M 3–15(30) cm, mit grundständigen Blattrosetten. Stängel kahl, nicht klebrig, unverzweigt. Blätter lanzettlich, kahl oder am Blattgrund bewimpert. Blüten kopfig gehäuft. Kelch 4–6 mm lang. Kronblätter 2-spaltig, 6–8 mm lang, im Schlund mit einer kleinen Schuppe.
StO ④ Nacktried- u. Krummseggenrasen, Felsschutt, auf kalkarmen, trockenen Böden, bis 3100 m.
V Alpen: W- u. Z-Alpen bis Hohe Tauern, zerstreut. Ansonsten: Pyrenäen, Apennin, Skandinavien, Großbritannien, Island, Grönland, Arktis.

130 Silene flos-jovis (L.) Clairv.
Jupiter-Lichtnelke
Silène fleur-de-Jupiter
Crotonella Fior di Giove

He; F I H; § in I H; RL in H (4)
M 30-90 cm, dicht weißfilzig behaart, mit grundständigen Blattrosetten. Stängel nicht klebrig. Blätter spatelig bis elliptisch lanzettlich, spitz. Blütenstand kopfig. Kelch 10–15 mm lang, weißfilzig. Kronblätter ausgerandet, 16–20 mm lang, mit bis zu 3 mm langer Schuppe, hellpurpurn (selten weiß).
StO ②④⑤ Lückige Rasen und Gebüschränder, lichte Wälder, seltener im Schutt, bis 2400 m.
V Alpen: Endemit der SW- u. W-Alpen, östlich bis zum Etschtal und nördlich bis ins Engadin, nicht häufig.
B In den Alpen verbreitet u. bis in die subalpine Stufe ansteigend ist **S. flos-cuculi** (L.) Clairv., Kuckucks-L.; He; F I H Ö D S. **M** 30–90 cm, Stängel unter den Knoten schwach klebrig. Blütenstand rispig. Kronblätter 15–25 mm lang, rosarot, tief 4-teilig zerschlitzt. **StO** ③⑤ Feuchte Wiesen u. Flachmoore. **V** Europa, Asien.

131 **Rumex scutatus** L.
Schild-Ampfer
Rumex à écussons
Rómice scutado
ščitasta kislica

He; F I H D Ö S
M 10–40 cm, bogig aufsteigend, vom Grund an verzweigt. Blätter bis 5 cm lang, spießförmig, mit deutlichen, oft abstehenden Zipfeln, blaugrün oder blaugrau, lang gestielt. Blütenstand locker. Innere Blütenhüllblätter (Valven) 4,5–6 mm lang, ganzrandig, schwielenlos; äußere Blütenhüllblätter aufrecht. Nussfrucht 3–3,5 mm lang.
StO ④ Felsschutt, Geröll, Felsspalten, bis 2700 m.
V Alpen: verbreitet und häufig. Allgemein: Gebirge M- u. S-Europas; SW-Asien.

132 **Rumex pseudoalpinus** Höfft
Alpen-Ampfer
Rumex des Alpes
Rómice alpino
alpska kislica

He; F I H D Ö S
M 0,5–1,2 m, aufrecht. Grundblätter bis 40 cm lang, 1–1,5-mal so lang wie breit, am Grund tief herzförmig, mit abgerundeter Spitze. Blütenstand dicht. Valven 4–6 mm lang, ganzrandig, ohne Schwielen. Fruchtstiele unter der Frucht verdickt.
StO ② ⑥ Viehläger, Hochstaudenfluren, an Almhütten, bis 2650 m.
V Alpen: verbreitet und häufig. Allgemein: Gebirge M- u. S-Europas, Schottland; Kaukasus, Armenien, Anatolien, N-Amerika.
B Bis in die subalpine Stufe kommt **R. obtusifolius** L., Stumpfblättriger A., vor. **U** Blüten- und Fruchtstände weniger dicht. Valven 2–4(5) mm lang, gezähnt oder ganzrandig, zumindest eine der Valven mit Schwiele. **StO** ⑥ Wegränder, Unkrautfluren, Schuttplätze. **V** Alpen: verbreitet.

133 Rumex nivalis Hegetschw.
Schnee-Ampfer
Rumex des neiges
Rómice nivale
snezna kislika

Ch; I H D Ö S
M Stängel zu mehreren, 10–25 cm, blattlos oder
1–2-blättrig, unverzweigt. Grundständige Blät-
ter bis 3 cm lang, oval spießförmig, dicklich. Blü-
tenstand unverzweigt. Valven ganzrandig, we-
nigstens eine am Grund mit kleiner Schwiele.
Äußere Blütenhüllblätter zurückgeschlagen.
StO ④ Schneetälchen, Feinschutt, auf Kalk, bis
2750 m.
V Alpen: ziemlich selten, Berner Oberland u.
Tessin bis Julische Alpen, darüber hinaus bis
Montenegro.

134 Oxyria digyna (L.) Hill
Säuerling
Oxyria à deux styles
Acetosa soldanella
alpski kislek

He; F I H D Ö S
M 5–30 cm. Aufrecht oder aufsteigend, meist
nur am Grund beblättert, kahl. Blätter 1–3 cm
lang, meist nierenförmig, vorn oft ausgerandet,
lang gestielt. Blütenstand locker. Blütenhüllblätter 4 (bei **Rumex** 6), die 2 inneren viel größer als die 2 äußeren. Innere Blütenhüllblätter
der Frucht anliegend, äußere abstehend. 2 sehr
kurze Griffel (bei **Rumex** 3).
StO ④ Schneetälchen, kalkarmer, feuchter Felsschutt, bis 2800 m.
V Alpen: verbreitet u. häufig in den Silikatgebieten, in den Kalkgebieten selten oder fehlend.
Allgemein: Gebirge Europas, Arktis. Asien, N-
Amerika südlich bis Kalifornien u. Neu-Mexico.

135 Bistorta vivipara (L.) Delarbre

Knöllchen-Wiesenknöterich

Renouée vivipare
Poligono viviparo
zivorodna dresen

He; F I H D Ö S
M 5–25 cm, mit kräftigem Rhizom, Stängel unverzweigt. Rosettenblätter bis 8 cm lang, schmal oval bis lineal lanzettlich., mit umgebogenem Rand. Scheinähre dünn walzlich, lockerblütig, im unteren Teil mit Brutknöllchen. Blüten weiß bis hellrosa. Nüsse nur selten entwickelt.
StO ③④⑤ Rasengesellschaften auf Kalk- u. Silikatgestein, Flachmoore, bis 3000 m.
V Alpen: verbreitet u. häufig. Allgemein: Arktisches u. nördliches Europa, Pyrenäen, Jura, Alpen, Apennin, Karpaten, Balkan. Kaukasus, Asien, N-Amerika.

136 Bistorta officinalis Delarbre

Schlangen-Wiesenknöterich

Renouée bistorte
Poligono bistorta
kačja dresen

He; F I H D Ö S; ✠; 🍴, 🏛
M 30–80 cm, mit kräftigem Rhizom. Stängel unverzweigt. Rosettenblätter lang gestielt, bis 18 cm lang, unterseits weich behaart, mit abgesetzt herablaufendem Blattgrund. Stängelblätter wenige, kürzer gestielt, mit gestutztem bis leicht herzförmigem Grund, nach oben zu reduziert. Blüten in dichten Scheinähren, rosa. Nüsse 4–5 mm lang.
StO ①②③⑤ Feuchte Wiesen, Bachufer, Hochstauden, Auwälder, bis 2500 m.
V Alpen: verbreitet u. häufig. Allgemein: arktisches u. gemäßigtes Eurasien, Alaska, im Süden nur in Gebirgen, SW u. Z-Asien, N-Amerika.

137 Polygonum alpinum All.
Alpen-Knöterich
Renouée des Alpes
Poligono alpino

He; F I H (Ö); RL in Ö (4)
M 30–70 cm, mit kräftigem Rhizom. Stängel aufrecht, im oberen Teil meist verzweigt. Blätter lanzettlich, bis 15 cm lang, oberseits dunkelgrün, unterseits heller, an beiden Enden verschmälert, lang zugespitzt, flach oder leicht gewellt, kurz gestielt, die oberen sitzend. Blüten in lockeren, verzweigten Rispen. Blütenhüllblätter 3–5 mm lang, (gelblich) weiß, selten rosa. Griffel 3, kurz, mit purpurroten Narben. Nuss 4–5 mm lang, 3-kantig, glänzend.
StO ① ② ③ Bergwiesen, Grünerlengebüsch und Zwergstrauchheiden, bis 2200 m.
V Alpen: zerstreut in den W- u. S-Alpen, ostwärts bis Graubünden u. den Bergamasker Alpen, sehr selten in der Steiermark (2 Fundorte). Ansonsten: Gebirge S-Europas, Kaukasus bis O-Asien.

138 Armeria alpina Willd.
Alpen-Grasnelke
Arméria des Alpes
Spillone alpino
alpski pečnik

He; F I H Ö S; § in I H Ö; RL in H (4); ❀
M 5–20(30) cm, in dichten Polstern wachsend. Blätter grasartig, in grundständiger Rosette, bis 8 cm lang, meist weniger als 3 mm breit, 1–3-nervig. Stängel blattlos (= Schaft). Blüten in köpfchenartigen Blütenständen, diese von trockenhäutigen Hüllblättern umgeben. Oberer Teil des Schaftes von einer 6–14(20) mm langen, häutigen Hüllblattscheide umschlossen. Kelch im oberen Teil trockenhäutig. Kronblätter 5, rosa bis purpurn.
StO ④ Rasen, Felschutt u. -spalten, bis 3000 m.
V Alpen: nicht häufig. Allgemein: m- u. s-europäische Gebirge, N-Spanien bis Balkan.
B Ähnlich ist **A. arenaria** (Pers.) Schult., Wegerich-G.; F I H (D), aber Schaft bis 60 cm hoch. Blätter 3–7-nervig, meist breiter als 3 mm. Hüllblattscheide 25–40 mm lang. Kronblätter blassrosa. **StO** ⑤ Trockenrasen bis 2000 m. **V** Alpen: W-Alpen (Aostatal): allg. sw-europäisch.

139 Hypericum maculatum Crantz
Geflecktes Johanniskraut
Millepertius macule
Erba di San Giovanni delle Alpi
pegasta krčnica

He; F I H D Ö S; (⚥)
M 20–70 cm, kahl, aufrecht. Stängel durchgehend 4-kantig, ungeflügelt, hohl. Blätter breit eiförmig bis elliptisch, dicht netzadrig, im Gegenlicht nicht durchscheinend punktiert (ohne Öldrüsen). Blütenstand schmal, Äste fast spitzwinklig vom Stängel abstehend. Kelchblätter breit eiförmig, rundlich, ganzrandig. Kronblätter bis 12 mm lang, unterseits mit schwarzen Punkten, außerdem oft mit kurzen Strichen.
StO ②⑤ Magerrasen, -wiesen u. -weiden, Hochstaudenfluren, Gebüsche, bis 2300 m.
V Alpen: verbreitet u. häufig. Europa, Sibirien.
B Ähnlich ist ssp. **obtusiusculum** (Tourlet) Hayek, Stumpfblättriges J., aber Stängel oberwärts ± 2-kantig. Blätter locker netzadrig, ohne Öldrüsen. Blütenstand ± breit ausladend, Äste fast stumpfwinklig abstehend. Kronblätter bis 15 mm lang, unterseits mit längeren, schwarzen Strichen und wenigen Punkten.

140 Hypericum coris L.
Quirlblättriges Johanniskraut
Millepertius coris
Erba di San Giovanni aghifoglia

Ch; F I H
M 10–40 cm, am Grund verholzt, mit mehreren aufsteigenden Stängeln. Blätter nadelförmig, zu 3–5 quirlständig. Blüten in armblütigen lockeren Rispen. Kelchblätter schwarzdrüsig gezähnt. Kronblätter gelb, gelegentlich mit roten Streifen.
StO ④ Trockene, felsige Hänge, Felsspalten, bis 2000 m.
V Alpen: Seealpen (häufig) bis Trentiner Dolomiten, lokal in den Schweizer Alpen (Reuss-, Sihl- u. Linthgebiet). Ansonsten: N-Apennin.
B Das Berg-J., **H. montanum** L., He; F I H (D) (Ö) (S) steigt in der S-Schweiz bis 1900 m an. **M** 30–80 cm, Stängel einfach, rund. Blätter breit eiförmig, halb stängelumfassend, am Rand schwarz punktiert, entfernt stehend. Kelchblätter spitz, mit schwarzen Stieldrüsen. Kronblätter gelb, nicht punktiert. **StO** ① Gebüsche, Zwergstrauchheiden. **V** Europa, Kleinasien.

141 Hypericum richeri Vill.
Richers Johanniskraut

Millepertius de Richer
Erba di San Giovanni di Belleval
alpska krčnica

He; F I H S; RL in (S) (4)

M 20–60 cm, kahl. Stängel zu mehreren, oberwärts 2-kantig, unten rund. Blätter 2–5 cm lang, breit eiförmig, halb stängelumfassend sitzend, am Rand unterseits schwarzdrüsig. Blüten 1–2 oder zu 3–10 in dichten doldigen Rispen. Kelch- und Kronblätter auf der Fläche reichlich mit sitzenden schwarzen Drüsen. Kelchblätter am Rand fransig bewimpert.

StO ②④⑤ Felsige Hänge, steinige Weiden, lichte Gebüsche, Hochstaudenfluren, bis 2400 m.

V W- u. S-Alpen, östlich bis Bergamasker Alpen, zerstreut, in den Seealpen häufig. Ansonsten Pyrenäen, N- u. Z-Apennin.

B Selten in den französischen W-Alpen (Isere, Savoyen) **H. nummularium** L., Pfennig-J. **M** 3–30 cm, mehrere, ausgebreitete, im unteren Teil kriechende Stängel, Blätter rundlich, mit zwei schwarzen Drüsen an der Blattspitze. Kelch drüsig gezähnt. **StO** ④ Felsspalten.

142 Helianthemum nummularium (L.)
Miller ssp. grandiflorum (Scop.) Sch. & Th.
Großblütiges Sonnenröschen

Hélianthème nummulaire
Eliantemo maggiore, velecvetni popon

Ch; F I H D Ö S

M 10–40 cm, mit zahlreichen, bogig aufsteigenden Ästen. Blätter gegenständig, eiförmig bis lanzettlich, unterseits kahl, mit Borstenhaaren und/oder mit Sternhaaren (Behaarung bzw. Behaarungstyp der Blattunterseiten und der Kelchblätter sind wichtige Merkmale für die Unterscheidung der Unterarten!), stets mit Nebenblättern. Kelchblätter unterschiedlich groß (3 innere größere u. 2 äußere kleinere), weißlich grün, mit deutlichen Nerven. Blüten bis 3 cm im Ø, gelb. Rosablühende Unterarten in den Seealpen. Kronblätter 5, Staubblätter zahlreich.

StO ④⑤ Rasen, Felsschutt, bis 2500 m.

V Alpen: verbreitet. Allgemein: Europa, N-Afrika bis Kleinasien.

143 **Helianthemum alpestre** (Jacq.) DC
Alpen-Sonnenröschen
Hélianthème alpestre
Eliantemo alpestre
planinski popon

Ch; F I H D Ö S; ✿
M 3–15 cm, dichtrasig wachsend, im oberen Teil mit einfachen Haaren (Sternhaare fehlend). Blätter 5–15 mm lang, oval bis schmal lanzettlich, am Rand flach, beiderseits grün, mit einfachen Haaren oder kahl; Blätter ohne Nebenblätter (sehr selten die obersten mit Nebenblättern). Kelchblätter unterschiedlich groß (3 größere und 2 kleinere). Blüten 1,2–2,0 cm im Ø, gelb. Kronblätter 5, Staubblätter zahlreich.
StO ①④⑤ Lückige Rasen, Zwergstrauchheiden, bis 2800 m.
V Alpen: verbreitet. Ansonsten: Pyrenäen, Apennin, Karpaten, Balkan.

144 **Helianthemum lunulatum** (All.) DC.
Ligurisches Sonnenröschen
Hélianthème à lunules
Eliantemo ligure

Ch; ● F I; § in F; RL in F (3)
M 5–20 cm, reich verzweigt, an der Basis stark verholzt. Vertrocknete Äste etwas dornig, stechend. Blätter 8–12 mm lang, elliptisch bis lanzettlich, ohne Nebenblätter, am Rand bewimpert, unterseits weichhaarig. Blüten zu 1(–3), lang gestielt. Kelchblätter behaart. Kronblätter bis 10 mm lang, gelb, an der Basis mit einem orangen, halbmondförmigen Fleck.
StO ④ Felsige Hänge, Felsen, auf Kalk, bis 2300 m.
V Alpen: Endemit der Seealpen und der Ligurischen Alpen, selten.
B Selten bis in die subalpine Stufe (SW-Alpen) ansteigend ist **H. apenninum** Mill., Apennin-S.; F I (H) (D); §; RL in D (3). **M** 10–30 cm, reich verzweigt. Blätter lineal-lanzettlich, oberseits ± stark behaart, unterseits filzig. Nebenblätter fädig. Kronblätter 8–18 mm lang, weiß. **StO** Lückige Rasen, felsige Hänge.

145 **Myricaria germanica** (L.) Desv.
Deutsche Tamariske
Tamarin d'Allemagne
Tamerici alpino
nemski strojevec

Np; F I H (D) Ö S; § in Ö; RL in D (1) Ö (2) S (2)
M 60–200 cm. Hoher Strauch mit aufrechten, rutenförmigen Zweigen. Blätter wechselständig, schuppenförmig, 2–5 mm lang, grau- oder blaugrün. Blüten in dichten Trauben. Kronblätter (4–)5, ca. 4 mm lang, weiß oder rosa. Staubblätter 10. Frucht eine ca. 12 mm lange Kapsel. Samen mit Haarschopf.
StO ③ Kies- u. Schotterbänke fließender Gewässer, Ebene bis 2300 m.
V Alpen: zerstreut bis selten. Ansonsten: Skandinavien, Karpaten, Pyrenäen, Apennin. Kleinasien östlich bis Afghanistan.

146 **Viola tricolor** L.
ssp. **saxatilis** (F. W. Schmidt) Arcang.
Gebirgs-Veilchen
Violette subalpine
Viola del pensiero, divja vijolica

He; F I H D Ö S
M 10–30 cm, ohne unterirdische Ausläufer. Stängel meist verzweigt, mit nichtblühenden Seitentrieben. Untere Blätter rundlich, mit gekerbtem Rand, obere Blätter lanzettlich. Nebenblätter tief fiederspaltig (2–4 Fiederpaare), mit deutlich verbreitertem, meist gekerbtem Endabschnitt. Sporn 5–6 mm lang, 1–2-mal so lang wie die Kelchanhängsel. Kelchblätter lanzettlich, spitz. Blüten 2–3,5 cm groß. Kronblätter gelb, weißlich, vielfarbig, oder selten alle blau. Sporn meist bläulich bis vielfarbig, oft duftend.
StO ④⑤ Magerrasen, Mähwiesen, Felsschutt, bis 2100 m.
V Alpen: verbreitet. Allgemein: Pyrenäen über die Alpen, Karpaten, Balkan bis zum Altai.
B Dieser Sippe gebührt möglicherweise Artrang.

147 Viola lutea Hudson
Gelbes Alpen-Veilchen, Sudeten-V.
Violette jaune

148 Viola dubyana Burnat
Duby-Veilchen
Viola di Duby

He; H Ö; RL in Ö (4)
M Ähnlich **146**, aber mit unterirdischen Ausläufern. Stängel meist einfach. Nebenblätter mit
2–3 Paar ziemlich kurzer Fiedern, mit linealem,
ganzrandigem Endabschnitt. Sporn 3–7 mm
lang, 2–3-mal so lang wie die Kelchanhängsel.
Kronblätter meist gelb, selten bläulich oder violett.
StO ⑤ Magerwiesen und -weiden, bis 2000 m.
V Alpen: in den Alpen zwei ssp.: a) ssp. **lutea** (W-
und Z-Schweiz, zerstreut, gebietsweise häufig
z. B. Stockhornkette. Endemit?), b) ssp. **sudetica**
Becker (Steiermark: Rottenmanner und Wölzer
Tauern, sehr selten). Hauptareal: Sudeten, Karpaten. Das Foto zeigt ssp. **sudetica**.

He; ●I; § in I
M 5–20 cm, kahl oder zerstreut behaart. Untere
Blätter breit eiförmig, gekerbt, mittlere und
obere schmal lanzettlich bis linealisch, fast
ganzrandig. Nebenblätter gleichmässig fingerförmig in 5–7(9) sehr schmale Abschnitte geteilt, ohne ausgeprägten Endzipfel. Blüten 20–
25 mm groß, blauviolett, Sporn 5–6 mm.
StO ④ Felsschutt, lückige Rasen, auf Kalk, bis
2100 m.
V Endemit der südlichen Kalkalpen vom Comersee bis zum Gardasee, selten.

149 Viola zoysii Wulfen
Karawanken-Veilchen
Viola di Zoys
Zoisova vijolica

He; I Ö S; § in Ö; RL in S (4)
M Ähnlich **148**, aber Stängel sehr kurz, oft scheinbar ganz fehlend. Nebenblätter fast immer ganzrandig. Blattspreite rundlich bis rund. Blüten einzeln, 20–30 mm groß. Krone gelb.
StO ④⑤ Magerwiesen, Felsen, auf Kalk, bis 2200 m.
V Alpen: Karawanken u. Julische Alpen, selten. Allgemein: Karawanken bis Montenegro.

150 Viola valderia All.
Valdieri-Veilchen
Violette de Valdieri
Viola di Valdieri

He; ● F I; § in I
M 5–20 cm, dicht kurzhaarig. Blätter ganzrandig, untere breit eiförmig bis länglich, mittlere und obere schmal elliptisch bis lanzettlich. Nebenblätter den Blättern ähnlich, kleiner, gleichmässig fingerförmig in 3–7 sehr schmale Abschnitte geteilt, mit blattartigem Endzipfel. Blüten ca. 20 mm groß, hell rötlich violett. Sporn 7–10 mm.
StO ④ Felsschutt, Felsen, steinige Rasen, auf Silikat u. Kalk?, bis 2300 m.
V Endemit der Seealpen, sehr selten.

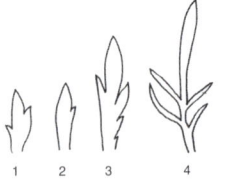

Nebenblätter der Arten
1 Viola zoysii
2 Viola calcarata ssp. calcarata
3 Viola calcarata ssp. villarsiana
4 Viola calcarata ssp. cavillieri

151 Viola calcarata L. ssp. calcarata
Langsporniges Veilchen
Violette éperonnée
Viola con sperone

He; F I H D Ö; § in I H D; RL in H (4); ❀
M Bis 10 cm, mit unterirdischen Ausläufern. Stängel kurz, 4–5 cm. Blätter grundständig, rosettig, alle gleich, eiförmig bis lanzettlich, gekerbt. Nebenblätter höchstens so lang wie der Blattstiel, meist mit 1–2 groben Zähnen. Blüten zu 1–2, 25–40 mm groß, meist blauviolett, selten gelb oder weiß. Sporn 8–15 mm.
StO ④⑤ Rasen, Weiden, Felsschutt, auf Kalk, bis 3000 m.
V Alpen: von Savoyen bis W-Tirol u. Allgäu.
B 2 weitere Unterarten: a) ssp. **villarsiana** (R. et S.) Merxm., Villars V.: Nebenblätter mit 2–4 seitlichen Abschnitten, Kronblätter blauviolett, gelb, weißlich oder gescheckt. **StO** Saure Böden. **V** SW-Alpen u. b) ssp. **cavillieri** (W. Becker) Merxm. et Lippert, Cavilliers V.: Nebenblätter fiederteilig, seitliche Abschnitte sehr schmal, Kronblätter meist gelb. **StO** Meist saure Böden. **V** Mont Cenis bis N-Apennin.

152 Viola alpina Jacq.
Ostalpen-Veilchen

He; Ö
M 4–10 cm, Stängel fehlend, kahl oder zerstreut behaart. Blätter alle grundständig, mit 1–2 cm langem Stiel u. rundlich eiförmiger, am Rand gekerbter Spreite. Nebenblätter lanzettlich, ungeteilt, bis über die Mitte mit dem Blattstiel verwachsen. Blüten 15–30 mm groß, violett, sehr selten weißlich. Sporn 3–4 mm lang.
StO ④⑤ Magerrasen, Schutthalden, auf Kalk, bis 2200 m.
V Alpen: O-Alpen, zerstreut bis selten. Ansonsten: Karpaten, Siebenbürgen.

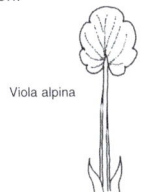

Viola alpina

153 Viola cenisia L.
Mont-Cenis-Veilchen

Violette du Mont Cenis
Viola del Moncenisio

He; ● F I H ; § in I H; RL in H (4)
M 3–10 cm, mit kurzem, dicht beblättertem Stängel. Blätter mit 3–12 mm langem Stiel, Spreite ganzrandig, rundlich eiförmig bis länglich. Nebenblätter ähnlich, kleiner, ungeteilt, seltener mit 1–2 kleinen Blattfiedern. Blüten 2–3 cm groß, violett. Sporn 5–8 mm lang.
StO ④ Kalk- u. Dolomitschutt, bis 2900 m.
V Alpen: Endemit der W-Alpen: Seealpen, Cottische Alpen, im Dauphiné; Penninische, Savoyer u. Schweizer Alpen östlich bis Graubünden, nördlich bis Glarner Alpen, zerstreut bis selten.

154 Viola comollia Massara
Comolli-Veilchen

Viola di Comolli

He; ● I; RL (4)
M 5–10 cm, mit kurzem, dicht beblättertem Stängel. Blätter deutlich gestielt, Spreite ganzrandig, rundlich eiförmig bis länglich, kürzer als der Stiel. Nebenblätter ähnlich, kleiner, ungeteilt, seltener mit 1–2 kleinen Blattfiedern. Blüten 2–3 cm groß, karminrosa, unterseits bleichgelb. Sporn 2–4 mm lang.
StO ④ Silikatschutt, bis 2450 m.
V Endemit der Orobischen Alpen, sehr selten.

155 Viola nummariifolia Vill.
Seealpen-Veilchen
Violette à feuilles de nummulaire
Viola delle Alpe Marittime

He; ●F I
M 3–5 cm, mit kurzem, beblättertem Stängel.
Blätter deutlich gestielt, Spreite ± ganzrandig,
rundlich eiförmig (selten herzförmig), so lang
oder etwas kürzer als der Stiel. Nebenblätter
lanzettlich, spitz, die unteren ganzrandig, die
oberen entfernt gezähnt. Blüten ca. 1 cm groß,
hellblau. Seitliche Kronblätter abspreizend oder
den unteren genähert. Sporn 1,5–3 mm lang.
StO ④ Feuchter Silikatschutt, Schneetälchen,
feuchte felsige Rasen, bis 2800 m.
V Alpen: Endemit der Seealpen, sehr selten. Ansonsten: Korsika.

156 Viola biflora L.
Zweiblütiges Veilchen
Violette à deux fleurs
Viola montana gialla
dvocvetna vijolica

He; F I H D Ö S
M 5–20 cm. Stängel 1–2-blütig. Blätter nieren-
förmig, mit gekerbtem Rand, breiter als lang.
Nebenblätter kurz, ganzrandig. Blüten gelb,
1,5 cm groß; unteres Kronblatt braun gestreift.
Sporn kurz, gerade.
StO ②④ Schattig-feuchte Lagen: Felsspalten,
Felsschutt, Karfluren, Erlengebüsch, bis 3000 m.
V Alpen: verbreitet. Allgemein: europäische Ge-
birge; Arktis, Asien, N-Amerika.

157 Viola pinnata L.
Fiederblättriges Veilchen
Violette penneé
Viola pennata
pernatolistna vijolica

He; F I H Ö S; § in I H; RL in H (4) Ö (4)
M 3–10 cm, ohne Stängel. Blätter grundständig, lang gestielt, bis fast zum Grund 3–5-teilig, mit tief eingeschnittenen Abschnitten. Nebenblätter bis über die Mitte mit dem Blattstiel verwachsen, weißlich, mit einzelnen Fransen. Blüten etwa 1,5 cm groß, hellviolett, duftend. Sporn rotviolett, stumpf.
StO ④⑤ Felsspalten, Felsschutt, offene Magerrasen, auf Kalk u. Dolomit, bis 2500 m.
V Alpen: SW-Alpen bis Savoyen, Penninische Alpen, Wallis, Hinterrheingebiet u. Veltlin bis Hohe Tauern, Julische Alpen, Karawanken, zerstreut bis selten.

158 Viola pyrenaica Ramond ex Dc.
Pyrenäen-Veilchen
Violette des Pyrénées
Viola die Pirenei
pirenejska vijolica

He; F I H (D) Ö S; § in H; RL in H (4) D (3) Ö (4) S (4)
M 8–10 cm, ohne Ausläufer, stängellos, kahl oder zerstreut behaart. Blätter breit eiförmig, 0,8–1,2-mal so lang wie breit, am Grund schwach herzförmig, spitz. Nebenblätter bis 15 mm lang, lanzettlich, gefranst. Vorblätter ungefähr in der Mitte des Blütenstiels. Blüten duftend. Kelchblätter kahl, stumpf. Krone hellblau (seltener violett). Sporn blasslila bis weißlich. Kapsel kahl.
StO ②④ Felsschutt- u. Hochstaudenfluren, Felsspalten, Magerwiesen, auf Kalk, bis 2250 m.
V Alpen: Seealpen bis Slowenien, zerstreut. Ansonsten: Spanien, Pyrenäen, Balkan, Kaukasus.
B Ähnlich ist das Schweizer V., **V. thomasiana** Perr. & Song; He; F I I I Ö; RL in Ö (3), aber Blätter 1,2–1,8-mal so lang wie breit. Krone (rot)violett bis weißlich. Kelchblätter u. Kapsel behaart.
StO ①④⑤ Felsspalten, Magerwiesen, kalkmeidend. **V** Seealpen bis Tirol, nicht häufig. Weitere Veilchen-Arten bis in die subalpine Stufe ansteigend.

159 Salix reticulata L.
Netz-Weide
Saule réticulé
Salice reticulato
mrežolistna vrba

Ch; F I H D Ö S; § in H Ö; RL in H (4); ❀
M Zwergweide mit niederliegenden, sparrigen Zweigen. Äste und Zweige wurzelnd. Blätter bis 3 cm lang, breit elliptisch bis rund. Oberseite satt-grün, glänzend, mit tief eingesenktem Nerven-netz. Unterseite mit hervorspringendem Nerven-netz, heller, dicht behaart. Kätzchen aufrecht, gestielt. Staubblätter kahl. Fruchtknoten dicht behaart, sitzend. Tragblätter purpurn, dicht behaart.
StO ④ Schneetälchen, feuchter Felsschutt, auf Kalk, bis 3000 m.
V Alpen: zerstreut bis mäßig häufig. Allgemein: arktisches Europa, Gebirge Skandinaviens u. der Britischen Inseln, Pyrenäen, Jura, Alpen, Karpaten. Asien, N-Amerika.

160 Salix herbacea L.
Kraut-Weide
Saule herbacé
Salice erbaceo
zelnata vrba

Ch; F I H D Ö S; § in H Ö; RL in H (4); ❀
M Niederliegender Spalierstrauch mit unterirdischen Ästen u. Zweigen. Blätter rundlich, bis 1,5 cm lang, am Grund keilförmig in den Blattstiel zusammengezogen, beiderseits (unterseits etwas heller) grün, auf beiden Seiten kahl, Rand gekerbt gesägt. Kätzchen bis 1,5 cm, von Laubblättern rosettig umhüllt, nach der Blattentfaltung blühend. Staubblätter kahl, Staubbeutel rot. Fruchtknoten kurz gestielt, kahl. Tragblätter einfarbig, Spitze manchmal purpurn gesäumt, fast kahl.
StO ④ Kalkfreie Schneetälchen, feuchter Felsschutt, bis 3320 m.
V Alpen: verbreitet, in den N-Alpen ziemlich selten. Allgemein: arktisches Europa, Gebirge der Britischen Inseln, Pyrenäen, Apennin, Alpen, Sudeten, Karpaten, Balkan. Asien, N-Amerika.

161 Salix retusa L.
Stumpfblättrige Weide
Saule á feuilles tronquées
Salice retuso
topolistna vrba

Ch; F I H D Ö S; § in H Ö; RL in H (4); ❀
M Niederliegender Spalierstrauch mit auf dem Boden ausgebreiteten, oft an den Fels geschmiegten Ästen, lockere Polster bildend. Blätter bis 2,5 cm lang, verkehrt eiförmig, am Grund keilförmig zusammenlaufend, vorn breit abgerundet, oft ausgerandet, seltener stumpf oder zugespitzt, ganzrandig oder unterbrochen klein drüsig gesägt; beide Blattseiten grün, kahl. Kätzchen mindestens 10-blütig, gestielt, bis 1,5 cm lang, nach der Blattentfaltung blühend. Staubfäden kahl, Staubbeutel rot. Fruchtknoten kurz gestielt, kahl. Tragblätter einfarbig, oft mit rötlichem Saum, an der Spitze mit gekräuselten Haaren.
StO ④ Felsspalten, Felsschutt, lückige Rasen, auf Kalk, bis 2500 m.
V Alpen: verbreitet und häufig. Ansonsten: Pyrenäen, Apennin, Jura.

162 Salix serpyllifolia Scop.
Thymianblättrige Weide
Saule à feuilles de serpolet
Salice con foglie di serpillo
timijanovolistna vrba

Ch; F I H D Ö S; § in H Ö; RL in H (4); ❀
M Ähnlich **161**, aber kleiner, Zweige z. T. unterirdisch, dichte Polster bildend. Blätter nur bis 0,8 cm lang u. 0,3 cm breit, schmal elliptisch, zugespitzt oder stumpf, ganzrandig. Kätzchen 3–8-blütig, nur 0,5 cm, kurz gestielt, von Blättern rosettenartig umhüllt. Tragblätter kahl.
StO ④ Lückige Rasen, Felsfluren, exponierte Grate, bis 3180 m.
V Alpen: verbreitet u. mäßig häufig.
B In den O-Alpen ist **S. alpina** Scop., die Alpen-W., heimisch; Ch; I Ö S; § in Ö. **M** 5–30 cm, niederliegend, Zweige wurzelnd. Äste schwarzbraun. Blätter ca. 15 mm lang, elliptisch, ganzrandig. Oberseite leicht glänzend, kahl, Unterseite stärker glänzend, an der Mittelrippe seidig behaart, am Rand bewimpert. Staubfäden rosa, kahl, Staubbeutel rot. Fruchtknoten behaart. Tragblätter 2-farbig, Spitze bärtig.

163 Salix breviserrata Floderus
Kurzzähnige Weide
Saule à dents courtes
Salice seghettato

164 Salix glaucosericea Floderus
Seidenhaarige Weide
Saule glauque
Salice glauco

Ch; F I H Ö; § in H Ö; RL in H (4)
M 5–30(50) cm, sparrig verzweigt, mit rötlich-
braunen Zweigen. Blätter breit lanzettlich bis
verkehrt eiförmig, stumpf oder spitz, beiderseits
gleichfarbig, lebhaft grün, glänzend, Rand drüsig, klein gesägt. Oberseite ± stark spinnwebig behaart (selten kahl), Unterseite spärlich behaart
oder kahl, glänzend. Kätzchen purpurn. Tragblätter zweifarbig, an der Spitze bärtig. Fruchtknoten sitzend. (bei **S. alpina** gestielt).
StO ①②④ Felsige Hänge, Weidengebüsche,
Zwergstrauchheiden, Schuttfluren, Rasen, vorwiegend auf Kalk u. Dolomit, bis 3000 m.
V Alpen: zerstreut von den Hautes Alpes bis zu
den Niederen Tauern, v. a. in den zentralen Gebirgszügen.

Np; F I H Ö; § in H Ö; RL in H (4) Ö (4)
M 30–100 cm, flach ausgebreitet oder aufsteigend. Blätter breit lanzettlich, 4–6 cm lang. Rand
flach bis umgebogen, ganzrandig (ohne Zähne
und Drüsen), Oberseite matt, bleichgrün, locker
seidenhaarig, Unterseite heller grün, dicht seidig behaart, schwach glänzend. Tragblätter einfarbig hell, an der Spitze langbärtig. Fruchtknoten kurz gestielt, dicht weißfilzig behaart.
StO ③④⑤ Weiderasen, Bachufer, Blockschutthalden, kalkmeidend, bis 2800 m.
V Alpen: Hautes Alpes bis Hohe Tauern, zerstreut.
B Ähnlich ist **S. helvetica** Villars, Schweizer W.;
Np; F I H Ö; § in H Ö; RL in H (4). **U** Blätter
oberseits dunkelgrün, unterseits dicht wollig-filzig (jung seidenhaarig glänzend), Rand ganzrandig oder gezähnt, Tragblätter deutlich 2-far-
big. **StO** ①②③④ Blockschutt, steinige Rasen,
auf Silikat. **V** Seealpen bis N-Tirol, zerstreut.

165 **Salix waldsteiniana** Willd.
Bäumchen-Weide

Saule de Waldstein
Salice di Waldstein
Waldsteinova vrba

Np; I H D Ö S; § in H Ö; RL in H (4); ✿
M 0,3–1 m, meist dichte Horste bildend. Jüngere Triebe gelbgrün, flaumig zottig behaart. Blätter 2–5 cm lang, verkehrt eiförmig, größte Breite oberhalb der Mitte, manchmal schief zugespitzt. Rand drüsig gesägt, manchmal ganzrandig ohne Drüsen; Oberseite grün, stark glänzend, Unterseite blaugrün, mit Wachsüberzug bis zur Spitze. Nervennetz unterseits vorspringend, Blatt beiderseits kahl. Staubfäden kahl. Fruchtknoten kurz gestielt, dicht behaart. Tragblätter 2-farbig, Spitze bärtig.
StO ①②④ Grünerlen- u. Weidengebüsche, Hochstaudenfluren, Legföhren, Schutthalden, Zwergstrauchheiden, kalkliebend, bis 2200 m.
V Alpen: Zerstreut bis häufig vom Krainer Schneeberg (Snežnik) westlich bis in die östliche Schweiz. Ansonsten: Karpaten.

166 **Salix hastata** L.
Spieß-Weide

Saule á feuilles hasté
Salice astato
kopjasta vrba

Np; F I H D Ö S; § in H Ö ; RL in H (4)
M 0,5–1,5 m, meist bogig aufsteigend. Jüngere Zweige braun oder rötlich. Blätter 2–8 cm lang, elliptisch bis verkehrt eiförmig. Rand immer unregelmäßig, nie bis zur Spitze gesägt; Oberseite graugrün matt bis sattgrün glänzend, Unterseite mit einem sehr feinen flachen Nervennetz, nur die Haupt- und Seitennerven vorspringend, beidseitig kahl. Staubbeutel kahl, rot. Fruchtknoten seitlich zusammengedrückt, kurz gestielt, vollständig kahl. Tragblätter 2-farbig, auffällig lang bärtig.
StO ①②③④ Hochstaudenfluren, Legföhrengebüsch, Zwergstrauchheiden, Bach- u. Quellfluren, Schuttfluren, bis 2400 m.
V Alpen: verbreitet. Allgemein: N-Europa. Gebirge M- u. S-Europas. Kaukasus, Asien.
B Weitere subalpine und alpine Weiden: Alle § in H Ö.

167 Sisymbrium austriacum Jacq.
Österreichische Rauke
Sisymbre d'Autriche
Erba cornacchia austriaca

He; F I H (D) (Ö)
M 20–60(80) cm, aufrecht, im unteren Teil kahl oder mit wenigen, aufwärts gerichteten Haaren. Blätter variabel: schrotsägeförmig, fiederspaltig, fiederteilig bis fast ganzrandig, glänzend, kahl. Kelch 4 mm lang, ungehörnt. Kronblätter 6–8 mm lang, gelb. Staubblätter 1,5–2 mm lang. Griffel 1–2 mm lang. Schoten 2–6 cm lang, auf dünnen, 5–12 mm langen Stielen. Fruchtschnabel fehlend oder nur bis 1,5 mm lang.
StO ④⑥ Felsgeröll, Felsen, Läger- u. Ruderalfluren, bis 2600 m.
V Alpen: Seealpen bis Wiener Schneeberg, v. a. in den SW-Alpen häufig, nach Osten u. Norden selten werdend. Allgemein: Mit großen Lücken in SW- u. M-Europa von Spanien (andere ssp.) bis nach Mähren und Wien nach Osten, nach Norden bis zum Süntel u. nach Thüringen.
B mehrere Unterarten.

168 Murbeckiella pinnatifida (Lam.) Rothm.
Fiederrauke
Murbeckielle pennatifide
Erba cornacchia pinnatifida

He; F I H
M 5–25(50) cm, niederliegend oder aufsteigend. Stängel meist violett, mit sehr kleinen Sternhaaren. Grundblätter ungeteilt bis fiederspaltig, Stängelblätter fiederteilig mit jederseits 4–6 schmalen Zipfeln, Endzipfel breiter, oft 3-teilig. Kronblätter ca. 4 mm lang, weiß. Schoten bis 3 cm lang, Fruchtstiele abstehend.
StO ④ Felsschutt, -spalten, auf Silikat, bis 3200 m.
V Alpen: SW-Alpen bis Wallis, ziemlich selten, gebietsweise häufig. Ansonsten: Pyrenäen, Corbières, Massif Central.
B Verwechslungsgefahr mit **Cardamine resedifolia (176)**.

169 Hugueninia tanacetifolia (L.) Rchb.
Farnrauke

Hugueninie à feuilles de tanaisie
Hugueninia comune

He; F I H
M 30–100 cm, im oberen Teil verzweigt. Stängel dicht beblättert. Blätter sternhaarig, gefiedert, mit jederseits 5–10 scharf eingeschnitten gesägten Abschnitten. Obere Blätter sitzend. Blüten am Stängelende in einer zusammengesetzten Rispe. Kelchblätter 2–3 mm lang, 2 aufrecht und 2 abstehend. Kronblätter ca. 4 mm lang. Schoten fast 4-kantig, keulenförmig, 8–12 mm lang, mit kurzem Griffel. Fruchtstiel dünn.
StO ②③⑥ Hochstaudenfluren, Lägerfluren, Bachufer, bis 2500 m.
V Alpen: Seealpen bis Wallis, nicht häufig. Ansonsten: Pyrenäen, Kantabrien.

170 Isatis allionii P.W. Ball
Allioni-Färberwaid

Pastel de Allioni
Glasto di Allioni

Ge; F I
M 10–30 cm, blaugrün u. kahl, oben verzeigt. Stängelblätter kahl, sitzend, am Grund pfeilförmig stängelumfassend. Kronblätter 4–5 mm lang, gelb. Schötchen hängend, ca. 2-mal so lang wie breit, geflügelt, hängend, reif schwarz.
StO ④ Kalkgeröll bis 2400 m.
V Alpen: Piemonteser Alpen, Queyras, selten. Ansonsten: Apennin.
B In tieferen Lagen **I. tinctoria** L. Gewöhnlicher F.; He; F I (H) (D) (Ö). **M** 30–120 cm. Kronblätter 2,5–4 mm lang. Frucht 3–5-mal so lang wie breit und **Bunias orientalis** L., Orient-Zackenschötchen; He; (F) (I) (H) (D) Ö (S). **M** 40–150 cm, im oberen Teil rot-drüsig- warzig, stark verzweigt. Untere Blätter tief fiederteilig, mit großem Endabschnitt. Obere Blätter meist ungeteilt, kleiner. Kronblätter gelb, 5–8 mm lang. Schötchen 5–10 mm lang, mit unregelmäßigen Höckern. **StO** Wege, Böschungen.

171 **Erysimum helveticum** (Jacq.) DC.
Schweizer Schöterich
Erysimum de Suisse
Violaciocca svizzera

He; F I H (Ö)
M 10–50 cm. Stängel zu mehreren, meist mit vegetativen Kurzsprossen in den oberen Blattachseln. Blätter lineal lanzettlich, mit vorwiegend 2-strahligen (kompassnadelartig) u. wenigen 3-strahligen Haaren. Innere Kelchblätter am Grund sackartig. Kronblätter 15–20 mm lang, an der Außenseite kahl. Blüten stark duftend. Schoten auf den Flächen grau behaart, an den Kanten verkahlend. Griffel 2,6–3,2 mm lang.
StO ④ Felsen, Felsschutt, Abhänge, bis 2680 m.
V Alpen: Kottische Alpen über die Walliser u. Ötztaler Alpen bis an die mittlere Etsch, Hohe Tauern, zerstreut, gebietsweise häufig. Ansonsten: Velebit bis Albanien, Balkan.
B Ähnlich: **E. sylvestre** Scop., Lack-Sch., He; F I Ö S, aber meist ohne vegetative Kurzsprosse. Schoten gleichmäßig grau. Griffel 0,8–1,5 mm lang. **V** S- und O-Alpen, bis Albanien. Isoliert in Vorarlberg u. Piemont, nicht selten.

172 **Erysimum jugicola** Jordan
Zwerg-Schöterich
Erysimum des sources
Violaciocca piemontese

He; ● F I
M 6–30 cm, meist aufrecht, mit sterilen Blattrosetten, ohne vegetative Kurzsprossen in den Blattachsen. Blätter lineal bis schmal spatelförmig, am Rand oft gezähnt, mit vorwiegend 2-strahligen (wenige 3-strahlige) Haaren. Griffel 1–1,8 mm lang, deutlich von der Schote abgesetzt. Kronblätter 14–20 mm lang, außen kahl.
StO ④ Rasen, Felsschutt, auf Kalk, bis 3000 m.
V Alpen: Endemit der SW-Alpen, von den Seealpen bis in das Gebiet des Mont Cenis.
B Außerdem bis 1900 m: **E. virgatum** Roth. Ruten-Sch. **M** 40–100 cm. Stängelblätter vorwiegend mit 3(–4)-strahligen Sternhaaren, untere gezähnt, Kronblätter 8–10 mm lang, sternhaarig. **StO** Wege, Viehläger. **V** Friaul, Karnische u. Julische Voralpen, Gardasee-Gebiet.

173 Cardamine enneaphyllos (L.) Crantz
Quirlblättrige Zahnwurz

Dentaria a nove foglie
deveterolistna konopnica

Ge; I D Ö S; ❀
M 10–30 cm, mit waagerecht kriechendem Rhizom. Stängelblätter meist 3, quirlständig, 3-zählig gefingert. Teilblättchen lanzettlich bis eiförmig, gesägt. Blüten anfangs nickend, später aufrecht. Kronblätter 13–20 mm lang, gelblich weiß. Staubblätter so lang wie die Kronblätter. Schoten 5–7 cm lang.
StO ①② Schluchtwälder, Hochstauden, bis 1600 m. Schwerpunkt: montane Edellaubwälder.
V Alpen: in den O-Alpen, zerstreut bis häufig; W-Grenze in Tirol, südwestlich bis zu den Bergamasker Alpen. Allgemein: N-Karpaten über die O-Alpen bis Albanien, nördlich bis zur Lubliner Hochfläche; Apennin.
B Kitaibels Z., **C. kitaibelii** Becherer, Ge; (I) (H) S, besiedelt ebenfalls Laubwälder bis 1600 m. **U** Blätter gefiedert, mit 3–4 Fiederpaaren, Blütenstand aufrecht. Staubblätter kürzer als die Kronblätter. NW-, S- u. O-Alpen.

174 Cardamine pentaphyllos (L.) Crantz
Finger-Zahnwurz

Dentaire à cinq folioles
Dentaria a cinque foglie
peterolistna konopnica

Ge; F I H (D) Ö (S); § in H; RL in H (4); ❀
M 20–50 cm, mit waagerecht kriechendem Rhizom. Stängelblätter meist 3, wechselständig, gefingert, die unteren meist 5-zählig, das obere 3-zählig. Teilblättchen lanzettlich bis eiförmig, gezähnt. Kronblätter 15–25 mm lang, meist violett. Schoten 4–7 cm lang.
V Alpen: Seealpen bis Karawanken, selten, häufiger in den N-Alpen. Ansonsten: Pyrenäen, Massif Central, Jura, Vogesen, Schwarzwald, Balkan.
StO ① Schluchtwälder u. Bachufer bis 1700 m. Schwerpunkt: montane Buchenmischwälder.
B Ähnlich: **C. heptaphylla** (Vill.) O. E. Schulz, Fieder-Z.: Ge; F H I D; § in H; RL in H (4). **U** Blätter gefiedert, mit 2–4 Fiederpaaren. Teilblättchen lanzettlich, gesägt gekerbt. Blüten weiß oder blasslila. Westliche Alpen östlich bis Wallis u. Judikarien (Monte Baldo; hier auch intermediäre Formen: var. **intermedia**).

175 **Cardamine alpina** Willd.
Alpen-Schaumkraut
Cardamine des Alpes
Billeri alpino

He; F I H D Ö
M 2–12 cm. Stängel kahl. Grundblätter rosettig, ungeteilt. Stängelblätter ungeteilt, seicht gelappt, ausgeschweift buchtig gezähnt oder ganzrandig, am Grund des Blattstiels ohne stängelumfassende Öhrchen. Kronblätter 3,5–5 mm lang, weiß. Schoten 10–15 mm lang, gerade, aufrecht.
StO ④ Schneetälchen, Gesteinsgrus, feuchte Felsen, kalkmeidend, bis 3080 m.
V Alpen: zerstreut, seltener in den nördlichen u. südlichen Kalkalpen. Ansonsten: Pyrenäen.

176 **Cardamine resedifolia** L.
Resedablättriges Schaumkraut
Cardamine à feuilles de réséda
Billeri pennato
katančevolistina penuša

He-Ge; F I H D Ö S; RL in S (4)
M 2–15 cm, kahl. Grundblätter rosettig, die älteren ungeteilt, die jüngeren 3-teilig. Stängelblätter fiederschnittig, mit 2–3 Paaren lineal lanzettlicher Abschnitte, Blattstiel am Grund geöhrt. Kronblätter 4–6 mm lang, weiß. Schoten 12–22 mm lang (vgl. **168**).
StO ④ Felsige Rasen, Felsschutt, Felsspalten, auf kalkarmen Gesteinen, bis 3500 m.
V Alpen: verbreitet und meist häufig, selten in den nördlichen Kalk-Alpen. Ansonsten: Spanien bis Balkan, Karpaten, Sudeten, Böhmerwald.
B Ähnlich ist **C. plumieri** Vill., Plumiers Sch., He; F I. **U** 5–20 cm, unterste Blätter rundlich nierenförmig, mit 3–5 stumpfen Lappen, untere Stängelblätter 3-teilig. **StO** ③④ Feuchte Felsen u. Bachgeröll bis 2200 m. **V** Aosta-Tal bis Seealpen, selten. Ansonsten: Korsika, N-Apennin.

177 **Cardamine amara** L.
Bitteres Schaumkraut
Cardamine amére
Billeri amaro
grenka penuša

He; F I H D Ö S; ✠
M 10–60 cm, einfach oder verzweigt. Stängel markig. Blätter mit 4–10 Fiederpaaren, (Endfieder etwas größer, zu 6–15(24) gleichmäßig am Stängel verteilt, untere nicht rosettig. Untere Stängelblätter mit 2–7 Fiederpaaren. Endfieder breit eiförmig. Kronblätter 6–10 mm lang, verkehrt eiförmig, weiß (selten rosa). Staubblätter violett. Schoten 20–30 mm lang, aufrecht abstehend.
StO ③ Bäche, Quellfluren, bis 2500 m.
V Alpen: verbreitet. Allgemein: W-Sibirien durch ganz Europa (ohne S-Europa).
B Ähnlich ist **C. opitzii** Presl, Opitz-Sch., He; H I Ö. **U** Stängel verzweigt. Blätter zu (10)13–50, unter dem Blütenstand gedrängt. Untere Stängelblätter mit 4–11 Fiederpaaren. Fiedern alle länglich eiförmig. **V** Karnische Alpen westlich bis zum Gotthard, nicht häufig. Ansonsten: Karpaten, Sudeten.

178 **Cardamine asarifolia** L.
Haselwurzblättriges Schaumkraut
Cardamine à feuilles d'asaret
Billeri rotundifoglio

He; F I H
M 25–60 cm, kahl oder behaart (var. hirsuta). Grundständige Blätter groß, rundlich nierenförmig, lang gestielt. Stängelblätter ähnlich, kleiner, kurz gestielt. Kronblätter 8–12 mm lang, weiß. Staubblätter violett. Schoten 2–3 cm lang u. 1,2–1,8 mm breit.
StO ③ Quellen, Bachufer, bis 2000 m.
V Alpen: Seealpen ostwärts bis zum Gardasee, zerstreut bis selten.
B Bis in die subalpine Stufe der Alpen gelangen: **C. impatiens** L., Spring-Schaumkraut: **M** 10–80 cm, Stängelblätter zahlreich, mit 5–9 Fiederpaaren, am Grund mit 2 schmalen pfeilförmigen Zipfeln. Kronblätter weiß, 2–3 mm lang, oft fehlend und **C. pratensis** L., Wiesen-Sch.: **M** 10–60 cm, mit Grundblattrosette, Blätter gefiedert, Endabschnitt rundlich, groß. Kronblätter 8–12 mm lang, lila oder weiß.

179 Rorippa islandica (Oeder) Borbas
Isländische Sumpfkresse
Cresson d'Islande
Crescione islandico
islandska potočarka

Th; F I H Ö S; RL in S (4)
M 5–10(20) cm. Stängel kahl, vom Grund an mit Blüten und Früchten, wenig verzweigt, kaum beblättert, sich ab 5 cm Höhe umlegend und niederliegend wachsend, mit den Grundblättern polsterähnliche, nur 5(–7) cm hohe Rasen bildend. Grundblätter 5(–7) cm lang. 3(–4)-paarig gefiedert (geteilt), Endfieder vergrößert. Kronblätter 1–2,5 mm lang, Fruchtstiel ½–⅓ mal so lang wie die Frucht.
StO ③ Feuchtstellen, Dolinen, Seeufer, bis 2500 m.
V Alpen: sehr selten. Allgemein: arktisch-alpin.
B Ähnlich ist **R. palustris** (L.) Besser, Gewöhnliche S., bis 2600 m. **M** 20–60 cm. Stängel oben verzweigt, aufrecht. Blätter mit 3–7 Fiederpaaren. Kelchblätter 1,6–2,5 mm lang, etwa so lang wie die Kronblätter. Fruchtstiel 4–8 mm lang, ⅓–1⅓-mal so lang wie die Frucht. **StO** ③⑥ Ufer, Gräben, feuchte Ruderalstellen.

180 Arabis pauciflora (Grimm) Garcke
Armblütige Gänsekresse
Fourréa des Alpes
Arabetta glauca
malocvetni repnjak

He; F I H (D) (Ö) (S); Ö (3)
M 30–100 cm. Pflanze aufrecht, völlig kahl. Blätter länglich bis lanzettlich, ganzrandig, herzförmig stängelumfassend, blaugrün. Blütentraube zur Fruchtzeit locker. Kronblätter 5–8 mm lang, weiß. Schoten 4–8 cm lang, flach, auf 7–16 mm langen Stielen, nach oben abgewinkelt.
StO ①②⑤ Lichte Gebüsche, felsige Hänge, bis über 2000 m
V Alpen: v. a. W-Alpen, vereinzelt in den O-Alpen, nicht häufig. Ansonsten: N-Spanien bis in die O-Alpen, nördlich bis ins Ahrtal u. den Harz, Böhmen u. Mähren; südlich bis in den Apennin.

181 Arabis pedemontana Boiss.
Piemont-Gänsekresse
Arabette du Piémont
Arabetta piemontese

He; ● F I
M 10–35 cm, Stängel oben meist verzweigt, kahl. Grundblätter u. untere Stängelblätter lang gestielt, Spreite rundlich nierenförmig bis leierförmig, stumpf gezähnt, (fast) kahl, obere Stängelblätter eiförmig bis lanzettlich, kurz gestielt, spitz gezähnt, kahl. Kronblätter 6–8 mm lang, zurückgebogen, weiß. Schote 22–32 mm lang.
StO ④ Felsen, Felsschutt, v. a. auf Serpentin, bis 2200 m.
V Endemit der Kottischen u. Provencalischen Alpen, selten.
B In den SO-Alpen kommt zerstreut **A. vochinensis** Sprengel, Wocheiner G., He; I Ö S, bis 2200 m vor. **M** 5–15 cm. Grundblätter verkehrt eiförmig, ganzrandig, stumpf, am Rand mit kaum gestielten, 2-armigen Haaren. Stängelblätter nicht stängelumfassend. Krone 5–7 mm lang. Schote bis 25 mm lang. **StO** ④ Feuchte Felsen, Steinschutt, Schneetälchen, auf Kalk.

182 Arabis caerulea All.
Blaue Gänsekresse
Arabette bleuâtre
Arabetta celeste
modrikasti repnjak

He; ● F I H D Ö S
M 2–12 cm. Pflanze mit einfachen u. Gabelhaaren. Grundblätter in ihren Stiel keilförmig verschmälert, nahe der Spitze mit 2(–7) deutlichen, spitzen Zähnen. Blütentraube 2–8-blütig, nickend. Kronblätter bläulich. Schoten 1–3 cm lang, oft blau überlaufen, auf aufrecht anliegenden Stielen.
StO ④ Feuchter Felsschutt, Schneetälchen, auf Kalk, bis 3500 m.
V Alpen: endemisch, vom Dauphiné bis zum Triglav u. Wiener Schneeberg, ziemlich selten.

183 **Arabis alpina** L.
Alpen-Gänsekresse
Arabette des Alpes
Arabetta alpina
alpski repnjak

Ch; F I H D Ö S; ✿

M 10–40 cm. Mit ausläuferartig kriechenden Stängeln u. sterilen Blattrosetten, aufsteigend bis aufrecht, rasig wachsend, rauhaarig. Blätter grob gezähnt, die unteren kurz gestielt, die oberen mit kurzen Öhrchen, stängelumfassend. Kelchblätter 3–4 mm lang. Kronblätter 7–10 mm lang, reinweiß, allmählich in den Nagel verschmälert. Schoten 25–60 mm lang, auf schräg abstehenden Stielen.
StO ③④ Felsschutt, Felsspalten, Quellfluren, auf Kalk, bis 3200 m.
V Alpen: In den Kalkgebieten häufig. Ansonsten: Arktis, europäische Gebirge, südlich bis zur Sierra Nevada u. der Balkanhalbinsel.

184 **Arabis bellidifolia** Crantz
Zwerg-Gänsekresse
Arabette naine
Arabetta minore
nizki repnjak

Ch; F I H D Ö S

M 5–20 cm, mit Grundblatt-Rosette, behaart, am Blattrand mit 2-teiligen Gabelhaaren (ssp. **bellidifolia**) oder mit 3–4-teiligen Haaren (ssp. **stellulata** (Bertol.) Greuter et Burdet). Stängelblätter (0)2–6(11), länglich-eiförmig, sitzend, nicht geöhrt, glänzend. Blütentraube 5–15(20)-blütig, locker. Kronblätter 5–8 mm lang, weiß. Schoten 20–40 mm lang, aufrecht abstehend, ihre Stiele 5–13(18) mm lang. Samen 0,3–0,8 mm, breit geflügelt.
StO ④ Felsspalten u. -schutt, auf Kalk, bis 3000 m.
V Kalkgebiete der Alpen, ziemlich häufig. Ansonsten: Apuanische Alpen, Apennin.

185 Arabis soyeri Reut. et Huet
ssp. subcoriacea (Gren.) Breistr.
Glänzende Gänsekresse
Arabette subcoriace
Arabetta di Jacquin, Jacquinov repnjak

Ch; F I H D Ö S; ✿
M 15–30 cm, (fast) kahl. Blätter glänzend, ganzrandig oder entfernt gezähnt. Stängelblätter
5–12, sitzend oder oft mit angedeuteter herz-
förmiger Basis stängelumfassend. Kronblätter
6–7 mm lang, weiß. Schoten 24–40 mm lang,
aufrecht. Samen 0,3–0,4(0,5) mm breit geflügelt.
StO ③④ Quellfluren, Bachufer, überrieselte Felsen u. Felsschutt, bis 2870 m.
V Alpen: verbreitet u. ziemlich häufig, in den
NO-Alpen seltener. Ansonsten: Pyrenäen, Karpaten.

186 Arabis ciliata Clairv.
Doldige Gänsekresse
Arabette ciliée
Arabetta cigliata
češuljasti repnjak

Ch; F I H D Ö S
M 8–20 cm, mit Grundblatt-Rosette, behaart oder
kahl. Stängelblätter 4–10, entfernt stehend, mit
breitem Grund sitzend, nicht geöhrt, ganzrandig, matt. Blütentraube 15–25-blütig, dicht. Kronblätter 4–5 mm lang, weiß. Schoten 16–30 mm
lang, aufrecht abstehend, die unteren den Blütenstand überragend, ihre Stiele 3–6(10) mm
lang. Samen ungeflügelt.
StO ④ Steinige Hänge, trockene Rasen, auch an
Felsen u. im Steinschutt, bis 2780 m.
V Alpen: ziemlich verbreitet, zerstreut bis häufig. Ansonsten: Pyrenäen, Corbieres, Jura, Apennin, Velebit, Bosnien, Montenegro.

187 Arabis serpillifolia Vill.
Quendelblättrige Gänsekresse
Arabette à feuilles de serpolet
Arabetta strisciante

He; F I H
M 5–25 cm, aufrecht oder aufsteigend, meist unverzweigt. Stängel meist hin und her gebogen, kahl oder mit 2–4-strahligen Haaren (keine einfachen Haare). Grundblätter in einen Stiel verschmälert, sternhaarig, mit verzweigten und einfachen Haaren am Rand. Stängelblätter 3–8, sitzend. Kronblätter 5–6 mm lang, weiß. Schoten aufrecht, abstehend, 3–4,5 mm gestielt, 2–3 cm lang. Samen ungeflügelt.
StO ④ Felsen, Steinschutt, auf Kalk, bis 2900 m.
V Alpen: Seealpen bis Venetianische Alpen, selten. Ansonsten: Jura, Pyrenäen.
B Bis 1950 m kommt an felsigen Hängen oder in lückigen Steinrasen selten vor: **A. nova** Vill, Felsen-G. Th-He; (F) I H Ö (sehr selten); **M** Blätter mit ± spitzen Zipfeln stängelumfassend. Kronblätter 4–6 mm lang. Schoten abstehend, locker, bis 7 cm lang, Fruchtstiele 5–12 mm lang.

188 Braya alpina Sternb. & Hoppe
Alpen-Schotenkresse
Braya alpina

Ch; ● I Ö; § in Ö; RL in Ö (3)
M 5–12 cm, Stängel aufrecht oder aufsteigend, locker mit 2- und 3-gabeligen Haaren besetzt, braunviolett überlaufen. Grundblätter in Rosetten, spatelig bis lanzettlich, in den bewimperten Stiel verschmälert, ganzrandig oder schwach gezähnt. Stängelblätter lineal, sitzend. Blüten in kurzer, doldenartiger Traube. Kronblätter weiß oder rosa, ca. 4 mm lang. Kelchblätter grün, mit violetter Spitze. Schoten an aufrechten Stielen, 8–12 mm lang, mit ± behaarten, leicht gewölbten Fruchtklappen.
StO ④ Lückige Rasen, Feinschutt, über Kalk oder Glimmerschiefer, bis 3000 m.
V Endemit der O-Alpen, Lechtaler Alpen bis Hohe Tauern, selten.

189 Petrocallis pyrenaica (L.) R. Br.
Steinschmückel
Pétrocallis des Pyrénées
Petrocallis die Pirenei
pirenejski kamnokras

Ch; F I H D Ö S; § in I Ö; RL in D (4); ✿
M 2–8 cm, dicht rasig polsterförmig. Stängel
blattlos. Blätter in dichter Rosette, vorne bis gegen die Mitte 3–5-spaltig, unterseits mit deutlichen Längsnerven, abstehend behaart, ohne
verzweigte Haare. Blüten in kurzen, wenigblütigen Doldentrauben. Kronblätter lila bis rosa.
Schötchen oval, kahl, zusammengedrückt. Fruchtstiel behaart, etwa so lang wie die Frucht.
StO Felsen, Felsschutt, Gratfluren, auf Kalk, bis
3400 m.
V Alpen: Nördliche u. südliche Kalkalpen, zerstreut. Ansonsten: Pyrenäen, Karpaten.

190 Alyssum ovirense Kerner
Karawanken-Steinkresse
Alisso di Obir
Obirski grobeljnik

Ch; I Ö S; RL in Ö (4)
M 5–12 cm, mit aufsteigenden bis aufrechten,
locker sternhaarigen Stängeln. Untere Blätter
4–7 mm lang u. 2,5–5 mm breit, rundlich, abrupt in den Blattstiel verschmälert. Stängelblätter länglich-lanzettlich, mit Sternhaaren locker
besetzt. Blüten in Trauben. Kronblätter 6–8 mm
lang, gelb, vorne oft ausgerandet. Kelchblätter
4 mm lang. Schötchen 7–9 mm lang, elliptisch,
wenig sternhaarig, ihre Fruchtstiele kaum länger.
StO ④ Kalkschutt u. Kalkfelsen, bis 2300 m.
V Alpen: O- und SO-Alpen, selten. Ansonsten:
Herzegowina, Montenegro.
B Lokal verbreitet ist die ähnliche, endemische
Karnische St. **A. wulfenianum** Bernh., Ch; I (Ö)
(§ u. RL 1) (östliche Karnische Alpen, Friaul).
U Stängel dicht sternhaarig. Untere Blätter el-
liptisch, allmählich in den Stiel verschmälert.
Kronblätter 6 mm, Kelchblätter 3 mm. Fruchtstiele
2-mal so lang wie die Frucht. **StO** Flussufer,
Felsschutt, bis 1500 m. Sehr selten.

191 Alyssum alpestre L.
Alpen-Steinkresse
Alysson alpestre
Alisso alpestre

192 Alyssum argenteum All.
Silbergraue Steinkresse
Alysson argenté
Alisso argenteo

Ch; ● F H I; § in H; RL in H (2)
M 5–20 cm, mit aufsteigenden bis aufrechten, dicht sternhaarigen Stängeln. Blätter 4–10 mm lang u. 2–4 mm breit, eiförmig bis länglich lanzettlich, in den kurzen Stiel verschmälert, sternhaarig, graugrün. Kronblätter gelb, 2–3 mm lang, vorne gerundet. Kelch 1,5–2,5 mm lang, sternhaarig. Schötchen rundlich elliptisch, sternhaarig, 4–5 mm lang, Stiele 3–6 mm lang. Griffel bis 2 mm lang.
StO ④ Felsen, Schutt, alpine Rasen, bis 3100 m.
V Alpen: endemisch in den W-Alpen, von den Seealpen bis ins Wallis; selten, häufiger in den Cottischen u. Grajischen Alpen.
B Bis 2600 m steigt im Wallis **A. alyssoides** (L.) Nat., Kelch-St., Th-He; F I H (D) Ö (S) an. **M** 5–20 cm, sternhaarig. Krone blassgelb, 2–4 mm lang. Früchte fast kreisrund, 3–4 mm lang, flach. Kelch zur Fruchtzeit noch vorhanden. **StO** Lückige Rasen, Böschungen.

Ch; ●I; §; ✿
M 15–30 cm, aufrecht, mit nicht blühenden Trieben, oben stark verzweigt, dicht mit Sternhaaren besetzt. Stängelblätter 10–20 mm lang u. 3–4 mm breit, spatelförmig lanzettlich, oberseits graugrün, unterseits grauweiß, viel größer als die Grundblätter. Blütenstand locker. Kronblätter gelb, 3,5–4 mm lang, vorne gerundet. Schötchen rundlich bis oval, sternhaarig, Griffel 1–2 mm lang.
StO ④ Serpentinfelsen, bis 2000 m.
V Endemit der SW-Alpen, vom Aosta-Tal südwärts bis zum Susa- u. Sangone-Tal, selten.
B Als Seltenheit der Alpen wächst am äußersten SW-Rand des Gebietes auf dem M. Ventoux (Drôme) **A cuneifolium** Ten. Keilblättrige St., F; RL (Pr. 1). **M** ähnlich **192**, aber obere Stängelblätter keilförmig eiförmig, etwas fleischig. Schötchen rundlich elliptisch, 5–7 mm lang, dicht sternhaarig. **StO** ④ Kalkschutt.

193 Ptilotrichum halimifolium Boiss.
Ligurische Steinkresse
Alysson à feuilles d'halimus
Alisso biancastro

Ch; ● F I; § in I
M 8–20 cm, aufsteigend bis aufrecht. Blühende
Stängel dicht beblättert. Blätter graugrün, sternhaarig, die unteren linealisch spatelig, 25–30 mm
lang u. 3–4 mm breit, die oberen kleiner. Blütenstand dichtblütig. Kronblätter weiß, 3–4 mm
lang, Kelchblätter ca. 1 mm lang. Schötchen kahl,
rundlich. Griffel 2–3 mm lang.
StO ④ Felsspalten, überhängende Felsen, auf
Kalk, bis 1800 m.
V Endemit der Seealpen u. Ligurischen Alpen,
außerdem in den Kottischen Alpen (Val Maira),
selten.

194 Draba aizoides L.
Immergrünes Felsenblümchen
Drave faux aïzoon
Draba aizoide
vednozelena gladnica

Ch; F I H D Ö S; § in H Ö; RL in H (4); ❀
M 5–10 cm, rasig bis polsterförmig. Stängel blattlos, kahl. Blätter bis 2 cm lang, starr, auf der Fläche kahl, am Rand borstig bewimpert. Blütentraube 5–10-blütig. Schötchen 5–10 mm lang,
auf 5–15 mm langem Stiel, borstig bewimpert.
Blütentraube 5–10-blütig. Kronblätter 4–6 mm
lang, hellgelb, etwa so lang wie die Staubblätter.
Griffel 1,5–3 mm lang. Schötchen 5–10 mm lang,
oben zugespitzt, auf 5–15 mm langem Stiel.
StO ④ Felsspalten, Schutt, steinige Rasen, auf
Kalk, bis 3400 m.
V Alpen: in den Kalkgebieten verbreitet u. häufig, auf Urgestein selten oder fehlend. Ansonsten: Pyrenäen, Corbieres, Cevennen, ganzer Jura,
N-Karpaten, Apennin, Sizilien, Balkan, Krim.

195 Draba sauteri Hoppe
Sauters Felsenblümchen

196 Draba hoppeana Rchb.
Hoppes Felsenblümchen
Drave de Hoppe
Draba di Hoppe

Ch; ● D Ö; § in Ö; RL in D (4)
M 3–10 cm, locker rasig. Stängel blattlos, kahl. Blätter starr, auf der Fläche kahl, am Rand borstig bewimpert. Blütentraube 2–5-blütig. Kronblätter 4–6 mm lang, hellgelb, deutlich länger als die Staubblätter. Griffel 0,3–1 mm lang. Schötchen 4–6 mm lang, auf 2–5 mm langem Stiel.
StO ④ Felsspalten, Felsschutt, auf Kalk, bis 2850 m.
V Endemit der nordöstlichen Kalkalpen, selten.
B Ähnlich ist **D. aspera** Bert., Raues F., Ch; (I) Ö S; § in Ö; RL in Ö (2) S (4). **U** 1,5–3(7) cm, polsterförmig. Stängel sternhaarig, selten mit einfachen Haaren. Kronblätter 3(–4) mm lang. Staub- u. Kronblätter etwa gleich lang. Schötchen etwa 6 mm lang, aufgeblasen, dicht sternhaarig. **StO** Felsspalten u. -schutt, bis 2550 m. **V** Alpen: Karawanken u. Sanntaler Alpen, sehr selten. Ansonsten: Pyrenäen, Apennin, Balkan.

Ch; ● F I H Ö; § in Ö; RL in F (3)
M 2–6 cm, dichtrasig. Stängel blattlos, kahl. Blätter 3–8 mm lang, starr, auf der Fläche kahl, am Rand borstig bewimpert. Blütentraube 1–9-blütig, Kronblätter 3–4 mm lang, goldgelb, etwa so lang wie die Staubblätter. Griffel 0,7–1,2 mm lang. Schötchen unten u. oben ± stumpf, meist kahl, 4–7 mm lang, auf 1–2 mm langem Stiel.
StO ④ Felsen, Gesteinsgrus, Schneetälchen, bis 2900 m.
V Endemit der Alpen, in den südlichen Kalkalpen vom Aosta-Tal bis Friaul u. auf der S-Seite der Z-Alpen bis in die Radstätter Tauern, selten.

197 Draba dolomitica Buttler
Dolomiten-Felsenblümchen
Draba delle Dolomiti

Ch; ● I Ö; RL in Ö (2)
M 1–4 cm, Stängel blattlos, kahl. Blätter 5–15 (25) mm lang u. 1,5–4 mm breit, lineal lanzettlich bis lanzettlich spatelförmig, oberhalb der Mitte am breitesten, am Rand bewimpert und mit Gabelhaaren besetzt. Blütentraube 2–6(12)-blütig. Kronblätter 3–4 mm lang, schwefelgelb bis weißlichgelb. Staubblätter erwa so lang wie die Kronblätter. Schötchen 3,5–7 mm lang, kahl. Griffel 0,4–0,8 mm lang.
StO ④ Kalkschuttböden, bis 3000 m.
V Endemit der Dolomiten u. der Berge östlich des Brenner, sehr selten.

198 Draba ladina Br.-Bl.
Ladiner Felsenblümchen
Drave ladine
Draba ladina

Ch; ● H; §; RL (2)
M 1–5 cm, Stängel blattlos, kahl oder im unteren Teil zerstreut behaart. Blätter 5–7 mm lang u. 1,5–2 mm breit, länglich lanzettlich, oberhalb der Mitte am breitesten, am Rand bewimpert, v. a. unterseits mit einzelnen Sternhaaren u. zahlreichen einfachen Haaren besetzt. Blütentraube 1–4-blütig. Kronblätter 3,5–5 mm lang, blassgelb. Staubblätter kürzer als die Kronblätter. Schötchen spindelförmig, 5–9 mm lang, mit einzelnen kurzen, einfachen Haaren. Fruchtstiele 2–4 mm lang, kahl. Griffel 1 mm lang.
StO ④ Felsschutt, Felsspalten, auf Dolomit, bis 3040 m.
V Endemit der O-Schweiz (Unterengadin), selten.

199 Draba tomentosa Clairv.
Filziges Felsenblümchen
Drave tomenteuse
Draba tomentosa
dlakava gladnica

Ch; F I H D Ö S; § in Ö; ✿
M 2–10 cm. Stängel sternhaarig, mit 0–3 Stängelblättern. Grundständige Blätter in dichten Rosetten, sternhaarig. Blüten weiß. Kronblätter
3,5–5,5 mm lang. Schötchen 5–11 mm lang, elliptisch, an den Enden gerundet, am Rand und
oft auch auf den Flächen dicht behaart (einfa-
che und gabelige Haare). Fruchtstiele ebenfalls
dicht behaart. Griffel 0,2–05 mm lang.
StO ④ Felsspalten u. -schutt, auf Kalk, bis 3400 m.
V Alpen: Grajische bis Julische Alpen, Karawanken, ziemlich selten. Ansonsten: Apennin, Karpaten, Hohe Tatra, Rila-Gebirge.

200 Draba fladniziensis Wulfen
Fladnitzer Felsenblümchen
Drave de Fladnitz
Draba di Fladniz

He-Ch; F I H D Ö; § in Ö; RL in D (4)
M 1–5(8) cm. Stängel kahl, sehr selten unten
langhaarig, mit 0–1(2) Stängelblättern. Grundständige Blätter in dichten Rosetten, kahl oder
mit einfachen und/oder Gabelhaaren, nie mit
Sternhaaren. Kelchblätter kahl. Kronblätter
2–2,5 mm lang, weiß. Schötchen 2,5–7,5 mm
lang, kahl. Fruchtstand kurz doldentraubig, weniger als ½ so lang wie der restliche Stängel.
StO ④ Felsspalten, Felsgrus, lückige Steinrasen,
auf Kalk u. Silikat, bis 3400 m.
V Alpen: Seealpen bis Niedere Tauern, zerstreut.
Allgemein: Arktisch-zirkumpolar bis Innerasien,
Karpaten, Alpen, Pyrenäen.

201 Draba siliquosa M. Bieb.
Kärntner Felsenblümchen
Drave siliqueuse
Draba carinziana

Ch; F I H D Ö; § in Ö; RL in D (4)
M 3–15(20) cm. Stängel im unteren Teil gabel-
oder sternhaarig, im oberen Teil kahl, mit 0–4
Stängelblättern. Grundständige Blätter in dichten Rosetten, einfach-, gabel- oder sternhaarig,
seltener kahl. Kronblätter 2–3,5 mm lang, weiß.
Schötchen 3–10 mm lang, kahl. Fruchtstand nicht
doldentraubig verkürzt, mindestens ½ so lang
wie der restliche Stängel.
StO ④ Lückige Steinrasen, Felsspalten, seltener
im Steinschutt, bis 3400 m.
V Alpen: Seealpen bis Niedere Tauern, Koralpe,
im Westen häufig, nach Osten seltener werdend.
Allgemein: Pyrenäen, Alpen, Karpaten, Rila-Gebirge.

202 Draba dubia Suter
Eis-Felsenblümchen
Drave douteuse
Draba dubbia
goloplodna gladnica

Ch; F I H D Ö S; § in Ö; RL in D (4) S (4)
M 1–15 cm. Stängel locker sternhaarig, mit 0–4
Stängelblättern. Grundständige Blätter in dichten Rosetten, sternhaarig. Blüten weiß. Kronblätter 3–5 mm lang. Schötchen 6–14 mm lang,
schmal bis breit lanzettlich, kahl oder selten randlich behaart. Fruchtstiele kahl oder locker sternhaarig.
StO ④ Felsspalten, Steinschutt, auf Kalk u. Silikat,
bis 3800 m.
V Alpen: Seealpen bis Julische Alpen, im
Westen häufig, nach Osten seltener werdend,
häufiger in den Dolomiten. Allgemein: Alpen,
Hohe Tatra.

203 **Draba stellata** Jacq.
Sternhaar-Felsenblümchen

Ch; ● Ö; §
M 1–10 cm. Stängel meist nur unten locker sternhaarig u. mit einfachen Haaren, mit 2–3 Stängelblättern. Grundständige Blätter in Rosetten, schmal spatelförmig, stumpf, ganzrandig oder mit 1–2 Zähnen an der Spitze, sternhaarig. Stängelblätter (0)2–3, breit eiförmig, ganzrandig oder gezähnt, sitzend. Blüten weiß. Kronblätter 4,5–8 mm lang u. 3–6 mm breit. Schötchen 4–10 mm lang, länglich elliptisch oder eiförmig, kahl oder selten schwach bewimpert. Fruchtstiele kahl. Griffel 0,7–1,2 mm lang.
StO ④ Felsspalten, Felsschutt, Schneeböden, bis 2500 m.
V Endemit der nordöstlichen Kalkalpen, selten.

204 **Draba stylaris** Gay ex Koch
Langgriffeliges Felsenblümchen
Drave à long style
Draba grigia

Ch; F I H Ö; § in Ö; RL in Ö (3)
M 8–20(30) cm. Grundblätter 1–2,5(4) cm lang, länglich lanzettlich, ganzrandig oder schwach gezähnt, dicht sternhaarig. Stängelblätter (2)5–15, mit verschmälertem Grund sitzend, meist kürzer als die Internodien, sternhaarig. Kronblätter 2,5–4,5 mm lang, weiß, ausgerandet. Schötchen 6–15 mm lang, schmal eiförmig, wenig gedreht, dicht sternhaarig. Fruchtstiele aufwärts abstehend. Griffel 0,5–1 mm lang.
StO ④ ⑥ Felsen, Steinrasen, Viehläger, bis 2750 m.
V Alpen: Col du Lautaret (Hautes Alpes) bis Raxalpe, selten. Ansonsten: Kaukasus.
B Ähnlich ist **D. bernensis** Moritzi., Berner F. Ch; H I (Wallis, Berner Oberland, Dolomiten), RL in H (1). **U** Blätter oft gezähnt, mittlere länger als die Internodien, Schötchen kahl, gedreht. Griffel 0,2–0,4 mm lang. Der Artrang ist umstritten, ist nicht identisch mit der arktischen **D. incana** L., Graues F.

205 Draba pacheri Stur
Lungauer Felsenblümchen

206 Draba norvegica Gunnerus
Norwegisches Felsenblümchen

Ch; Ö; §; RL (3)

M 4–20 cm, Stängel oft ästig, 0–7-blättrig, wie die Laubblätter sternhaarig (Sternhaare kurz gestielt, ihre Strahlen in einer Ebene angeordnet!). Grundblätter 1–2,5 cm lang u. bis 8 mm breit, ganzrandig oder schwach gezähnt. Stängelblätter länglich eiförmig, kleiner, mit verschmälertem Grund sitzend. Kronblätter 3–4 mm lang, weiß. Fruchtstiele 2–3 mm lang, aufwärts abstehend. Schötchen kahl, meist 5–7,5 mm lang. Griffel 0,2–0,6 mm lang.

StO ④ Rasen, Felsbänder, Felsspalten, Felsschutt, bis 2600 m.

V Alpen: Hohe Tauern, Koralpe u. Seetaler Alpen, sehr selten. Ansonsten: N-Karpaten.

B Aufgrund neuerer Funde wird **D. norica** Widder, Norisches F., nicht mehr als eigene Art angesehen u. deshalb zu **D. pacheri** gezogen.

Ch; Ö; RL in Ö (1)

M 1,5–7 cm, Stängel meist unverzweigt, bis zu den Blütenstielen behaart, 1–3-blättrig. Grundblätter rosettig, lanzettlich bis elliptisch, ganzrandig oder 1–2-zähnig, am Rand mit einfachen, gabeligen Haaren, bisweilen mit Sternhaaren gemischt (Sternhaare lang gestielt, ihre Strahlen nicht in einer Ebene angeordnet). Stängelblätter 1–3, grob gezähnt. Kronblätter 3–4 mm lang, weiß, etwas ausgerandet. Fruchtstiele 2–6 mm lang, aufwärts abstehend. Schötchen kahl oder spärlich gewimpert, 4,5–6,5 mm lang. Griffel bis 0,3 mm lang.

StO ④ Felsspalten, auf Kalk, bis ca. 2000 m.

V Alpen: NO-Alpen (Schneeberg-Rax-Gebiet), sehr selten. Ansonsten: Arktis, Siebenbürgen.

207 **Cochlearia excelsa** Zahlbr. ex Fritsch
Alpen-Löffelkraut

He-Ch; ●Ö; RL in Ö (4)
M 3–10(17) cm, kahl. Stängel vom Grund an verzweigt. Grundblätter lang gestielt, mit nierenförmiger Spreite, am Grund meist stark herzförmig. Untere Stängelblätter gestielt, obere sitzend, mit herzförmigem Grund stängelumfassend. Blütenstand traubig. Krone gelblich weiß. Kelchblätter mit häutigem Rand, grünlich oder rötlich überlaufen. Schötchen 3–5(6,5) mm lang, breit elliptisch oder verkehrt eiförmig. Fruchtstiele in einem Winkel von 40–60° abstehend, meist 1–2(3)-mal so lang wie die Frucht.
StO ④ Vom Wasser überrieselte Felswände, bewegter nasser Felsschutt, kalkmeidend, 1900–2400 m.
V Alpen: Endemit der Niederen Tauern u. den Gurktaler Alpen, sehr selten.

208 **Kernera saxatilis** (L.) Sweet
Kugelschötchen
Kernéra des Rochers
Coclearia delle rupi
skalna Kernerjevka

Ch; F I H D Ö S
M 10–30 cm. Stängel unten behaart. Grundblätter rosettig, verkehrt eiförmig, ganzrandig, seltener gezähnt oder fiederspaltig, mit einfachen Haaren. Blüten weiß. Schötchen fast kugelförmig, 2–3 mm lang, kahl. Fruchtstiele abstehend.
StO ④ Felsspalten und -schutt, auf Kalk, bis 2700 m.
V Alpen: verbreitet, v. a. in den Kalkalpen häufig. Ansonsten: Pyrenäen, Cevennen, Jura, Apennin, Karpaten, Balkan, Griechenland.
B Bis 3000 m steigt in den Alpen **Capsella bursa-pastoris** (L.) Med., Hirtentäschelkraut Th-He; F I H Ö D S; ✤; ⑪ an: **M** Grundblätter rosettig, ganzrandig bis fiederteilig. Blätter pfeilförmig stängelumfassend. Kronblätter 2–3 mm lang, weiß. Schötchen verkehrt herzförmig bis 3-eckig **StO** Ruderalstellen, Wege, Viehläger, sehr häufig. **V** Alpen: überall häufig.

209 Rhizobotrya alpina Tausch
Zwergkugelschötchen
Coclearia alpina

Ch; ●I; §; RL (3)
M 1–3 cm, halbkugelige Polster bildend, mit Grundblattrosetten u. beblätterten, sehr kurzen Stängeln. Ganze Pflanze mit angedrückten Borstenhaaren. Blätter 10–20 mm lang u. 3–4 mm breit, lanzettlich spatelförmig, stumpf. Kronblätter weiß, 2–2,5 mm lang, genagelt. Kelchblätter meist rötlich, schmal hautrandig, nicht abfallend. Schötchen auf kurzen, aufrecht-abstehenden Stielen, eiförmig kugelig, 2–3 mm lang.
StO ④ Feuchter Dolomitschutt u. Dolomitfelsen, v. a. in Lawinenbahnen, bis 2800 m.
V Alpen: Endemit der Südtiroler Dolomiten, sehr selten.

210 Pritzelago alpina (L.) Kuntze
Alpen-Gemskresse
Cresson des chamois
Iberidella alpina
alpska krešica

Ch; F I H D Ö S; ❀
M 5–12 cm. Stängel aufrecht oder aufsteigend. Blätter in Rosetten, fiederspaltig bis -teilig. Blütenstand meist locker und gewölbt, zur Fruchtzeit stark verlängert. Kronblätter 3,5–5 mm lang und 2–3 mm breit, plötzlich in den Nagel verschmälert, weiß. Schötchen 4–5 mm lang, meist spitz, lanzettlich bis oval, kahl, meist mit 0,2–05 mm langem Griffel.
StO ④ Felsschuttfluren, auf Kalk, bis 2600 m.
V Alpen: in den Kalkgebieten verbreitet u. ziemlich häufig, v. a. in den nördlichen Kalkalpen. NW-Spanien bis Montenegro.
B Ähnlich ist **P. brevicaulis** Hoppe, Kurzstängelige G.; Ch; F I H Ö S, aber nur 2–5 cm hoch. Kronblätter 2,5–4 mm lang, 1–2 mm breit, allmählich in den Nagel verschmälert. Fruchtstand kaum verlängert. Griffel 0,1–0,2 mm lang. **StO** Felsschuttfluren auf Silikat. **V** Alpen: zerstreut. Allgemein: Pyrenäen bis Albanien.

211 Thlaspi brachypetalum Jordan
Kleinblütiges Hellerkraut
Tabouret alpestre
Erba storna a petali corti

Ch; F I H
M 4–10 (fruchtend bis 40) cm, kahl. Grundblätter elliptisch bis spatelig oder eiförmig, nicht fleischig, bis 4 cm lang, bläulich grün. Stängelblätter kleiner, stängelumfassend. Kronblätter weiß, 1–2 mm lang, 1–1,3-mal so lang wie die Kelchblätter. Staubblätter nach dem Verblühen gelb bleibend. Schötchen länglich keilförmig, seine Ausrandung mindestens 1 mm tief, vom Griffel nicht überragt (s. Zeichn. S. 130).
StO ⑤ Bergwiesen u. -weiden, Böschungen, bis 3000 m, kalkmeidend.
V Alpen: Seealpen bis Bergamasker Alpen. Ansonsten: Pyrenäen, S-Frankreich.
B Sehr ähnlich ist **T. caerulescens** Presl, Gebirgs-H.: **U** Kronblätter 2–3 mm lang, Staubblätter violett, später schwärzend. Griffel 0,7–1,5 mm lang, die höchstens 1 mm tiefe Ausrandung meist deutlich überragend. (s. Zeichn. S. 130).

212 Thlaspi virens Jordan
Grünes Hellerkraut
Tabouret verdoyant
Erba storna verdeggiante

Ch; (F) I H
M Ähnlich **211**, aber 5–20(25) cm hoch, Blätter grasgrün. Blütenstand zur Blütezeit sehr dicht, halbkugelig. Kronblätter 3,5–4 mm lang, 2–2,5-mal so lang wie die Kelchblätter. Fruchttraube kurz u. dicht (selten über 5 cm lang). Staubbeutel zuletzt schwarzviolett. Schötchen schmal geflügelt. Griffel 1,5–2,5(4) mm lang, die seichte Ausrandung weit überragend. (s. Zeichn. S. 130).
StO ⑤ Wiesen u. Weiden, bis 2600 m.
V Alpen: Wallis, Piemont. Ansonsten: F (Plateau Central), England.

213 Thlaspi sylvium Gaud.
Penninisches Hellerkraut
Tabouret du Mont Cervin
Erba storna piemontese

Ch; ● F I H

M 5–20 cm, kahl. Grundständige Blattrosetten rasen- oder polsterförmig gedrängt. Blätter etwas ledrig. Grundblätter rundlich bis spatelförmig, in den Stiel verschmälert. Stängelblätter breit eiförmig, stängelumfassend. Kronblätter 5–7 mm lang, weiß, 2,5–3-mal so lang wie die Kelchblätter. Staubbeutel gelb. Fruchtstand meist über 3 cm lang. Fruchtstiele ± waagerecht abstehend. Schötchen ca. 0,5 mm breit geflügelt, an der Spitze abgerundet bis schwach (0–7 mm) ausgerandet. Griffel meist 2,5–3 mm lang (s. Zeichn.).
StO ④ Felsige Hänge, feuchter Steinschutt, auf Kalk, bis über 3000 m.
V Endemit der W-Alpen: Aostatal bis Cottische Alpen, Wallis, selten.
B Nahe verwandt ist das in den nordöstlichen Kalkalpen westlich bis zum Toten Gebirge, im Lungau u. im Nockgebiet beheimatete Alpen-H., **T. alpestre** Jacq., (**T. alpinum** Crantz) Ch; ● Ö. **U** gegenüber **213**: 10–15 cm. Griffel ca. 2 mm lang (s. Zeichn.). **StO** ④ Schneereiche Steinrasen, Felsschutt, auf Kalk, bis 2400 m.
Ebenfalls ähnlich ist **T. minimum** Ardoino (**T. kerneri** Huter), Zwerg-H.; Ch; ● I Ö S, endemisch in den SO-Alpen (Julische Alpen, Karawanken, Steiner Alpen). **M** 5–10 cm, Kronblätter 4 mm lang, weiß. Fruchtstand nur bis 3 cm lang. Schötchen nur bis 0,2 mm breit geflügelt, an der Spitze gestutzt oder schwach ausgerandet (s. Zeichn.). Griffel 1–1,5 mm lang. **StO** ④ Felsschuttfluren, steinige Rasen, auf Kalk, bis 2400 m, selten, stellenweise häufig (z. B. auf dem Hochobir).

   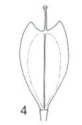

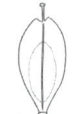 

Schötchen der Thlaspi-Arten
1 T. caerulescens
2 T. alpestre
3 T. virens
4 T. sylvium
5 T. minimum
6 T. brachypetalum

214 Thlaspi cepaeifolium (Wulfen) Koch
ssp. rotundifolium (L.) Greuter & Burdet.
Rundblättriges Hellerkraut
Tabouret à feuilles rondes, Erba storna rotundifoglia, okroglolistni mošnjak

Ch; F I H Ö S; ❀

M 5–15 cm. locker rasig wachsend. Blätter dunkel- bis bläulich grün, die grundständigen plötzlich in den Stiel verschmälert, meist ganzrandig, die oberen stängelumfassend, geöhrt. Blütenstand doldig, zur Fruchtzeit wenig verlängert. Kronblätter lila. Schötchen fast ungeflügelt. Griffel 1–2 mm lang. Endemisch u. sehr lokal verbreitet ist ssp. **cepaeifolium** ● I Ö; § in Ö; RL in Ö (1!): **M** wie **214**, aber Grundblätter stumpf gezähnt, obere Stängelblätter ohne Öhrchen.
StO ④ Kalk- u. Dolomitschutt, Schwermetallzeiger.
V SO-Alpen, sehr selten.
Eng verwandt: **T. lereschianum** (Burnat) Hill. **U** Dichtrasig wachsend, Grundblätter elliptisch spatelförmig, allmählich in den Stiel verschmälert. Griffel 2–4 mm lang. **StO** Kalkhaltiger Silikat- u. Serpentinschutt. **V** W-Alpen, bis 3400 m.

Kohlgewächse – Brassicaceae   Kohlgewächse – Brassicaceae

215 Aethionema saxatile (L.) R. Br.
Felsen-Steintäschel
Aethionéma des rochers
Erba storna carnicina
navadna kamnica

Ch; F I H (D) Ö S; RL in H (3) Ö (3); ❀
M 5–20 cm. Stängel aufsteigend bis aufrecht, kahl. Blätter 5–20 mm lang, bläulich bereift, schmal bis breit lanzettlich, ganzrandig, dicklich, die oberen vorne zugespitzt. Kronblätter 2–4 mm lang, lila, rosa oder weiß. Fruchtstand zuletzt locker u. stark verlängert. Früchte 2-gestaltig: 1. breit geflügelte, oben ausgerandete Schötchen (5–7 mm lang), auf bogig abstehendem Stiel, mit 2–4 Samen pro Fach. 2. Frucht 3 mm lang auf geradem, aufrechtem Stiel, mit meist nur einem entwickelten Samen.
StO ④ Steinige Rasen, Schutt, Flussschotter, auf Kalk, bis 1900 m.
V Alpen: nicht häufig. Allgemein: Spanien, Pyrenäen, Corbieres, Cevennen, Alpen, Italien, Sizilien, Balkan bis Olymp, Ungarn, Mähren u. Slowakei.
B Sippenreiche, variable Art.

216 Aethionema thomasianum Gay
Thomas-Steintäschel
Aethionème de Thomas
Erba storna di Thomas

Ch; ● F I; § in F I; RL in F (2), I (3)
M 5–12 cm hoch, niederliegend mit aufsteigenden bis aufrechten Blühtrieben, blaugrün, kahl. Blätter 6–9 mm lang u. 3–5 mm breit, elliptisch oder spatelförmig, ganzrandig, dicklich, dicht stehend (Internodien kürzer als die Stängelblätter), die oberen vorne abgerundet. Blütenstand traubig, zur Fruchtzeit wenig verlängert (2–4 cm). Schötchen mit 3–4 mm breiten Flügeln, violett überlaufen. Samen 1(–2) pro Fach.
StO ④ Felsschutt, auf Kalk, 1900–2500 m.
V Endemit der SW-Alpen: Aoastatal, Hautes Alpes (Briançon), sehr selten.
B Ähnliche Pflanzen mit unsicherem Status kommen in den Gebirgen Algeriens (Djurdjura, Kabylie) vor.

217 **Iberis aurosica** Chaix
ssp. aurosica
Mont-Aurouze-Schleifenblume
Ibéris du Mont Aurouse
Iberide di M. Aurouse

He; ● F; § in F; RL (3)
M 4–15 cm, mit verzweigten Blühtrieben. Blätter ziemlich fleischig, die unteren länglich spatelförmig, ganzrandig oder mit jederseits 1–2 Zähnchen, die oberen ganzrandig. Blüten purpurrosa in doldenartigen Trauben, die zur Fruchtzeit etwas verlängert sind. Kronblätter ungleich (2 große u. 2 kleine). Schötchen 3–5 mm lang, breit eiförmig, im oberen Teil geflügelt, mit 2 weit auseinandergespreizten Zipfeln, vom Griffel weit überragt (s. Zeichn.).
StO ④ Felsschutt, bis 2500 m.
V Endemit der SW-Alpen (Hautes-Alpes, Alpes-de-Haute-Provence), sehr selten.
B Ähnlich ist **I. nana** All., Zwerg-S., He; ● l §; aber nur 2–6 cm hoch. Blattränder gezähnelt. Schötchen mit nicht zusammenneigenden, spitzen Zipfeln (s. Zeichn.). Krone ± purpurrosa. Fruchtstand ungestreckt. **V** Seealpen, bis 2600 m.

218 **Iberis saxatilis** L.
Felsen-Schleifenblume
Ibéris des rochers
Iberide rupestre

Ch; F I H; § in H; RL in H (3); `
M 5–15 cm, verzweigt, mit meist zahlreichen, nichtblühenden Rosetten. Blühtriebe kurzhaarig. Blätter bis 15 mm lang, lineal, stachelspitzig, immergrün, ledrig. Blüten in doldenartigen Trauben. Fruchtstand verlängert. Kronblätter weiß, die äußeren 6–8 mm lang, 2-mal so lang wie die inneren. Schötchen flach, 5–8 mm lang, vorn breit geflügelt, tief ausgerandet. Griffel 1–1,5 mm lang, kürzer als die Ausrandung (s. Zeichn.).
StO ④ Felsspalten und Felsschutt, auf Kalk, bis 2000 m
V Alpen: SW-Alpen (Ossola-Gebiet, Cottische u. Seealpen), Jura, selten. Allgemein: Spanien bis Balkan.
B Die Immergrüne S., **I. sempervirens** L., Ch; I F (H) S; hat bis 5 cm lange u. 2–5 mm breite, spatelige Blätter, ohne Stachelspitze, kahle Äste und größere Kronblätter (10–15 mm lang). Griffel überragt die Ausrandung der Schötchens weit (s. Zeichn.). **StO** Stein- u. Felsböden. **V** Comer- u. Gardasee, Seealpen. **I. candolleana** Jord., Candolles S., He; ● F; ist 2–15 cm hoch, besitzt fleischige Blätter. Kronblätter purpurrosa, selten weiß. Schötchen 6–8 mm lang, eiförmig, tief ausgerandet, mit spitzen, zusammenneigenden Flügeln. Griffel länger als die Ausrandung (s. Zeichn.). **StO** Ø Felsschutt, Felsen, über Kalk, bis ca. 2000 m. **V** Endemit der Drôme-Alpen, Vaucluse, ob in den Seealpen?, selten.

Schötchen der Ibenis-Arten
1 I. aurosiaca
2 I. saxatilis
3 I. sempervirens
4 I. nana
5 I. candolleana

219 **Biscutella laevigata** L.
Glattes Brillenschötchen
Lunetière lisse
Biscutella montanina
navadna šparnica

He; F I H D Ö S; ❀
M 15–70 cm, mit Grundblattrosette, borstig behaart bis fast kahl. Stängel oben meist verzweigt. Grundblätter 3–12 cm lang u. 3–20 mm breit, lanzettlich bis verkehrt eiförmig lanzettlich, kahl oder kurz rauhaarig, ganzrandig bis grob gezähnt. Stängelblätter sitzend. Kronblätter 4–8 mm lang, hellgelb. Schötchen brillenförmig, 5–9 mm hoch, und 7–14 mm breit, behaart oder kahl. Griffel 3–5 mm lang.
StO ④⑤ Magerrasen, Felsschutthalden, kalkliebend, bis 2800 m.
V Alpen: verbreitet u. häufig. Allgemein: Pyrenäen bis Balkan, Apennin, Karpaten bis Tatra, Fura, Mittelgebirge.

220 **Brassica repanda** (Willd.) DC.
Berg-Kohl
Chou des rochers
Cavolo ripiegato all'insù

He; ● F I; § in I
M 5–15 cm, rasig wachsend, kahl. Stängel hängend, seltener aufsteigend, blattlos. Grundblätter mit Stiel 5–8 cm lang und 7–10 mm breit, spatelförmig, meist gezähnt, dunkelgrün, glänzend, etwas fleischig. Blütenstand traubig. Kronbätter 10–15 mm lang, gelb, deutlich genagelt. Kelchblätter 5–6 mm lang, grün bis gelblich grün, aufrecht. Schoten 2–5 cm lang, aufrecht abstehend, mit 2–4 mm langem Schnabel, auf 4–12 mm langen Stielen.
StO ④ Felsschutt, lückige Rasen, auf Kalk oder Kalkschiefer, 1500–2600 m.
V Endemit der SW-Alpen, Seealpen bis Savoyer Alpen, selten.

221 Rhynchosinapis richeri (Vill.) Heyw.
Richers Lacksenf
Chou de Richerius
Senape di Richer

He; ● F I; § in I
M 20–60 cm, aufrecht, kahl. Grundblätter
5–10 cm lang, in Rosetten, schmal eiförmig, in
den langen Stiel verschmälert, ganzrandig oder
schwach buchtig gezähnt. Stängelblätter 0–3,
im unteren Stängeldrittel. Blüten anfangs in
dichter, später in verlängerter Traube. Kronblätter gelb, 12–20 mm lang, genagelt. Kelchblätter
6–10 mm lang, bräunlich, weißhäutig berandet.
Schoten 4–8 cm lang, mit 3-nervigen Fruchtklappen, waagerecht abstehend, kahl. Fruchtschnabel 5–20 mm lang.
StO ④ Rasen, steinige Hänge, Felsschutt u. -spal-
ten, auf kalkarmer Unterlage, bis 2500 m.
V Endemit der SW-Alpen: Mont Viso bis Mont
Cenis, selten.

222 Rynchosinapis cheiranthos (Vill.)
var. **montana** (DC) Greuter et Burdet
Berg-Lacksenf
Coincya des montagnes
Senape violaciocca

He; F I
M 20–40 cm, aufrecht aufsteigend. Stängel unten weißborstig, oben kahl. Blätter tief fiederteilig, mit 11–19 Abschnitten, nach oben kleiner
und weniger geteilt, die obersten oft ungeteilt.
Kronblätter 20–25 mm, gelb, violett geadert.
Kelchblätter violett, 10–12 mm. Schoten 3–5
(8) cm lang, waagerecht bis aufrecht abstehend,
mit 1–2 cm langem Schnabel. Fruchtklappen 3-
nervig.
StO ①④ Rasen, steinige Hänge, Felsschutt, auf
kalkarmer Unterlage, bis 2000 m.
V Seealpen bis Bergamasker Alpen, nicht häufig.
Ansonsten: Süd- u. mitteleuropäische Gebirge.

223 **Paeonia officinalis** L.
Pfingstrose
Pivoine officinale
Peonia selvatica
navadna potonica

Ge; F I H (S); § in I H S; RL in H (3); ⑨; ✠; ❀
M 30–100 cm. Blätter bis 30 cm lang, 2–3-mal 3-teilig, oberseits dunkel-, unterseits hellgrün. Blattabschnitte ± breit-lanzettlich. Blüten einzeln, endständig, 7–13 cm breit. Kelchblätter 5, meist ungleich (grün bis kronblattartig) ausgebildet. Kronblätter meist 8(5–10), leuchtend rot, seltener rosa bis weiß oder gelblich. Staubblätter zahlreich. 2–3 Balgfrüchte, aufrecht, frei, dicht weißfilzig bis verkahlend.
StO ①④ Felshänge, lichtes Gebüsch, grasreiche Hochstaudenfluren, bis 1700 m.
V Alpen: sehr selten. Ligurien, Tessin, S-Tirol, Gardaseegebiet, Slowenisches Karstgebiet. Allgemein: S-Europa von Portugal bis Albanien, S-Alpen, Kleinasien, Armenien.

224 **Empetrum hermaphroditum**
Hagerup
Zwittrige Krähenbeere
Camarine
Moretta, dvospolna mahunica

Ch; F I H D Ö S; § in Ö; RL in D (4); (☠); (⑨)
M 15–50 cm, niederliegend, teppichbildend, mit aufrechten Sprossen, junge Triebe grün. Blätter immergrün, derb, 4–5 mm lang u. 1,5–2 mm breit, größte Breite in der Mitte unterseits mit 0,1–0,2 mm breiter Längsfurche. Blattrand umgerollt. Blüten einzeln, blattachselständig, (2–)3-zählig, fast immer zwittrig. Schwarze Beeren regelmäßig vorhanden, mit Staubblattresten.
StO ① Zwergstrauchheiden, bis 2600 m.
V Alpen: häufig, bis 3000 m. Allgemein: N-Europa, Alpen, Mittelgebirge.

225 **Moneses uniflora** (L.) A. Gray
Moosauge, Einblütiges Wintergrün
Pyrole à une fleur
Piroletta soldanina
navadna enocvetka

Ch, Ge; F I H D Ö S; § in I H Ö; RL in H (4) D (4); ✿

M 5–15 cm, mit verzweigtem Rhizom. Stängel kahl, mit einem schuppenförmigen Hochblatt. Blätter in einer grundständigen Rosette, mit rundlicher Spreite, gekerbt bis gesägt, ledrig. Blüten einzeln, endständig, 1,5–2,5 cm breit, nickend. Kronblätter ausgebreitet, weiß. Staubblätter S-förmig gebogen. Griffel gerade, unterhalb der Narbe nicht verdickt. Kapsel aufrecht, bis 8 mm lang.
StO ① Humusreiche, schattig-feuchte Wälder, v. a. Nadelwälder, bis 2000 m.
V Alpen: verbreitet, aber nicht häufig. Allgemein: Fast ganz Europa ohne den äußersten Süden, Grönland, N-Amerika, Asien.

226 **Orthilia secunda** (L.) House
Birngrün, Nickendes Wintergrün
Pyrole unilatérale
Piroletta pendula
enostranska kruškolistka

Ch; Ge; (F) I H D Ö S; § in Ö; ✿

M 7–25 cm, mit verzweigtem Rhizom. Untere Blätter nicht rosettig, sondern entfernt stehend, lanzettlich bis eilanzettlich, am Rand schwach gesägt. Blüten in einseitswendiger, vielblütiger Traube. Krone 3–4 mm lang, glockig bis halbkugelig, hell gelbgrün. Griffel gerade, länger als der Fruchtknoten, die Krone überragend.
StO ① Humusreiche Wälder, v. a. Nadelwälder, Zwergstrauchheiden, bis 2300 m.
V Alpen: im gesamten Alpenraum zerstreut vorkommend. Allgemein: N-Europa bis in die südeuropäischen Gebirge, westwärts bis Pfälzer Wald, Vogesen u. Jura.

227 **Pyrola rotundifolia** L.
   Rundblättriges Wintergrün
   Pyrole à feuilles rondes
   Piroletta a foglie rotonde
   okroglolistna zelenka

He; F I H D Ö (S); § in H Ö; RL in H (4) D (3); ❀
M 15–35 cm., mit grundständiger Blattrosette. Grundblätter 3–5 cm lang, eiförmig, am Grund keilförmig bis gerundet. Schaft mit 1–2 Schuppen, am Grund meist grün, stumpfkantig. Blütenstand allseitswendig. Blüten zu 8–30, nickend, offen, glockig. Blütenstiele 4–8 mm. Kelchzipfel 3,5–4,5 mm lang, lineal lanzettlich, spitz. Kronblätter weiß, selten rosa. Griffel S-förmig gebogen, 6–10 mm lang, weit aus der Krone herausragend, länger als der Fruchtknoten.
StO ① Bodensaure Wälder, v. a. Nadelwälder, Grauerlengebüsch, bis 2200 m.
V Alpen: im gesamten Alpenraum zerstreut bis ziemlich häufig (z. B. nördliche Kalkalpen). Allgemein: N-Europa südwärts bis N-Spanien, M-Italien u. dem Balkan. N-Amerika, Asien.

228 **Pyrola minor** L.
   Kleines Wintergrün
   Petite pyrole
   Piroletta minore
   drobnocvetna zelenka

He; F I H D Ö S; § in H Ö; RL in H (4)
M 5–20 cm, mit Grundrosette. Grundblätter 2–5 cm lang, rundlich. Blütenstand allseitswendig. Blüten zu 5–20, nickend, kugelig zusammenneigend, fast geschlossen. Kelchzipfel 3-eckig eiförmig, der Krone angedrückt. Kronblätter 3–5 mm lang, weiß bis rosa. Griffel gerade, 1–2 mm lang, kürzer als die Krone, höchstens so lang wie der Fruchtknoten, unter der Narbe nicht verdickt.
StO ① Zwergstrauchheiden, bodensaure Wälder, v. a. Nadelwälder, bis 2700 m.
V Alpen: verbreitet, aber nicht häufig. Allgemein: fast ganz Europa, N-Amerika, Asien.
B Ähnlich ist **P. media** Sw., Mittleres W.; He; F I H D Ö S; § in H Ö; RL in H (4) D (2), aber Kelchzipfel breit lanzettlich, abstehend. Kronblätter 6–8 mm lang. Griffel > 3 mm lang, die Krone überragend, gerade oder wenig gekrümmt, schief auf dem Fruchtknoten stehend, länger als dieser, unter der Narbe verdickt. **StO** ①.

229 Rhododendron hirsutum L.
Bewimperte Alpenrose
Rhododendron poilu
Rododendro irsuto
dlakavi sleč

Ch-Np; F I H D Ö S; § in F I D Ö; RL in F (3); ❀
M 20–100 cm, aufrecht. Blätter 1,5–4 cm lang, breit lanzettlich, beiderseits grün, drüsig punktiert, am Rand flach u. 1–3 mm lang bewimpert, sonst kahl. Blüten in endständigen Doldentrauben. Kronblätter am Grund miteinander verwachsen. Krone etwa 1,5 cm lang, trichterförmig vertieft, purpurrosa oder hellrot. Staubblätter 10.
StO ①④ Lichte Wälder, steinige Hänge, Grobschutthalden, Felsbänder, auf Kalk, bis 2650 m.
V Alpen: Östliche u. mittlere Alpen, westlich bis zum Genfer See, in den Kalkgebieten häufig. Ansonsten: Tatra, Balkan.
B Im Berührungsgebiet von **229** und **230** nicht selten: **R.** × **intermedium** Tausch, Bastard-A., morphologisch wie ökologisch zwischen den Eltern stehend.

230 Rhododendron ferrugineum L.
Rostblättrige Alpenrose
Rhododendron ferrugineux
Rododendro rosso
rjasti sleč

Ch-Np; F I H D Ö S; § in I D Ö S; ⚘!, ✣, ❀
M 20–100 cm, aufrecht. Blätter 1,5–4 cm lang, lanzettlich, oberseits grün, unterseits (voll entwickelt) rostbraun, am Rand umgerollt und nicht bewimpert. Blüten in endständigen Doldentrauben. Kronblätter am Grund miteinander verwachsen. Krone etwa 1,5 cm lang, trichterförmig vertieft, dunkelrot. Staubblätter 10.
StO ①④ Zwergstrauchheiden, lichte Zirben- und Lärchenwälder, Blockhalden, auf kalkarmen Böden, bis 2840 m.
V Alpen: verbreitet, am häufigsten in den silikatreichen Gebieten. Ansonsten: Pyrenäen, Jura, Alpenvorland, Apennin, Illyrische Gebirge.

231 Rhodothamnus chamaecistus (L.) Rchb.

Zwergalpenrose

Rododendro cistino
navadni slečnik

Ch; ● I D Ö S; § in I D Ö; ✿

M 20–40 cm, niederliegend, mit zahlreichen aufsteigenden Zweigen. Blätter 0,5–1 cm lang, eiförmig lanzettlich, ledrig, ganzrandig bis gekerbt gezähnt, am Rand bewimpert, gedrängt stehend. Blüten meist zu 1–4. Kelchblätter u. Blütenstiele drüsenhaarig. Krone schüsselförmig ausgebreitet, 18–30 mm Ø, hellrosa.

StO ①④ Kalkreiche Fels- u. Schuttfluren, Zwergstrauchheiden, seltener im Latschengebüsch, bis 2400 m.

V Endemit der O-Alpen: Comer See u. Allgäu ostwärts bis Steiner Alpen u. Niederösterreich, zerstreut.

232 Loiseleuria procumbens (L.) Desv.

Alpenazalee, Gemsheide

Azalée des Alpes
Loiseleuria
polegla alpska azaleja

Ch; F I H D Ö S; § in Ö; ✿

M 3–15 cm. Niederliegender, reich verzweigter, teppichbildender Spalierstrauch. Blätter 4–7 mm lang, ledrig, ganzrandig, nach unten umgerollt, gegenständig, kahl. Blüten zu 2–5, doldentraubig, endständig. Kelch rot, 2 mm lang. Krone ca. 5 mm lang, weit glockig, hellrosa. Staubblätter 5.

StO ①④ Windexponierte Grate, Zwergstrauchheiden, Felsblöcke, Krummseggenrasen, auf sauren Böden, bis 3000 m.

V Alpen: verbreitet. Silikatgebiete häufig, Kalkgebiete ziemlich selten. Allgemein: europäische Hochgebirge, nördliches u. arktisches Eurasien u. Amerika.

233 Arctostaphylos uva-ursi (L.) Spreng.
Immergrüne Bärentraube
Raisin-d'ours commun, Busserole
Uva ursine
vednozeleni gornik

Ch; F I H D Ö S; § in H D; RL in H (4) D (2);
(⚘); ✼; ⚘
M 5–10 cm hoch, 20–50 cm lang, niederliegend,
Spalierstrauch mit aufsteigenden Ästen. Blätter
1–3 cm lang, verkehrt eiförmig, jung behaart,
später kahl, derb, oberseits dunkelgrün, unterseits netzadrig, nicht drüsig punktiert, graugrün,
am Rand nicht umgerollt, flach, ganzrandig.
Blütenstand 3–10-blütig, traubig, überhängend.
Krone 5–6 mm lang, weiß oder rötlich. Reife
Beeren rot.
StO ①④ Latschengebüsche, Zwergstrauchheiden, Föhrenwälder, magere Weiden, Schutthalden, bis 2780 m.
V Alpen: im gesamten Alpenraum zerstreut bis
ziemlich häufig. Allgemein: fast ganz Europa,
nördliches u. gemäßigtes Asien u. Amerika.

234 Arctostaphylos alpinus (L.) Spreng.
Alpen-Bärentraube
Raisin-d' ours des Alpes
Corbezzolo alpino
alpski gornik

Ch; F I H D Ö S
M Ähnlich **233** aber Blätter dünn, sich zuletzt
rot verfärbend, am Rand lang bewimpert, fein
gesägt, oberseits hellgrün, unterseits graugrün.
Blütenstand 2–5-blütig. Krone 5–6 mm lang,
rosa oder grünlich weiß. Beeren zuerst rot, reif
schwarz.
StO ①④ Steinige Rasen in Lagen mit langer
Schneebedeckung, lichte Bergwälder, Zwergstrauchheiden, Latschengebüsche, auf humus-
reichen Kalkböden, bis 2650 m.
V Alpen: im gesamten Alpenraum zerstreut bis
ziemlich häufig. Allgemein: nördliches und arktisches Eurasien, Pyrenäen, Jura, Karpaten, Apennin, Illyrische Gebirge. N-Amerika.

235 **Erica carnea** L.
Schnee-Heide
Bruyère
Erica carnicina, Scopina
spomladanska resa

Ch; F I H D Ö S; § in I; ❀
M 10–30 cm, niederliegend, verzweigt. Blätter 6–10 mm lang, nadelförmig, zu 4 quirlständig, sparrig abstehend, kahl, am Rand umgerollt, spitz. Blütenstand dicht traubig, einseitswendig. Kelchblätter 4-teilig, 3–5 mm lang. Außenkelch fehlt. Krone 5–7 mm lang, rosa bis rot, zylindrisch, Staubblätter 8, aus der Kronröhre herausragend.
StO ①④ Föhrenwälder, sonnige Hänge, Geröllhalden, Latschengebüsche, bis 2730 m.
V Alpen: verbreitet u. häufig. Seealpen, vom Genfer See an ostwärts. Ansonsten: Alpenvorland, Jura, Bayerischer Wald bis Vogtland, Tatra, Apennin, Kroatien bis Albanien.

236 **Calluna vulgaris** (L.) Hull
Heidekraut, Besenheide
Fausse bruyère
Brughiera
jesenska vresa

Ch; F I H D Ö S; ✠; 🍴; ❀
M 20–50(90) cm, aufsteigend, reichästig. Blätter 2–4 mm lang, schuppenförmig, gegenständig, 4-zeilig angeordnet, sich dachziegelartig überdeckend, kahl. Blütenstand traubig, vielblütig. Kelch 4 mm lang, violettrosa (weiß), 2-mal so lang wie die Krone, darunter ein aus 4 Hochblättern zusammengesetzter grüner Außenkelch. Staubblätter 8. Frucht eine Kapsel.
StO ①⑤ Zwergstrauchheiden, magere Weiden, Moore, kalkmeidend, bis 2500 m.
V Alpen: in den Silikatgebieten verbreitet und häufig. Allgemein: Europa, von N-Norwegen bis ins westliche Mittelmeergebiet (östlich davon selten oder fehlend), ostwärts bis W-Sibirien u. Kleinasien. N-Amerika (eingeschleppt).

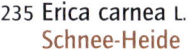

237 **Vaccinium vitis-idea** L.

Preiselbeere, Kronsbeere

Airelle rouge
Mirtillo rosso
brusnica

Ch; F I H D Ö S; ✠; 🍴; ❀

M 10–20(30) cm, aufrecht bis aufsteigend, verzweigt. Blätter 1–3 cm lang, verkehrt eiförmig, derb, oberseits dunkelgrün, unterseits drüsig punktiert, nicht netzadrig, hellgrün, am Rand meist deutlich umgerollt, verdickt, ganzrandig oder gezähnelt. Blütenstand meist 5–10-blütig, traubig, hängend. Krone 5–6 mm lang, glockig, weiß oder rötlich. Beeren rot.

StO ①⑤ Auf sauren Böden: trockene Hänge, lichte Bergwälder, Zwergstrauchheiden, Latschengebüsch, bis 3100 m.

V Alpen: häufig. Allgemein: Eurasien südlich bis Pyrenäen, N-Italien u. Balkan.

238 **Vaccinium myrtillus** L.

Heidelbeere, Blaubeere

Myrtille
Mirtillo nero
borovnica črnica

Ch; F I H D Ö S; ✠; 🍴; ❀

M 10–60 cm, verzweigt, mit aufrechten, kantigen bis schmal geflügelten, grünen Ästen, kahl. Blätter 2–3 cm lang, eiförmig bis elliptisch, drüsig gesägt bis gezähnt, beiderseits grasgrün. Blüten einzeln blattachselständig, nickend. Krone 3,5–5 mm lang, kugelig krugförmig, grünlich oder rötlich. Beeren blauschwarz, bereift.

StO ①③⑤ Zwergstrauchheiden, bodensaure, frische Wälder, Rasen, Moore, bis über 2800 m.

V Alpen: häufig. Allgemein: M- u. N-Europa, in S-Europa nur in den Gebirgen, Asien.

B Die Kleinfrüchtige Moosbeere **V. microcarpum** (Rupr.) Schmalh., F I H (D) Ö S; § in Ö; hat fadenförmige, weit kriechende Stängel. Blätter 3–5 mm lang, derb, am Rand umgerollt. Blüten 1–4, mit behaarten Stielen. Krone 5–7 mm lang, mit 4 zurückgeschlagenen Zipfeln, hellrot. Frucht bis 5–8 mm Ø, gelbrot bis rot. **StO** Hochmoore, bis 2000 m, selten. **V** Alpen: selten.

239 **Vaccinium gaultherioides** Bigelow
Kleinblättrige Moorbeere
Airelle des marais
Mirtillo falso
drobnolistna kopišnika

Ch; F I H D Ö S; ⑨
M 5–20 cm, niederliegend bis aufsteigend, mit runden (nie geflügelten), braunen Ästen. Blätter 6–15 mm lang u. bis 10 mm breit, verkehrt eiförmig, oberseits schwach bläulich grün, unterseits mit kleinem Randwulst. Blüten 1(–2). Blütenstiele 1–3 mm lang, kürzer als die Blüten. Krone 4–6 mm lang, länglich eiförmig bis krugförmig, rötlich oder weißlich. Beeren blauschwarz, bereift.
StO ①④⑤ Bodensaure Zwergstrauchheiden, Felsen, Magerrasen, bis 2500 m.
V Alpen: verbreitet, nicht selten. Allgemein: N- u. M-Europa, Asien, N-Amerika.
B Nahe verwandt ist **V. uliginosum** L., Moorbeere, Rauschelbeere. **M** 20–50(100) cm, Blätter lanzettlich, breiter als 10 mm. Blüten zu 2–3 in den Blattachseln. Blütenstiele 3–10 mm lang, länger als die Blüten. **StO** ①③ Hochmoore moorige Wälder, collin bis montan, selten.

240 **Cortusa matthioli** L.
Alpen-Heilglöckchen
Cortuse de Matthiole
Cortusa di Matthioli
Mattiolijeva kortuzovka

He; F I H D Ö (S); § in I H D Ö; RL in I (3) H (4) S (4); ❀
M 20–50 cm, zottig behaart. Blätter grundständig, lang gestielt. Spreite bis 12 cm breit, fast rund, gelappt, mit herzförmigem Grund. Blütenstand doldig, mit 5–12(20) lang gestielten, nickenden Blüten. Krone purpurn, ca. 1 cm lang, 1,5–2-mal so lang wie der Kelch. Staubfäden miteinander verbunden, am Grund verdickt.
StO ①②③④ Grünerlengebüsch, Hochstauden- und Quellfluren, Felsschutt, Felsen, bis 2000 m.
V Alpen: Seealpen bis Niederösterreich, selten, häufiger im Inn-Lech-Gebiet u. den nordöstlichen Kalkalpen.
B Selten findet sich bis 2000 m in Fichtenwäldern **Trientalis europaea** L., Siebenstern, Ge; F I H (D) Ö; § in H Ö; RL in I (3), H (3), Ö (3). **M** 10–20 cm, Blätter im oberen Stängelteil quirlartig gehäuft, bis 7 cm lang, eiförmig lanzettlich. Blüte einzeln, weiß. Krone 7-teilig.

241 Primula elatior (L.) Hill ssp. elatior
Hohe Schlüsselblume
Primevère élevée
Primula maggiore
visoki jeglič

He; F I H D Ö S; § in Ö; ✠; ❀
M 10–30 cm. Blätter bis 25 cm lang, runzelig, unregelmäßig u. fein gezähnt, beiderseits behaart. Blütenschaft an der Spitze mit vielblütiger Dolde. Blütenstiele 3–20 mm lang. Kelch der Krone eng anliegend. Kronsaum flach. Krone hellgelb. Frucht zylindrisch, meist länger als der Kelch. Fruchtstiele steif aufrecht. 2 Unterarten: a) ssp. **elatior**. **M** Kelchzähne 3–7 mm lang. Blattspreite plötzlich in den Blattstiel verschmälert, häufig. b) ssp. **intricata** (G. et G.) Lüdi. **M** Kelchzähne 2–3 mm lang, Blattspreite allmählich in den Blattstiel verschmälert, selten.
StO ①②⑤ Wiesen, Hochstaudenfluren, lichte Wälder, bis 2200 m.
V Alpen: verbreitet. Allgemein: Europa bis S-Schweden, England, ostwärts bis W-Russland, südwärts bis N-Italien u. S-Frankreich.

242 Primula veris L.
Wiesen-Schlüsselblume
Primevère du printemps
Primula odorosa
Pomladanski jeglič

He; F I H D Ö S; § in H Ö; RL in H (4); ✠; ❀
M 10–30 cm. Blätter bis 12 cm lang, runzelig, am Rand wellig kerbig, beiderseits grün, oberseits kahl, unterseits schwach behaart bis kahl, drüsig. Blütenstiele 2–15 mm lang. Kelch 8–16 mm lang, bauchig, der Kronröhre nicht anliegend, kürzer als die Kronröhre. Kronsaum trichterförmig vertieft. Krone goldgelb. Frucht oval, halb so lang wie der Kelch. Fruchtstiele aufrecht.
StO ①⑤ Frische Wiesen, lichte Wälder, Gebüsche, bis 2300 m.
V Alpen: verbreitet u. häufig. Europa nördlich bis M-Norwegen, S-Europa (v. a. Gebirge), ostwärts bis zum Ural u. zum Kaukasus. Asien.
B In tieferen Lagen wächst **P. vulgaris** Huds., Stängellose Sch. § in H. **M** Blütendolde ungestielt, Blätter oberseits kahl, Fruchtstiele niederliegend, Krone schwefelgelb. **StO** Wiesen, Wälder, selten, gebietsweise häufig.

243 **Primula farinosa** L.
Mehl-Primel
Primevère farineuse
Primula farinosa
moknati jeglič

He; F I H D Ö (S); § in I H D Ö; RL in H (4) D (3); ❀
M 5–20 cm. Blätter länglich bis länglich spatelig, kahl, unterseits dicht mehlig bestäubt, ganzrandig oder entfernt gesägt. Blütenschaft mehrfach länger als die Blätter, an der Spitze mit vielblütiger Dolde. Kelch ± so lang wie die Kronröhre, stumpfkantig. Krone rotlila bis hellpurpurn. Kronzipfel 4–7 mm lang, tief ausgerandet.
StO ③④⑤ Quell- u. Flachmoore, frische Rasen, Felsbänder, bis 2900 m.
V Alpen: im gesamten Alpenraum, zerstreut bis ziemlich häufig. Ansonsten: Schottland, S-Skandinavien, Ostseegebiete, Jura, Schwäbische Alb, Alpenvorland, Karpaten, Pyrenäen.

244 **Primula halleri** Gmelin.
Haller-Primel
Primevère de Haller
Primula di Haller
dolgocvetni jeglič

He; F I H Ö S; § in I F H Ö; RL in F (3) H (3); ❀
M 10–30 cm. Blätter länglich eiförmig, kahl, am Rand gekerbt, oberseits grün, runzelig, unterseits gelblich weiß mehlig bestäubt. Blütenschaft mehrfach länger als die Blätter, an der Spitze mit vielblütiger Dolde. Kronröhre 2–3,5 mal so lang wie der stumpfkantige Kelch. Krone rosalila. Kronzipfel 7–10 mm lang, tief ausgerandet.
StO ④⑤ Frische Magerrasen, feuchte Felsspalten, Schutt, auf kalkreichen Böden, bis 2900 m.
V Alpen: zerstreut, v. a. in den südlichen u. östlichen Teilen, zerstreut bis selten. Ansonsten: Karpaten, Balkan.

245 Primula spectabilis Tratt.
Pracht-Primel
Primula meravigliosa

He; ● I; § in I; ❀
M 5–20 cm. Blätter und Kelch mit sehr kleinen, farblosen Drüsen besetzt. Blätter eiförmig bis breit lanzettlich, 3–9 cm lang, ganzrandig, glänzend, dicklich, mit weißem Knorpelrand, oberseits mit durchscheinenden Drüsenpunkten. Blütenschaft so lang oder länger als die Blätter, eine 2–7-blütige Dolde tragend. Tragblätter linealisch, meist kürzer als die 5–15 mm langen Blütenstiele. Blüte 2–3 cm im Ø. Kelch 7–8(12) mm lang, mit spitzen Zähnen. Krone rosa- bis violettrot, mit weißem Schlund. Kronlappen ausgerandet.
StO ④ Lückige Rasen, Felsspalten, Felsschutt, auf Kalk; bis 2000 m.
V Endemisch in den S-Alpen: Brenta bis Vicentiner Dolomiten, selten.

246 Primula glaucescens Moretti
Meergrüne Primel
Primula glaucescente

He; ● I; § in I; RL (4); ❀
M 5–12 cm, völlig kahl. Blätter lanzettlich, 3–8 cm lang, ganzrandig, blaugrün, glänzend, dicklich, mit weißem Knorpelrand, Blütenschaft länger als die Blätter, eine 2–3(6)-blütige Dolde tragend. Tragblätter schmal lanzettlich, meist länger als die 5–20 mm langen Blütenstiele. Blüte 2–3 cm im Ø. Kelch 7–8(12) mm lang, mit spitzen Zähnen. Krone rosa- bis violettrot, mit weißem Schlund. Kronlappen ausgerandet.
StO ④ Lückige Rasen u. schattige Felsen mit langer Schneebedeckung, auf Kalk, bis 2400 m.
V Endemisch in den S-Alpen: Comer See bis Judikarien, selten.

247 **Primula wulfeniana** Schott
Wulfen-Primel
Primula di Wulfen
Wulfenov jeglič

248 **Primula clusiana** Tausch
Clusius-Primel

He; ● I Ö S; § in I Ö; ❀
M 3–8 cm. Blätter 1,5–4 cm lang, lanzettlich bis eiförmig, zugespitzt, dunkelgrün, glänzend, dicklich, ungezähnt, mit weißem, breiten Knorpelrand. Blattränder und Kelch mit winzigen Drüsen (<0,05 mm lang!) bedeckt. Schaft länger als die Blätter. Tragblätter linealisch, meist länger als die 4–9 mm langen Blütenstiele, höchstens bis zur Kelchmitte reichend. Blütendolde 1–3-blütig. Kelch 6–9 mm lang. Krone purpurrot, 25–30 mm Ø, mit weißem Schlund. Kronlappen ausgerandet.
StO ④ Rasen, Gesteinsfluren, Felsspalten, auf kalkreichen, lange schneebedeckten Böden, bis 2200 m.
V Endemit der SO-Alpen: Piave bis Steiner Alpen, Karawanken, Karnische Voralpen, selten, gebietsweise häufig (z. B. Karawanken).

He; ● D Ö; § in D Ö; RL in D (4); ❀
M 1–8 cm. Blätter 1,5–6 cm lang, länglich oder verkehrt eiförmig, vorne abgerundet, ganzrandig, am Rand mit kurz gestielten, 0,1–0,5 mm langen, farblosen Drüsen besetzt, ansonsten kahl, ledrig, glänzend, mit schmalem Knorpelrand. Schaft meist 2-blütig. Tragblätter lineal lanzettlich, länger als die Blütenstiele, höchstens bis zur Kelchmitte reichend. Kelch 8–15 mm lang. Krone rosarot, zuletzt lila, 20–35 mm Ø, mit weißem Schlund. Kronlappen ± tief ausgerandet.
StO ④ Feuchte Rasen u. Felsfluren, Schneetälchen, auf Kalk, bis 2200 m.
V Endemit der NO-Alpen: Berchtesgadener Alpen über Nieder- u. Oberösterreich bis in die Steiermark; in den nordöstlichen Kalkalpen häufig, in den Z-Alpen selten.

249 **Primula integrifolia** L.
Ganzblättrige Primel
Primevère à feuilles entières
Primula a foglie intere

He; ● F I H Ö; § in I H Ö; RL in H (4); ✿
M 2–6 cm, etwas klebrig. Blätter 1,5–2,5 cm lang, länglich oder verkehrt eiförmig, vorne abgerundet oder spitz, ganzrandig, am Rand flaumig bewimpert, mit kurz gestielten, 0,75 mm langen, farblosen Drüsen besetzt, weich, hellgrün, etwas glänzend, ohne Knorpelrand. Schaft 1–6-blütig. Tragblätter lineal lanzettlich, länger als die Blütenstiele. Kelch 7–12 mm lang, mit eiförmigen stumpfen Zähnen. Krone matt purpurn bis helllila, 15–25 mm Ø, im Zentrum meist etwas heller. Kronlappen ± tief ausgerandet.
StO ④ Schneetälchen, feuchte Gesteinsfluren, kalkmeidend, bis 2700 m.
V Alpen: Arlberg u. M. Tonale bis ins Berner Oberland u. nach Savoyen, selten bis zerstreut. Ansonsten: Pyrenäen.

250 **Primula daonensis** (Leybold) Leybold
Inntaler Primel
Primevère du Val Daone
Primula di Val Daone

He; ● I H Ö; § in I H Ö; RL in H (3) Ö (4); ✿
M 3–9 cm. Blätter 2–4 cm lang, keilförmig bis verkehrt eiförmig, vorne abgerundet, gezähnt, klebrig, am Rand mit kurz gestielten, 0,15–0,4 mm langen, dunklen (roten) Drüsen besetzt, nicht glänzend, ohne Knorpelrand. Schaft 1–7-blütig, länger als die Blätter. Tragblätter lineal lanzettlich, kürzer als die Blütenstiele. Kelch 4–5 mm lang, mit eiförmigen, stumpfen Zähnen. Krone rosa bis purpurn, 10–20 mm Ø, mit weißem Schlund. Kronlappen ± tief ausgerandet.
StO ④ Steinige Rasen, Felsen u. Felsschutt, auf Silikat, 1600 bis 2800 m.
V Endemit der Bergamasker Alpen, der Ortler- u. Adamello-Gruppe, Judikariens und des Münstertals (Graubünden), selten.

251 Primula pedemontana Thomas
Piemonteser Primel
Primevère du Piémont
Primula piemontese

He; F I; § in F I; RL in F (3) I (4); ✿
M 7–15 cm, ohne mehlige Bestäubung. Blätter 2–5(8) cm lang, keilförmig bis verkehrt lanzettlich, vorne abgerundet, ganzrandig, selten gezähnt, klebrig, am Rand mit kurz gestielten, 0,1–0,25 mm langen, roten Drüsen besetzt, auf den Flächen kahl, nicht glänzend, ohne Knorpelrand. Schaft 1–7(15)-blütig, länger als die Blätter. Tragblätter 2–3 mm lang, eiförmig, kürzer als die Blütenstiele. Kelch 4–6 mm lang, mit eiförmigen, stumpfen Zähnen. Krone rosa bis purpurn, 20–25 mm Ø, mit weißem Schlund. Kronlappen ± tief ausgerandet.
StO ④ Steinige Rasen, Felsen, Schutt, auf kalkarmen Böden, 1400–3000 m.
V Alpen: Grajische u. Cottische Alpen, gebietsweise häufig (z. B. Gran Paradiso). Ansonsten: Cordillera Cantabrica.

252 Primula latifolia Lapeyr.
Breitblättrige Primel
Primevère à larges feuilles
Primula latifoglia

He; F I H; § in I H; RL in H (4); ✿
M 5–20 cm. Blätter 5–8(10) cm lang, verkehrt lanzettlich, vorne abgerundet, in der oberen Blatthälfte gezähnt, fleischig, klebrig, am Rand mit kurz gestielten, 0,1–0,4 mm langen, farblosen Drüsen besetzt, auf den Flächen kahl, nicht glänzend, ohne Knorpelrand und ohne mehlige Bestäubung. Schaft 2–10(20)-blütig, länger als die Blätter. Blüten duftend. Tragblätter 1–4 mm lang, kürzer als die Blütenstiele. Kelch 2–5 mm lang. Kronröhre 2–3-mal so lang wie der Kelch. Krone rotviolett, ca. 15 mm Ø, mit etwas mehligem Schlund. Kronlappen etwas ausgerandet.
StO ④ Felsspalten, Felsschutt, auf Silikat, 2000–3050 m.
V Alpen: Seealpen bis Aosta-Tal, Unterengadin, Veltlin, Bergamasker Alpen. Ansonsten O-Pyrenäen.

253 Primula villosa Wulfen
Zottige Primel
Primula villosa
kuštravi jeglič

He; ● I Ö S ; § in I Ö; RL in Ö (4) S (4); ✿
M 5–15 cm, ohne mehlige Bestäubung. Blätter 2–15 cm lang, verkehrt eiförmig bis eiförmig vorne abgerundet, meist schwach gezähnt, klebrig, dicht mit kurz gestielten, 0,3–0,75(1) mm langen, roten Drüsen besetzt, nicht glänzend, ohne Knorpelrand. Schaft 1–7(15)-blütig, länger als die Blätter. Tragblätter 1–5 mm lang, breit eiförmig, kürzer als die Blütenstiele. Kelch 3–6,5 mm lang, mit kurz 3-eckigen Zähnen. Kronröhre 2–3-mal so lang wie der Kelch. Krone rosa bis lila, 15–25 mm Ø, mit weißem Schlund. Kronlappen ± tief ausgerandet.
StO ④ Felsspalten, Felsschutt, steinige Rasen, auf Silikat, bis 2200 m.
V Endemit, v.a. der O-Alpen (Niedere Tauern, Norische, Karnische, Julische Alpen), in den SW-Alpen sehr lokal (Cottische Alpen), selten.

254 Primula hirsuta All.
Behaarte Primel
Primevère hérissée
Primula irsuta

He; F I H (D) Ö; § in I H D Ö; RL in H (4) D (4); ✿
M 2–7 cm, nicht mehlig. Blätter 2–6 cm lang, rundlich oval bis verkehrt eiförmig, stumpflich, gekerbt, beiderseits dicht mit kurz gestielten, vorwiegend hellen, 0,1–0,5 mm langen Drüsen besetzt, klebrig, fleischig, ohne Knorpelrand. Schaft 2–5-blütig, meist kürzer als die Blätter. Tragblätter 1–3 mm lang, breit eiförmig, viel kürzer als die Blütenstiele. Kelch 3–7 mm lang, mit 3-eckigen Zipfeln. Krone rosa bis purpurn.
StO ④ Felsspalten, Felsschutt, steinige Rasen, auf Silikat, bis über 3000 m.
V Alpen: Grajische Alpen bis Hohe Tauern, selten bis mäßig häufig. Ansonsten: Pyrenäen.

255 Primula albenensis
Banfi et Ferlinghetti
Monte-Alben-Primel
Primula di Monte Alben

He; ● l; §
M 5–15 cm, mehlig bestäubt. Blätter 1–7 cm lang, rundlich bis breit eiförmig, vorne gezähnt, dicht mit hellen Drüsenhaaren besetzt, dicklich, ohne Knorpelrand. Schaft drüsig behaart, (1)2–12-blütig. Blütenstiele 6–10 mm lang. Kelch 4–8 mm lang. Kelchzähne glocken- oder kegelförmig. Kronröhre 2–3-mal so lang wie der Kelch. Krone blass violett oder rotviolett, ca. 20 mm Ø, mit weißem Schlund. Kronlappen ausgerandet.
StO ④ Feuchte, überhängende Kalkfelsen und Höhlen, 1150–2000 m.
V Endemisch, bisher nur von den Bergamasker Alpen bekannt (Monte Alben), sehr selten.

256 Primula recubariensis
Prosser et Scortegagna
Monte-Lessini-Primel
Primula di Monti Lessini

He; ● l; §
M 2–3 cm. Blätter 0,8–6,3 cm lang, rundlich bis breit eiförmig, vorne gezähnt, mit 4–5-zelligen Drüsenhaaren besetzt, dicklich. Stängel kürzer als die Blätter. Schaft 2–5-blütig, zur Blütezeit nur 6–15 mm lang, zur Fruchtzeit etwas länger. Blütenstiele 2–9 mm lang. Kelch 2–5 mm lang. Kronröhre ca. 2-mal so lang wie der Kelch. Krone blaulila, 15–20 mm Ø, mit weißem Schlund. Kronlappen etwas ausgerandet.
StO ④ Steile Kalkfelsen, Felsbänder, Kalkschutt, Halbhöhlen, 1400–2030 m.
V Endemisch, bisher nur nördlich der Monti Lessini (östlich des Lago di Garda) bekannt, sehr selten.

257 Primula tyrolensis Schott
Südtiroler Primel
Primula tirolese

258 Primula allionii Loisel.
Allioni-Primel
Primevère d'Allioni
Primula di Allioni

He; ● I; §
M 1–5(10 cm), klebrig. Stängelgrund von abgestorbenen Blattresten umgeben. Blätter 1–3,5 cm lang, verkehrt eiförmig spatelförmig, vorne abgerundet, meist schwach gezähnt, dicht mit kurz gestielten, 0,1–0,4 mm langen, farblosen Drüsen besetzt, nicht glänzend, fleischig, ohne Knorpelrand. Schaft 1–2-blütig, länger als die Blätter. Tragblätter 2–5(8) mm lang, lineal lanzettlich, meist länger als die Blütenstiele. Kelch 4–7 mm lang, mit ovalen, stumpfen Zähnen. Kronröhre ca. 2-mal so lang wie der Kelch. Krone rosa bis lila, 15–25 mm Ø, mit weißem Schlund. Kronlappen ± tief ausgerandet.
StO ④ Felsspalten, Felsschutt, steinige Rasen, auf Kalk, bis 2300 m.
V Endemit der Dolomiten (M. Castellazzo ostwärts bis zur Vette di Feltre, südwärts bis zum Valsugana, selten.

He; ● F I; § in F I; RL in F (4) I (4)
M 1–3 cm, klebrig. Stängelgrund von abgestorbenen Blattresten umgeben. Blätter 1,5–4,5 (6) cm lang, verkehrt lanzettlich spatelförmig, vorne abgerundet, ganzrandig oder selten schwach gezähnt, dicht drüsig behaart (Drüsen 0,1–0,25 mm lang, farblos), nicht glänzend, fleischig, ohne Knorpelrand. Schaft sehr niedrig, 1–5-blütig, kürzer als die Blätter. Tragblätter 1–3 mm lang, breit eiförmig, Blütenstiele 1–5 mm lang. Kelch 3–6 mm lang, mit 3-eckigen Zähnen. Krone rosa bis purpurn, ca. 15 mm Ø, mit weißem Schlund.
StO ④ Kalk-Felsspalten, bis 1950 m.
V Endemit der Seealpen, im Val Gesso (I) u. im Vallée de la Roya (F), sehr lokal, selten.

259 **Primula minima** L.
Zwerg-Primel
Primula minima
najmanjši jeglič

He; I D Ö S; § in I D Ö; RL in S (4); ✤
M 1–4 cm. Blätter 5–30 mm lang, keilförmig, an den Seiten ganzrandig, vorne mit 3–9 groben, knorpelspitzigen Sägezähnen, ledrig. Blätter auf der Fläche mit winzigen (0,05 mm langen) farblosen Drüsen besetzt, ansonsten kahl. Schaft 2–8 mm lang, kürzer als die Blätter, 1(–2)-blütig. Tragblätter 3–7 mm lang, lanzettlich. Krone leuchtend rot, 15–30 mm Ø, mit weißem Schlund. Kelch 5–8 mm lang. Kelchzähne eiförmig, stumpf. Kronlappen tief V-förmig eingeschnitten.
StO ④ Steinige Rasen, Felsspalten, Felsschutt, Schneetälchen, auf kalkarmen Böden, 1500–3000 m.
V Alpen: O-Alpen, vom Brenner an ostwärts, ziemlich häufig. Ansonsten: Sudeten, Karpaten, Balkan.

260 **Primula marginata** Curtis
Gewelltrandige Primel
Primevère marginée
Primula impolverata

He; ● F I; § in I; ✤
M 5–12 cm, mit mehliger Bestäubung. Blätter 2–9 cm lang, verkehrt eiförmig bis elliptisch, vorne abgerundet, deutlich gezähnt, nicht glänzend, fleischig, weißlich berandet, auf den Flächen kahl. Randliche Drüsen farblos, 0,1–0,4 mm, lang. Schaft 3–15-blütig, länger als die Blätter. Tragblätter 2–9 mm lang, breit eiförmig. Blütenstiele 3–20 mm lang. Kelch 2–6 mm lang. Kronröhre ca. 3-mal so lang wie der Kelch. Krone rosaviolett bis blaulila, duftend, 15–20 mm Ø, mit weißem Schlund. Kronlappen leicht ausgerandet.
StO ④ Felsspalten, steinige Rasen, auf kalkhaltigen Böden, bis 2600 m.
V Endemit der SW-Alpen, Seealpen bis Cottische Alpen, zerstreut, stellenweise häufig.

261 **Primula glutinosa** Wulfen
Klebrige Primel
Primevère glutineuse
Primula vischiosa

He; I H Ö; § in I H Ö; RL in H (3); ✿
M 2–8 cm. Pflanze drüsig klebrig. Blätter spatelförmig, allmählich in den breiten Stiel verschmälert, vorne meist gezähnt, am Rand kahl, aber mit winzigen, ungestielten Drüsen, steif. Blütenschaft 1–7-blütig. Tragblätter 7–11 mm lang. Einzelblüten fast sitzend, stark duftend. Krone anfänglich dunkelblau, später schmutzig violett, beim Abblühen lila, am Schlund mit dunklerem Ring. Kelch etwa so lang wie die Kronröhre.
StO ④ Rasen, Schneetälchen, Schutt, auf kalkarmen Böden, bis 3100 m.
V Alpen: zentrale u. südliche O-Alpen, von Arosa bis zur Koralpe. Ansonsten: Bosnien.

262 **Primula auricula** L.
Alpen-Aurikel
Primevère auricule
Primula orecchia d'orso
avrikelj

He; F I H D Ö S; § in I H D Ö S; RL in H (4) D (3); ✿
M 5–20 cm. Blätter verkehrt eiförmig, bis 13 cm lang, ganzrandig oder schwach gezähnt, ledrig, blaugrün, ± bestäubt, mit ± stark ausgeprägtem Knorpelrand, drüsig. Schaft an der Spitze mit vielblütiger Dolde. Blüten leuchtend gelb. Kronsaum ± trichterförmig vertieft. Zipfel nur schwach ausgerandet.
StO ④ Felsspalten, steinige Matten, Polsterseggenrasen, im Alpenvorland auch in Moorwiesen, bis 2500 m.
V Alpen: verbreitet, v. a. in den nördlichen u. südlichen Kalkalpen häufig. Ansonsten: Jura, Schwarzwald, Alpenvorland, Apennin, Karpaten, Balkan (unterschiedliche Sippen).

263 Vitaliana primuliflora Bertol.
Goldprimel
Vitaliana à fleurs de Primevère
Vitaliana

Ch; F I H Ö; § in I H Ö; RL in H (4) Ö (4); ✿
M 2–5 cm, lockerrasig. Blätter in grundständigen Rosetten, schmal lanzettlich, 3–12 mm lang, fast kahl bis grauhaarig. Blüten einzeln, kurz gestielt, goldgelb. Kronröhre ca. 1 cm lang. Kronzipfel 4–9 mm lang, rundlich. a) ssp. **primuliflora**: Blätter grünlich glänzend, Sternhaare nur am Blattrand. **V** S-Tirol bis Oberösterreich, besonders auf Kalk. b) ssp. **canescens** O. Schwarz: Blätter unterseits dicht sternhaarig, oberseits (fast) kahl. **V** SW-Alpen: Simplon bis Aosta-Tal, Pyrenäen, auf kalkarmen Gesteinen, ähnliche Pflanzen in den Dolomiten auf Eruptiv-Gestein. c) ssp. **cinera** (Sünd.) I. K. Ferguson: Blätter auf beiden Seiten dicht sternhaarig. **V** SW-Alpen: Seealpen bis Susa-Tal, Pyrenäen, auf kalkarmen Gesteinen.
StO ④ Steinige Rasen, Felsspalten, Felsschutt, bis über 3000 m, ziemlich selten bis sehr selten.

264 Androsace lactea L.
Milchweißer Mannsschild
Androsace lactée
Androsace lattea
mlečnobeli oklep

He; F I H D Ö S; § in I H D Ö; RL in H (4) D (3); ✿
M 3–15 cm, ± kahl. Rosetten zu mehreren, lockerrasig. Blätter lineal, 10–25 mm lang und 2 mm breit, ganzrandig, bis auf einige Haare an der Spitze kahl. Blütenstand doldig, langgestielt, (1)3–4(6)-blütig. Blütenstiele bis 4(6) cm lang, kahl. Kelch 3–5 mm lang, kahl. Krone weiß mit gelbem Schlund. Kronzipfel deutlich ausgerandet.
StO ④ Steinige Rasen, Felsen, auf Kalk, bis 2400 m.
V Alpen: zerstreut, v. a. in den N-Alpen. Ansonsten: Jura, Karpaten, Balkan.

265 Androsace villosa L.
Zottiger Mannsschild
Androsace velue
Androsace appenninica
kuštravi oklep

Ch; F I H Ö S; § in I H Ö; RL in H (2)
M 2–5(10) cm, dicht rasig, stark behaart. Blätter in halbkugeligen Rosetten, ziemlich dicht stehend, 4–8 mm lang u. 1,3–3 mm breit, schmal lanzettlich bis eiförmig, unterseits dicht zottig behaart (Haar bis 2 mm lang), oberseits kahl. Blüten sitzend oder bis 4 mm lang gestielt, in 2–5-blütiger Dolde. Kelch ca. 2 mm lang, bis zur Mitte geteilt, behaart. Krone weißlich, im Zentrum rötlich oder gelblich.
StO ④ Steinige Rasen, Schutt, Fels, auf Kalk, bis 3000 m.
V Alpen: W-Alpen, S.- und SO-Alpen, selten. Ansonsten: Spanien, Pyrenäen, Jura, Apennin, Karpaten, Balkan.

266 Androsace chamaejasme Wulfen
Bewimperter Mannsschild
Androsace petit jasmin
Androsace prostrata
dlakavi oklep

Ch; F I H D Ö S; § in I H D Ö; RL in F (3) H (4); ✿
M 2–7(10) cm. Stängel, Blattrand u. Blütenstiele langzottig (bis 2 mm) abstehend behaart, ohne verzweigte Haare, mit kurzen Drüsenhaaren. Rosetten locker rasig. Blätter lanzettlich, 5–15 mm lang u. 2–4 mm breit, auf der Fläche fast kahl, spitzlich, ganzrandig. Blütenstand doldig, langgestielt, 2–8-blütig. Blütenstiele 2–7 mm lang. Kelch 3–4 mm lang. Krone weiß mit gelbem Schlund, selten rötlich.
StO ④ Steinige Rasen, Grate, Schuttfluren, kalkliebend, bis 3000 m.
V Alpen: in den Kalkgebieten der N-Alpen ziemlich häufig, sonst selten. Allgemein: Pyrenäen, Alpen, Karpaten.

267 Androsace obtusifolia All.
Stumpfblättriger Mannsschild
Androsace à feuilles obtuses
Androsace gelsomino

Ch; F I H D Ö; § in I H, D Ö; RL in H (4); ❀
M 2–10 cm. Stängel u. Blütenstiele mit kurzen Gabel- u. Sternhaaren, ohne Drüsenhaare. Rosetten locker rasig. Blätter schmal lanzettlich, 4–25 mm lang und 2–4 mm breit, stumpflich, ganzrandig. Blütenstand doldig, langgestielt, 1–8-blütig. Blütenstiele 2–12 mm lang. Kelch 3–4 mm lang. Krone weiß mit gelbem Schlund, selten rötlich.
StO ④ Steinige Rasen, Weiden, kalkmeidend, bis 3500 m.
V Alpen: Seealpen bis westliche Dolomiten u. Steiermark, in den Silikatgebieten der Alpen nicht selten. Ansonsten: Apennin, Sudeten, Karpaten, Balkan.

268 Androsace carnea L.
Fleischroter Mannsschild
Androsace carnée
Androsace carnicina

Ch; F I H; § in I H; RL in H (4); ❀
M 2–6(10) cm, mit wenigen Rosetten. Blätter lineal, 5–15(20) mm lang, ganzrandig, mit 2 bis mehrstrahligen Haaren. Blütenstand doldig, 2–7-blütig. Blütenstiele 2–10 mm lang, wie der Schaft mit sehr kurzen einfachen u. verzweigten Haaren. Kelch 3–4 mm lang. Krone rosa, seltener weißlich, mit gelbem Schlund. Kronzipfel abgerundet oder wenig ausgerandet.
StO ④ Steinige Rasen, Felsschutt, auf Silikat, 2000–3000 m.
V W-Alpen: Seealpen bis zum Simplon, zerstreut, gebietsweise häufiger. Ansonsten: Pyrenäen.
B Ähnlich ist der Kottische M., **A. brigantiaca** Jord. et Fourr., ● F I. **U** Blätter lineal, 10–30 mm lang, einige am Rand gezähnt. Haare einfach oder gabelig. Krone weiß, sehr selten rosa. **StO** ④ Felsschutt, feuchte Rasen, 2000–2500 m. **V** Endemit der SW-Alpen, vom M. Cenis bis Seealpen, selten bis sehr selten.

269 **Androsace alpina** (L.) Lam.
Alpen-Mannsschild
Androsace des Alpes
Androsace die ghiacciai

Ch; ● F I H Ö; § in I H Ö; RL in H (4); ✿
M 2–5 cm, in flachen Polstern oder Rasen wachsend, mit Sternhaaren bedeckt. Blätter lanzettlich, 3–6 mm lang, nur an der Spitze, an den Rändern und unterseits sternhaarig, nicht gekielt, stumpf, ohne rote Spitze. Blüten einzeln, auf 4–8 mm langen Stielen, die Blätter wenig überragend. Kelch 2,5–3,5 mm lang, bis zur Mitte oder tiefer geteilt. Krone 5–9 mm Ø, rosa oder weiß, mit gelbem Schlund.
StO ④ Feuchte Gesteinsfluren, auf kalkarmen, lange schneebedeckten Böden, 2000–4000 m.
V Endemit, in den zentralen Gebirgsketten von den Dauphiné-Alpen bis zur Steiermark, ziemlich häufig, selten in den N- u. S-Alpen.
B Namengebende Charakterart der Alpen-Mannsschild-Flur.

270 **Androsace hausmannii** Leyb.
Dolomiten-Mannsschild
Androsace di Hausmann
hausmannov oklep

Ch; ● I D Ö S; § in I D Ö; RL in D (4) S (4); ✿
M 1–4 cm, keine dichten Polster bildend. Blätter 5–10 mm lang, schmal-lanzettlich, stumpf, am Rand und auf beiden Seiten mit (2)3-gabeligen Haaren bedeckt. Haare bis 0,2 mm lang. Abgestorbene Blätter nicht lange erhalten bleibend. Blüten rötlich weiß mit gelbem Schlund, einzeln in den Blattachseln der obersten Blätter, die Blätter kaum überragend. Blütenstiele 1–10 mm lang. Kelch 3–4 mm lang, bis zur Mitte geteilt. Krone 4–5 mm Ø, Kronblätter oft etwas ausgerandet.
StO ④ Felsspalten und Felsschutt, auf Dolomit, 1900–3100 m.
V Endemit der O-Alpen: Bergamasker bis Steiner Alpen, Berchtesgadener Alpen bis Steiermark, v. a. in den Südtiroler Dolomiten, sehr selten.

271 Androsace wulfeniana Sieber
Wulfen-Mannsschild
Androsace di Wulfen

272 Androsace brevis (Hegetschw.) Cesati
Charpentiers Mannsschild
Androsace courte
Androsace orobia

Ch; ● I Ö; § in I Ö; ✿
M 2–5 cm, in lockeren, flachen Polstern wachsend. Blätter in dichten, halboffenen bis offe-
nen Rosetten, lanzettlich, 4–7 mm lang, mit
3–5-strahligen Sternhaaren, gekielt, zugespitzt,
mit roter Spitze. Blüten einzeln, auf 4–12 mm
langen Stielen, die Blätter überragend. Kelch
4–5 mm lang, nicht bis zur Mitte geteilt. Krone
8–12 mm Ø, dunkelrosa mit gelbem Schlund.
Kronblätter leicht ausgerandet oder gestutzt.
StO ④ An windgefegten Kuppen oder Graten,
in Felsspalten, im Schutt oder in steinigen Rasen, auf kalkarmen Silikatgestein, 1800–2600 m.
V Endemit der Ostalpen, v. a. Niedere Tauern,
selten, sehr selten in den Dolomiten, im Veltlin.

Ch; ● I H; § in I H; RL in I (3) H (2); ✿
M 2–5 cm, in lockeren Polstern wachsend. Blätter in Rosetten, spatelig bis lanzettlich, 3–5 mm
lang, mit 2–3-strahligen Gabelhaaren, vorne
stumpf. Blüten meist einzeln, selten bis 4, auf
4–20 mm langen Stielen, die Blätter weit überragend. Kelch 3,5–4,5 mm lang, etwa bis zur
Mitte geteilt. Krone 5–8 mm Ø, dunkelrosa mit
gelbem Schlund. Kronblätter meist ausgerandet.
StO ④ Felsspalten, Schutt, steinige Rasen, auf
kalkarmem Silikatgestein, 1700–2600 m.
V Endemit der S-Alpen: Comer See bis Bergamasker Alpen, selten.

273 Androsace pubescens DC.
Weichhaariger Mannsschild
Androsace pubescente
Androsace pubescente

Ch; F I H; § in I H; RL in H (4); ✿
M 2–5 cm, in flachen, lockeren Polstern, mit einfachen oder gabeligen, bis 0,4 mm langen Haaren bedeckt. Blätter spatelig bis lanzettlich, 4–10 mm lang, an den Rändern und auf beiden Seiten behaart, stumpf. Blüten einzeln, auf 1–5 mm langen Stielen, die Blätter kaum überragend. Kelch 3–5 mm lang, etwa bis zur Mitte geteilt. Krone 4–6 mm Ø, weiß, selten rosa, mit gelbem Schlund. Kronblätter abgerundet oder gestutzt.
StO ④ Schutt u. Felsspalten, kalkhaltiger Felsschutt, Felsspalten, 2000–3700 m.
V Alpen: W-Alpen: Grajische bis Berner Alpen, Pizolgruppe (O-Schweiz), selten. Ansonsten: Pyrenäen.

274 Androsace helvetica (L.) All.
Schweizer Mannsschild
Androsace de Suisse
Androsace emisferica
švicarski oklep

Ch; F I H D Ö S; § in I D Ö; RL in H (4) S (4), ✿
M Dichte, harte, halbkugelige Polster bildend; diese von einfachen, bis 0,4 mm langen Haaren grau schimmernd. Stängel dicht dachziegelig beblättert, im oberen Teil mit lebenden, im unteren Teil mit abgestorbenen, 2–4 mm langen Blättern. Blüten einzeln, in den Blattachseln der obersten Blätter, auf etwa 1 mm langen Stielen. Kelch 2–3 mm lang, bis über die Mitte geteilt. Krone weiß, 4–6 mm Ø, mit gelbem Schlund.
StO ④ Kalkfelsspalten, von 1500–3700 m.
V Endemit, Kalkgebiete der N- u. Z-Alpen, vereinzelt in den S-Alpen, zerstreut bis selten.

275 **Androsace vandellii** (Turra) Chiov.
Vandelli-Mannsschild
Androsace de Vandelli
Androsace di Vandelli

Ch; F I H; § in I H; RL in H (4); ❀
M Dichte, harte, halbkugelige Polster bildend;
diese von 0,2 mm langen Sternhaaren weißfilzig.
Stängel dicht dachziegelig beblättert, im oberen
Teil mit lebenden, im unteren Teil mit abgestorbenen, 2–7 mm langen Blättern. Blüten einzeln,
auf etwa 2–8 mm langen Stielen. Kelch 3 mm
lang, bis zur Mitte geteilt. Krone weiß, 3–4 mm
Ø, mit gelbem Schlund.
StO ④ Silikatfelsspalten, von 1900–3100 m.
V Alpen: S- u. Z-Alpen, otwärts bis Südtirol, selten. Ansonsten: Pyrenäen.
B In den französischen SW-Alpen endemisch,
selten in lichten Wäldern von 500 bis 2000 m
vorkommend ist **A. chaixii** G. et G., Chaix-M. Bi;
● F. M 10–25 cm, Blätter gezähnt, in grundständiger Rosette, 2–3 cm lang u. 4–10 mm breit.
Schaft kahl. Blütenstand 4–10-blütig, aufrecht
oder nickend. Blütenstiele 8–15 mm lang. Krone
5–8 mm Ø, rosa oder weiß.

276 **Soldanella alpina** L.
Echtes Alpenglöckchen
Soldanella des Alpes
Soldanella commune
navadni alpski zvonček

He; F I H D Ö S; § in I H D Ö; RL in H (4); ❀
M 5–15 cm, mit (1)2–3(4)-blütigem Schaft.
Blätter grundständig. Blattspreite (10)13–25
(35) mm breit, dicklich, ± ganzrandig bis sehr
leicht gekerbt, mit breiter Basalbucht. Blüten- u.
Blattstiele mit sitzenden Drüsen, schnell verkah-
lend. Kelchblätter (1–)3-nervig. Krone trichterförmig, blauviolett, bis zur Mitte oder tiefer zerschlitzt, kürzer als der Griffel. Schlundschuppen
vorhanden.
StO ③④⑤ Schneetälchen, Weiden, bis 2500 m.
V Alpen, verbreitet u. häufig. Allgemein: Pyrenäen bis Balkan.
B a) **S. montana** Willd., Berg-A., He; (D) Ö; § in
D u. Ö; RL in D (3); ❀ und b) **S. hungarica** Simonkai ssp. **major** (Neilr.) S. Pawl. Ungarisches
A., He; Ö; § in Ö; reichen bis in die subalpine
Stufe der O-Alpen: **U** Blütenstiele mit
0,4–0,8(1) mm langen (a) bzw. 0,2–0,4 mm langen Drüsen (b).

277 **Soldanella minima** Hoppe
Winziges Alpenglöckchen
Soldanella del calcare
najmanjši alpski zvonček

He; I D Ö S; § in Ö; RL in D (4); ✿
M 3–10 cm. Mit 1(–2)-blütigem, drüsigen Schaft. Blätter 4–10 mm breit, dicklich, (fast) ohne Basalbucht, oberseits ohne vorspringende Nerven. Blatt- u. Blütenstiele dicht mit 0,15–0,2 mm langen, gestielten Drüsenhaaren besetzt. Stiel der Drüsenhaare 2–4(6)-zellig, länger als Drüsenköpfchen. Krone meist hellpurpurn, auf ¼–⅓ ihrer Länge zerschlitzt, innen mit sehr kleinen Schlundschuppen, länger als der Griffel.
StO ④ Schneetälchen, auf Kalk, bis 2500 m.
V Alpen: S-Alpen (Veltlin bis Steiner Alpen), häufig, Nördliche Kalkalpen (selten).
B Ähnlich ist **S. austriaca** Vierh., Österreichisches A. ● D Ö. **M** wie **277**, aber Blatt- und Blütenstiele locker mit 0,05–0,1 mm langen Drüsenhaaren. Stiel der Drüsenhaare 1–2-zellig, kürzer als Drüsenköpfchen. Krone weiß bis blass purpurn. Basalbucht vorhanden, aber klein. Schlundschuppen fehlend.

278 **Soldanella alpicola** F. K. Mey.
Zwerg-Alpenglöckchen
Petite soldanelle
Soldanella della silice

He; I H D Ö; § in I H Ö; RL in H (4); ✿
M Ähnlich **277**, aber Blätter (4)10(20) mm breit, rundlich nierenförmig, dünn, mit deutlicher Basalbucht, oberseits mit vorspringenden Nerven. Blatt- und Blütenstiele spärlich mit sitzenden, bald verkahlenden Drüsenhaaren besetzt. Krone hellpurpurn, nur auf ¼ ihrer Länge zerschlitzt, ohne Schlundschuppen.
StO ④ Schneetälchen, kalkfliehend, 1500 m bis 3100 m.
V Alpen: vom östlichen Wallis u. Berner Oberland an ostwärts, häufig. Ansonsten: Karpaten, N-Apennin, Bulgarien.

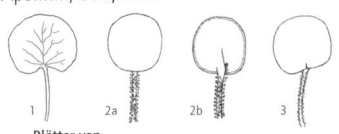

Blätter von
1 Soldanella pusilla
2 Soldanella minima, a von vorne, b von hinten
3 Soldanella austriaca

279 Cyclamen purpurascens Mill.
Alpenveilchen
Cyclamen pourpre
Ciclamino delli Alpi
navadna ciklana

Ge; F H I D Ö S; § in I H D Ö; RL in H (4); 🌿; ✚; ❀
M 5–15 cm, mit scheibenförmig abgeplatteter Knolle. Blätter grundständig. Blattspreite herzförmig, oberseits dunkelgrün, weißlich gefleckt, unterseits violett, lang gestielt. Blüten einzeln auf langen Stielen, grundständig, wohlriechend. Krone karminrot. Kronzipfel 15–25 mm lang, zurückgeschlagen.
StO ① Laubwälder, Föhrenwälder, Latschengebüsche, bis 2000 m
V Alpen: S- u. O-Alpen: Provençalische Alpen bis Steiermark u. Niederösterreich, zerstreut. Außerdem: Cevennen, Jura, Karpaten, Ungarn, nach Norden bis Mähren, nach Südosten bis Herzegowina.

280 Ribes petraeum Wulfen
Felsen-Johannisbeere
Groseillier des rochers
Ribes dei sassi
skalno grozdičje

Np; F I H (D) Ö (S); RL in D (4); ⑪
M 1–2 m, ohne Stacheln. Blätter bis 10 cm breit, 3–5-(spitz-)lappig, unterseits ohne Drüsen, geruchlos. Blüten zwittrig, meist zu 10–30 in bis zu 10 cm langen, zuletzt hängenden Trauben. Kelch bewimpert. Krone grünlich bis rötlich. Beeren kugelig, rot bis schwarzrot, sauer.
StO ② Hochstaudenreiche Gebüsche, bis 2450 m.
V Alpen: ziemlich häufig bis sehr zerstreut, gebietsweise fehlend. Ansonsten: Atlas, Pyrenäen, europäische Mittelgebirge, Balkan. W-Asien bis Sibirien, Kaukasus bis Amurgebiet.
B Bis 2000 m kommt **R. alpinum** L., Alpen-J; Np; F I H D Ö S; ❀ in den Alpen vor. **M** 0,8–2(3) m, mit unbestachelten Zweigen. Blätter 3–4 cm breit, tief 3(–5)-lappig. ♂ Blüten zu 10–30, ♀ zu 2–5, in aufrechten bis waagerechten, drüsigen Trauben. Blüten gelblich bzw. bräunlich. Beeren rot, etwas glänzend, kugelig, ungenießbar. **StO** ① Bergmischwälder.

281 **Rhodiola rosea** L.
Rosenwurz
Orpin rose
Radiola rosea
navadni rožnis

He; F I H Ö D S; § in Ö; RL in D (4), ✠; ❀
M 15–40 cm, kahl, aufrecht, ohne nichtblühende Triebe. Blätter wechselständig, lanzettlich, spitz, flach, fleischig, vorne gezähnt. Blütenstand dicht doldig, vielblütig. Blüten eingeschlechtlich, 4-zählig, gelblich, häufig rot überlaufen. Kronblätter bei weiblichen Blüten häufig fehlend.
StO ④ Felsspalten, Blockschutt, steinige Rasen, bis 3000 m.
V Alpen: zerstreut, gebietsweise häufig. Ansonsten: England, Pyrenäen, Vogesen, Schwarzwald, Bayerischer Wald, Sudeten, Karpaten, Balkan, Skandinavien; Arktis, Asien.

282 **Sedum anacampseros** L.
Rundblättrige Fetthenne
Orpin anacampséros
Borracina anacampsero

He; F I H; § in H; RL in H (4); (✠); ❀
M 10–30 cm, kahl, mit bogig aufsteigenden Stängeln. Blätter sitzend, wechselständig, elliptisch lanzettlich bis eiförmig rundlich, fleischig, flach, ganzrandig, stumpf. Blüten 5-zählig, in dichten vielblütigen doldenartigen bis halbkugeligen Blütenständen. Kelchblätter 2,5–3,5 mm lang. Kronblätter 4–5 mm lang, trüb purpurrot, unterseits bläulich mit grünem Kiel. Staubfäden karminrot. Balgfrüchte 4 mm lang.
StO ④ Felsen, grasige Schutthalden, kalkmeidend, von 1400–2500 m.
V Alpen: Seealpen bis Venetianische Alpen, nicht selten. Ansonsten: Pyrenäen, Apennin.
B In den Alpen kommen bis 1750 m außerdem vor: a) **S. telephium** L. Rote Fetthenne, mit gezähnten, flachen, wechselständigen, zum Grund verschmälerten Blättern und purpurroten Blüten und b) **S. maximum** (L.) Hoffmann, Große Fetthenne, mit grünlich gelben Blüten.

Dickblattgewächse – Crassulaceae

283 Sedum villosum L.
Sumpf-Fetthenne
Orpin velue
Borracina villosa
žlezastodlakava homulica

Th; F I H (D) Ö (S); § in H Ö; RL in I (3), H (3) D (1) Ö (2)
M 5–15 cm, oft mit kurzen, sterilen Seitentrieben, stark drüsig behaart. Blätter 4–7 mm lang, halbstielrund. Kronblätter 5, doppelt so lang wie die Kelchblätter, elliptisch, oft kurz bespitzt, rosa mit dunklerem Mittelnerv. Staubblätter (5–)10.
StO ③④ Nasse Wiesen, Moore, feuchte Felsen, Quellfluren, bis 3020 m.
V Alpen: Seealpen bis Niederösterreich und Slowenien, selten, gebietsweise häufiger (z. B. Turracher Gebiet). Allgemein: W-, M- und N-Europa, nordwärts bis Grönland, ostwärts bis Litauen und Polen, nach Süden bis Sardinien und Slowenien, nach SW über die Pyrenäen bis in die Cordillera Cantabrica (N-Spanien), außerdem in der Sierra Nevada.

284 Sedum dasyphyllum L.
Dickblättrige Fetthenne
Orpin à feuilles épaisses
Borracina cinerea
dlakavolistna homulica

Ch; F I H D Ö S; § in H; RL in H (4) D (3); ✿
M Rasenbildend, mit nicht blühenden Trieben, 5–15 cm, im oberen Teil drüsig behaart. Blätter 3–7 mm lang, eiförmig, oben flach, unten stark gewölbt, blaugrün, die der Blühtriebe überwiegend gegenständig, Kronblätter 5(–6) weiß oder rosa mit dunklem Mittelnerv, spitzlich, 2–3-mal so lang wie die Kelchblätter.
StO ④ Fels, Schutt, v. a. auf Silikat, bis 2500 m.
V Alpen: zerstreut bis häufig. Allgemein: W-, M- und S-Europa, N-Afrika.
B In den Alpen steigt **S. album** L. Weiße F.; Ch; F I H D Ö S; ✿ bis 2500 m an. **M** ähnl. **284**, aber oben kahl. Blätter 7–20 mm lang, halbstielrund (beiderseits gewölbt), immer wechselständig. Kronblätter 5, meist weiß mit rotem Mittelnerv, stumpflich, ca. 3-mal so lang wie die Kelchblätter. **StO** Felsen, Geröllhalden, steinige Rasen. **V** Alpen: verbreitet.

285 **Sedum alsinifolium** All.
Mierenblättrige Fetthenne
Borracina spatolato

286 **Sedum anopetalum** DC.
Blassgelber Mauerpfeffer
Orpin des rochers
Borracina biancastra

Th, ●I
M 10–15(20) cm, ohne rosettenartige Triebe, drüsig behaart. Blätter länglich elliptisch, 10–15 mm lang und 2–4 mm breit, wechselständig, flach, ziemlich dünn, grün oder rötlich, die unteren gestielt. Blütenstand bogig, zerbrechlich, locker. Blütenstiele dünn und lang, verzweigt. Kelchblätter ca. 2 mm lang. Kronblätter 5, 5–6 mm, eiförmig, lang , weiß. Staubblätter 10.
StO ④ Schattige Kalkfelswände, Höhlen, im Kalkmulm, 0–2000 m.
V Endemit der Kottischen Alpen, selten.
B Sehr ähnlich ist die Seealpen-F. **S. fragans** t'Hart He; ● F I mit kurzen, rosettenartigen nicht blühenden Trieben, Blätter elliptisch bis rundlich. Kronblätter 3–5 mm lang. **StO** Wie 285. Endemit der SW-Alpen: Seealpen, Ligurische Alpen, Kottische Alpen, an geeigneten Standorten nicht selten.

Ch; F I H
M 10–20 cm, am Grund verholzt, mit bogig aufsteigenden Stängeln. Sterile Triebe vorhanden. Blätter lineal pfriemlich, 10–15 mm lang, im Ø rundlich, mit aufgesetzter Spitze. Blütenstand trugdoldig, mit aufrechten Ästen. Blüten mit Tragblättern, zu 5–8, fast sitzend. Kelchblätter 5–7 mm lang, drüsig, lang zugespitzt. Kronblätter 8–10 mm lang, hellgelb oder grünlich weiß, zur Blütezeit aufrecht. Staubblätter kahl.
StO ④ Felsen, Trockenrasen, bis 1500 (–2000) m.
V Alpen: v. a. in den südlichen und westlichen Alpen, nördlich bis in die Schweiz. Ansonsten: Mittelmeergebiet.
B Ähnlich ist der Berg-M., **S. montanum** Perr. & Song. Ch; F I H D Ö S, mit abstehenden, sattgelben Kronblättern. **StO** Wie 286.

287 Sedum alpestre Vill.
Alpen-Mauerpfeffer
Orpin des Alpes
Borracina alpestre
planinska homulica

Ch; F I H D Ö S; § in H; RL in H (4) D (4); ✤
M 2–8 cm, kahl, mit zahlreichen, dicht beblät-
terten, nicht blühenden Trieben. Blätter keulen-
förmig zylindrisch, 4–6 mm lang, fast unge-
spornt. Kronblätter eiförmig, stumpf, etwa 1,5-
mal so lang wie die Kelchblätter, gelblich.
StO ④ Felsfluren, Felsschutt, Schneetälchen, auf
Silikat, bis 3500 m.
V Alpen: verbreitet, in den Silikatgebieten häufig. Ansonsten: Pyrenäen, Vogesen, Karpaten,
Apennin, Sudeten, Korsika, Sardinien.
B Ähnlich sind: a) **S. annum** L., Einjähriger M.,
Th; F I H D Ö S; ohne nicht blühende Triebe und
mit gespornten Blättern. b) **S. sexangulare** L.
Milder M., Ch; F I H D Ö S, sterile Triebe, zylin-
drische, meist auffallend 6-zeilig angeordnete,
gesporte Blätter. c) **S. acre** L., Scharfer M. Ch; F
I H D Ö S; sterile Tiebe und eiförmige, am Grund
abgerundete, ungesporte Blätter. Alle bis über
2000 m Höhe.

288 Sedum atratum L. ssp. atratum
Schwärzlicher Mauerpfeffer
Orpin noirâtre
Borracina verde-scura
črnikasta homulica

Th-He; F I H D Ö S; § in H; RL in H (4)
M 2–8 cm, ohne nicht blühende Triebe, kahl,
meist rotbraun überlaufen, am Grund wenig verzweigt. Blätter 4–6 mm lang, im Querschnitt
fast rund. Blütenstand dicht traubig, 3–6-blü-
tig. Kronblätter spitz, gelblich weiß mit roten
Streifen oder rot überlaufen, etwa so lang wie
der Kelch.
StO ④ Fels- und Schuttfluren, über Kalk, bis
3100 m.
V Alpen: in den Kalkgebieten verbreitet und häufig. Ansonsten: Pyrenäen, Jura, Karpaten, Balkan.
B Ähnlich ist ssp. **carinthiacum** (Pacher) D. A.
Webb, Kärntner M.; Th-He; I D Ö; §; RL, aber
Pflanze insgesamt gelblich grün, oft vom Grund
an verzweigt. Kronblätter stumpf, grünlich gelb,
ohne Rotton, etwa 2-mal so lang wie der Kelch.
V O-Alpen.

289 Jovibarba globifera
ssp. allionii (Jord. & Fourr.) J. Parn.

Allioni-Fransenhauswurz

Joubarbe de Allioni
Semprevivo di Allionii

Ch; ● F I (D) (Ö?); § in I D; RL in D (3); ✿
M Pflanze gelbgrün, 10–18 cm hoch. Rosetten kugelig, 1,5–2,5 cm Ø, ihre Blätter oft mit roter Spitze, auf den Flächen kurz drüsig behaart, am Rand bewimpert. Kronblätter drüsig gefranst. Kelchblätter auf der Fläche kurz drüsig behaart. **StO** ④ Felsen, auf Gneiss, 1500–2400 m.
V Alpen: Endemit der SW-Alpen (Aosta-Tal bis Seealpen), anderorts eingebürgert, nicht selten.
B a) ssp. **hirta** (L.) J. Parn., I Ö S; § in Ö, ✿.
M 20–30 cm, frisch- bis graugrün. Stängelblätter am Rand mit 0,8(–1,2) mm langen Wimpern, so breit wie die Rosettenblätter, diese auf der Fläche kahl. **StO** ④ Felsfluren. **V** O-Alpen, bis 1900 m. b) ssp. **arenaria** (Koch) J. Parn., I Ö S; § in Ö; ✿. **M** wie a), aber 8–18 cm. Stängelblätter randlich mit 0,2–0,4(0,6) mm langen Wimpern, schmaler als die Rosettenblätter. **StO** ④ Kalkarme Felsfluren. **V** O-Alpen, montan.

290 Sempervivum arachnoideum L.
ssp. arachnoideum

Spinnweben-Hauswurz

Joubarbe aranéeuse
Semprevivo ragnateloso

Ch; F I H D Ö; § in I H D Ö; RL in H (4) D (4); ✿
M 5–15 cm. Rosetten 5–12 mm Ø, eiförmig, geschlossen oder sternförmig ausgebreitet, ihre Blätter an der Spitze durch spinnwebenähnliche Haare miteinander verbunden (Behaarung dicht bis spärlich). Blüten karminrot, 10–15 mm breit.
StO ④ Felsen, Felsschutt, lückige Rasen, besonders auf kalkarmer Unterlage, bis 2900 m.
V Alpen: verbreitet und meist häufig (fehlt in den N-Alpen östlich vom Allgäu). Ansonsten: Pyrenäen.
B Vor allem in tieferen Lagen, an sonnigen heißen Hängen wächst die Filzige S., ssp. **tomentosum** (C. B. Lehm. et Schnittsp.) Schinz, Ch; F I H; § in H; RL in H (4) **U** Rosetten halbkugelig, oben stark abgeflacht, 1–2,5(3) mm breit, mit sehr dichter bleibender Spinnwebbehaarung. Blüten 20–23 mm breit.

291 Sempervivum montanum L.
ssp. **stiriacum** Wettst. ex Hayek
Steirische Berg-Hauswurz
Joubarbe des montagnes
Semprevivo montano

Ch; ●Ö; §
M 5–20 cm, mit Harzgeruch, Rosetten kugelig,
20(25–44) mm Ø. Rosettenblätter lanzettlich,
an der Spitze und am Rand mit deutlich längeren Drüsenhaaren, mit rotbrauner Spitze. Blüten
20–30 mm breit. Kronblätter 14–20 mm lang,
meist 10–13, hell purpurviolett mit dunklerem
Mittelstreifen.
StO ④ Steinige Rasen, Felsen, Felsschutt, auf kalkarmer Unterlage, bis 3400 m.
V Alpen: W- und Z-Alpen, östlich bis Hohe Tauern und Dolomiten, in den Silikatgebieten häufig. Ansonsten, Pyrenäen, W-Karpaten.
B a) ssp. **montanum**, Ch; F I H Ö; § in I H Ö; RL
in H (4); ❀ **U** Rosetten 10–20(25) mm Ø, Rosettenblätter beiderseits sehr dicht drüsenhaarig,
ohne rotbraune Spitze, ohne längere Drüsenhaare gegen die Blattspitze. Kronblätter
10–15(18) mm lang. b) ssp. **burnatii** Wettst. ex
Hayek, ● F I. **U** Rosetten bis 8 cm Ø, Blätter ohne
rotbraune Spitze, bis 7 mm breit. **V** SW-Alpen.

292 Sempervivum dolomiticum Facch.
Dolomiten-Hauswurz
Semprevivo delle Dolomiti

Ch; ●I ; §; RL (3); ❀
M Bis 10 cm, ohne harzigen Geruch. Rosetten
kugelig, 2–4 cm Ø. Rosettenblätter eiförmiglanzettlich, allmählich zugespitzt (bei **S. montanum** kurz zugespitzt), grün, an der Spitze oft
braunrot, beiderseits kurz drüsenhaarig, Drüsenhaare am Rand länger als auf der Fläche. Blüten
ca. 2 cm Ø. 12–16 Kronblätter, 9–10 mm lang,
rosenrot, mit breitem rotbraunem Mittelstreifen.
StO ④ Steinige Matten und Felsen, v. a. auf Dolomit, auch auf Kalk und Porphyr, 1600–2500 m.
V Endemit der Dolomiten S-Tirols, selten.

293 Sempervivum tectorum L.
Alpen-Hauswurz
Joubarbe des toits
Semprevivo maggiore
navadni netresk

Ch; F I H D Ö (S); § in I H D Ö; RL in H (4) D (4); ✿

M 10–60(100) cm. Rosetten 3–8 cm Ø, ihre Blätter sternförmig ausgebreitet, zugespitzt, grün, an der Spitze meist rotbraun, auf der Fläche beiderseits kahl, drüsenlos, randlich bewimpert. Blütenstand verzweigt. Blüten ca. 2 cm breit. Kronblätter (12)13(16), purpurn bis rosenrot. Beschreibung und Abbildung beziehen sich auf ssp. **alpinum** (Griseb. et Schenk) Wettst.
StO ④ Fels- und Magerrasen, auf Silikat, bis 2800 m.
V Alpen: zerstreut, östlich bis Allgäu und Brenner, in den S-Alpen bis Slowenien. Allgemein: Pyrenäen bis Istrien, S-Italien. Formenreich.
B Ähnlich: **S. calcareum** Jordan, Ch; F I; §; endemisch in den SW-Alpen. **M** Rosettenblätter auf den Flächen und am Rand kurz und dicht behaart, ohne Drüsenhaare. Stängelblätter kahl. Kronblätter 10–12, weiß(-rosa). **StO** ④ Fels und Magerrasen, auf Kalk, bis 1800 m.

294 Sempervivum wulfenii Mert. et Koch
Wulfen-Hauswurz
Joubarbe de Wulfen
Semprevivo di Wulfen

Ch; ● I H Ö; § in I H Ö; RL in H (4) Ö (4); ✿

M 10–30 cm, ohne harzigen Geruch. Rosetten 4–7(9) cm Ø, ihre Blätter sternförmig ausgebreitet. Rosettenblätter länglich spatelig, plötzlich in eine starre Stachelspitze zusammengezogen, blaugrün, an der Basis oft rötlich, auf der Fläche beiderseits kahl, am Rand dicht drüsig bewimpert. Stängel im oberen Teil drüsig zottig. Blüten 18–33 mm Ø. Kronblätter 11–15, gelb, 8–11 mm lang. Staubfäden rot, drüsig bewimpert.
StO ④ Steinige Magerrasen, Felsen, Felsschutt, auf kalkarmer Unterlage, bis 2740 m.
V Endemit der O-Alpen, vom Bergell und den Bergamasker Alpen bis in die Hohen und Niederen Tauern, selten, stellenweise häufig.
B Ähnl. ist **S. juvanii** Strgar, Juvan-H; Ch; ● (S); RL in S (3) **M** Rosetten 5–10 cm Ø. Rosettenblätter auf beiden Seiten drüsig behaart. **StO** Kalkhaltiger Sandstein, 500–850 m. **V** Endemit des östlichen Slowenien.

295 Sempervivum grandiflorum
Haworth

Großblütige Hauswurz

Joubarbe à grandes fleurs
Semprevivo a fiori grandi

Ch; ● F I H; § in I H; RL in H (3); ✿

M 10–20(30) cm, mit starkem Harzgeruch. Rosetten 4–15 cm Ø, ihre Blätter sternförmig ausgebreitet. Rosettenblätter länglich spatelig, ohne starre Stachelspitze, grün, an der Basis ohne rötliche Färbung, überall dicht mit Drüsenhaaren besetzt. Stängel im oberen Teil drüsig zottig. Blüten 20–30 mm Ø. Kronblätter (11) 12(16), gelb, 11–14 mm lang. Staubfäden rot, drüsig bewimpert.

StO ④ Steinige Magerrasen, Felsen, Felsschutt, meist auf Silikat, 1700–3000 m.

V Endemit der SW-Alpen: Penninische und Grajische Alpen, häufig, Simplon bis Susa-Tal, selten.

296 Sempervivum pittonii
Schott, Nyman et Kotschy

Serpentin-Hauswurz

CH; ● (Ö); §; RL (2); ✿

M 5–15(20) cm, ohne Harzgeruch. Rosetten 2,5–5 cm Ø, ihre Blätter sternförmig ausgebreitet. Rosettenblätter verkehrt eilänglich, allmählich zugespitzt, graugrün mit rotbrauner Spitze, beiderseits (besonders gegen die Spitze) mit langen Drüsenhaaren besetzt, am Rand mit 0,3–1 mm langen Drüsenhaaren dicht bewimpert. Stängel, Stängelblätter und Kelch dicht drüsig zottig. Blüten 10–30 mm Ø. Kronblätter 12–16, hellgelb, ca. 10 mm lang, auf der Außenseite drüsig behaart. Staubfäden weiß, kahl oder an der Basis mit vereinzelten Drüsenhaaren. Staubbeutel gelb.

StO ④ Serpentinschuttfluren, montan.

V Endemit des Serpentingebiets im mittleren Murtal (Gegend um Kraubath), sehr selten.

297 Saxifraga hieracifolia Waldst. et Kit.
Habichtskraut-Steinbrech
Saxifrage à feuilles d'épervière

He; (F) Ö; § in F Ö; RL in F (2) Ö (3)
M (5)10–40 cm, ohne sterile Seitensprosse.
Stängel dicklich, hohl, im oberen Teil drüsig behaart. Rosettenblätter verkehrt eiförmig bis elliptisch, ihre Spreite allmählich in den kurzen
geflügelten Stiel verschmälert. Blüten jeweils zu
mehreren in den Achseln von Tragblättern. Blütenstand insgesamt eine ährenförmige Traube.
Kelchzipfel nach der Blüte zurückgeschlagen.
Kronblätter grünlich oder rötlich, etwa so lang
wie die Kelchzipfel, aber schmaler als diese.
StO ④ Feuchte Gesteinsfluren, feuchte Felsrasen, oft in Begleitung von Moosen, kalkmeidend, bis 2300 m.
V Alpen: sehr selten und lokal in Ö (Schladmin-
ger und Rottenmanner Tauern, Gurktaler und
Seckauer Alpen). Ansonsten: arktisches und subarktisches Europa, Auvergne, Karpaten. Amerika, Asien.

298 Saxifraga stellaris L.
ssp. robusta (Engl.) Gremli
Stern-Steinbrech
Saxifrage étoilée
Sassifraga stellata, živorodni kamnokreč

Ch, He; F I H D Ö S; § in I H D Ö; RL in H (4) S
(4)
M 3–20(30) cm, mit Ausläufern, lockere Rasen
bildend. Blätter 1–5 cm lang, in grundständiger
Rosette, verkehrt eiförmig bis spatelförmig, vorn
grob gesägt bis gezähnt, glänzend. Blütenstand
locker rispig, mit kleinen Tragblättern, armblütig, ohne Brutknospen. Kronblätter weiß mit 2
gelben Punkten an der Basis.
StO ②③④ Quellfluren, Bachufer, Schneetälchen,
Grünerlengebüsch, bis 3100 m.
V Alpen: verbreitet und häufig. Ansonsten: süd-
und mitteleuropäische Gebirge, Skandinavien,
Arktis.
B Endemisch in den Gurktaler Alpen auf Silikatgestein ist ssp. **prolifera** (Sternb.) Temesy (mit
zahlreichen Brutknospen im Blütenstand); ssp.
stellaris in N-Europa und in der Arktis.

299 Saxifraga rotundifolia L.
Rundblättriger Steinbrech
Saxifrage à feuilles rondes
Sassifraga a foglie rotonde, Erba stella
oktoglolistni kamnokreč

He; F I H D Ö S; § in I H D; RL in H (4)

M 10–60 cm, ohne sterile Seitensprosse. Stängel reich verzweigt. Grundblätter 1,5–5 cm breit, nierenförmig, gekerbt gezähnt, weich und etwas fleischig, kahl bis mässig dicht behaart, mit langen Blattstielen. Untere Stängelblätter den Grundblättern ähnlich, nach oben kleiner werdend. Blütenstand locker, reichblütig, mit weißen, gelb und rot punktierten Blüten. Kelchblätter länglich 3-eckig, spitz, nach der Blüte herabgeschlagen.

StO ②③ Hochstaudenfluren, Grünerlengebüsche, Bachufer, Quellfluren, bis 2200 m.

V Alpen: verbreitet und meist häufig, seltener in den zentralen Trockentälern. Ansonsten: Pyrenäen, südeuropäische Gebirge (in SO-Europa und in der Ägäis ssp. **chrysosplenifolia** (Boiss.) Webb), Karpaten, Kaukasus, Kleinasien.

300 Saxifraga cuneifolia L.
Keilblättriger Steinbrech
Saxifrage à feuilles en coin
Sassifraga a foglie cuneate
klinolistni kamnokreč

Ch; F I H Ö S; § in I H Ö; RL in H (4)

M 10–25 cm, rasenbildend mit oberirdischen Seitensprossen und zahlreichen Blattrosetten. Stängelblätter fehlen. Rosettenblätter fleischig und etwas ledrig, breit spatelförmig, keilförmig in den Blattstiel verschmälert, stumpf gezähntgekerbt (ssp. **robusta**) bis fast ganzrandig (ssp. **cuneifolia**), am Rand schmal knorpelig berandet, kahl. Blütenstand locker. Blütenstiele lang und dünn. Kronblätter 2,5–4 mm lang, weiß, oft mit orangefarbenem Fleck.

StO ①②③ (Halb-)Schattige, feuchte Felsen, hochmontane Misch- und subalpine Lärchenwälder, Grünerlengebüsch, bis 2200 m.

V In den Alpen zwei Unterarten: ssp. **cuneifolia** (Foto): nur Seealpen, ansonsten N-Apennin; ssp. **robusta** Webb: Alpen (v. a. in den S- und Z-Alpen), Pyrenäen, Cevennen, Karpaten, Balkan.

301 Saxifraga caesia L.
Blaugrüner Steinbrech
Saxifrage bleuâtre
Sassifraga verdazzurra
sinjezeleni kamnokreč

Ch; F I H D Ö S; § in I H D Ö; RL in H (4)
M 3–12 cm, dichte und harte Polster bildend.
Stängel spärlich drüsenhaarig bis kahl, seltener dicht drüsig behaart.Grundblätter 3–5 mm lang und 0,8–1,2 mm breit, auf der ganzen Länge bogig zurückgekrümmt, am Rand mit (5)7(9) Kalk ausscheidenden Grübchen, stumpflich, blaugrün, oft mit einer hellgrauen Kalkkruste überzogen, ohne Knorpelrand. Blütenstand mit 2–5(8) weißen Blüten. Kronblätter 3–4 mm lang.
StO ④ Felsfluren, Felsschutt, Bachschotter, bis 3000 m, auf Kalk.
V Alpen: verbreitet und häufig. Ansonsten: Pyrenäen, Apennin, Karpaten, Balkan.

302 Saxifraga squarrosa Sieber
Sparriger Steinbrech
Sassifraga delle Dolomiti
nasršeni kamnokreč

Ch; ● I Ö S; § in I Ö
M 3–10 cm, dichte und harte Polster bildend.
Blühender Stängel meist nur in der unteren Hälfte dicht drüsenhaarig, sonst kahl oder nur spärlich behaart. Grundblätter aufrecht, 3–4 mm lang und etwa 1 mm breit, die oberen nur mit der Spitze nach außen gebogen, am Rand mit meist 7 Kalk ausscheidenen Grübchen, stumpf, mit kleiner Knorpelspitze, wenigstens an der Spitze mit schmalem Knorpelrand. Blütenstand mit 2–7 weißen Blüten. Kronblätter 3,5–4 mm lang.
StO ④ Felsspalten, Felsschutt, lückige alpine Rasen, bis 2500 m, auf Kalk.
V Endemit der südöstlichen Kalkalpen, von Judikarien (hier selten) über die Dolomiten bis in die Steiner Alpen und Karawanken, zerstreut, gebietsweise häufig.

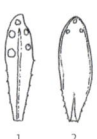

Blätter von
1 Saxifraga caesia
2 Saxifraga squarrosa

303 Saxifraga diapensioides Bell.
Diapensienartiger Steinbrech
Saxifrage fausse diapensie
Sassifraga simile a Diapensia

Ch; ● F I H; § in I H; RL in H (4)
M 3–8(10) cm, dichte und harte Polster bildend. Grundblätter aufrecht oder nur wenig nach außen gekrümmt, 3–6 mm lang und 1–2 mm breit, vorne stumpf (ohne Stachelspitze), mit 5–7 Kalk ausscheidenen Grübchen, oft mit einer hellgrauen Kruste überzogen. Stängelblätter linealisch, wie der Stängel dicht drüsenhaarig. Blütenstand 2–9-blütig. Kronblätter verkehrt eiförmig, 6–9 mm lang, (gelblich) weiß, 2–3-mal so lang wie die drüsig behaarten Kelchblätter.
StO ④ Felsspalten, vorzugsweise auf kalkhaltigen Gesteinen, bis 2800 m.
V Endemit der W-Alpen, von den Penninischen Alpen bis zu den Seealpen, selten.

304 Saxifraga tombeanensis Boiss.
Tombea-Steinbrech
Sassifraga del M. Tombea

Ch; ● I §; RL (3)
M 3–8 cm, dichte und harte Polster bildend. Grundblätter aufrecht gerade, 2–4,5(6) mm lang und 1–1,5(2) mm breit, vorne mit aufgesetzter gekrümmter Stachelspitze, mit 3–5 nur wenig Kalk ausscheidenen Grübchen, auf der Fläche ohne Kalkkruste. Stängelblätter zahlreich, linealisch, wie der Stängel dicht drüsenhaarig. Blütenstand 2–5-blütig. Kronblätter verkehrt eiförmig, 8–14 mm lang, weiß, 3–5-mal so lang wie die 2–3 mm langen Kelchblätter.
StO ④ Kalk- und Dolomitfelsen, bis 2300 m.
V Endemit der Judikarischen Alpen, vom Idrosee bis in die Brenta, sehr selten.

Blätter von
1 Saxifraga diapensioides
2 Saxifraga tombeanensis

305 Saxifraga burseriana L.
Burser-Steinbrech
Sassifraga di Burser
Burserjev kamnokreč

Ch; ● I D Ö S; § in I D Ö; RL in D (4)
M 2–6(8) cm, dichte und harte halbkugelige Polster bildend. Stängel kurzdrüsig behaart. Grundblätter 5–14 mm lang, gerade, allmählich in eine lange stechende Spitze verschmälert, scharf 3-kantig, am Rand mit Kalk ausscheidenden Grübchen, hellgrau. Blütenstand 1(–2)-blütig. Kronblätter verkehrt eiförmig, weiß, (5)8–15 mm lang.
StO ④ Felsspalten, Felsrasen, Schuttfluren, Flussgeröll, bis 2200, auf Kalk.
V Endemit der nördlichen und südlichen O-Alpen, selten bis zerstreut, nur in den italienischen S-Alpen etwas häufiger.

306 Saxifraga vandellii Sternb.
Vandelli-Steinbrech
Sassifraga di Vandelli

Ch; ● I; §
M 3–7 cm, dichte, harte Polster bildend. Stängel dicht drüsig behaart. Grundblätter 6–10 mm lang, aufrecht gerade, lanzettlich, allmählich in eine lange, stechende Spitze verschmälert, 3-kantig, am Rand mit 5–7 nur wenig Kalk ausscheidenden Grübchen, grün, auf der Fläche ohne kalkigen Überzug. Blütenstand 3–6-blütig. Kronblätter verkehrt eiförmig, 7–9 mm lang, weiß.
StO ④ Felsspalten, auf Kalk, bis 2600 m.
V Endemit der italienischen S-Alpen, Comer See bis Judikarische Alpen, Ortlergruppe, zerstreut bis selten.

Blätter von
1 Saxifraga burseriana
2 Saxifraga vandellii

307 Saxifraga oppositifolia L.
Gegenblättriger Steinbrech
Saxifrage à feuilles opposées
Sassifraga a foglie opposte
nasprotnolistni kamnokreč

Ch; F I H D Ö S; § in I H D Ö; RL in H (4)
M 3–5 cm. Rasen oder lockere, seltener feste Polster bildend, Blätter gegenständig, verkehrt eiförmig bis länglich lanzettlich, 3–5 mm lang, an der Spitze mit einem (selten 3) Kalk ausscheidenden Grübchen, vorne stark verdickt, am Rand meist bis zur Spitze bewimpert. Kelchzipfel bewimpert, ohne Drüsenhaare. Blüten einzeln. Kronblätter 7–10 mm lang, purpurrosa bis weinrot, verblassend.
StO ④ Schuttfluren, Felsen und Steinrasen, bis 3800 m, auf Kalk und Silikat.
V In den Alpen mehrere Unterarten. Das Foto zeigt ssp. **oppositifolia**: weit verbreitet und häufig. Ansonsten: Sierra Nevada, Pyrenäen, Auvergne, Sudeten, Karpaten, Apennin, Balkan, arktisches und subarktisches Eurasien und N-Amerika. Weitere Unterarten im Apennin und in den Pyrenäen.

308 Saxifraga rudolphiana Hornsch.
Rudolph-Steinbrech
Sassifraga di Rudolph

Ch; I Ö; § in I Ö
M Ähnlich **307**, aber Wuchs dichtrasig, ohne Kriechtriebe, sehr dichte, harte Polster bildend. Blätter bis 2 mm lang, ihre Spitzen auffallend stark nach außen gebogen, mit einem Kalk ausscheidenden Grübchen. Kelchzipfel z. T. drüsig bewimpert. Kronblätter 5–7 mm lang.
StO ④ Schuttfluren, Felsen, bis 3000 m, auf Kalk führenden Schiefergesteinen.
V Endemit der O-Alpen (Eizenerzer Alpen, Niedere und Hohe Tauern, Tuxer Gebirge, Zillertaler Alpen, Brennergebiet, Dolomiten (1 Standort bei Canazei), selten.

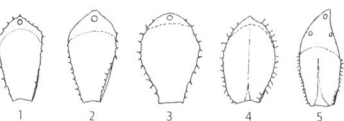

Blätter von 1 Saxifraga oppositifolia, 2 Saxifraga rudolphiana, 3 Saxifraga blepharophylla, 4 Saxifraga biflora, 5 Saxifraga retusa

309 Saxifraga blepharophylla
Kerner ex Hayek
Wimper-Steinbrech

Ch; ● Ö; §
M Ähnlich **307**, aber meist dichte Rasen bildend. Blätter 3–4 mm lang, spatelförmig, vorn stumpf oder gestutzt, wenig verdickt, mit nur einem unauffälligen Grübchen, ohne Kalk, am Rand mit kräftigen langen Wimpern (randliche Wimpern gegen die Blattspitzen zu länger werdend, bei **S. oppositifolia** und **S. rudolphiana** werden die Blattwimpern gegen die Spitze zu kürzer!), unterseits nicht gekielt. (Diese Merkmale sind oft erst nach der Blütezeit gut erkennbar).
StO ④ Felsen und Felsschuttfluren, bis 2800 m, kalkmeidend.
V Endemit der östlichen Zentralalpen (Hohe und Niedere Tauern, Norische Alpen), zerstreut bis sehr selten.

310 Saxifraga × kochii Hornung
Saxifraga biflora ssp. macropetala
Koch-Steinbrech
Saxifrage à grands pétales
Sassifraga a petali grandi

Ch; ● F I H D Ö; § in I H D Ö; RL in H (4) D (4)
M 3–5 cm. Pflanze in den Merkmalen den Eltern (**S. oppositifolia** und **S. biflora**) genähert oder intermediär, niederliegend aufsteigend, verzweigt, Rasen oder lockere Polster bildend. Zumindest untere Blätter gegenständig, eiförmig lanzettlich bis rundlich, bis 8 mm lang, meist bewimpert. Blüten zu (1)2–5, weißlich bis rötlich.
StO ④ Auf Schieferschutt, bis 3000 m.
V Auch außerhalb des Verbreitungsgebietes von **S. biflora** All. in den Z-Alpen sowie in den W- und SW-Alpen, zerstreut, gebietsweise häufig.

311 Saxifraga biflora All. ssp. biflora
Zweiblütiger Steinbrech
Saxifrage à deux fleurs
Sassifraga biflora

312 Saxifraga retusa Gouan
Gestutzter Steinbrech
Saxifrage tronquée
Sassifraga retusa

Ch; ● F I H Ö; § in I H Ö; RL in H (4)
M 3–5 cm, aufsteigend oder aufrecht, lockerrasig wachsend, drüsig behaart. Blätter gegenständig, verkehrt eiförmig bis fast rund, 5–9 mm lang und 2–6 mm breit, flach, etwas fleischig, dunkelgrün, unterseits oft rot überlaufen, vorne nur mit einem punktförmigen, nie Kalk ausscheidenen Grübchen. Blattrand nicht verdickt, am Rand bewimpert. Blütenstand 2–9-blütig. Kelchzipfel eiförmig, gewimpert. Kronblätter lanzettlich bis schmal elliptisch, 3-nervig, 4–10 mm lang, rot bis violettrot, selten weiß.
StO ④ Lange schneebedeckter, feuchter Felsschutt, Flugsande und Felsen, vorwiegend auf Glimmerschiefer, bis 3200 m (4450 m!)
V In den Alpen endemisch: Seealpen bis Radstätter Tauern, schwerpunktmäßig in den Z- und SW-Alpen, zerstreut bis selten.

Ch; F I H Ö; § in I H Ö; RL in H (3)
M 2–5 cm, dichte Polster bildend. Blätter gegenständig, 2–4 mm lang, von der Mitte an zurückgekrümmt, glänzend, ohne Knorpelrand, höchstens am Grund bewimpert, oberseits mit 3–5 punktförmigen Vertiefungen. Blütenstand 1(–3)-blütig. Kelch kahl und ungewimpert. Kronblätter 4–5 mm lang, rosa bis purpurn.
StO ④ Felsen und Felsschutt, gerne in nordexponierten, dem Wind ausgesetzten Gratlagen, kalkmeidend, bis 3500 m.
V Alpen: SW-Alpen bis ins Tessin, O-Alpen (Niedere Tauern, Eisenerzer und Seetaler Alpen), selten. Ansonsten: Pyrenäen, Karpaten, Balkan.

313 **Saxifraga purpurea** All.
Purpur-Steinbrech
Saxifrage pourpre
Sassifraga valdostana

Ch; ● F I; § in I
M Ähnlich **312**, aber Blütenstände bis zu 6-blütig. Blütenkelche mit reicher Drüsenbehaarung.
StO ④ Auf kalkhaltigen Gesteinen, an Felsen und im Felsschutt, bis 3100 m.
V Endemit der SW-Alpen, Seealpen bis Penninische Alpen, selten.

Blätter von
1 Saxifraga callosa
2 Saxifraga crustata
3 Saxifraga cochlearis

314 **Saxifraga callosa** Sm. ssp. callosa
Zungen-Steinbrech
Saxifrage à feuilles épaisses
Sassifraga meridionale

Ch; F I; § in I
M 20–60 cm, zahlreiche, nicht blühende Rosetten ausbildend. Stängel bogig herabhängend. Rosettenblätter 3–10 cm lang, linealisch bis länglich lanzettlich, im vorderen Drittel 3–9 mm breit, vorne etwas zugespitzt, am Rand mit zahlreichen Kalk ausscheidenden Grübchen, graugrün, an der Basis oft rötlich. Blütenstand rispig verzweigt, vielblütig, meist einseitswendig, Rispenäste 3–6-blütig. Kronblätter verkehrt eiförmig, 6–9 mm lang, weiß, am Grund oft rötlich gepunktet.
StO ④ Kalkfelsen, bis 2500 m.
V Alpen: Seealpen, Ligurische Alpen, zerstreut bis häufig. Ansonsten: Apennin, Sardinien, Sizilien; ssp **catalaunica** (Boiss.) D. A. Webb in NO-Spanien und SO-Frankreich (bei Marseille).

315 **Saxifraga cochlearis** Rchb.
Löffelblättriger Steinbrech
Saxifrage à feuilles en cuiller
Sassifraga spatolata

Ch; ● F I; § in I
M 5–40 cm, zahlreiche, nicht blühende Rosetten ausbildend. Rosettenblätter bis 4 cm lang, spatel- bis löffelförmig, im vorderen Drittel 3–6 mm breit, am Rand mit zahlreichen Kalk ausscheidenen Grübchen, mit graugrünem Überzug. Stängel bogig aufsteigend oder aufrecht, im oberen Drittel verzweigt. Blütenstand rispig, meist 15–25-blütig. Rispenäste 1–3-blütig. Kronblätter verkehrt eiförmig, 7–11 mm lang, weiß, am Grund zuweilen rötlich gepunktet.
StO ④ Felsspalten, auf Kalk und kalkhaltigem Sandstein, bis 1900 m.
V Endemit der Seealpen und der Ligurischen Alpen, selten.

316 **Saxifraga crustata** Vest
Krusten-Steinbrech
Sassifraga incrostata
skorjasti kamnokreč

Ch; I Ö S; § in I Ö
M 10–40 cm, dichte Polster bildend, mit zahlreichen nicht blühenden, bis 8 cm breiten Rosetten. Rosettenblätter bis 25(–50) mm lang, schmal linealisch, im vorderen Drittel 2–3 mm breit, am Rand mit zahlreichen Kalk ausscheidenen Grübchen, gewöhnlich mit deutlichem graugrünen Kalküberzug, an der Spitze nach außen gekrümmt, fast ganzrandig, selten schwach gekerbt. Stängel meist erst im oberen Drittel verzweigt. Blütenstand mit 1–3-blütigen Ästen. Kronblätter verkehrt eiförmig, 4–6 mm lang, weiß, seltener rötlich gepunktet.
StO ④ Felsspalten, Felsrasen auf Kalk und Dolomit, 600–2500 m.
V südliche Kalkalpen östlich der Etsch bis Slowenien, zerstreut, gebietweise häufig. Ansonsten: Bosnien, Hercegowina, Serbien.
B Verwechselungsgefahr mit **S. paniculata (318)**.

317 **Saxifraga hostii** Tausch ssp. hostii
Host-Steinbrech
Sassifraga di Host
Hostov kamnokreč

Ch; ● I Ö S; § in I Ö; RL in Ö (4)
M 20–60 cm, Rasen oder lockere Polster bildend, mit zahlreichen nicht blühenden, bis 4–15 cm breiten Rosetten. Rosettenblätter bis 10 cm lang und 4–9 mm breit, zungenförmig, mit stumpfer, abgerundeter Spitze, am Rand gekerbt oder gesägt, oberseits mit einer Kalk ausscheidenen Vertiefung. Stängel nur im oberen Drittel verzweigt. Blütenstand rispig, mit (2)5–10-blütigen Ästen. Kronblätter 4–8 mm lang, weiß, zuweilen rötlich gepunktet.
StO ④ Felsen, Felsrasen auf Kalk, bis 2500 m.
V Endemit der O- und SO-Alpen, westlich bis zum Ortler.
B Ähnlich ist ssp. **rhaetica** (Kerner) Br. Bl., aber Rosetten nur bis 8 cm breit, ihre Blätter nicht länger als 5 cm, lineal, allmählich in die Spitze verschmälert, Zähne am Blattrand oft undeutlich. **V** ● I Comer- bis Gardasee, nördlich bis ins Ortlergebiet, bis 2500 m, ziemlich häufig.

318 **Saxifraga paniculata** Mill.
ssp. paniculata
Rispen-Steinbrech
Saxifrage paniculée
Sassifraga alpina, kamnokreč

Ch; F I H D Ö S; § in I H D Ö; RL in H (4)
M 12–30(45) cm, Rasen bildend, mit zahlreichen nicht blühenden 1–6 cm breiten Blattrosetten. Rosettenblätter 1–3(5) cm lang, eiförmig bis zungenförmig, am Rand knorpelig gesägt, mit Kalk ausscheidenden Grübchen. Blütenstand rispig, mit 1–5-blütigen Ästen. Kronblätter (milchig) weiß, 3–6 mm lang, häufiger mit roten Punkten.
StO ④ Felsen, Felsrasen, Felsschutt, auf Kalk und kalkarmen Gesteinen, bis 3400 m.
V Alpen: verbreitet und häufig. Ansonsten: Skandinavien, N-Spanien, Pyrenäen, europäische Mittelgebirge, Apennin, Korsika, Karpaten, Balkan, Türkei. Kleinasien, Kaukasus (hier die ssp. **cartilaginea** (Willd.) Webb), N-Amerika.

319 Saxifraga valdensis DC.
Waldenser Steinbrech
Saxifrage vaudoise
Sassifraga valdese

Ch; ● F I; § (§B §F) in F I; RL in F (4)

M 5–12(20) cm, dichtrasig, ziemlich dichte Polster bildend, mit 1–3 cm breiten Blattrosetten. Rosettenblätter 3–8 mm lang, verkehrt eiförmig bis lanzettlich spatelförmig, stumpf, ganzrandig, am Rand und auf der Oberseite mit Kalk ausscheidenden Grübchen, an der Spitze etwas zurückgebogen, blaugrün. Blütenstand rispig, 5–12-blütig. Kronblätter weiß, 4–6 mm lang, ohne rote Punkte.

StO ④ Felsspalten, auf Kalk, selten auf Granit, 1750–2800 m.

V Endemit der SW-Alpen, vom Col d'Iseran bis zum M. Viso, sehr selten.

320 Saxifraga cotyledon L.
Pracht-Steinbrech
Saxifrage cotylédon
Sassifraga dei graniti

Ch; F I H Ö; § in H Ö; RL in I H (4) Ö (2)

M 15–80 cm, bühende Rosette 7–15 cm breit, begleitet von mehreren kleineren Rosetten. Rosettenblätter 2–8 cm lang, verkehrt länglich bis verkehrt lanzettlich, fein knorpelig gezähnt, ledrig derb. Blühender Stängel fast vom Grund oder erst von der Mitte an verzweigt, dicht rötlich drüsenhaarig. Blütenstand vielblütig, pyramidenförmig, rispig, meist überhängend. Kronblätter 6–10 mm lang, weiß, selten rot gepunktet.

StO ④ Felsspalten meist vertikaler Felsen, nur auf Silikat, bis 2600 m.

V Alpen: Grajische Alpen und Savoyen nach Osten bis Graubünden, Montafon und Veltlin, zerstreut, gebietsweise häufig. Ansonsten: Pyrenäen, N-Europa (Island, Norwegen, Schweden).

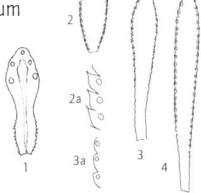

Blätter und Blattrand von
1 Saxifraga valdensis
2 und 2a Saxifraga paniculata
3 und 3a Saxifraga hostei ssp.hostei
4 Saxifraga hostei ssp. rhaetica

321 Saxifraga mutata L. ssp. mutata
Kies-Steinbrech
Saxifrage safranée
Sassifraga colore di zafferano
spremenjeni kamnokreč

He, Ch; F I H D Ö (S); § in I H D Ö; RL in D (2) Ö (4) S (4)
M 10–50 cm, in lockeren Rasen, oberwärts drüsenhaarig. Rosetten 4–15 cm breit. Grundblätter spatelig zungenförmig, fast ganzrandig, mit undeutlichen Vertiefungen, 3–7 cm lang. Blühender Stängel vom Grund oder von der Mitte an verzweigt. Blütenstand locker, rispenartig, mit zahlreichen gelblichen bis rötlichen Blüten. Kronblätter 5–8 mm lang, spitz.
StO ④ Feuchte Felsen, Geröllfelder, Rutschhänge, Bachkies, auf vorwiegend kalkhaltiger Unterlage, bis 2200 m.
V Alpen: zerstreut bis sehr selten (Z-Alpen), am Alpennordrand gebietsweise häufig. In den Karpaten ssp. **demissa** (Schott et Kotschy) D. A. Webb.

322 Saxifraga florulenta Moretti
Mercantour-Steinbrech
Saxifrage à fleurs nombreuses
Sassifraga dell'Argentera

Ch; ● F I; § (§B §F) in F I; RL in F (4) I (4)
M 10–50 cm, mit nur einer, bis 15(20) cm breiten, nach der Blüte absterbenden Rosette. Rosettenblätter auffällig gleichmässig angeordnet, 3–6 cm lang, zur Spitze allmählich verbreitert, vorne zugespitzt, dunkelgrün, etwas glänzend, ledrig derb, mit gewimpertem Knorpelrand. Blüten klein, kurz gestielt, in einer bis 50 cm langen, drüsig behaarten Rispe. Kronblätter zu 5 (Gipfelblüte auch mit 6–8 Kronblättern und 5-griffeligem Fruchtknoten), 5–7 mm lang, weiß bis fleischfarben. Fruchtknoten meist 3-griffelig.
StO ④ Felsspalten senkrechter, oft schwer zugänglicher Silikatfelsen, 2000–3000 m.
V Endemisch in den See-Alpen (Mercantour- und Argentera- Massiv), sehr selten.

323 Saxifraga aizoides L.
Fetthennen-Steinbrech

Saxifrage faux-aïzoon
Sassifraga gialla
vednozeleni kamnokreč

Ch; F I H D Ö S; § in I H D; RL in H D (4)
M 7–20(30) cm, Rasen bildend, reich verzweigt, mit zahlreichen sterilen Trieben. Blätter 5–30 mm lang, lineal bis lineal lanzettlich, fleischig, mit Knorpelspitze, am Rand bewimpert. Blütenstand 2–10-blütig, drüsig behaart. Kronblätter goldgelb bis orange, seltener tiefrot.
StO ③④ Quellfluren, feuchte Felsschuttfluren, Bachufer, auf Schneeböden, vorwiegend auf Kalk, bis 3000 m.
V Alpen: verbreitet und häufig. Ansonsten: Pyrenäen, Apennin, Karpaten, Balkan, Skandinavien, Grönland, W-Sibirien, arktisches und subarktisches N-Amerika.

324 Saxifraga aspera L.
Rauer Steinbrech

Saxifrage rude
Sassifraga spinulosa

Ch; F I H Ö; § in I H Ö; RL in H (4)
M 5–20 cm, lockere bis mässig dichte Rasen bildend, ohne deutliche Blattrosetten. Nicht blühende Triebe kriechend, 3–20 cm lang, oft mit blattachselständigen Sprossknospen; diese etwa ½ so lang wie das ihr Tragblatt. Laubblätter lineal lanzettlich, 5–20 mm lang, abstehend, grannenartig zugespitzt, am Rand steif bewimpert. Blütenstand 1–10-blütig, meist gabelig verzweigt. Kronblätter 6–8 mm lang, oberhalb der Mitte am breitesten, gelblich weiss, gegen den Grund kräftig gelb gefleckt.
StO ④ Schattige Felsen, Felsschutt, Bachufer, Erdanrisse, 1600–2200(2800) m.
V Alpen: zerstreut, gebietsweise häufig (Z-Alpen). Ansonsten: Pyrenäen, Apuanische Alpen, Apennin.

325 Saxifraga bryoides L.
Moos-Steinbrech
Saxifrage faux bryum
Sassifraga brioide

Ch; F I H D Ö; § in I H D Ö; RL in H (4) D (2)
M 1,5–6 cm, dichte und oft große, hohe Flach-
polster bildend. Blätter der nicht blühenden
Triebe in kugeligen Rosetten sehr dicht gedrängt, 2–7 mm lang, deutlich gebogen, am
Rand steif bewimpert. Blattachselständige
Sprossknospen der nicht blühenden Triebe etwa
so lang wie ihr Tragblatt. Blütenstand meist
1-blütig, vom Laubspross deutlich abgesetzt.
Kronblätter 4–6 mm lang, in der Mitte am breitesten, gelblich weiß, am Grund mit mehreren
orangegelben Punkten.
StO ④ Silikat-Schuttfluren, auch an Felsen und
in Gratrasen, 1800–4000 m.
V Alpen: verbreitet und häufig, fehlt in den nordöstlichen Kalkalpen und Slowenien. Ansonsten:
Pyrenäen, Auvergne, Sudeten, Karpaten, Siebenbürgen, Bulgarien.

326 Saxifraga moschata Wulfen
Moschus-Steinbrech
Saxifraga musquée
Sassifraga muschiata
črnoškrlatni kamnokreč

Ch; F I H D Ö S; § in I H D Ö; RL in H (4) S (4)
M 2–12 cm, dichte Polster bildende Rosettenpflanze. Grundblätter 3–5 mm lang, am Vorder-
rand 3-spaltig, 2–3-zähnig oder ungeteilt,
schwach drüsig, oberseits kaum oder nicht gefurcht. Blattnerven nicht in die Blattzipfel reichend. Stängelblätter 2–5. Blütenstand meist
2–5-blütig. Kronblätter ⅘–⁵⁄₄-mal so lang wie
die Kelchblätter, sich nicht mit den Rändern
überdeckend, nicht breiter als Kelchblätter,
gelblich grün, gelegentlich rötlich, selten weiß.
StO ④ Felsspalten, Felsschutt, steinige Rasen,
kalkreiche Gesteine bevorzugend, bis 4000 m.
V Alpen: verbreitet und häufig. Allgemein: Pyrenäen, Auvergne und Apennin bis zum Balkan
und Kaukasus.

327 **Saxifraga exarata** Vill.
Gefurchter Steinbrech
Saxifrage sillonnée
Sassifraga solcata

Ch; F I H Ö; § in I H Ö; RL in H (4)
M Dem Moschus-St. (**S. moschata**) sehr ähnlich, aber Rosettenblätter ± tief 3–7-spaltig, dicht drüsig behaart, oberseits deutlich gefurcht, Blattnerven bis in die Blattzipfel reichend. Kronblätter etwa 2-mal so lang und 2-mal so breit wie die Kelchblätter (Kronblätter überdecken sich meist mit den Rändern), weiß, selten blassgelb oder rötlich.
StO ④ Felsspalten, Felsschutt, kalkmeidend, 1800–3380 m.
V Alpen: W- und Z-Alpen (östlich bis Stubaier Alpen und bis zum Ortler). Ansonsten: Apennin, Balkan; nördliches Kleinasien, Kaukasus.

Blätter von
1 Saxifraga moschata
2 Saxifraga exarata

328 **Saxifraga petraea** L.
Karst-Steinbrech
Sassifraga dei muri
scalni kamnokreč

He; ● I (S); § in I
M 10–20 cm. Ganze Pflanze lang drüsig behaart. Stängel vom Grund an verzweigt, zerbrechlich, zart, hin- und hergebogen. Grundblätter rosettig, im Umriss halbkreis- bis nierenförmig, mit 3–5 tief eingeschnittenen Lappen, lang gestielt. Stängelblätter ähnlich, die obersten fast sitzend. Blütenstand rispig, mit langen, weit abstehenden Ästen. Blütenstiele mehrmals länger als die Blüte. Kelchblätter 1,5–2,5 mm lang. Kronblätter 7–10 mm lang, weiß.
StO ④ Feuchte, schattige Felsen, in Grotten und Höhlen an regengeschützten Stellen, auf Kalk, bis 2000 m.
V Alpen: Endemit der südlichen Kalkalpen, vom Comersee bis Slowenien südöstlich bis Istrien, zerstreut bis selten.

329 Saxifraga arachnoidea Sternb.
Spinnweben-Steinbrech
Sassifraga ragnatelosa

330 Saxifraga cernua L.
Nickender Steinbrech
Saxifrage penchée
Sassifraga incurvata

Ch; ● I §; RL (4)
M 10–30 cm, lockere Rasen bildend, mit niederliegend aufsteigenden, zarten, vielästigen Stängeln, wie die Blätter mit sehr langen spinnwebartigen Drüsenhaaren bestückt. Grundblätter nicht rosettig, im Umriss rundlich bis nierenförmig, mit 3–5(7) groben, stumpfen Lappen, keilförmig in den Blattstiel verschmälert, dünn, hellgrün. Obere Stängelblätter kleiner, fast sitzend. Blütenstand rispig, wenigblütig. Kronblätter 2–3 mm lang, zitronengelb, etwas länger als der Kelch.
StO ④ In licht- und regengeschützten Lagen unter Kalkfelsen, auf feuchtem, feinkörnigem Kalkmulm, bis 1850 m.
V Alpen: endemisch in den Judikarischen Alpen westlich des Gardasees, selten, lokal recht häufig.

Ch; I H Ö; § in I H Ö; RL in H (3) Ö (2)
M 10–15(35) cm. Stängel unverzweigt, aufrecht, behaart, oben meist etwas nickend. Grundblätter in Rosetten, zur Blütezeit meist abgestorben, wie untere Stängelblätter im Umriss herz- bis nierenförmig, 3–7-lappig, lang gestielt. Obere Stängelblätter kurz gestielt oder sitzend, ungeteilt. Grund- und Stängelblätter mit Brutzwiebeln in den Blattachseln. Stängel nur eine, oft verkümmerte Blüte tragend. Kronblätter 8–13 mm lang, weiß.
StO ④⑥ Feuchte Felsen, unter Felsvorsprüngen, Lägerstellen, 1500–2800 m.
V Alpen: nur an wenigen Stellen (Seealpen, Wallis, O-Alpen), sehr selten. Allgemein: zirkumpolar (arktisches Europa und N-Amerika, Sibirien), Island, Grönland, Karpaten, Alpen. Altai, zentralasiatische Hochgebirge, Japan, Rocky Mountains.

331 **Saxifraga paradoxa** Sternb.
Glimmer-Steinbrech
nenavadni kamnokreč

He; ?(Ö) (S); RL in Ö (4) S (4)
M 5–30 cm, Stängel niederliegend bis aufsteigend, verzweigt, dünn und sehr zerbrechlich.
Blätter lang gestielt, ihre Spreiten rundlich nierenförmig, 5–9-lappig, am Grund herzförmig
eingebuchtet, sehr zart, kahl. Blüten einzeln, selten zu zweit, blattachselständig, auf sehr langen Stielen. Kronblätter grünlich, linealisch, spitz,
etwa 2 mm lang, am Grund nicht verschmälert,
etwa so lang wie die Kelchblätter, aber nur ½ so
breit wie diese.
StO ④ Feucht-schattige Stellen, meist unter überhängenden Felsen, auf Gneis und Glimmerschiefer, bis 1200 m.
V Endemit der SO-Alpen (S-Steiermark, O-Kärn-
ten und N-Slowenien), sehr selten.

332 **Saxifraga androsacea** L.
Mannsschild-Steinbrech
Saxifrage androsace
Sassifraga rosulata
oklepasti kamnokreč

Ch; F I H D Ö S; § in I H D; RL in H (4)
M 1–6(13) cm, einzeln oder locker rasig wachsend. Rosettenblätter 7–25 mm lang, verkehrt eiförmig bis keilförmig, vorne ganzrandig oder mit
3(–5) kurzen Zähnen, am Rand drüsenhaarig.
Stängel drüsenhaarig, blattlos oder armblättrig,
meist 1–2-blütig. Kronblätter weiß, ohne Punkte,
7–8 mm lang, 2–3-mal so lang wie die Kelchzipfel.
StO ④ Schneetälchen, feuchte Rasen, Felsschutt,
2000–3400 m.
V Alpen: zerstreut bis häufig. Ansonsten: Pyrenäen, Auvergne, Karpaten, Balkan. Ostasiati-
sche Gebirge.

333 Saxifraga depressa Sternb.
Fassaner Steinbrech
Sassifraga della Val di Fassa

Ch, He; ● I; §
M 4–10 cm, lockere Rasen bildend. Rosettenblätter 7–30 mm lang, breit keilförmig bis verkehrt eiförmig, vorne meist ± tief 3-zähnig, der
mittlere Zahn die seitlichen überragend, am
Rand und auf den Flächen kurzdrüsig behaart,
dicklich. Stängelblätter 0–2. Stängel drüsenhaarig, mit 3–7(10) Blüten. Kronblätter weiß, ohne
Punkte, 4–5 mm lang, 2-mal so lang wie die
Kelchzipfel.
StO ④ Feuchte, schattige Schutthänge, vorwiegend auf Porphyr und Granit, 2000–2700 m.
V Endemisch in den westlichen Dolomiten.

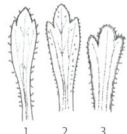

Blätter von
1 Saxifraga androsacea
2 Saxifraga depressa
3 Saxifraga aphylla

334 Saxifraga pedemontana All.
ssp. pedemontana
Piemont-Steinbrech
Saxifrage à divisions étroites
Sassifraga piemontese

Ch; ● F I; §
M 6–18 cm, polsterbildend, mit dicht beblätterten, nicht blühenden Trieben. Grundblätter in
Rosetten, handförmig bis keilförmig, fast bis zur
Mitte in 3–7 Abschnitte geteilt, dicht drüsig behaart, etwas fleischig, ziemlich gleichmäßig in
den Stiel verschmälert. Blütenstand doldig oder
rispig, 3–12-blütig. Kronblätter 15–20 mm lang,
weiß, zuweilen an der Basis rötlich. Kelchblätter
drüsig behaart, etwa ½ so lang wie die Kronblätter.
StO ④ Schattige Felsen, Felsschutt, auf Silikat,
1500–2800 m.
V Alpen: endemische Unterart der Alpen von
den Seealpen bis in die Cottischen und Grajischen Alpen. Weitere Unterarten in den Cevennen, auf Korsika und Sardinien, in Rumänien
und Bulgarien und in Marokko.

335 Saxifraga seguieri Sprengel
Seguier-Steinbrech
Saxifrage de Séguier
Sassifraga di Séguier

Ch; ● F I H Ö; § in I H D; RL in F (?)
M 2–6 cm, dichte flache Rasen bildend. Grundblätter in Rosetten, 5–30 mm lang, spatelig lanzettlich, allmählich in den breit geflügelten Stiel verschmälert, ganzrandig, vorne stumpflich, am Rand kurz drüsig bewimpert, auf den Flächen drüsig, oft verkahlend, dunkelgrün. Stängelblätter 0–2. Blüten zu 1–3. Kronblätter gelblich, so lang oder etwas länger und deutlich schmaler als die Kelchblätter (Kronblätter berühren einander nicht).
StO ④ An schattigen Stellen mit langer Schneebedeckung: feuchter Ruhschutt (Silikat, Kalkschiefer), Schneetälchen, Felsspalten, 1900–2900 (3700) m.
V Endemisch, vom Kleinen St. Bernhard bis zu den Dolomiten, gebietsweise häufig.

336 Saxifraga muscoides All.
Flachblättriger Steinbrech
Saxifrage faussee mousse
Sassifraga muscosa

Ch; ● F I H Ö; § in I H Ö; RL in H (4) Ö (4)
M 1–5 cm, dichte feste Flach-, seltener Kugelpolster bildend, harzig duftend. Grundblätter in Rosetten, schmal lanzettlich, 3–7 mm lang und 1–2 mm breit, ganzrandig, stumpf oder leicht ausgerandet, am Rand drüsig bewimpert, auf den Flächen drüsig oder kahl, vertrocknet silbergrau. Stängel 2–5-blättrig. Blütenstand 1–2(3)-blütig. Kronblätter breit verkehrt eiförmig, vorne gestutzt oder etwas ausgerandet, etwa 2-mal so lang und 2-mal so breit wie die Kelchblätter.
StO ④ Felsschutt, Felsspalten, vorzugsweise auf Gipfeln und in Gratlagen, vorwiegend auf Kalkschiefer, 2300–4200 m.
V Endemit der Z-Alpen, von den Cottischen Alpen bis zur Bernina-Gruppe. Isoliert in den Hohen Tauern und im Lungau, nicht häufig.

337 Saxifraga facchinii Koch
Facchini-Steinbrech
Sassifraga di Facchini

338 Saxifraga presolanensis Engler
Presolana-Steinbrech
Sassifraga della Presolana

Ch; ● I; §
M 1–3 cm, in kleinen Rasen oder Polstern wachsend, mit nicht blühenden Rosetten. Stängel drüsig behaart. Blätter länglich lanzettlich bis fast linealisch, ganzrandig, seltener 3-spaltig, vorne abgerundet, bis 10 mm lang und 2 mm breit, am Rand und auf der Fläche drüsig behaart. Blüten zu 1–4. Kronblätter verkehrt eiförmig, vorne gestutzt oder schwach ausgerandet, die stumpfen Kelchzipfel nur wenig überragend, blassgelb oder hell- bis dunkelpurpurn.
StO ④ Felsschutt, Felsritzen, auf Kalk, 2250–3000(3360) m.
V Endemisch in den Dolomiten von Gröden bis zum Latemar, selten.

Ch; ● I §; RL (4)
M 6–15 cm, dichte oder lockere, gelbgrüne Polster bildend oder lockerrasig wachsend. Grundblätter schmal spatelig bis länglich lanzettlich, 12–15 mm lang und 2–5 mm breit, ganzrandig, abgestorben und trocken silbergrau, wie die ganze Pflanze mit langen Drüsenhaaren besetzt, klebrig. Stängel 3–6-blättrig, schlaff, häufig kreuz und quer auf dem Polster liegend. Blüten 2–4, lang gestielt. Kronblätter 3–4 mm lang, schmal keilförmig bis fast linealisch, vorne 2-zipfelig, in der Ausrandung oft mit einem winzigen Zähnchen, blass gelblichgrün, schmaler und etwa 2-mal so lang wie die Kelchblätter.
StO ④ Senkrechte bis überhängende Felswände, in Höhlen und Kaminen, vorwiegend nordexponiert, meist auf Kalk und Dolomit, selten auf Silikat, 1800–2200 m.
V Endemit der Bergamasker Alpen, sehr selten.

339 **Saxifraga sedoides** L.
Fetthennen-Steinbrech

Sassifraga setolosa
homulični kamnokreč

Ch; I Ö S; § in I Ö
M 1–10 cm, lockere bis dichte Rasen bildend. Abgestorbene Grundblätter nicht silbergrau. Frische Grundblätter lanzettlich bis spatelförmig, ganzrandig (ausnahmsweise untere Blätter 2–3-lappig), vorne grannig stachelspitzig, 3–12 mm lang und 1–3 mm breit, kurzdrüsig behaart (sehr selten kahl). Stängel kahl oder kurz drüsig. Blüten zu 1–4(6). Kronblätter blass gelbgrün bis zitronengelb, niemals rötlich, 0,5–1,5-mal so lang wie breit, spitz, meist kürzer und schmaler als die spitzen Kelchzipfel. Staubbeutel gelb.
StO ④ Schuttfluren, vorwiegend nordexponiert, seltener in Felsspalten, auf Kalk und Dolomit, 1600–2800(3200) m.
V Alpen: O-Alpen vom Comer See ostwärts, Apennin, zerstreut bis häufig, gebietsweise selten.

340 **Saxifraga hohenwartii** Vest
Hohenwart-Steinbrech

Sassifraga di Hohenwart
Hohenwartov kamnokreč

He; ● I Ö S; § in I Ö
M Ähnlich wie **S. sedoides**, aber meist dichte Rasen bildend. Frische Grundblätter verkehrt eilanzettlich bis lanzettlich, 4–12 mm lang und 1–2,5 mm breit, lang drüsenhaarig. Stängel mit langen Drüsenhaaren. Blütenstand (2)3–6(9)-blütig. Kronblätter gelb bis gelblich weiß, vorn oft rötlich überlaufen, linealisch, ca. 3,5–5-mal so lang wie breit, spitz, mindestens so lang wie die spitzen Kelchblätter. Staubbeutel orange.
StO ④ Nordexponierte, lange schneebedeckte Gesteinsfluren, am Fusse von Felswänden oder Felsblöcken, auf Kalk und Dolomit, 1600–2550 m.
V Endemit der südöstlichsten Kalkalpen (Karawanken, Julische und Steiner Alpen), zerstreut bis häufig.

Blätter von
1 Saxifraga sedoides
2 Saxifraga hohenwartii

341 **Saxifraga aphylla** Sternb.
Blattloser Steinbrech
Saxifrage à tige nue
Sassifraga nordalpina

Ch; ● I H D Ö; § in I H D Ö; RL in H (4)
M 1–5 cm hohe, lockere Rasen bildende Rosettenpflanze, mit 1–3(5) cm langen, schlaffen Stängeln. Grundblätter spatelförmig, 7–15 mm lang, an der Spitze 3(–5)-spaltig (selten ungeteilt), nie grannig stachelspitzig. Stängelblätter fast immer fehlend. Blüten meist einzeln, selten 2–3. Kronblätter lineal, spitzlich, nur 2–2,5 mm lang, blassgelb, viel schmaler (weniger als ½-mal so breit) wie die stumpfen Kelchblätter und 1–1,5-mal so lang wie diese.
StO ④ Lange schneebedeckte Gesteinsfluren, auf Kalk und Dolomit, 1730–3200 m.
V Endemit der O-Alpen (Berner Oberland bis Wiener Schneeberg), häufig nur in den nordöstlichen Kalkalpen.

342 **Saxifraga tenella** Wulfen
Zarter Steinbrech
Sassifraga tenue
nežni kamnokreč

Ch; ● I Ö S; § in I Ö; RL in Ö (2)
M 3–15 cm, lockerrasig, mit dicht beblätterten, kriechenden Stängeln. Grundblätter 8–12 mm lang, lineal lanzettlich, steif, ganzrandig, grannig zugespitzt, knorpelig berandet, sitzend, am Grund oder ringsum bewimpert oder kahl, die abgestorbenen Blätter silbergrau. Laubblätter in den Achseln mit vegetativen Knospen. Stängel zierlich, 4–6-blättrig, kahl. Blütenstand 2–9-blütig. Kronblätter länglich verkehrt eiförmig, stumpf, 2,5–3 mm lang, gelblich weiß. Kelchblätter 1,5–2 mm lang, grannig zugespitzt.
StO ④ In Moosrasen auf schattigen Nagelfluh-, Kalk- und Dolomitfelsen und im Felsschutt, bis 2000 m.
V Endemisch in den SO-Alpen, selten bis zerstreut, stellenweise häufig (z. B. Julische Alpen).

343 Saxifraga adscendens L.
ssp. adscendens
Aufsteigender Steinbrech
Saxifrage ascendante
Sassifraga ascendente, kipeči kamnokreč

He; F I H Ö S; § in I H; RL in H (4)

M 1–10(25) cm, einzeln oder lockerrasig wachsend, ohne nicht blühende Triebe, einfach oder verzweigt, am Grund mit Blattrosette. Ganze Pflanze dicht drüsig behaart. Rosettenblätter keilförmig bis spatelig, vorne mit 3–5 Zähnen. Blütenstand gedrungen, mit wenigblütigen, aufrechten Ästen. Kronblätter verkehrt eiförmig, 3–5 mm lang, milchweiß, etwa 2-mal so lang wie die Kelchblätter.

StO ⑤⑥ Kurzrasige, lückige Weiderasen, Lägerfluren, 1800–3000(3480) m.

V Alpen: zerstreut bis sehr selten. Ansonsten: Pyrenäen, Apennin, Karpaten, Balkan, Kaukasus, skandinavische Gebirge; N-Amerika.

344 Chrysosplenium alternifolium L.
Wechselblättriges Milzkraut
Dorine à feuilles alternes
Erba-milza comune
premenjalnolistni vraničnik

He; F I H D Ö S

M 5–20 cm, mit blattlosen, meist unterirdischen Ausläufern. Stängel 3-kantig. Grundblattspreiten nierenförmig, am Stielansatz herzförmig, viel kürzer als ihr Stiel. Stängelblätter deutlich gekerbt, wechselständig. Blüten in Trugdolden, kronblattlos, unscheinbar, von gelblichen Hochblättern umgeben.

StO ①②③ Bachufer, schattige Wälder, Hochstaudenfluren, vorwiegend montan, bis 2500 m.

V Alpen: verbreitet. Allgemein: Europa (S-Europa nur vereinzelt), Asien, N-Amerika.

B Ähnlich ist das Gegenblättrige M. **Ch. oppositifolium** L.: He; (F) I (H) (D) (S), RL in I (e). **U** Stängel undeutlich 4-kantig. Grundblattspreiten mindestens so lang wie ihr Stiel. Stängelblätter nur undeutlich gekerbt, gegenständig. **StO** ③ Quellfluren, wohl kaum oberhalb der Waldgrenze. **V** W- und M-Europa.

345 Parnassia palustris L.
Sumpf-Herzblatt
Parnassie des marais
Parnassia
močvirna samoperka

He; F I H D Ö (S); § in H D; RL in H (4) D (3)
M 10–30 cm, mit grundständiger Blattrosette und (meist) einem Stängelblatt. Blätter herzförmig. Blüten einzeln, 5-zählig, weiß. Zwischen den 5 Staubblättern auffällige gelbgrüne Nektarschuppen, mit 7–15 fächerartig angeordneten Fransen, die je in einem gelben, nicht drüsigen Stielköpfchen enden.
StO ③ Flach- und Quellmoore, Moorwiesen, bis 2500(3000) m.
V Alpen: verbreitet und häufig. Allgemein: Subarktische und gemäßigte Zonen sowie in den Gebirgen S-Europas und N-Afrikas auf der gesamten Nordhalbkugel.

346 Sanguisorba dodecandra Mor.
Bergamasker Wiesenknopf
Salvastrella orobica

He; ● I; RL in I (3); ✿
M 30–150 cm, (fast) kahl. Grundblätter zur Blütezeit absterbend, bis 50 cm lang, gefiedert. Stängelblätter ähnlich aufgebaut, kleiner. Fiederblättchen grob gezähnt, unterseits hellgrün. Blütenstände 5–10 cm lang, zylindrisch, zu 3–10, nickend. Kronblätter und Außenkelch fehlen. Kelchblätter 4, gelblich bis grünlich weiß. Staubblätter 4–15, zur Blüte weit herausragend.
StO ②③⑤ Hochstauden, Ufer, feuchte Wiesen, oft große Bestände bildend, bis 2400 m.
V Endemit der Bergamasker Alpen, Veltlin, stellenweise häufig.
B Bis in die subalpine Stufe vorkommend: a) **S. officinalis** L., Großer W. **M** 30–100 cm. Blüten in dunkel rotbraunen Köpfchen, ca. 1 cm breit. **StO** Feuchte Wiesen. b) **S. minor** Scop. Kleiner W. **M** Blüten in grünlichen oder rötlichen Köpfchen, 1(–3) cm breit. **StO** Wiesen. **V** Verbreitet und häufig (a und b).

347 Dryas octopetala L. ssp. octopetala
Weiße Silberwurz

Chênette
Camedrio alpino
alpska velesa

Ch; F I H D Ö S; § in I H; RL in H (4); ✿
M Niederliegender Zwergstrauch, mit 2–10 cm
langen Kurztrieben, stark verzweigt, mit Blatt-
grundresten. Blätter annähernd 2-zeilig angeordnet, eiförmig bis eilanzettlich, dunkelgrün mit
vertieftem Adernetz, kahl, unterseits weißfilzig,
ungeteilt, kerbig gezähnt, Blattrand umgerollt.
Blüte einzeln, weiß, 2,5–4 cm Ø, auf 5–10 cm
langem Stiel, mit je (7)8(9) Kelch- und Kronblättern. Griffel der zahlreichen Fruchtblätter
bei Reife verlängert, bis 3 cm lang, fedrig weiß
behaart.
StO ④ Felsfluren, Felsschutt, alpine Rasen, auf
Kalk, auch auf kalkhaltigen Silikatgesteinen, bis
2500 m.
V Alpen: in den Kalkgebieten verbreitet und häufig. Allgemein: zirkumpolar, Skandinavien, Grönland, Island, Britische Inseln, Pyrenäen, Auvergne, Alpen, Apennin, Karpaten, Balkan. Weitere
Unterarten in Asien und N-Amerika.

348 Geum montanum L.
Berg-Nelkenwurz

Benoîte des montagnes
Cariofillata montana
gorska sretena

He; F I H D Ö S: ✿
M 10–40 cm, ohne Ausläufer. Blühende Stängel
einzeln oder zu mehreren. Rosettenblätter
13–19-zählig gefiedert. Endblättchen deutlich
größer als die benachbarten Seitenfiedern. Blüten 3–4 cm im Ø, meist einzeln. Kronblätter lebhaft gelb, zu 5–6(10). Außenkelch rot überlaufen. Kelchblätter rotbraun, doppelt so lang wie
der Außenkelch. Griffel zur Reifezeit lang fedrig
behaart.
StO ①②⑤ Magerwiesen und -weiden, Zwergstrauchheiden, Hochstaudenfluren, bis 2600
(3500) m.
V Alpen: verbreitet und häufig. Ansonsten: Pyrenäen, Massiv Central, Jura, Apennin, Korsika,
Riesengebirge, Karpaten, Balkan.

349 **Geum reptans** L.
Kriechende Nelkenwurz
Benoîte rampante
Farinello Buon-Enrico
plazeča sretena

He; F I H D Ö S; § in I Ö; RL in H (4) S (4); ❀
M (3)5–15(20) cm, mit langen oberirdischen, beblätterten Ausläufern. Blühende Stängel zu mehreren in den Achseln von Rosettenblättern, diese einfach gefiedert, mit tief eingeschnittenen, meist 3–5-teiligen Teilblättchen. Endblättchen nur wenig größer als benachbarte Seitenfiedern. Blüten aufrecht, meist einzeln. Kronblätter lebhaft gelb, zu 5–6(10), Blüte 3–4 cm Ø, Außenkelch rot überlaufen, Kelchblätter rotbraun, doppelt so lang wie der Außenkelch, Griffel bei Reife lang fedrig behaart.
StO ④ Feuchter Felsschutt, meist auf Silikat, 1800–2800(3800) m.
V Alpen: in den Zentralalpen verbreitet und meist häufig, in den Kalkgebieten selten. Ansonsten: Karpaten, Balkan.

350 **Geum rivale** L.
Bach-Nelkenwurz
Benoîte des ruisseaux
Cariofillata die rivi
potočna sretena

He; F I H D Ö S; ❀
M 30–60 cm. Grundständige Blätter lang gestielt, unregelmäßig unterbrochen gefiedert, Endblättchen 10–15 cm breit, ungeteilt oder 3–5-teilig. Blüten 1–2, 5-zählig, nickend. Kronblätter (8)10–15 mm lang, blassgelb bis bräunlich rosa, Kelch und Außenkelch rotbraun. Kelchblätter nach dem Blühen aufgerichtet. Griffel nach der Blüte verlängert, gegliedert, im unteren Teil zottig, im oberen Teil hakig.
StO ②③ Bachufer, Hochstaudenfluren, bis 2100 (2400) m.
V Alpen: verbreitet und meist häufig. Allgemein: N-Europa bis ins Mittelmeergebiet (hier nur in den Gebirgen), N-Asien, N-Amerika.

351 Potentilla fruticosa L.
Strauch-Fingerkraut
Potentille buissonnante
Cinquefoglia cespugliosa

Nph; F I (H) (D) (Ö) (S); §; RL in I (4); ❀
M 30–100 cm hoher, sparrig verzweigter Strauch. Laubblätter gefiedert, mit 3–5(7) Teilblättchen, kurz gestielt, oberseits dunkelgrün, unterseits seidenhaarig, derb. Teilblättchen sitzend, 1–2 cm lang, lanzettlich, am Rand umgerollt. Blüten gelb, ca. 20–25 mm im Ø, einzeln oder zu wenigen, endständig an beblätterten Zweigen. Kronblätter oberseits goldgelb, unterseits mattgelb, länger als die Kelchblätter. Frucht dicht behaart mit grundständigem, nach oben deutlich verdicktem Griffel.
StO ④ Felshänge, 1850 bis 2550 m.
V Alpen: nur Seealpen (sehr selten im Quellgebiet des Boreone, Entraque und Valdieri). Ansonsten: N-Europa. Asien, N-Amerika.
B In den Seealpen an nur wenigen Stellen als Eiszeitrelikt, wird bei uns häufig als Zierstrauch angepflanzt.

352 Potentilla aurea L.
Gold-Fingerkraut
Potentille dorée
Cinquefoglia fior d'oro
zlati petoprstnik

He; F I H D Ö S; ❀
M 5–20(35) cm. Stängel bogig aufsteigend, reich beblättert, ästig, anliegend behaart, drüsenlos. Rosettenblätter lang gestielt, 5-zählig gefingert. Blättchen am Rand anliegend seidenhaarig, oberseits dunkelgrün glänzend, unterseits mit deutlichem, engmaschigem Nervennetz. Endzahn der Blättchen meist deutlich kleiner als die übrigen. Kronblätter verkehrt herzförmig, breit ausgerandet, lebhaft gelb, am Grund oft mit dunklerem Fleck. Blüten 15–25 mm Ø.
StO ⑤ Weiderasen, meist auf sauren Lehmböden, bis 2600(3000) m.
V Alpen: verbreitet und häufig. Allgemein: Pyrenäen bis Gebirge Kleinasiens.

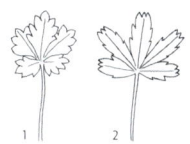

Blätter von
1 Potentilla crantzii
2 Potentilla aurea

353 Potentilla crantzii (Crantz) Beck
Zottiges Fingerkraut
Potentille de Crantz
Cinquefoglia di Crantz
Crantzev petoprstnik

He; F I H D Ö S; ❀

M P. aurea ähnlich, aber Stängel aufrecht abstehend behaart. Blättchen am Rand abstehend, nicht silbrigglänzend behaart, unterseits
nur Haupt- und Seitennerven sichtbar. Endzahn
der Blättchen kaum kleiner als die übrigen.
StO ④⑤ Magerasen, Gesteinsfluren, Felsen, meist
auf kalkreichen Böden, bis 2600 m.
V Alpen: zerstreut bis selten. Allgemein: N-, M-
und S-Europa, bis in den Iran.
B Weitere ähnliche Potentilla-Arten, die bis über
1500 m vorkommen: a) **P. erecta** (L.) Raeusch.,
Blutwurz. **M** Blätter 3–5-zählig. Blüten gelb, ca.
1 cm Ø. Kronblätter meist 4 (vereinzelt auch 5).
Häufig in Wiesen und Weiden, Mooren; b) **P. ar-
gentea** L. Silber-F., **M** Blätter 5–9-zählig, unterseits weißfilzig, oberseits kahl, am Rand umgerollt. Kronblätter 5. **StO** ⑤ Trockenrasen und Weiden, Wegränder, Böschungen. Häufig.

354 Potentilla brauneana Hoppe ex Nestl.
Zwerg-Fingerkraut
Potentille de Braune
Cinquefoglia di Braune
Braunejev petoprstnik

He; F I H D Ö S

M 2–5 cm. Rasenbildend, Stängel niederliegend,
dünn, 1–2-blättrig, spärlich anliegend behaart,
zwischen den Haaren an Stängeln, Blatt- und
Blütenstielen drüsenlos. Grundblätter 3-zählig,
oberseits kahl, frischgrün, unterseits spärlich behaart, nicht weißfilzig. Blättchen jederseits am
Rand 2–3-zähnig. Stängelblätter ähnlich, aber
kleiner. Blüten klein, zu 1(–3), 7–12 mm Ø, lebhaft gelb. Kronblätter so lang wie oder kürzer
als der Kelch.
StO ④⑤ Schneetälchen, Rasen mit langer Schneebedeckung, feuchte Gesteinsfluren, nur auf Kalk,
bis 3000 m.
V Alpen: zerstreut. Ansonsten: Pyrenäen, Balkan.

355 Potentilla frigida Vill.
Gletscher-Fingerkraut
Potentille des régions froides
Cinquefoglia gelida

He; F I H Ö
M 2–10 cm, Rasen bildend. Stängel niederliegend, 1–3-blättrig. Ganze Pflanze lang zottig behaart, seidig glänzend, überall zwischen den Haaren sitzende gelbliche Drüsen. Grundblätter 3-zählig, unterseits nicht weißfilzig. Blättchen jederseits mit 2–4 Zähnen. Stängelblätter ähnlich, nur kleiner, das oberste oft einfach. Blüten klein, zu 1–3(5), 8–12 mm Ø, blassgelb, meist nicht ganz geöffnet. Kronblätter etwa so lang wie die Kelchblätter.
StO ④ Alpine Magerrasen, windexponierte Kuppen und Grate, Felsfluren, nur auf kalkarmen Gesteinen, 2500–3100 m.
V Alpen (Dauphiné bis Steiermark), zerstreut bis selten. Ansonsten: Pyrenäen.

356 Potentilla multifida L.
Vielteiliges Fingerkraut
Potentille multifide
Cinquefoglia sfrangiata

He; F I H; § in F H; RL in H (3) F (3) I (4)
M 5–25 cm. Stängel zu mehreren bogig aufsteigend, im oberen Teil verzweigt, vielblütig, dicht anliegend behaart. Blätter gefiedert bis fingerteilig, die Blättchen tief fiederschnittig, mit linealen, ganzrandigen Zipfeln, am Rand umgebogen, oberseits dunkelgrün, unterseits weißfilzig. Blüten hellgelb, 8–15 mm im Ø. Kronblätter ausgerandet, nur wenig länger als die Kelchblätter.
StO ④⑤⑥ Steinige Rasen, unter Felsen, Weiden, Viehläger, 2200–3000 m.
V Alpen: W-Alpen (Pelvoux-Masssiv, Lautaret, Iseran, Vanoise, Penninische Alpen vom M. Cenis und Cogne bis ins S-Wallis, Unterengadin), sehr selten. Allgemein: arktisch-alpin: Skandinavien, Ural, Pyrenäen, Alpen.

357 **Potentilla nivea** L.
Schneeweißes Fingerkraut
Potentille blanc-de-neige
Cinquefoglia nivea

He; F I H Ö; § in F H; RL in H (3) F (3) Ö (4)
M 5–20 cm. Stängel zu mehreren bogig aufsteigend, im oberen Teil ± verzweigt, wenig-blütig, wollig behaart. Blätter meist 3-zählig gefiedert. Bättchen eiförmig, unterseits dicht weißfilzig, jederseits stumpf gezähnt. Blüten gelb, 10–15 mm im Ø. Kronblätter ausgerandet, viel länger als die Kelchblätter.
StO ④ Sonnige, windexponierte Rasen und Grate, Gesteinsfluren mit kurzer Schneebedeckung, kalkliebend, 2000–3000 m.
V Alpen: Dauphiné bis Hohe Tauern, selten. Ansonsten: Skandinavien, Arktis, Kaukasus, Z-Asien, N-Amerika.

358 **Potentilla grandiflora** L.
Großblütiges Fingerkraut
Potentille à grandes fleurs
Cinquefoglia trifoliata

He; F I H Ö
M 10–40(50) cm. Stängel bogig aufsteigend, verzweigt und vielblütig. Blätter 3-zählig (vereinzelt auch 4–5-zählig) gefiedert, unterseits locker behaart, die unteren lang gestielt, mit verkehrt eiförmigen, 2–3 cm langen Blättchen, diese jederseits mit 3–8 Zähnen. Blüten gelb, 2–3 cm im Ø. Kronblätter 10–15 mm lang, 1½–2-mal so lang wie Kelchblätter.
StO ②④⑤ Magerrasen, felsige Hänge, Hochstauden, kalkmeidend, bis 2500 m.
V Alpen: Seealpen bis Dolomiten und Hohe Tauern, zerstreut, gebietsweise häufig. Ansonsten: Pyrenäen.

359 **Potentilla delphiniensis**
Gren. & Dodr.
Dauphiné-Fingerkraut
Potentille du Dauphiné

He; ● F; § (§B §F); RL (3)
M 30–50 cm. Stängel bogig aufsteigend, verzweigt und vielblütig. Blätter 5-zählig, handförmig geteilt. Blättchen 2,5–6 cm lang und 1,5–3 cm breit, verkehrt eiförmig, grob gezähnt. Blüten gelb, 2–3 cm im Ø, Kronblätter 10–12 mm lang, ca. 2-mal so lang wie Kelchblätter.
StO ④ Steinige Rasen, 1500–2000 m.
V Endemit der französischen W-Alpen (Savoien, Isère, Hautes-Alpes), sehr selten.

360 **Potentilla caulescens** L.
Stängel-Fingerkraut
Potentille caulescente
Cinquefoglia penzola
predalpski petoprstnik

He; F I H D Ö S; ✿
M 10–30 cm. Stängel meist hängend. Zu mehreren, viel länger als die grundständigen, meist 5-zählig gefingerten Blätter. Blättchen 1,5–3,5 cm lang, verkehrt eiförmig, an der Spitze gestutzt, seitlich mit je 3–7 ungleichen zusammenneigenden Zähnen, oberseits kahl, unten anliegend seidig (bis drüsig). Blüten in (2)3–7-blütigen Trugdolden, Blüten weiß, 15–25 mm Ø. Kronblätter verkehrt eiförmig mit keilförmigem Grund, an der Spitze wenig ausgerandet, länger als der Kelch. Staubblätter ganz oder nur in der unteren Hälfte behaart. Griffel kahl, gelb. Früchte nur an Spitze und Rücken behaart.
StO ④ Felsspalten, auf Kalk, bis 2000(2600) m.
V Alpen: in den Kalkgebieten der Alpen meist häufig. Ansonsten: südeuropäische Gebirge, N-Afrika.

361 Potentilla clusiana Jacq.
Ostalpen-Fingerkraut
Cinquefoglia di Clusius
Clusijev petoprstnik

He; I D Ö S; § in Ö; RL in D (4)
M 5–10 cm. Stängel aufsteigend aufrecht, armblättrig und armblütig (1–3), locker abstehend, zuweilen drüsig behaart, viel länger als die grundständigen, (3–)5-zählig gefingerten Blätter. Blättchen keilförmig, gestutzt, an der Spitze mit 5 Zähnchen, beiderseits grün, drüsig behaart, am Rand lang bewimpert. Blüten weiß, 20–25 mm Ø. Kronblätter breit ausgerandet, den Kelch deutlich überragend. Kelchblätter außen rötlich überlaufen. Staubfäden kahl, oft rot überlaufen. Griffel purpurn.
StO ④ Felsspalten, Felsschutt, auf Kalk und Dolomit, bis 2200 m.
V Alpen: O-Alpen (nordöstliche und südöstliche Kalkalpen). Ansonsten: Gebirge Kroatiens bis Albanien.

362 Potentilla saxifraga Ard. ex De Not.
Steinbrech-Fingerkraut
Potentille saxifrage
Cinquefoglia sassifraga

He; ● F I; RL in I (4)
M 10–25 cm, Polster bildend. Stängel anliegend behaart, dicht drüsig, die grundständigen, 3–5-zählig gefingerten Laubblätter überragend, 3–10(12)-blütig. Blättchen ledrig derb, an der Spitze mit 3 ungleichen Zähnen, mit herabgebogenem, nicht bewimpertem Rand, oberseits grün, unterseits silbrig behaart. Blüten weiß, 10–16 mm Ø. Kronblätter etwas ausgerandet, länger als die Kelchblätter. Staubblätter kahl. Griffel zumindest in der unteren Hälfte behaart. Früchte lang behaart.
StO ④ Felsspalten an senkrechten Felswänden, auf Kalk, bis 1500 m.
V Endemit der Seealpen, sehr selten.

363 **Potentilla nitida** L.
Dolomiten-Fingerkraut
Potentille luisante
Cinquefoglia delle Dolomiti
triglavska roža

He; ● F I Ö S; § in I Ö; RL in F (4)
M 2–5 cm, Polster bildend. Ganze Pflanze silbrig behaart. Stängel 1–2-blütig, die Blätter kaum überragend. Grundständige Blätter meist 3-zählig gefingert, kurz gestielt. Blättchen verkehrt eiförmig, an der Spitze 3–5(7)-zähnig. Blüten hellrot, rosa, seltener weiß, 20–30 mm Ø. Kronblätter vorne ausgerandet, länger als die Kelchblätter. Kelchblätter innen dunkelrot. Staubbeutel kahl, dunkelpurpurn. Früchte lang behaart.
StO ④ Felsspalten, Felsschutt, auf Kalk und Dolomit, bis 3100 m.
V Alpen: v. a. in den S-Alpen (Grigna bis Krain), isolierte Vorkommen in den SW-Alpen, zerstreut, gebietsweise häufig. Ansonsten: nördlicher Apennin.

364 **Potentilla valderia** L.
Valdieri-Fingerkraut
Potentille de Valdieri
Cinquefoglia di Valdieri

He; ● F I
M 10–30(50) cm. Stängel aufsteigend aufrecht, lang abstehend behaart, vereinzelt mit kurzen Drüsenhaaren, mehrblütig, die grundständigen Blätter weit überragend. Grundblätter 5–7-zählig gefingert, lang gestielt. Blättchen nicht nur im vorderen Teil, sondern auch am Rand gesägt, oberseits grün oder grünlich grau, unterseits graufilzig behaart. Kelchblätter gelblich grün, länger als die (milchig) weißen, etwa 6–7 mm langen, ± aufrecht stehenden Kronblätter. Staubfäden behaart.
StO ④ Felsen, felsige Hänge, bis 2400 m.
V Endemit der Seealpen, zerstreut, gebietsweise häufig.

365 **Potentilla grammopetala** Moretti
Schmalkronblättriges Fingerkraut
Potentille à pétales étroits
Cinquefoglia a petali sottili

He; ● F I H; § in I
M 10–30 cm. Stängel aufsteigend aufrecht, dicht
behaart und stark drüsig klebrig, vielblütig, die
grundständigen Blätter überragend. Grundblätter meist 3-zählig gefingert, lang gestielt. Blättchen eiförmig, in der vorderen Hälfte gesägt,
oberseits grün, unterseits graufilzig behaart.
Kelchblätter grünlich, drüsig behaart, so lang wie
oder etwas länger als die gelblich weißen bis
gelblichen, etwa 6–7 mm langen, ± aufrecht stehenden Kronblätter. Staubfäden kahl.
StO ④ Felsspalten, auf Silikat, 1800–2500 m.
V Endemit der W-Alpen: Berge um den Lago
Maggiore und Piemont bis östliche Grajische Alpen, selten.

366 **Potentilla nivalis** Lapeyr.
Schnee-Fingerkraut
Potentilla des neiges

He; F
M 10–30(50) cm. Stängel aufsteigend aufrecht,
lang abstehend behaart, vereinzelt mit kurzen
Drüsenhaaren, mehrblütig, die grundständigen
Blätter überragend. Grundblätter 5–7-zählig gefingert, lang gestielt, ihre Blättchen lediglich im
vorderen Teil gesägt, der Rest ganzrandig, oberseits grün oder grünlich grau, unterseits graufilzig
behaart. Kelchblätter gelblich grün, länger als die
milchig weißen, etwa 6–7,5 mm langen, ± aufrecht stehenden Kronblätter. Staubfäden kahl.
StO ④ Felsschutt, Felsen, auf Kalk, bis 2750 m.
V Alpen: SW-Alpen, sehr selten. Ansonsten: Pyrenäen, Gebirge N- und O-Spaniens

367 Sibbaldia procumbens L.
Alpen-Gelbling
Sibbaldie couchée
Sibbaldia
polegli žoltec

He; F I H D Ö S; ⚘

M 2–4(7) cm, Rasen bildend. Stängel niederliegend bis aufsteigend, aus Achsen der Grundblätter entspringend, kürzer als die Laubblätter, mit einzelnen Haaren und Drüsen. Rosettenblätter 3-zählig, Blättchen verkehrt eiförmig, an der Spitze gestutzt, 3-zähnig, oberseits graugrün, unterseits hellgrün, behaart. Blüten zu 5–10, unscheinbar. Kronblätter schmal, 1–2 mm lang, kürzer als Kelch, gelbgrün, hinfällig. Äußere Kelchblätter schmal lanzettlich, etwas kürzer als die breit lanzettlichen inneren Kelchblätter. Staubblätter 5.

StO ④ Bodensaure Schneetälchen, feuchte Rasen, kalkmeidend, 2000–2800 m.

V Alpen: in den Z-Alpen verbreitet, in den Kalkalpen zerstreut bis selten. Allgemein: Arktis, Grönland bis Skandinavien, Gebirge Europas; Kaukasus.

Die Gattung **Alchemilla** umfasst im Alpenraum etwa 150 Arten, von denen die allermeisten auch in der subalpinen bzw. alpinen Stufe vorkommen. Alpengebiete, die während der letzten Kältezeiten unvereist geblieben sind, weisen den grössten Artenreichtum auf.

Die Bestimmung der Arten gestaltet sich mit Ausnahme des Fünfblättrigen Frauenmantels Alchemilla pentaphyllea (**368**) aufgrund der insgesamt nur sehr geringen Merkmalsunterschiede als sehr schwierig.

Zudem sind viele Arten in ihrer Verbreitung und in ihren Standortansprüchen noch nicht abschliessend erforscht. Gewiss gibt es auch noch unbeschriebene Arten im Alpenraum. Eine detaillierte Darstellung der Gattung würde den Rahmen dieses Buches sprengen. Von daher kann nur eine exemplarische Vorstellung einzelner Arten erfolgen. Für Interessierte ist deshalb Speziallliteratur zu empfehlen.

368 Alchemilla pentaphyllea L.
Fünfblättriger Frauenmantel
Alchémille à cinq folioles
Ventaglina a cinque foglie

He; F I H Ö; RL in Ö (4)

M 5–10 cm, Rasen bildend. Ganze Pflanze kahl oder nur schwach behaart, grün. Stängel niederliegend, rot, an den Knoten wurzelnd und neue Rosetten ausbildend. Rosettenblätter bis zum Grund 3-teilig, alle Abschnitte nochmals in schmal lanzettliche Abschnitte geteilt. Blüten 4-teilig, in kleinen Knäueln. Kronblätter fehlen. 4 äußere und 4 innere Kelchblätter, diese grünlich gelb. Außenkelchblätter sehr klein bis fehlend. 4 Staubblätter zwischen den Kelchblättern.

StO ④ Schneetälchen, feuchter Feinschutt, nordexponierte Felsen, kalkmeidend, 1700–3200.

V Alpen: Seealpen bis Vorarlberg und Tirol. In den S-Alpen und Z-Alpen verbreitet, isolierte Vorkommen in Ö. Ansonsten: Pyrenäen.

369 **Alchemilla alpigena** Buser
Kalkalpen-Frauenmantel

He; H D Ö

M 5–20 cm. Pflanze mit Ausnahme der Blattober-
seiten seidig anliegend behaart. Blätter kreisrund, fast bis zum Grund oder vollständig in 7–9
längliche, am Grund nie stielartig verschmälerte
Blattlappen geteilt (daher Spreitenmitte nie durch-
sichtig). Blattunterseite dicht silberweiß seidig
behaart. Blattzähne ca. 1 mm, im vorderen Drittel der Blattlappen dem Blattrand angedrückt
und meist im Haarsaum verborgen, Endzahn sehr
kurz.

StO ④ Felsspalten, Felsblöcke, steinige Matten,
Felsschutt, meist über Kalkk bis 2300 m.

V Alpen: verbreitet in der nördlichen und westlichen Schweiz, in den Z-Alpen zerstreut, östlich
bis zum Tegernsee und dem Karwendelgebirge
und N-Tirol. Ansonsten: Jura.

370 **Alchemilla fissa** Günth. & Schummel
Zerschlitzter Frauenmantel

Alchémille fendue
Ventaglina fissa
nacepljenolistna plahtica

He; F I H D Ö S

M 10–30 cm. Pflanze zart mit dünnen Stängeln
und Blütenstielen. Blütenstiele und Kelch vollständig kahl. Wenige abstehende Haare an den
Stielen der Spätsommerblätter und an den Ner-
venspitzen der Blattunterseite. Grundblätter meist
kreisrund, dünn, mit durchscheinendem Nerven-
netz, bis etwa zur Hälfte in (5)7–9 keilförmige,
vorne gestutzte oder abgerundete Lappen zerteilt, diese nur an der Spitze mit bis 5 mm langen groben, gerade vorgestreckten Zähnen, an
den Seiten ganzrandig, Kelch- und Außenkelchblätter gleich lang, so lang wie der Kelchbecher
oder länger.

StO ④ Schneetälchen, feuchte Felsschuttfluren,
feuchter Grus, auf Silikat, kalkmeidend, 1600–
2700 m.

V Alpen: verbreitet, nach Osten seltener. Ansonsten: Pyrenäen, Vogesen, Riesengebirge.

371 Alchemilla flabellata Buser
Fächer-Frauenmantel
Alchémille hybride
Ventaglina ibrida
pahljačastolistna plahtica

He; F I H D Ö S
M 5–20 cm. Zierliche, aufrecht abstehend behaarte Pflanze, häufig rot gefärbt. Blätter rundlich, 7–9-lappig, oberseits locker, unterseits dicht seidig behaart. Blattlappen meist breiter als lang, durch tiefe Einschnitte getrennt, meist nur im vordersten Viertel gezähnt. Blütenstiele lang, Teilblütenstände locker. Kelchbecher und Blütenstiele dicht behaart. Kelchblätter spitz. Kelch nach dem Blühen innen rotbraun.
StO ①⑤⑥ Magere Matten und Weiden, Lägerfluren, Zwergstrauchheiden, bis 2800(3180) m.
V Alpen: verbreitet und häufig. Ansonsten: Gebirge S-Europas, Pyrenäen, Z-Frankreich, Apennin, Dalmatien, Burgenland, Böhmen, Mähren, Karpaten.

372 Alchemilla glabra Neygenfind
Kahler Frauenmantel
Alchémille glabre
Ventaglina glabra
gola plahtica

He; F I H D Ö S
M 5–80 cm. Mittelgroße bis große Pflanze. Stängel und Blattstiele abstehend behaart. Grundblätter bis 20 cm breit, nierenförmig bis rundlich, 9–13-lappig, oberseits in den Falten behaart, unterseits auf den Nerven abstehend behaart. Blattlappen 3-eckig parabelförmig mit sehr ungleichen, spitzen, 3-eckigen Zähnen. Unterste Stängelblätter sehr lang gestielt. Stängel erst im oberen Drittel verzweigt. Blütenstiele und Blüten in der Regel kahl. Kelchbecher rasch in den Stiel verschmälert.
StO ②③⑤ Bachufer, Quellfluren, Hochstaudenfluren, feuchte Wiesen und Weiden, bis 2400 m.
V Alpen: verbreitet und häufig. Allgemein: Skandinavien bis Lettland und Litauen, Großbritannien, Pyrenäen bis W-Russland, S-Grenze im nördlichen Apennin, Bosnien und Herzegowina, Rumänien, Bulgarien.

373 Rosa pendulina L.
Alpen-Rose
Rosier des Alpes
Rosa alpina
klimastoplodni šipek

Np; F I H D Ö S; § in Ö; ✤
M 1–2,5 m. Aufrecht, mit Ausläufern. Blütenzweige und junge Triebe in der Regel stachellos, ältere Äste mit nadelförmigen, abwärts gerichteten Stacheln. Blätter 7–11-zählig, dunkelgrün, Blättchen länglich., ± stark drüsig gezähnt. Blüten meist einzeln, Blütenstiel länger als die Butte, unbedrüst bis dicht stieldrüsig (bis drüsenborstig). Kelchblätter ungeteilt, nach dem Abblühen aufgerichtet, ausdauernd. Kronblätter dunkelrot bis rosa. Griffelkanal weit, mit breitem, wolligem Narbenköpfchen. Butte hängend, kugelig bis flaschenförmig, rot.
StO ①② Hochstaudenfluren, Bergwälder, Krummholz, bis 2500 m.
V Alpen: verbreitet. Allgemein: Gebirge M- und S-Europas, Z- und N-Spanien bis Karpaten und N-Griechenland, nördlich bis Auvergne, Jura, Vogesen, Rhön und Sudeten.

374 Rosa glauca Pourr.
Rotblättrige Rose
Rosier glauque
Rosa paonazza
rdečelistni šipek

Np; F I H D Ö (S); § in D Ö; RL in D (3) Ö (4); ✤
M Bis 2,5 m. Aufrecht, Rinde braunrot, junge Triebe rotblau. Stacheln leicht gebogen oder geneigt, an Blütenzweigen auch fehlend. Blätter 5–9-zählig, auffällig bläulich grün, mit purpurnen Nerven. Blättchen elliptisch eiförmig, meist einfach drüsenlos gezähnt, unbehaart. Blüten zu 1–5. Kelchblätter überwiegend ganzrandig, nach dem Abblühen aufgerichtet, ausdauernd. Kronblätter tiefpurpurrosa, auffällig klein. Griffelkanal weit. Hagebutte ± flach-rund.
StO ①② Gebüsche, Waldränder, Steinhaufen bis 2000 m.
V Alpen: ziemlich verbreitet und gebietsweise häufig. Allgemein: Gebirge M- und SO-Europas.
B Weitere Wildrosen (v. a. **R. rhaetica**, **R. abietina**, **R. dumalis**, **R. montana**, **R. villosa**) gelangen im Alpengebiet bis in die subalpine Stufe.

375 **Genista radiata** (L.) Scop.
Kugel-Ginster
Genêt rayonnant
Ginestra stellata
žarkasta košeničica

Np; F I H Ö S; § in H Ö; RL in H (4); ✿

M 20–80(100) cm, stark verzweigt. Zweige dornenlos, gegenständig oder quirlig, strahlenartig ausgebreitet, grün. Blätter gegenständig, 3-zählig und früh abfallend. Blättchen 1–2 cm lang, schmal lineal. Blüten 10–15 mm lang, gelb, zu 2–7 in köpfchenartigen, endständigen Blütenständen. Kelch dicht behaart, tief 2-lippig. Hülsen 10–15 mm lang, zottig behaart.
StO ①②④ Trockene Felshänge, Gebüsche, lichte Wälder, bis 2200 m
V Alpen: S-Alpen, gebietsweise häufig. Ansonsten: Apennin, Karpaten, Balkan.
B Weitere, in ± trockenen Magerwiesen oder Magerweiden oberhalb der Waldgrenze vorkommende Ginster-Arten sind: a) **G. sagittalis** L., Flügel-G.; b) **G. pilosa** L., Behaarter G.; c) **G. germanica** L., Deutscher G.; d) **G. tinctoria** L., Färber-G.

376 **Ononis cristata** Miller
Mont-Cenis-Hauhechel
Bugrane
Ononide di M. Cenis

He; F I

M 5–20(35) cm, niederliegend bis aufsteigend, meist rasig wachsend, kriechend, drüsig behaart, ohne Dornen. Blätter 3-zählig. Teilblätter 5–15 mm lang, vorne deutlich gezähnt, derb. Blüten einzeln, lang gestielt, blattachselständig. Fahne dunkelrosa, Flügel und Schiffchen weißlich. Hülse hängend, drüsig.
StO ①④⑤ Felshänge, Felsschutt, lichte Bergwälder, auf trockenen, kalkreichen Böden, bis 2000 m.
V Alpen: SW-Alpen, zerstreut. Ansonsten: Gebirge Spaniens über die Pyrenäen, bis in die Abruzzen.
B Weitere Hauhechel-Arten, die die subalpine Stufe mancherorts (v. a. Z-Alpen) erreichen sind: a) **O. repens** L., Kriechende H.; b) **O. rotundifolia** L. Rundblättrige H.; c) **O. natrix** L., Gelbe H.

377 Trifolium badium Schreb.
  Braun-Klee
  Trèfle brun
  Trifoglio bruno
  kostanjevorjava detelja

He; F I H D Ö S; ✿

M 10–25 cm, aufrecht bis aufsteigend. Oberste Blätter 3-zählig, fast gegenständig. Blättchen breit oval bis verkehrt eiförmig, fein gezähnt. Nebenblätter eiförmig lanzettlich. Blütenköpfe bis 15 mm breit, kugelig, zuletzt eiförmig. Kelchzipfel kahl oder nur wenig wimperhaarig. Blütenstiele so lang wie die Kelchröhre. Krone 6–9 mm lang, nach dem Abblühen kastanienbraun.
StO ③⑤⑥ Wiesen und Weiden, Quellfluren, bis 2200(3000) m.
V Alpen: verbreitet und häufig. Allgemein: N-Spanien bis Balkan.
B Weitere gelb(braun) blühende Klee-Arten vereinzelt oberhalb der Waldgrenze: **T. campestre** Schreb., Feld-K.; **T. dubium** Sibth., Zweifelhafter K.; **T. aureum** Pollich, Gold-K.

378 Trifolium thalii Vill.
  Rasiger Klee
  Trèfle de Thal
  Trifoglio di Thal
  Thalova detelja

He; F I H D Ö; RL in S (4)

M 5–15 cm, dichtrasig, niederliegend, nicht kriechend oder wurzelnd. Blätter 3-zählig, Blättchen 7–10-nervig. Blütenstiele 1–1,5 mm lang, kürzer als die Kelchröhre. Blüten abgeblüht aufrecht bleibend. Kelchzähne nur wenig ungleich. Krone zuerst weiß, später rötlich, 6–10 mm lang.
StO ④⑤⑥ Alpine Rasen, steinige Weiden, auf Kalk, bis 2400(3000) m.
V Alpen: Dauphiné bis Steiermark, zerstreut bis häufig. Ansonsten: Jura, Spanische Gebirge, Pyrenäen, Apennin.
B Verwechslungsgefahr besteht mit dem sehr häufigen Weiß-K., **T. repens** L.: **U** Stängel bis 50 cm lang, kriechend, an den Knoten wurzelnd, verzweigt. Blüten abgeblüht herabgeschlagen. Kelchzähne ungleich. Blütenstiele 2–5 mm lang, ± so lang wie die Kelchröhre. **StO** ⑤⑥ Weiderasen, Wegränder.

379 Trifolium pallescens Schreb.

Bleicher Klee

Trèfle pâlissant
Trifoglio pallescente
bleda detelja

He; F I H Ö S
M 5–20 cm, lockerrasig, mit niederliegenden bis aufsteigenden Stängeln, nicht wurzelnd. Blätter 3-zählig. Blättchen ca. 10–20-nervig. Blütenstiele 2–3 mm lang, länger als die Kelchröhre. Blüten abgeblüht herabgeschlagen. Kelchzähne ungleich lang. Krone schmutzig weiß, seltener rosa.
StO ④ Alpine Rasen, Moränen, Alluvionen, feuchter Gesteinsschutt, kalkmeidend, 1800–2700(3100) m.
V Alpen: Vorwiegend in den Z- und S-Alpen. Allgemein: Pyrenäen und Zentralmassiv bis zum Balkan.
B Bis über die Waldgrenze steigt der Berg-K., **T. montanum** L., an. **M** 15–60 cm. Stängel aufrecht, wollig behaart. Blättchen unterseits weichhaarig. Blüten nur 1 mm lang gestielt. Krone (gelblich) weiß, selten rötlich. **StO** ⑤ Trockene Magerwiesen. **V** Alpen: ziemlich häufig.

380 Trifolium noricum Wulfen

Norischer Klee

Trifoglio norico
noriška detelja

He; I Ö S
M 8–15 cm. Stängel dicht abstehend zottig behaart. Blätter 3-zählig. Blättchen länglich lanzettlich bis elliptisch, unterseits zottig behaart. Blütenköpfe 2,5–4 cm breit, einzeln, von den obersten Laubblätter deutlich abgesetzt, nur am Grund von 1–2 kleinen Blättern umhüllt. Blüten sitzend. Kelchzähne ± gleich lang, Kelchröhre 10-nervig. Krone weiß oder gelblichweiß.
StO ④⑤ Weiderasen, Geröll, auf Kalk, 1900–2600 m.
V Alpen: O-Alpen (S-Tirol, Friaul, Karnische Alpen, Berge Sloweniens). Ansonsten: Illyrische Gebirge, Apennin.
B Vereinzelt bis in die subalpine Stufe gelangt der Hügel-K., **T. alpestre** L. **M** Stängel anliegend behaart. Blütenköpfe (fast) sitzend, 2–3 cm breit. Kelchröhre 20-nervig, zottig behaart. Krone purpurrot. **StO** ②⑤ Trockene Wiesen, Gebüsche.

381 Trifolium pratense L.
ssp. nivale (Koch) Arcang.
Alpen-Wiesen-Klee
Trèfle des prés
Trifoglio pratense, črna detelja

He; F I H D Ö S
M 10–30 cm. Stängel kräftig, niederliegend bis bogig aufsteigend, dicht behaart. Nebenblätter auf der Fläche dicht behaart. Blütenköpfe meist zu 2,2–3,5 cm breit, von den obersten Stängelblättern ± umhüllt. Kelch dicht behaart, oft rötlich. Kelchzähne ungleich lang. Kelchröhre 10-nervig. Krone gelblich oder rötlich-weiß.
StO ④⑤ Weiderasen, feuchtes Geröll, 1800–2400(3150) m.
V Alpen: verbreitet und häufig. Ansosten: Pyrenäen, südeuropäische Gebirge.
B Der Gewöhnlicher W.-K., ssp. **pratense**, besitzt aufrechte bis aufsteigende Stängel. Stängel und Kelch nur wenig behaart. Krone rot. **StO** Wiesen, bis 2400 m. **V** Alpen: verbreitet, bis in die subalpine Stufe

382 Trifolium alpinum L.
Alpen-Klee
Trèfle des Alpes
Trifoglio alpino

He; F I H Ö
M 5–15 cm, kahl, ohne Stängel. Blätter 3-zählig, alle grundständig, gestielt. Blättchen bis 10 cm lang. Blütenstand kopfig, duftend, lang gestielt, 3–5 cm breit. Blüten gestielt. Kelch 10-nervig. Kelchzähne ungleich lang. Krone 18–25 mm lang, fleischrosa bis purpurrot.
StO ④⑤ Kalkarme Magerrasen, bis 2500(3100) m.
V Alpen: Tirol bis Seealpen verbreitet und häufig, in den nördlichen und südöstlichen Kalkalpen fehlend. Ansonsten: Pyrenäen, Gebirge Spaniens, Apennin, Siebenbürgen.
B Oberhalb der Waldgrenze findet sich gelegentlich der Mittlere K., **T. medium** L. **M** 10–40 cm, mit Stängel. Blütenstand 2–3 cm breit, eiförmig bis kugelig, gestielt. Blüten sitzend. Kelchröhre außen kahl. Krone 10–15 mm, rot. **StO** ①⑤ Lichte Wälder, Trockenwiesen.

383 **Trifolium saxatile** All.
Stein-Klee
Trèfle des rochers
Trifoglio die greti

Th-He; ● F I H Ö; § (§B §F) in F H; RL in F (4) I
(4) H (3) Ö (2)
M 5–15 cm. Stängel zu mehreren, niederliegend
bis aufsteigend, angedrückt behaart. Blätter 3-
zählig. Blättchen 4–6 mm lang, verkehrt herzförmig, beidseitig behaart. Blütenstände, rundlich, kopfig. Köpfchen zu 1–3, 6–8 mm breit,
von Nebenblättern umhüllt. Blüten ungestielt,
3–4 mm lang. Kelch dicht behaart. Krone weiß
oder rosa, unscheinbar, höchstens so lang wie
der Kelch.
StO ④ Trockenes Geröll, Moränenschutt, sandige
Alluvionen, Silikatfelsgrus, bis 3100 m.
V Endemisch: Dauphiné, M. Pelvoux, Savoyen,
Penninische Alpen, Piemont, N-Tirol, sehr selten.

384 **Lotus alpinus** (DC.) Ramond
Alpen-Hornklee
Lotier des Alpes
Ginestrino alpino

He; F I H D Ö
M 5–10 cm, niederliegend bis aufsteigend, meist
kahl. Stängel kantig. Blätter 5-zählig, die oberen
3 Blättchen kurz gestielt, die unteren 2 direkt
am Stängel. Blättchen nur bis 8 mm lang. Blüten in köpfchenartigen 1–3(4)-blütigen Dolden.
Kelchzähne deutlich kürzer als die Röhre. Krone
außen oft rot; Schiffchenspitze dunkelpurpurn.
StO ④ Felsschutt, steinige Rasen, Alluvionen,
Schneetälchen, 1800–2900 m.
V Alpen: verbreitet und vielerorts häufig. Ansonsten: Gebirge S-Europas.
B Oberhalb der Waldgrenze findet sich auch der
Gewöhnliche H., **L. corniculatus** L. **U** Blütenstand (2–)5(–8)-blütig. Kelchzähne so lang oder
etwas kürzer als die Röhre. Schiffchenspitze
gelb oder rötlich. **StO** Wiesen und Weiden, sehr
häufig.

385 Anthyllis vulneraria L. ssp. alpestris
(Kit. ex Schult.) Asch. et Graebn
Alpen-Wundklee
Anthyllide des Alpes
Vulneraria delle Alpi, pravi ranjak

He; F I H D Ö S
M 10–30 cm, niederliegend bis aufsteigend. Blätter unpaarig gefiedert. Grundblätter meist nur
aus dem ungeteilten Endblättchen bestehend.
Stängelblätter 1–3. Endblättchen der oberen Stängelblättern bis 2-mal so lang und 2–3-mal so
breit wie die seitlichen Blättchen. Blütenstände
kopfig, von handförmig gelappten Hüllblättern
umgeben. Kelch mit dunkelgrauen, aufrecht abstehenden Haaren, wenig aufgeblasen. Krone
blassgelb, aber z. T. rot überlaufen.
StO ④⑤ Felsschutt, steinige Magerrasen, auf
Kalk, bis 2700 m.
V Alpen: verbreitet und meist häufig. Ansonsten: Jura, Spanische Gebirge, Karpaten, Balkan
bis Montenegro.
B Weitere, ähnliche Sippen im Alpenraum.

386 Astragalus exscapus L.
Stängelloser Tragant
Astragale sans tige
Astragalo nano

He; I H (D) (Ö); RL in D (3) Ö (1); ✿
M 3–8 cm. Pflanze (fast) ohne Stängel. Blätter
am Grund rosettig gehäuft, dicht abstehend behaart, mit 12–19 Blättchenpaaren. Blütenstand
grundständig, 3–9-blütig. Krone hellgelb. Frucht
fast sitzend, eiförmig, dicht zottig behaart.
StO ①⑤ Trockenrasen, Felsensteppen, lichte
Trockenwälder, bis 2200 m.
V Alpen: Z-Alpen (Vintschgau, Wallis, Aostatal),
selten. Ansonsten: SO-Spanien, Deutschland
(Saale-, Bode- und Unstrutgebiet), Niederösterreich, Ungarn, Böhmen, Mähren, Siebenbürgen,
Ukraine.

387 **Astragalus depressus** L.
Niederliegender Tragant
Astragale nain
Astragale depresso

He; F I H Ö; RL in Ö (2) S (4)
M 5–10 cm. Pflanze mit sehr kurzem Stängel. Blätter am Grund rosettig gehäuft, anliegend behaart, mit 8–12 Fiederpaaren. Blättchen rundlich, oberseits kahl, unterseits behaart. Blütenstand kurz gestielt, 6–14-blütig. Krone weißlich bis hellviolett, das Schiffchen oft bläulich. Frucht fast sitzend, zylindrisch, gerade, zuerst angedrückt behaart, verkahlend.
StO ④⑤ Trockenrasen, Felsensteppen, auf Kalk, bis 2400(2700) m.
V Alpen: S-Alpen (Dauphiné bis Engadin und Etsch), selten, stellenweise häufig. Ansonsten: Spanische Gebirge, Pyrenäen, Provence, Apennin, Kalabrien, Sizilien, Balkan; Kleinasien.

388 **Astragalus sempervirens** Lam.
Dorniger Tragant
Astragale toujours vert
Astragalo spinoso

Ch; F I H
M 5–20 cm, mit niederliegenden, spalierartig ausgebreiteten, verholzten Stängeln, dicht mit den dornigen Mittelrippen der letztjährigen Blätter besetzt. Blätter paarig gefiedert, mit 6–10 Fiederpaaren und kräftigem Enddorn. Blättchen lanzettlich, bis 10 mm lang, seidenhaarig. Blütenstand kurz gestielt, traubig, 3–8-blütig. Kelch dicht behaart. Krone etwa 15 mm lang, blass fleischrosa bis schmutzig weiß. Fahne deutlich länger als Flügel und Schiffchen. Hülsen eiförmig, sitzend, weiß behaart.
StO ①④⑤ Schutthalden, lückige Rasen, lichte Föhrenwälder, auf Kalk, bis 2700 m.
V Alpen: W-Alpen östlich bis Tessin und Berner Alpen. Ansonsten: Spanische Gebirge, Pyrenäen, Jura, Apennin.

389 Astragalus frigidus (L.) A. Gray
Gletscher-Tragant
Astragale des régions froides
Astragalo bianco

Ge; F I H D Ö; ❀

M 10–35 cm. Stängel aufrecht, unverzweigt, meist kahl. Blätter mit 4–8 Fiederpaaren, bläulich grün. Blättchen 7–18 mm breit, eiförmig bis breit elliptisch, meist kahl. Nebenblätter 5–10 mm breit. Stiel des Blütenstandes 1–1,5-mal so lang wie das zugehörige Blatt. Krone gelblich weiß. Hülsen kaum aufgeblasen, 6 mm breit, rauhaarig, verkahlend.
StO ④⑤ Magerrasen, Steilhänge, v. a. in O- oder N-Lagen, kalkliebend, 1700–2500(2700) m.
V Alpen: Dauphiné bis Wiener Schneeberg, v. a. in den Kalkgebieten verbreitet und häufig. Allgemein: zirkumpolar-arktisch-alpin. Arktisches Europa, Asien und N-Amerika, Skandinavien, Alpen, Tatra, Siebenbürgen.

390 Astragalus penduliflorus Lam.
Blasen-Tragant
Astragale à fleurs pendantes
Astragalo giallo
kimastocvetni grahovec

He; F I H D Ö S; RL in D (4) S (4); ❀

M 20–80 cm. Stängel aufsteigend bis aufrecht, ästig, meist behaart. Blätter mit 7–15 Fiederpaaren, frischgrün. Blättchen 3–6 mm breit, elliptisch bis lanzettlich, weichhaarig. Nebenblätter 3 mm breit. Stiel des Blütenstandes 1–1,5-mal so lang wie das zugehörige Blatt. Krone gelb. Hülsen aufgeblasen, mehr als 10 mm breit, rauhaarig, verkahlend.
StO ①④⑤ Steinige Rasen, Felsschutt, lichte Bergwälder, bis 2400(2850) m.
V Alpen: zerstreut, selten in den nördlichen Kalkalpen. Allgemein: Französische Pyrenäen bis Tatra, Z-Schweden; Sibirien, Altai.

391 Astragalus australis (L.) Lam.
Südlicher Tragant
Astragale austral
Astragalo meridionale
južni grahovec

He; F I H D Ö S; RL in S (4)
M 10–20 cm. Stängel niederliegend bis aufsteigend. Blätter mit (3)4–7 Fiederpaaren. Blättchen
schmal elliptisch bis lanzettlich. Krone gelblich
weiß mit violetter Schiffchenspitze, zuweilen
auch Fahne violett. Flügel vorne tief 2-lappig bis
ausgerandet. Hülsen aufgeblasen, kahl.
StO ④⑤ Magerwiesen, Geröllhalden, kalkliebend,
1800–2600(3120) m.
V Alpen: Dauphiné bis Tauern, ziemlich selten.
Ansonsten: Pyrenäen, Apennin, Montenegro,
Karpaten; Sibirien vom Altai bis Archangelsk
und bis zum Ural.

392 Astragalus alpinus L. ssp. alpinus
Alpen-Tragant
Astragale des Alpes
Astragalo alpino
alpski grahovec

He; F I H D Ö S; ❀
M 5–20 cm. Stängel niederliegend bis aufsteigend. Blätter mit (5)6–12 Fiederpaaren. Blättchen
elliptisch. Krone weiß mit hellblauer Fahne, Schiffchen weiß mit violetter Spitze, so lang wie die
Fahne. Flügel ganzrandig. Hülsen aufgeblasen,
schwarz zottig behaart, hängend.
StO ⑤ Magerwiesen und Magerweiden, kalkliebend, 1500–3100 m.
V Alpen: Seealpen (selten) über die Französischen, Italienischen und Schweizer Alpen bis zu
den Bayerischen Alpen, den Tauern und den Julischen Alpen (verbreitet und meist häufig). Allgemein: Arktis, N-Europa, Pyrenäen, Alpen, Karpaten. Kaukasus, Himalaya.

393 Astragalus danicus Retz.
Dänischer Tragant
Astragale du Danemark

He; F I (D) (Ö); RL in Ö (2) D (3); ❀
M 8–30 cm. Stängel aufsteigend, wie Blätter mit einfachen Haaren zerstreut besetzt. Blätter mit 6–13 Fiederpaaren. Blättchen verkehrt eiförmig bis lanzettlich. Blütenstand kopfig, dicht- und reichblütig. Krone violett, am Grund weißlich, Fahne eiförmig, etwa so lang wie die Flügel. Hülsen 7–8 mm lang, eiförmig, aufgeblasen, weißhaarig.
StO ① ⑤ Trockenwiesen, Wälder, bis 2400 m.
V Alpen: SW-Alpen (Dauphiné, Provence, Piemont), selten. Allgemein: M- und O-Europa bis S-Schweden und Z-Asien.
B Der Purpur-T., **A. purpureus** Lam., steigt in den S-Alpen bis 1800 m an. **M** Krone purpurn. Hülsen 10–15 mm lang. Blättchen oberseits fast kahl. Fahne 1½–2-mal so lang wie die Flügel. **StO** ⑤ Magerwiesen. 2 ssp.

394 Astragalus leontinus Wulfen
Tiroler Tragant
Astragale de Lienz
Astragalo di Lienz

He; ● F I H (Ö); § in F; RL in F (3) Ö (2)
M 5–20 cm. Stängel niederliegend bis aufsteigend, wie die Blätter spärlich angedrückt behaart. Haare 2-armig (kompassnadelartig). Blätter mit 6–10 Fiederpaaren. Blättchen eiförmig bis schmal elliptisch. Blütenstand kopfig, 10–20-blütig. Krone violettblau oder rosa, selten weißlich. Blüten 12–15 mm lang. Fahne eiförmig, die Flügel höchstens 3 mm überragend, deutlich länger als das Schiffchen. Hülsen 8–10 mm lang, meist dicht behaart.
StO ① ④ ⑤ Trockene Hänge, steinige Rasen, lichte Wälder, Felsschutt, auf Kalk, bis 2600 m.
V Endemisch, Dauphiné, Grajische und Penninische Alpen bis Tirol, Belluneser Alpen, selten.

395 Astragalus norvegicus Weber
Norwegischer Tragant

396 Astragalus centralpinus Br.-Bl.
Fuchsschwanz-Tragant
Astragale queue de renard
Astragalo maggiore

He; Ö
M 20–40 cm, aufsteigend oder aufrecht. Blätter anfangs unterseits von einfachen Haaren kurz weißfilzig, verkahlend, mit 5–7(8) Fiederpaaren. Blättchen eiförmig elliptisch. Blütenstand kopfartig, 4–20 cm lang gestielt. Blüten 10–12 mm lang, abstehend bis nickend, 1–2 mm lang gestielt. Krone violett, Schiffchen deutlich kürzer als die Fahne. Flügel ganzrandig. Hülsen eiförmig.
StO ③④⑤ Feuchte Wiesen, Magerrasen, Bachufer, Heiden, Felsfluren, 1900–2500 m.
V Alpen: nur im Gebiet der Hohen und Niederen Tauern, sehr selten. Ansonsten: Skandinavien bis Sibirien, Karpaten.

He; ● F I; § (§B §F) in F I; RL in F (3) I (4)
M 40–100(150) cm, mehrere verzweigte, dicht weiß wollig behaarte Stängel. Laubblätter bis 30 cm lang, mit bis zu 20–30 Fiederpaaren. Blättchen 10–50 mm lang, breit eiförmig, oberseits kahl, unterseits zerstreut behaart. Blütenstände fast sitzend, eiförmig oder zylindrisch, vielblütig. Kelch dicht wollig behaart. Krone 15–20 mm lang, hellgelb. Flügel etwa so lang wie das Schiffchen, kürzer als die Fahne. Hülse eiförmig, dicht weißzottig.
StO ①②⑤ Trockene Rasen und Hänge, lichte Bergwälder, bis 1900 m.
V Endemit der SW-Alpen: Dauphiné, Monte Viso, Barcelonette, Queyras, Aostatal, Piemonteser und Grajische Alpen.

397 Oxytropis jacquinii Bunge
Berg-Spitzkiel
Oxytropis de Jacquin
Astragalo montano
Jacquinva osivnica

He; ● F I H D Ö S; ✿
M 5–20 cm, niederliegend aufsteigend, oft rasig ausgebreitet, mit nur kurzem Stängel, locke seidig behaart bis kahl. Blätter mit 8–14(20) Fiederpaaren und rötlichem Stiel. Blättchen 5–14 mm lang, eiförmig lanzettlich bis lanzettlich, zerstreut behaart bis kahl. Nebenblätter frei oder nur am Grund mit dem Blattstiel verwachsen. Kelchzähne weniger als ¼-mal so lang wie die Kelchröhre. Krone purpurn bis violett. Schiffchen mit deutlicher Spitze (Name!, Unterschied zur Gattung **Astragalus**). Frucht aufgeblasen, behaart bis verkahlend.
StO ④ Steinige Rasen, Felsschutt, auf Kalk, 1500–2900 m.
V Endemisch in den Alpen von Savoyen bis zum Wiener Schneeberg, zerstreut, in den Z- und S-Alpen seltener.

398 Oxytropis helvetica Scheele
(syn: O. gaudinii Bunge)
Schweizer Spitzkiel
Oxytropis de Suisse
Astragalo di Gaudin

He; ● F I H; ✿?
M Ähnlich **O. jacquinii**, aber Pflanze 3–10 cm, ohne Stängel, seidig grau behaart. Stiel des Blütenstandes niederliegend, auffallend dünn. Blätter mit 7–12 Fiederpaaren. Blättchen 2–7 mm lang, beiderseits dicht seidig grauhaarig. Kelchzähne mindestens ⅓ so lang wie die Kelchröhre. Krone blass blau bis blauviolett
StO ④ Steinige Rasen, Felsschutt, meist auf Kalkschiefer, 1700–2920 m.
V Endemisch in den W-Alpen: Seealpen bis Valsesia, Aostatal, Savoyen, Wallis.
B Sehr ähnlich ist der Amethyst-Spitzkiel, **O. amethystea** Autor, He; ● F I, endemisch in den SW-Alpen. **M** Pflanze stängellos, wollig behaart, Blütenstand aufrecht, Krone blass purpurn, beim Verblühen hell grauviolett. **StO** ④ Steinige Rasen. Selten.

399 **Oxytropis neglecta** Ten. (syn: O.pyrenaica G. et G. var. insubrica Brügger)
Insubrischer Spitzkiel
Oxytropis négligé
Astragalo dei pirenei

He; F I H Ö; RL in H (2)
M Ähnlich **O. jacquinii**, aber Pflanze 5–15 cm, stängellos dünnfilzig behaart. Blätter meist mit 12–20 Fiederpaaren und grünem Blattstiel. Blütenstand 7–10(20)-blütig, sein Stiel abstehend behaart. Kelchzähne mindestens ½ so lang wie die Kelchröhre. Hülsen hängend.
StO ④⑤ Magerwiesen, Schutthalden, auf Kalk, bis 2600 m.
V Alpen: Seealpen bis Raxalpe, zerstreut.
B Der Dreiblüten-Sp., **O. triflora** Hoppe, unterscheidet sich wie folgt: **U** 5–7 cm. Blütenstand 3–6-blütig, sein Stiel meist anliegend behaart. Blättchenpaare 10–12. Blättchen kürzer als 7 mm. **StO** Auf Kalkschiefer, 2000–2700 m. **V** Endemit der O-Alpen, v. a. Hohe Tauern, zerstreut.

400 **Oxytropis lapponica** (Wahlenb.) Gay
Lappländer Spitzkiel
Oxytropis de Laponie
Astragalo di Lapponia

He; F I H Ö
M 5–10(30) cm, Stängel kurz, aber deutlich entwickelt, aufsteigend. Blätter mit (6)7–12(14) Fiederpaaren, beiderseits dicht anliegend seidig behaart. Nebenblätter bis über die Mitte miteinander verwachsen. Blütenstand 8–15-blütig, sein Stiel anliegend behaart. Blüten ca. 10 mm lang. Krone hell bis lebhaft blau violett, seltener rosa. Hülse hängend, aufgedunsen.
StO ④ Magerwiesen, Schuttfluren, kalkliebend, 1800–2600(2990) m.
V Alpen: Hohe Tauern bis Cottische und Seealpen, sehr zerstreut, gebietsweise häufig. Ansonsten: Skandinavien. Sibirien, zentralasiatische Gebirge.

401 Oxytropis halleri Koch
ssp. **velutina** (Schur) Schwarz
Samtiger Spitzkiel
Oxytropis de Haller
Astragalo di Haller

He; F I H
M 5–20 cm, ohne Stängel, daher Laubblätter und Blütenstandsstiele (dieser im Gegensatz zu ssp. **halleri** auffallend dick) grundständig. Pflanze dicht seidenhaarig, Haare ± waagerecht abstehend. Blätter mit 10–16 Fiederpaaren. Blütenstand 6–16-blütig. Blüten 15–20 mm lang. Krone meist hellviolett. Hülse aufgetrieben, kurzhaarig.
StO ①④⑤ Trockenrasen, Felsschutt, Föhrenwälder, bis über 2000 m.
V Alpen: Trockentäler der Z-Alpen, zerstreut, stellenweise häufig.
B Ähnlich ist der Haller-Sp., ssp. **halleri**, He; F I H Ö. **U** Fiederpaare 8–11. Behaarung ± anliegend (Blätter) bzw. aufrecht abstehend (Blütenstandsstiel). Krone dunkelpurpurn bis blau-violett. **V** Dauphiné bis Tauern, zerstreut, bis 2940 m. Pyrenäen, Schottland, Karpaten, Balkan

402 Oxytropis campestris (L.) DC.
Alpen-Spitzkiel
Oxytropis champêtre
Astragalo villoso
poljska osivnica

He; F I H Ö S
M 5–20 cm, ohne Stängel, daher Laubblätter und Blütenstandsstiele grundständig. Blätter mit 10–15 Fiederpaaren, zerstreut behaart. Blütenstand 8–18-blütig. Krone blassgelb bis weißlich, Schiffchen vorn oft violett gefleckt. Platte der Fahne 2-mal so lang wie breit. Flügel kaum länger als Schiffchen. Kelch 7–10 mm lang.
StO ④⑤ Magerwiesen, Felsschutt, bis 3000 m.
V Alpen: weit verbreitet (fehlt in D), ziemlich häufig. Ansonsten: Skandinavien, Schottland, Pyrenäen, Karpaten, Südeuropäische Gebirge. N-Asien und N-Amerika.
B Der Tiroler A.-S., ssp. **tiroliensis** (Sieber) Leins, He; ●I H Ö unterscheidet sich wie folgt: **U** Krone meist trüb bläulich lila bis weißlich, Fahne schmaler, die Platte der Fahne ist 3–4-mal so lang wie breit. Flügel länger als Schiffchen. Kelch 6–8 mm lang. **StO** Wie **402**.

403 Oxytropis foetida (Vill.) DC.
Drüsiger Spitzkiel
Oxytropis fétide
Astragalo vischioso

He; ● F I H

M 5–15 cm, ohne Stängel, dicht drüsig klebrig, unangenehm riechend. Laubblätter und Blütenstandsstiel grundständig. Blätter mit 10–25 Fiederpaaren, Blättchen nur 3–8 mm lang und 1–3 mm breit (**O. campestris** besitzt 5–15 mm lange und 2–4 mm breite Blättchen), an den Rändern nach unten umgerollt. Blütenstände 3–7-blütig. Krone 15–20 mm lang, milchweiß. Schiffchen von den Flügeln oft eingehüllt, von der Fahne weit überragt. Hülse aufgedunsen.

StO ④ Felsschutt, Geröll und steinige Hänge, auf kalkhaltigem Gestein, 1800–3000 m.

V Endemit der W-Alpen: Dauphiné, Savoyen, Wallis, Aoastatal, Engadin, selten.

404 Hedysarum hedysaroides
(L.) Schinz & Thell. ssp. hedysaroides
Alpen-Süßklee
Sainfoin des Alpes
Sulla alpina, alpska medenica

He; F I H D Ö S; ❀

M 10–30 cm, aufrecht oder aufsteigend, (fast) kahl. Stängel beblättert. Blätter mit 5–9 Fiederpaaren. Blättchen elliptisch bis eiförmig, ganzrandig. Nebenblätter verwachsen. Blütenstand 10–35(50)-blütig, traubig, etwas einseitswendig. Blüten hängend, purpurrot. Hülsen eingeschnürt, aus scheibenförmigen Gliedern bestehend.

StO ④⑤ Magerrasen und felsige Hänge, 1700–2800 m.

V Alpen: ganzes Alpengebiet bis zur Provence, zerstreut bis häufig. Ansonsten: Spanische Gebirge, Pyrenäen, Karpaten, Sudeten, Apennin.

405 Hedysarum boutignyanum Alleiz.
Weißblütiger Süßklee
Sainfoin des Alpes

He; ● F
M 20–60 cm, aufrecht oder bogig aufsteigend.
Stängel beblättert. Blätter kahl, mit 4–8 Fiederpaaren. Blattstiel mit Drüsen. Blättchen elliptisch
bis eiförmig, vorne ausgerandet mit feiner
Spitze. Blüten zahlreich, in einseitswendige Traube. Blüten hängend, gelblich weiß oder weißlich,
zuweilen blau geadert. Hülsen eingeschnürt, aus
scheibenförmigen Gliedern bestehend.
StO ④ Felsschutt, Felshänge, steinige Rasen,
1500–2800 m.
V Endemit der SW-Alpen: Cottische und Dauphiné-Alpen, gebietsweise häufig.

406 Onobrychis montana DC.
ssp. montana
Berg-Esparsette
Esparcette des montagnes
Lupinella montana

He; F I H D Ö S?; ❀
M 5–25 cm, niederliegend bis aufsteigend. Blätter mit 5–7(8) Fiederpaaren. Blättchen elliptisch eiförmig. Blütentraube vor dem Aufblühen
eilänglich, dick, an der Spitze abgerundet, dichtblütig, zur Blütezeit 1,5–2,5 cm breit. Krone
(9)10–14 mm lang, kräftig rosa. Fahne um (1–)
2 mm kürzer als das Schiffchen. Flügel spitz,
etwa so lang wie der Kelch. Hülsen 6–8 mm
lang, am Kamm mit schlanken, langen Stacheln.
StO ④⑤ Magerrasen, steinige Hänge, Felsschutt,
auf Kalk, bis 2200(2500) m.
V Alpen: in den Kalkgebieten verbreitet und
meist häufig, östlich der Dolomiten und der
Bayerischen Alpen fehlend. Ansonsten: Spanische Gebirge, Pyrenäen, Jura, Balkan, Apennin,
Karpaten; Kleinasien, Kaukasus.

407 Lathyrus laevigatus
(Waldst. et Kit.) Gren.
Gelbe Platterbse

Gesse jaune, Cicerchia gialla
goli grahor, rumeni grahor

Ge; F I H D Ö S

M 20–60 cm. Stängel aufrecht, ungeflügelt, verzweigt. Blätter mit 4–6 Fiederpaaren, mit Grannenspitze, rankenlos. Blättchen elliptisch, 3–7 cm lang. Blütenstand 3–12-blütig. Blüten gelb, verblüht bräunlich. Hülsen 5–7 cm lang. a) ssp. **laevigatus**, Östl., Gelbe P.: Laubblätter ganz kahl. Blüten meist unter 20 mm lang. Kelchzähne sehr kurz. **V** SO-Alpen. b) ssp. **occidentalis** (Fischer et Meyer) Fritsch, Westl. Gelbe P: Laubblattstiele, Nebenblätter und Blättchenunterseite behaart. Blüten oft über 20 mm lang. Kelchzähne gut entwickelt. Kelchröhre wollig behaart. **V** Alpen: Seealpen bis Slowenien. Ansonsten: Pyrenäen, Apennin, Kroatien und Serbien.
StO ①②⑤ Wiesen, Hochstaudenfluren, auf Kalk, bis 2000 m.

408 Daphne alpina L.
Alpen-Seidelbast

Daphné des Alpes
Dafne alpina
alpski volčin

Nph; F I H Ö S; § in I H Ö; RL in H (4) Ö (4); ☘; ❀

M 25–100 m, mit sparrigen, behaarten Zweigen. Blätter v. a. an den Zweigenden, 1–5 cm lang, lanzettlich, oberseits graugrün, unterseits heller, nicht ledrig. Blüten milchweiß, außen anliegend behaart, zu 2–10, an den Zweigenden, duftend. Frucht rot, behaart.
StO ①④ Felsen, Felsschutt, auf Kalk, bis 1900 m. **V** Alpen: zerstreut bis selten. Ansonsten: Jura, Pyrenäen, Apennin, Balkan.
B Der Gewöhnliche S., **D. mezereum** L., besitzt rosa bis violettrote Blüten, die vor den Blättern erscheinen. Blätter lanzettlich, nur an den Zweigenden. Höhe 25–150 cm. **StO** ① Frische Wälder, Felsschutt, auf Kalk, bis 2500 m. **V** Alpen: verbreitet. Ansonsten: England bis Kaukasus, Spanien bis Kleinasien.

409 Daphne striata Tratt.
Gestreifter Seidelbast

Daphné strié
Dafne rosea
progasti volčin

Nph; F I H D Ö S; § in I H D Ö; RL in H (4); ⚘; ❀
M 5–15(35) cm, mit niederliegend aufsteigenden Stämmchen, zahlreich gabelig verzweigt.
Blätter schmal keilförmig, 5–6-mal so lang wie
breit, hell blaugrün, am Zweigende rosettig gehäuft, dünn lederig, kahl. Blüten zu 8–15 in endständigen Dolden, hellrosa, fliederartig duftend, Blütenröhre oft fein gestreift, kahl. Frucht
kahl.
StO ①④ Latschengebüsch, Zwergstrauchheiden, Felsfluren, Nadelwälder, auf Kalk, bis über
2500 m.
V Alpen: Kottische Alpen bis Karawanken, Allgäu, zerstreut.
B Der Rosmarin-S., **D. cneorum** L. Nph; F I H D
Ö S; § in I D Ö S, RL 2 in D, ⚘; ❀ unterscheidet
sich wie folgt: **U** Blätter 3–4-mal so lang wie
breit, über den ganzen Zweig verteilt, Blütenröhre behaart, einfarbig. Frucht behaart. **StO** ①
Föhrenwälder, Felsen, steinige Hänge, Trockenrasen, bis 2000 m, zerstreut.

410 Daphne petraea Leybold
Felsen-Seidelbast

Dafne minore

Nph; ● I; §; RL (4); ⚘; ❀?
M 8–15 cm, gabelig verästelter, knorriger Spalierstrauch. Äste sehr kurz, mit graubrauner
Borke. Blätter bis 12 mm lang, stumpf, derb ledrig, oberseits glänzend, unterseits weiß punktiert, mit fast 3-kantigem Mittelnerv. Blüten zu
3–5(10) in endständigen Dolden, rosa, duftend.
Blütenröhre außen dicht flaumig behaart, bis
15 mm lang. Kronzipfel kurz. Frucht wenig behaart.
StO ④ Felsspalten steiler Dolomitfelswände, bis
2000 m.
V Endemit der Judikarischen Alpen zwischen
Idrosee und Gardasee, sehr selten.

411 Epilobium fleischeri Hochst.
Kies-Weidenröschen
Epilobe de Fleischer
Garofanino di Fleischer

He; ● F I H D Ö; § in H D; RL in H (4) D (1), ❀
M 20–40 cm, Rasenbildend. Stängel bogig aufsteigend. Blätter dicht wechselständig, starr, lineal lanzettlich, frischgrün, drüsig gezähnt, 2–5 mm breit, unterseits ohne hervortretende Nerven. Blütenstand endständig, armblütig. Blüten 2–4 cm Ø. Kelch rot. Krone rosa. Narbe 4-teilig. Kapseln jung weißfilzig, kurz angedrückt behaart.
StO ④ Flußschotter, Moränenschutt, kalkmeidend, bis 2700 m.
V Endemit: Seealpen bis Tirol, v.a. in den W- und Z-Alpen, zerstreut bis häufig.
B In tieferen Lagen wächst das Rosmarinblättrige W., **E. dodonaei** Vill. **M** 30–90 cm, aufrecht. Blätter linealisch, weißfilzig, ganzrandig, mit umgebogenem Blattrand. **StO** ④ Flussschotter, auf Kalk, zerstreut.

412 Epilobium angustifolium L.
Schmalblättriges Weidenröschen
Epilobe à feuilles étroites
Garofanino maggiore, Erba di S. Antonio
Ozkolistno ciprje

He; F I H D Ö S; ❀
M 60–120(200) cm. Stängel aufrecht, rund bis leicht kantig, oft rot überlaufen, einfach bis selten verzweigt. Blätter (lineal) lanzettlich, 8–15 cm lang, 1–2 cm breit, oft am Rand zurückgerollt, gezähnt, unterseits blaugrün mit hervortretenden Nerven. Blütentraube endständig, reichblütig, Blüten 2–3 cm Ø, zygomorph, purpurrosa (selten weiß), Narbe 4-teilig. Griffel am Grund meist etwas behaart. Kapsel rot überlaufen.
StO ①② Waldschläge, Gebüsche, bis über 2000 m.
V Alpen: verbreitet und häufig. Allgemein: fast ganz Europa und Asien, N-Amerika.

413 Epilobium alsinifolium Vill.
Mierenblättriges Weidenröschen
Epilobe à feuilles d'alsine
Garofanino basilichino
črvinkasti vrboveo

He; F I H D Ö S
M 10–25 cm, mit zahlreichen unterirdischen Ausläufern, daher rasig wachsend. Stängel aufrecht, unverzweigt, kahl, zur Knospenzeit nickend. Blätter dicklich, dunkelgrün, eiförmig bis elliptisch, zugespitzt, 2–4 cm lang, am Grund plötzlich zusammengezogen, schwach geschweift gezähnt. Blüten 8–12(15) mm lang, Krone rosa. Narbe schwach keulig bis ausgerandet. Kapseln drüsig, verkahlend, rot überlaufen. Samen glatt, mit deutlichem Anhängsel.
StO ②③ Quellfluren, Hochstaudenfluren, Bäche, bis 2500 m.
V Alpen: verbreitet und häufig. Allgemein: Alpen, Arktis usw.

414 Epilobium anagallidifolium Lam.
Gauchheilblättriges Weidenröschen
Epilobe à feuilles de mouron
Garofanino alpino
alpski vrbovec

He; F I F D Ö S
M 2–20 cm, meist Rasen bildend, mit oberirdischen Ausläufern. Stängel bogig, zu mehreren, kahl, zur Blütezeit nickend, armblütig, mit erhabenen, behaarten Leisten, oft rot überlaufen. Blätter ± ganzrandig, kurz gestielt, stumpf, 1–2 cm lang. Blüten 4–5 mm lang, rosarot. Narbe kopfig. Kapseln jung nickend, drüsig, verkahlend. Samen glatt.
StO ③④ Quellfluren, feuchte Felsen, Felsschutt, bis 2900 m.
V Alpen: v. a. in den Z-Alpen, zerstreut bis mäßig häufig.
B Das Nickende W., **E. nutans** F. W. Schmidt He; F I H D Ö S; RL in S (4) findet sich zerstreut an Bächen und in Quellfluren. **M** Stängel einzeln, nicht rasig, oben weichhaarig. Obere Blätter sitzend. Kapseln dicht angedrückt behaart, drüsenlos. Samen äußerst fein warzig.

415 Epilobium alpestre (Jacq.) Krock.
Quirlblättriges Weidenröschen
Epilobe alpestre
Garofanino trifogliato
predalpski vrbovec

He; F I H D Ö S
M 20–70 cm. Stängel aufrecht, im oberen Drittel mit kurzen Ästen, mit (unten) 2 (oben) bis 4 flaumig behaarten Linien, sonst kahl, oben rund. Blätter frischgrün, oberseits deutlich glänzend, zu 3(–4) in Wirteln den Stängel z. T. umfassend. Blüten 8–15 mm lang, rosarot. Narbe keulig, ungeteilt. Kapsel flaumig drüsig.
StO ②⑥ Hochstaudenfluren, Grünerlengebüsch, Viehläger, bis 2400 m.
V Alpen: verbreitet, ziemlich häufig. Allgemein: Gebirge M- und S-Europas.
B Weitere kleinblütige Epilobium-Arten, die bis in die subalpine Stufe ansteigen: a) **E. montanum** L., Berg-W, b) **E. collinum** Gmelin, Hügel-W. c) **E. palustre** L. Sumpf-W.

416 Thesium alpinum L.
Alpen-Leinblatt
Thesium des Alpes
Linaiola alpina
alpska lanika

He; F I H D Ö S
M 10–25 cm, niederliegend bis bogig aufsteigend, mit deutlich einseitswendigem Blütenstand. Ästchen zur Fruchtzeit aufrecht abstehend. Blätter 1-nervig. Blüten 2–4(5) mm lang, meist 4-zählig. Blütenhülle zur Fruchtzeit nur an der Spitze eingerollt, 2–3-mal so lang wie die Frucht.
StO ①④⑤ Mager- und Trockenrasen, steinige Hänge, lichte Wälder, bis 3000 m.
V Alpen: verbreitet und häufig. Allgemein: M- und S-Europa.
B Das Wiesen-L., **T. pyrenaicum** Pourr. ssp. **alpestre**, besiedelt oberhalb der Waldgrenze ④ kalkreiche Rasen und Gesteinsfluren. **U** Blütenstand deutlich allseitswendig. Blüten (5)6–8 mm lang, (4)5-zählig. Blütenhülle 2-mal so lang wie die Frucht. Zerstreut bis selten.

417 Rhamnus pumilus Turra
Zwerg-Kreuzdorn
Nerprun nain
Ranno spaccasassi
nizka kozja češnja

Ch; F I H D Ö S
M 5–15 cm. Pflanze mit knorrigem, dem Fels angeschmiegtem Stamm, dornenlos. Blätter 2–4 cm lang, verkehrt eiförmig bis elliptisch, unterseits entlang der Nerven flaumhaarig, fein gesägt, wechselständig. Blattstiele 2–5 mm lang. Blüten klein, meist 4-teilig, zu mehreren in den Blattachseln. Kronblätter schmal, unscheinbar, oft fehlend. Frucht 6–8 mm Ø, blauschwarz.
StO ④ Felsspalten, Felsfluren, auf Kalk und Dolomit, bis 3000 m.
V Alpen: im gesamten Gebiet zerstreut bis selten. Ansonsten: Pyrenäen, Apennin, N-Afrika.
B Der Krainer K., **R. fallax** Boiss., kommt in tieferen Lagen vor: **U** Aufrechter 1–3 m hoher Strauch, Blätter 7–10 cm lang, unterseits jung in den Blattwinkeln behaart, verkahlend.

418 Linum viscosum L.
Klebriger Lein
Lino-malvino
lepljivi lan

He; I D Ö S; RL in D (3) Ö (3), § in D; ✿
M 30–60 cm. Stängel aufrecht oder bogig aufsteigend, abstehend zottig behaart, rund. Blätter wechselständig. Mittlere Stängelblätter 5–9 mm breit, eilanzettlich, 3–5-nervig, wie die Kelchblätter drüsig bewimpert, am Grund ohne Drüsen. Kronblätter 18–25 mm lang, rosarot, dunkelrot geadert. Griffel 5. Frucht eine kugelförmige Kapsel.
StO ①④⑤ Trockene Wiesen, Felsschutt, Waldsäume, auf Kalk, bis 1900 m.
V Alpen: zerstreut. Ansonsten: Spanien, Pyrenäen, Apennin.

419 Linum alpinum Jacq.
Alpen-Lein
Lin des Alpes
Lino celestre
julijski lan

He; F I H D Ö S; § in D; RL in D (3), ❀
M 10–30 cm. Ganze Pflanze kahl. Stängel zu mehreren, aus bogigem Grund aufrecht, v. a. im unteren Teil dicht beblättert, 1–8-blütig. Nicht-blühende Triebe locker beblättert. Blätter 0,5–1(2) mm breit, lineal bis lineal lanzettlich, 1-ner-vig, wechselständig. Innere und äussere Kelch-blätter etwa gleich groß, 3-nervig. Kronblätter blau, sich höchstens bis zur Mitte überlappend. Fruchtstiele aufrecht. Griffel 5. Frucht eine 6–8 mm lange Kapsel.
StO ④ Kalkfelsfluren, Schutthalden, auf Kalk, bis 2000 m.
V Alpen: mehrere, einander sehr ähnliche Sip-pen, v. a. in den Kalkgebieten der Alpen, insge-samt zerstreut. Ansonsten: weitere ähnliche Sip-pen in den südeuropäischen Gebirgen.

420 Linum suffruticosum L.
ssp. salsoloides (Lam.) Rouy
Halbstrauchiger Lein
Lin sous-arbrisseau
Lino salsoloide

He; F I; ❀
M 5–25 cm, meist kahl. Stängel zu mehreren, aus bogigem Grund aufrecht, im oberen Teil verzweigt, mit vielen nicht blühenden Trieben. Blätter 0,2–1 mm breit, lineal bis pfriemlich, am Rand sehr fein gesägt, Blattränder eingerollt. Kelchblätter 4–6 mm lang, 3-nervig, eiförmig, zugespitzt. Kronblätter weiß, am Grund violett oder lila gefärbt, 10–20 mm lang, etwa 3–4-mal so lang wie die Kelchblätter. Griffel 5. Frucht-kapsel 3–5 mm lang.
StO ④ Felsige Hänge, Felsschutt, bis ca. 2000 m.
V Alpen: SW Alpen, nordwestlich bis Piemont (Val Susa, Turin). Allgemein: SW-Europa bis NW-Italien und NZ-Frankreich).

421 Polygala chamaebuxus L.
Buchsblättrige Kreuzblume
Polygale petit-buis
Poligala falso-bosso
žanjevec grebenuša

Ch; F I H D Ö (S); § in H; RL in H (4); ✿
M 10–30 cm, reich verzweigt. Blätter immergrün, linealisch bis eiförmig, kahl, lederig, am Rand umgerollt. Blüten gelb und weiß, oft rot überlaufen, zu 1–3 blattachselständig, mit 2 kronblattartig vergrößerten Kelchblättern (Flügel) sowie 3 kleinen Kelchblättern. Kronblätter 3, das untere größer, schiffchenförmig, vorn mit 4-lappigem Anhängsel, die 2 oberen kleiner.
StO ①④⑤ Lichte Wälder, trockene Magerrasen, rasige Felshänge, bis über 2000 m
V Alpen: verbreitet und meist häufig. Allgemein: Pyrenäen über die Alpen bis zum Balkan, europäische Mittelgebirge.

422 Polygala alpestris Rchb. ssp. alpestris
Voralpen-Kreuzblume
Polygale alpestre
Poligala alpestre
predalpska grebenuša

He; F I H D Ö S
M 5–15 cm. Stängel niederliegend oder aufsteigend. Grundblätter keine Rosette bildend (aber häufig einander genähert), wechselständig, viel kleiner als die Stängelblätter. Blütentraube 5–20-blütig. Blütenhülle meist blau. Flügel 4,5–7 mm lang und 2–3,5 mm breit, mit undeutlich verzweigten Seitennerven, Netzmaschen 0 (selten 1–4).
StO ①④⑤ Magerrasen, Heiden, bis 2700 m.
V Alpen: verbreitet, aber nicht überall häufig. Allgemein: M- und s-europäische Gebirge.
B Ähnlich ist das Alpen-K., **P. alpina** (DC.) Steudel He; F I H Ö. RL in Ö (4). **M** 2–6 cm, am Grund niederliegend, mit Grundblattrosette, Mitteltrieb nicht blühend. Blüten hellblau bis weiß. Flügel 3,5–4,8 lang und 1,2–2 mm breit, kaum netzadrig. **StO** ⑤ Weiderasen, bis 2600. **V** W- und SW-Alpen, selten.

423 Geranium macrorrhizum L.
Felsen-Storchschnabel
Géranium à grosses racines
korenikasta krvomočnica

He; F I Ö S; § in F; RL in F (4); ✿
M 20–50 cm. Stängel behaart, kurzdrüsig, mit
0–1 Blattpaar. Grundblattspreite bis über die
Mitte in 5–7 verkehrt eiförmige Abschnitte ge-
teilt. Teilblütenstände mit 4–9 nickenden Blüten.
Blütenstiele drüsig. Kelch fast kugelig. Kronblätter 15 mm lang, meist purpurrot, lang genagelt.
Staubfäden bis 20 mm lang, Kelch und Krone
weit überragend.
StO ②④ Hochstaudenfluren, Felsschutt, bis
1700 m.
V Alpen: Seealpen- und SO-Alpen, bis 1700 m.
Ansonsten: Ungarn bis Balkan, Apennin.
B An manchen Orten erreicht der Braune St., **G.
phaeum** L., die subalpine Stufe. **M** 30–60 cm,
Blätter wechselständig, bis über die Mitte 7-tei-
lig, oft mit braunem Fleck. Kronblätter ausgebreitet bis zurückgeschlagen, hell- oder braunviolett.

424 Geranium sylvaticum L.
Wald-Storchschnabel
Géranium des forêts
Geranio silvano
gozdna krvomočnica

He; F H I D Ö S; ✿
M 30–70 cm. Stängel aufrecht, im oberen Teil
drüsig, im unteren kurz anliegend behaart. Blätter
bis 10 cm breit, im Umriss nierenförmig. Blattspreiten 5–7-spaltig, mit breiteren, im unteren
Teil tief eingeschnittenen, im oberen Teil grob
gezähnten Abschnitten. Kelchblätter bis 12 mm
lang, mit langer Granne. Kronblätter 13–18
(22) mm lang, meist rotviolett, am Grund weißlich. Staubblätter lanzettlich. Blütenstiele nach
dem Blühen bis zuletzt aufrecht.
StO ①②⑤⑥ Hochstaudenfluren, Wälder, Fettwiesen, Viehläger, bis 2400 m.
V Alpen: verbreitet und ziemlich häufig. Gebirge
N- u. M-Europas, spanische Gebirge, Pyrenäen,
südfranzösische Gebirge, Apennin; Gebirge N-
Asiens südlich bis Armenien und Kleinasien.

425 **Geranium argenteum** L.
   Silber-Storchschnabel
   Géranium à feuilles argentées
   Geranio argentino
   srebrnak krvomočnica

He; F I S; § in F I; RL in F (3); ❀
M 5–20 cm, silberweiß behaarte Pflanze. Blätter mit Ausnahme eines Blattpaares unter dem Blütenstand grundständig, bis zum Grund in 5–7 tief geteilte Blattlappen gegliedert. Blühende Stängel aufrecht, die Grundblätter kaum überragend, vor dem Aufblühen mit 2 nickenden Blüten. Kronblätter ca. 15 mm lang, etwas ausgerandet, hell rosa, mit dunkleren Adern. Kelchblätter silbrig behaart.
StO ④ Kalkreicher Felsschutt, Felsspalten, gern in Grat- und Gipfellagen, 1700–2200 m.
V Alpen: Südliche Kalkalpen bis S-Tirol und Bergamasker Alpen, Dauphiné. Ansonsten: Apuanische Alpen, Apennin, Umbrien.

426 **Geranium rivulare** Vill.
   Blassblütiger Storchschnabel
   Géranium blanc
   Geranio dei rivi

He; ● F I H; § in I
M 20–50 cm. Stängel aufrecht, meist gabelig verzweigt. Grundständige Blätter 2–6, Blattspreite fast bis zum Grund 5–7-teilig, mit unregelmäßig zerteilten und gezähnten Abschnitten dicht anliegend behaart. Blütenstand 8–12-blütig. Blüten weiß, mit violetten Adern. Blütenstiele und Kelch anliegend behaart, ohne Drüsenhaare. Kelchblätter mit 1–2 mm langer Granne. Kronblätter 10–15 mm lang, etwas ausgerandet.
StO ①②⑤ Magerwiesen, Hochstaudenfluren, Grünerlengebüsche, Zwergstrauchheiden, lichte Bergwälder, auf kalkarmen Böden, 1500–2300 m.
V Endemit, Seealpen bis Trentiner Alpen und Graubünden.

427 **Astrantia major** L. ssp. major
Große Sterndolde
Grande astrance
Astranzia maggiore
veliki zali kobulček

He; F I H D Ö S; § in H; RL in H (4)
M 30–100 cm. Grundständige Blätter 5–7-teilig. Hüllblätter 10–30 mm lang, so lang oder wenig länger als die Dolde. Endständige Dolde samt Hülle 2–3(4) cm Ø. Hülle derb, meist weißlich (grünlich). Kelchblätter deutlich stachelspitzig bis kurzgrannig, eiförmig lanzettlich, (1)1,5–2 mm lang, nicht oder nur wenig länger als die Kronblätter. Frucht 5–7 mm lang.
StO ①②⑤ Hochstaudenfluren, Bergwälder, Bergwiesen, bis ca. 2000 m.
V Alpen: im gesamten Alpengebiet zerstreut bis ziemlich häufig. Allgemein: NW-Spanien über S- und M-Europa bis zum Kaukasus.
B Im Unterschied dazu ssp. **carinthiaca** Arcang.: **U** Hülle fast 2-mal so lang wie die Dolde. Kelchblätter 2,2–5 mm lang, deutlich länger als die Kronblätter.

428 **Astrantia bavarica** F. W. Schultz
Bayerische Sterndolde
Astranzia di Bavaria
bavarski zali kobulček

He; ● I D Ö S
M 20–50 cm. Grundständige Blätter 5(–7)-teilig. Hüllblätter 8–15 mm lang, deutlich länger als die Dolde. Endständige Dolde samt Hülle 1–1,5(2,5) cm Ø. Hülle dünn, häutig, weiß. Kelchblätter stumpflich oder kaum stachelspitzig, eiförmig lanzettlich, 0,7–1 mm lang, nicht oder nur wenig länger als die Kronblätter. Frucht ca. 4 mm lang.
StO ①⑤ Bergwiesen, Zwergstrauchheiden, lichte Wälder, Latschengebüsch, bis 2300 m.
V Endemit der O-Alpen: Nördliche und Südöstliche Kalkalpen, zerstreut bis selten.
B Ähnlich ist die Kleine St., **A. minor** L. He; F I H; § in H; RL in H (4). **U** Grundblätter lang gestielt, 5–9-teilig, mit schmal lanzettlichen, tief gesägten Abschnitten. **StO** ①⑤. **V** Südwestliche Alpen, Pyrenäen, N-Appenin.

429 Eryngium alpinum L.
Alpen-Mannstreu
Panicaut des Alpes
Calcatreppola alpina
alpska mozina

He; F I H Ö S; § (§B §F) in F I H Ö S; RL in F (3)
I (3); H (3) Ö (3); ✿
M 30–100 cm, im oberen Teil blauviolett.
Grundständige Blatter mit herzförmigem Grund,
lang gestielt, ungeteilt, im Umriss 3-eckig, am
Rand unregelmäßig grob gezähnt. Stängelblätter ± tief geteilt. Der Blütenstand besteht aus
3–4 rundlich walzlichen, bis 6 cm langen, blauviolett bis amethystblau überlaufenen, von fiederteiligen, weichgrannigen Hüllblättern umge-
benen und überragten Doldenköpfchen. Blüten
zahlreich, dicht gedrängt, von meist 3-spaltigen
Hüllchenblättern überragt. Krone bläulich weiß.
StO ②④ Hochstaudenfluren und Rasen, 1500–
2000 m.
V Alpen: Seealpen bis Karawanken und Julische
Alpen, selten. Ansonsten: NW-Balkan.

430 Eryngium spina-alba Vill.
Silber-Mannstreu
Calcatreppola spina-argentata

He; ● F I; § in I; RL in I (3)
M 20–40 cm, im oberen Teil ohne auffällige
Violettfärbung. Grundblätter im Umriss rundlich
bis herzförmig, lang gestielt, gelappt, mit fie-
derschnittigen, grob gezähnten Abschnitten.
Gesamtblütenstand besteht aus mehreren rundlich walzlichen Teilblütenständen (Doldenköpfchen), diese von fiederteiligen, dornig stechenden, grünlich weißen Hüllblättern umgeben, die
etwa so lang wie die Doldenköpfchen sind. Blüten zahlreich, dicht gedrängt, von stechenden
Hüllchenblättern umgeben und überragt. Krone
blass bläulich bis silbrig grau, vor dem Aufblühen grünlich.
StO ④⑤ Steinige Rasen, Felsschutt, Felsen, auf
Kalk, bis 2100 m.
V Endemit der SW-Alpen: Dauphiné-Alpen über
Cottische Alpen bis Seealpen, zerstreut, gebietsweise häufig.

431 **Chaerophyllum villarsii** Koch
Alpen-Kälberkropf

Chérophylle d. Villars
Cerfoglio di Villars
Villarsijevo trebelje

He; F I H D Ö S

M 50–120 cm hoch. Stängel rund, wie Blätter borstig behaart. Blätter mehrzählig, jeder der beiden Abschnitte des untersten Fiederpaars 1. Ordnung etwa so groß wie der Rest der Spreite. Oberste Blattscheiden 3–10 mm lang. Obere Seitendolden meist wechselständig. Hülle 0-, selten 1–2-blättrig. Hüllchenblätter 5–10, bewimpert. Griffeläste fast parallel. Frucht 8–20 mm lang, kahl, mit hellen Längsrippen.
StO ①② Hochstauden, Grünerlengebüsche, lichte Bergwälder, Rasen, bis 2400 m.
V Alpen: verbreitet und ziemlich häufig.
B Der Zierliche K., **Ch. elegans** Gaudin, ● F I H Ö? besitzt lang ausgezogene, unterseits weich-flaumige Blattabschnitte. Oberste Blattscheiden 15–20 mm lang. Obere Seitendolden oft gegen- oder quirlständig. **V** SW-Alpen, Wallis, selten.

432 **Myrrhis odorata** (L.) Scop.
Süßdolde

Cerfeuil musqué
Mirride delle Alpi
dišeč kromač

He; F I H D Ö (S) ✿; ⚘; ❀

M 60–120 cm, behaart, zerrieben anisartig duftend. Blätter sehr groß, im Umriss breit 3-eckig, 2–4fach gefiedert. Hülle meist fehlend. Hüllchen fast vollständig weißhäutig, bewimpert. Frucht länglich, 20–25 mm lang, mit 5 scharfen, borstig rau behaarten Kanten, glänzend, reif schwarzbraun.
StO ①② Hochstaudenfluren, Grauerlenwälder, lichte Wälder, kalkliebend, bis 2100 m.
V Alpen: v. a. S- und W-Alpen, zerstreut, gebietsweise selten. Ansonsten: Südeuropäische Gebirge.
B Im Alpenraum kommen oberhalb 1500 m weitere ähnliche Doldengewächse vor, die mit den hier dargestellten verwechselt werden könnten: a) **Chaerophyllum hirsutum** L., Wimper-K., b) **Ch. aureum** L., Gold-K., c) **Anthriscus nitida** (Wahlenberg) Hazsl. Glänzender Kerbel.

433 Pleurospermum austriacum
(L.) Hoffm.
Österreichischer Rippensame

Pleurosperme d'Autriche
Cicutina austriaca, avstrijska obočnica

He; F I H D Ö (S); § in H; RL in H (4)
M 60–150 cm. Stängel kräftig, kantig gefurcht, röhrig. Blätter sehr groß, dunkelgrün glänzend, 2(–3)fach fiederschnittig, mit lang ausgezogenen, am Rand papillösen Abschnitten. Dolden groß, flach, 15–25(40)-strahlig. Hüllblätter z. T. fiederspaltig, wie Hüllchenblätter zahlreich. Frucht eiförmig, 6–10 mm lang, gerippt, ungeflügelt.
StO ①②③④ Hochstaudenfluren, Rasen, Bachufer, Schluchtwälder, kalkliebend, bis 2000 m.
V Alpen: verbreitet , aber nicht häufig, fehlt der westlichen Schweiz sowie Teilen der französischen Alpen und Ligurien. Allgemein: M- und O-Europa, isoliertes Vorkommen in Schweden.

434 Molopospermum peloponnesiacum
(L.) Koch
Striemensame

Molopósperme du Péloponnèse
Cicutaria fetida, progasti kobul

He; F I H (S)
M 80–150(200) cm, (fast) kahl, übelriechend. Grundblätter bis 1 m lang, glänzend, 2–4fach gefiedert. Dolden vielstrahlig, Seitendolden zu mehreren, quirlartig oder gegenständig, angeordnet, Gipfeldolde sehr groß. Hülle und Hüllchen vielblättrig, breit hautrandig, lang zugespitzt. Kronblätter weiß oder gelblichweiß. Frucht 1 cm lang, mit flügelartigen sowie schmalen Rippen.
StO ④⑤ Bergwiesen, Felshänge, v. a. auf kalkarmen Böden, bis 2000 m.
V Alpen: S-Alpen, zerstreut. Ansonsten Pyrenäen und Cevennen.

435 Bupleurum ranunculoides L.
ssp. ranunculoides
Hahnenfuß-Hasenohr
Buplèvre fausse renoncule
Bupleuro ranunculoide, zlatičnata prerast

He; F I H D Ö (S); § in H; RL in H (4) Ö (3); ✿
M 10–50 cm, kahl, oft unverzweigt, blaugrün.
Grundständige Blätter bis 10 cm lang, über
5 mm breit, mit 9–20 Längsnerven, lineal bis
schmal lanzettlich, die oberen am Grund stark
verbreitert, ± stängelumfassend. Dolde meist
5–7-strahlig. Hüllblätter 2–4, den obersten
Stängelblättern ähnlich. Hüllchenblätter eiförmig, > Blüten. Krone gelb. Frucht 2,5–3,5 mm
lang.
StO ④⑤ Lückige Rasen, Felsen, kalkliebend,
1500–2100(2700) m.
V Alpen: Seealpen bis Allgäuer Alpen und S-Tirol. Allgemein: Gebirge Z- und S-Europas, bis N-
Spanien, Z-Italien und zum Balkan.
B Das Grasblättrige H., ssp. **caricinum** (DC.) Arcang., § in H; RL in H (3) ist meist verzweigt.
Grundständige Blätter bis 20 cm lang und 2–
4 mm breit, mit 3–5 Längsnerven. **V** S-Alpen.

436 Bupleurum stellatum L.
Sternblütiges Hasenohr
Buplèvre étoilé
Bupleuro stellato

He; F I H Ö; § in H; RL in H (4) Ö (4)
M 10–40 cm, kahl, grün, oben verzweigt, mit
zahlreichen, grasartigen, bis zu 30 cm langen
und 0,3–1,5 mm breiten, aufrechten, rosettig angeordneten Grundblättern. Stängel am Grund
mit abgestorbenen Blattresten bedeckt, mit 0–2
halb stängelumfassenden Stängelblättern. Laubblätter 1-nervig, unterseits deutlich netznervig.
Hüllblätter 2–4, ungleich groß. Hüllchenblätter
8–12, bis über die Mitte schüsselförmig verwachsen. Krone gelb. Frucht 4–5 mm lang.
StO Steinige Hänge, Weiderasen, Felsspalten,
Schuttfluren, kalkmeidend, bis 2745 m.
V Alpen: W-Alpen und S-Alpen zerstreut, bis
2750 m. Ansonsten: Korsika.

437 Bupleurum petraeum L.
Felsen-Hasenohr
Buplèvre des rochers
Bupleuro di rocce
skalna prerast

He; ● F I Ö S;
M 20–50 cm, kahl, grün, meist unverzweigt, mit
zahlreichen, grasartigen, bis zu 30 cm langen
und 3–5 mm breiten, aufrechten, rosettig angeordneten Grundblättern. Stängel am Grund mit
abgestorbenen Blattresten bedeckt, Stängelblätter fehlen oder selten 1. Laubblätter oberseits 3–5-nervig, unterseits etwa 10-nervig. Hüllblätter 3–5, linealisch bis lanzettlich. Hüllchenblätter 5–10, frei oder selten am Grund verwachsen. Krone gelb. Frucht 5–6 mm lang.
StO ④ Felsrasen, Polsterseggenrasen, Felsspalten,
kalkliebend, bis 2200(3000) m.
V Endemisch: Seealpen, Cottische und Grajische
Alpen bis Slowenien, zerstreut.

438 Athamanta cretensis L.
Zottige Augenwurz
Athamante de Crète
Atamanta comune
alpska jelenka

He; F I H D Ö S; ✠; ❀
M 10–40 cm. Stängel meist zu mehreren, graugrün, behaart. Blätter 3fach gefiedert, mit linealen Fiederabschnitten. Dolden zu 3–5(8), 6–
12-strahlig. Hüllblätter 1–4, mit grünem Mittelstreifen. Hüllchen vielblättrig. Frucht 6–8 mm
lang, länglich, dicht grauhaarig.
StO ④ Felsen, Felsschutt, kalkliebend, bis 2400 m.
V Alpen: verbreitet und ziemlich häufig. Allgemein: Schwäbische Alb, Südspanische Gebirge
bis zum Balkan.
B Ähnlich ist die Val-Vestino-Art, **A. vestina**
Kerner He; ● I. **U** 20–50 cm, stärker verzweigt.
Blätter weniger stark behaart, ± glänzend. Dolden 5–15, die zentrale überragt die seitlichen,
mit je 15–25 Doldenstrahlen. **StO** ④ Felsen, Geröll, bis 2090 m. **V** Endemisch in den S-Alpen
zwischen Brescia und Belluno.

439 **Meum athamanticum** Jacq.
Gewöhnlicher Bärwurz
Fenouil des Alpes
Finocchiello
planinski štrbec

He; F I H (D) Ö S; 🐝 ✢ ❀
M 20–60 cm. Stängel am Grund mit Faserschopf, kahl, dunkelgrün, aromatisch. Blattspreite 2–4fach gefiedert, mit haarfeinen, 2–6 mm langen Zipfeln. Spreite im Umriss länglich 3-eckig. Dolden 3–15-strahlig. Hülle 0–6-blättrig. Hüllchen vielblättrig. Frucht länglich eiförmig, 6–8 mm lang, kahl. Rippen deutlich hervortretend.
StO ④⑤ Bergwiesen, Weiderasen, Geröllhalden, kalkmeidend, bis 2800 m.
V Alpen: Silikatgebiete der Alpen, zerstreut, gebietsweise häufig. Allgemein: Gebirge W- und M-Europas südlich bis Spanien, Italien und zum Balkan, ostwärts bis zu den O-Alpen, Riesengebirge und Erzgebirge, isolierte Vorkommen in N-Europa (Norwegen).

440 **Ligusticum mutellina** (L.) Crantz
Alpen-Mutterwurz
Ligustique mutelline
Motellina delle Alpi
planinska velestica

He; F I H D Ö S; 🐝
M 10–50 cm. Stängel am Grund mit dichtem Faserschopf. Grundblätter 2–3fach gefiedert, mit linealen Zipfeln, im Umriss 3-eckig. Stängelblätter 1–2, klein. Dolden 10–15-strahlig, zu (1) 2–3. Hüllblätter 0–2, ganzrandig, hinfällig. Hüllchenblätter zahlreich. Krone rötlich, selten weiß. Frucht 5–6 mm lang.
StO ②⑤ Bergwiesen, Weiderasen, Hochstaudenfluren, bis 2600 m.
V Alpen: verbreitet und meist häufig. Allgemein: Gebirge M- und S-Europas.

441 Ligusticum mutellinoides Vill.
Kleine Mutterwurz
Ligustique fausse mutelline
Motellina pigmea

He; F I H D Ö
M 5–15(20) cm. Stängel am Grund mit braunen Blattresten, ohne Faserschopf. Grundblätter 2–3fach gefiedert, mit linealen Zipfeln, im Umriss länglich eiförmig. Stängelblätter 0(–1). Dolden 8–20-strahlig, einzeln. Hüllblätter 5–10, fiederteilig bis 3-teilig, bleibend. Hüllchenblätter zahlreich. Krone rosa oder weiß. Frucht 3–5 mm lang.
StO ④ Alpine Rasen, gerne in Gratlagen, Feinschutt, kalkmeidend, bis 2800 m.
V Alpen: zerstreut. Ansonsten: Karpaten.

442 Ligusticum ferulaceum All.
Steckenkraut-Mutterwurz
Ligustique fausse-férule
Motellina piemontese

He; F I
M 40–120 cm. Stängel von Grund an verzweigt. Laubblätter 3–4fach gefiedert, mit linealischen, zugespitzten Blattzipfeln. Dolden mit 15–25 Doldenstrahlen. Hüllblätter zu mehreren, fiederteilig, nach unten gekrümmt. Krone gelblichweiß. Frucht eiförmig, gerippt, mit hellen, schmalen Flügeln und breiten braunen Längsstreifen.
StO ④ Rasen, Felsschutt, auf Kalk, bis 2100 m.
V Alpen: SW-Alpen, Seealpen bis Hautes Alpes. Ansonsten: Französischer Jura.
B Die Glänzende M., **L. lucidum** Miller, He; F I H; RL in H (2) hat folgende **M** 60–150 cm, Stängel hohl. Laubblätter 4fach gefiedert. Dolden mit 30–50 Doldenstrahlen. Hüllblätter 0–3. Hüllblätter 4–8, linealisch, ungeteilt. Frucht ähnlich **442**. **StO** Felsige Hänge, Gebüsch, bis 1500 m. **V** SO-Alpen westlich bis ins Tessin.

443 Peucedanum ostruthium (L.) Koch
Meisterwurz
Peucédan ostruthium
Imperatoria vera
jaščaria silj

He; F I H D Ö S; § in H; RL in H (4)
M 30–100 cm. Stängel rund, gerillt, hohl. Blätter 3-zählig. Teilblätter gestielt, ± tief 3-teilig, breit eiförmig (> 1 cm breit), am Rand grob und unregelmäßig gezähnt. Dolden 30–60-strahlig. Hülle 0–1-blättrig. Krone weiß oder rosa. Frucht 4–5 mm, rund und (wie bei allen **Peucedanum**-Arten) abgeflacht, mit deutlichen Rückenrippen und ± breit geflügelten Randrippen.
StO ②③⑥ Grünerlengebüsche, Hochstaudenfluren, Bachufer, Lägerfluren, bis 2000 m.
V Alpen: häufig. Allgemein: Gebirge M- und S-Europas.
B In unteren Lagen ist der Riesen-Haarstrang, **P. verticillare** (L.) DC. He; I H Ö S, auffällig. **M** 1–3 m, Stängel purpurbraun, oben verzweigt. Blätter sehr groß, glänzend, 2–3fach gefiedert. Abschnitte 2–5 cm breit, eiförmig lanzettlich. Dolden quirlig angeordnet. Krone gelb-grün. **StO** Lichte Wälder, Hänge; v. a. S-Alpen.

444 Heracleum sphondylium L.
ssp. **elegans** (Crantz) Schübl. et Martens
Berg-Bärenklau
Patte-d'ours
Panace commune, navadni dežen

He; F I H D Ö S; (N)
M 80–150 cm. Stängel gefurcht, am Grund > 4 mm Ø, borstlich behaart. Grundblätter handförmig 3-lappig bis 3(–5)-teilig, größere Stängelblätter meist 3-zählig. Blätter oberseits kahl, unterseits auf den Nerven borstig. Dolden 12–45-strahlig, 10–20 cm Ø. Doldenstrahlen weichhaarig. Krone weißlich oder rosa. Äußere Kronblätter der Randblüten stark vergrößert, eingeschnitten. Fruchtknoten weichhaarig bis zottig. Frucht flach, breit eiförmig, 6–10 mm lang.
StO ②⑤ Bergwiesen, Hochstaudenfluren, oberhalb 1000 m, bis 2400 m.
V Alpen: Zerstreut. Ansonsten: Vogesen, Schwarzwald.
B Ebenfalls in höheren Lagen wächst der Pyrenäen-B., ssp. **pyrenaicum** (Lam.) Bonn. et Lay. **M** Blattspreite einfach, gelappt, unterseits zwischen den Nerven dünn graufilzig. Selten.

445 Heracleum austriacum L.
Österreichischer Bärenklau
Berce d'Autriche
Panace austriaco
avstrijski dežen

He; ● H D Ö S
M 10–60 cm. Stängel nicht gefurcht, am Grund
<4 mm Ø, im oberen Teil weichhaarig. Blätter ein-
fach gefiedert, mit 2–3 Fiederpaaren. Abschnitte
eiförmig bis lanzettlich. Dolden mit (5)6–13(15)
flaumig behaarten Strahlen, nicht über 9 cm Ø.
Randblüten vergrößert. Krone weiß, äußere Kronblätter vergrößert. Frucht flach, breit eiförmig,
7–11 mm lang.
StO ②④ Hochstaudenfluren, Steinschuttrasen,
lichte Gebüsche, bis 2100 m.
V Endemisch in den Alpen: NO-Alpen, isoliert in
der Z-Schweiz (Napf-Gebiet).
B Ähnlich ist **H. siifolium** (Scop.) Nyman., He; ●
I Ö S: U: Krone rosa oder rötlich, Randblüten
stark vergrößert, tief ausgerandet. **StO** Steinige
Rasen, Hochstaudenfluren, bis 2300 m. **V** Endemisch in den SO-Alpen (Karawanken, Julische
und Steiner Alpen).

446 Heracleum pumilum Vill.
Zwerg-Bärenklau
Berce naine

He; ● F; § in F; RL (4)
M 10–30 cm. Stängel 1–2 mm im Ø, meist kahl.
Blätter kahl, glänzend, 2fach fiederteilig bis
2fach 3-zählig gefiedert, Abschnitte gestielt, verkehrt eiförmig bis verkehrt lanzettlich, bis 10 mm
lang und 3 mm breit. Dolden bis 6(9) cm im Ø,
mit nur 3–6 kahlen oder etwas flaumig behaarten Doldenstrahlen. Hüll- und Hüllchenblätter
fehlen. Frucht breit elliptisch bis fast rund.
StO ④ Schuttfluren, auf Kalk, bis 2250 m.
V Endemit der französischen SW-Alpen, selten.

447 Laserpitium siler L.
Berg-Laserkraut
Laser siler, Sermontain
Laserpizio sermontano
gorki jelenovec

He; F I H D Ö S; § in H; RL in H (4); ❀
M 30–150 cm. Stängel gerillt, meist kahl, am Grund mit Faserschopf. Blätter im Umriss 3-eckig, bis 1 m lang, 3–4fach gefiedert, bläulich grün, derb. Abschnitte lanzettlich, ganzrandig, mit weißem Knorpelrand. Dolden 20–50-strahlig. Hüll- und Hüllchenblätter kahl. Frucht 6–12 mm lang, kahl, mit breit geflügelten Rippen.
StO ①④ Trockene, steinige Hänge, Felsen, Schutthalden, Gebüsche, lichte Wälder, kalkliebend, bis 2400 m.
V Alpen: häufig. Allgemein: N-Spanien, Cevennen, Alpen, Jura, bis nördlicher Apennin und Balkan.

448 Laserpitium latifolium L.
Breitblättriges Laserkraut
Laser à larges feuilles
Laserpizio erba-nocitola
širokolistni jelenoveo

He; F I H D Ö (S); § in H; RL in H (4);
M 50–200 cm. Stängel gerillt, kahl oder schwach borstig, am Grund mit Faserschopf. Blätter im Umriss 3-eckig, bis 1 m lang, 1–2fach gefiedert, mit breit eiförmigen, grob gesägten Abschnitten, unterseits behaart. Dolden 20–50-strahlig. Hüll- und Hüllchenblätter zahlreich, hautrandig, kahl. Frucht 5–10 mm lang, Rippen breit geflügelt.
StO ①②⑤ Steinige Hänge, Hochstaudenfluren, Wiesen, lichte Wälder, bis 2100 m.
V Alpen: im gesamten Gebiet, zerstreut bis ziemlich häufig. Allgemein: S-Skandinavien bis S-Europa (Z-Spanien, Balkan).
B Das Französische L., **L. gallicum** L., He; F I. unterscheidet sich wie folgt: **U** Untere Blätter bis 50 cm lang, 3–5fach gefiedert, mit linear lanzettlichen, ganzrandigen oder 3-spitzen 1–2 cm langen Abschnitten. Hüll- und Hüllchenblätter behaart. **StO** Felsige Hänge, Felsen bis 2000 m.

449 Laserpitium gaudinii Moretti
Gaudin-Laserkraut

Laser de Gaudin
Laserpizio di Gaudin
Krapfov jelenovec

He; I H Ö S; § in H; RL in H (4);
M 50–120 cm. Stängel meist stark bereift, am Grund mit Faserschopf. Blätter groß, im Umriss 3-eckig, 1–2fach gefiedert. Abschnitte der unteren Stängelblätter unregelmäßig gekerbt-gezähnt, die der oberen Stängelblätter ± ganzrandig. Dolden (5)7–15(24)-strahlig. Doldenstrahlen innen kahl und glatt, auffallend ungleich lang. Hüllblätter 0–5, früh abfallend. Krone grünlich gelb. Frucht 5–12 mm lang, mit breit geflügelten Rippen.
StO ①⑤ Magerwiesen, Gebüsche, Waldränder, bis 2350 m.
V Alpen: SO-Schweiz bis NO-Italien, ziemlich selten.
B Ähnlich ist das Krapf-L., **L. krapfii** Crantz He; I S, aber Stängel kaum bereift. Untere Blätter ähnlich den oberen, Abschnite eiförmig, gezähnt. Doldenstrahlen auf der Innenseite rauhaarig. **StO** Wie **L. gaudinii**. **V** NO-Italien über Slowenien bis zum Balkan, Karpaten.

450 Laserpitium peucedanoides L.
Haarstrang-Laserkraut

Laserpizio delle Dolomiti
siljelistni jelenovec

He; I Ö S
M 30–60 cm, mit Faserschopf, kahl. Blätter 2–3fach 3-zählig gefiedert. Blattabschnitte linealisch, 15–100 mm lang und 3–25 mm breit, fast parallelnervig. Dolden 5–8 cm Ø, Doldenstrahlen 5–15.
StO ①④⑤ Bergwiesen, steinige Hänge, Felsschutt, auf Kalk, bis 2400 m.
V Alpen: O-Alpen, Grigna ostwärts bis Julische Alpen, zerstreut bis selten. Ansonsten: Dinarische Gebirge.
B Das Glänzende L., **L. nitidum** Zanted. ●I ist 30–70 cm hoch, oben verzweigt, Stängel borstig, Grundblätter 3fach gefiedert. Abschnitte gelappt, oberseits kahl, unterseits glänzend, am Rand gesägt und borstig bewimpert. **StO** ⑤ Berghänge, Weiden, bis 1800 m. **V** Endemisch zwischen Comer und Gardasee, selten.

451 Laserpitium halleri Crantz ssp. halleri
Haller-Laserkraut
Laser de Haller
Laserpizio di Haller

He; ● F I H Ö; § in H; RL in H (4)
M 15–60 cm, am Grund mit Faserschopf. Stängel wenig verzweigt, behaart, fein gerillt. Grundblätter bis 50 cm lang, 4–5fach gefiedert, Abschnitte letzter Ordnung linealisch, (1)2–4 mm lang und bis 1 mm breit. Dolden halbkugelig, 15–40-strahlig. Hüllblätter zahlreich, mit breitem, gewimpertem Rand, an der Spitze meist 3-zähnig. Hüllchenblätter zahlreich, meist häutig, bewimpert. Krone weiß oder etwas rötlich. Frucht 5–10 mm lang, hellbraun, mit hellen, breit geflügelten Rippen.
StO ①④⑤ Steinige Rasen, Felsschutt, lichte Wälder und Gebüsche, meist auf Silikat, bis 2400 m.
V Endemisch: Cottische Alpen bis westliche Dolomiten.
B Die ssp. **cynapifolium** (Viv.) P. Fourn. kommt endemisch auf Korsika vor.

452 Menyanthes trifoliata L.
Fieberklee
Trèfle d'eau
Trifoglio fibrino
navadni mrzličnik

Wa; F I H D Ö S; § in I Ö D; RL in D (3) Ö (3)
(⚥), ✠, ✿
M 15–30 cm. Stängel aus kriechendem Wurzelstock aufsteigend, rundlich, kahl, mit schuppenförmigen Niederblättern. Blätter 4–10 cm lang, mit langem, am Grund scheidenartig verbreitertem Stiel. Blattspreite 3-teilig, mit ovalen Blättchen. Blüten zu 10–12 in endständiger, dichter Traube, Kelchzipfel 5, Kronröhre in 5 zarte, etwas fleischige Zipfel auslaufend, weiß mit rosa Anflug, von langen saftreichen Haaren dicht bärtig. Staubbeutel violett, Frucht eine 2-klappige Kapsel.
StO ③ Flach- und Quellmoore, Hochmoorschlenken, Schwingrasen, stehende Gewässer, bis 2000 m. **V** Alpen: im gesamten Gebiet zerstreut.

453 Swertia perennis L.

Blauer Sumpfstern

Swertie vivace
Genzianella stellata
trpežna svercija

He; F I H (D) Ö (S); § in I H D Ö; RL in I (3), H
(4) D (2), Ö (3); ✿

M 15–60 cm. Stängel mit aufgelockerter Rosette. Grundblätter breit lanzettlich bis eiförmig,
gestielt. Stängelblätter sitzend, obere gegenständig, untere meist wechselständig. Blütenstand spärlich verzweigt. Kronzipfel sternförmig
ausgebreitet, hellviolett bis stahlblau, dunkel
punktiert und geadert.

StO ③ Sümpfe, Flachmoore, Quellfluren, bis 1800
(2300) m.

V Alpen: im Gebiet zerstreut, stellenweise häufig. Ansonsten: Pyrenäen, Jura, Alpenvorland,
M- und N-Deutschland, Apennin, Karpaten, Balkan.

454 Lomatogonium carinthiacum
(Wulfen) Rchb.

Kärntner Tauernblümchen

Lomatogonium de Carinthie
Genzianella di Carinzia

Th; I H D Ö; § in H Ö; RL in H (2) D (4)

M 1–15 cm. Stängel meist vom Grund an verzweigt. Grundblätter eiförmig bis lanzettlich,
stumpf, nicht rosettig. Blüten einzeln an langen,
unbeblätterten Stielen. Kelch tief 5-teilig. Krone
radförmig, fast bis zum Grund 5-teilig, hellblau
oder weiß. Narben am Fruchtknoten leistenför-
mig herablaufend.

StO ④ Lückige Rasen, Ruhschutt, bis 2600 m.

V Alpen: Wallis bis Niedere Tauern. Ansonstern:
Karpaten, Kaukasus bis Sibirien, N-Amerika.

455 Gentiana lutea L.
Gelber Enzian
Gentiane jaune
Genziana maggiore
košutnik, rumeni svišč

He; F I H D Ö S; § in I H D Ö; RL in H (4) D (3),
⑨ ✾; 🏛; ✿
M 50–140 cm. Stängel unverzweigt, hohl. Blätter gekreuzt gegenständig (im nicht blühenden
Zustand besteht Verwechslungsgefahr mit dem
Germer (**764**), der wechselständige Blätter besitzt), breit elliptisch, blaugrün, mit 5–7 parallelen Nerven. Blüten gelb, gestielt, fast bis zum
Grund 5–6(9)-teilig, in blattachselständigen Trugdolden. Kronzipfel schmal lanzettlich. Kelch 5-
teilig, einseitig aufgeschlitzt.
StO ②⑤ Magerwiesen und -weiden, Hochstaudenfluren, kalkliebend, bis 2200 m.
V Alpen: in weiten Teilen des Gebietes, häufig
bis zerstreut. Allgemein: Gebirge M- und S-Europas.
B In den Alpen mehrere Unterarten.

456 Gentiana punctata L.
Tüpfel-Enzian
Gentiane ponctuée
Genziana punteggiata

He; F I H D Ö; § in I H D Ö; RL in H (4) D (3),
✾, ✿
M 20–60 cm. Blätter gekreuzt gegenständig, eiförmig bis lanzettlich, glänzend grün, die oberen
sitzend, die unteren gestielt. Blüten zu 1–3 in
den oberen Blattachseln, die obersten kopfig
gehäuft. Kelch 5–8-teilig, ohne Schlitz. Kelchzipfel aufrecht. Krone 5-zählig, 2,5–3,5 cm lang,
blassgelb, dunkel punktiert.
StO ①②⑤ Weiderasen, Zwergstrauchheiden, auf
sauren Böden, bis 2600 m.
V Alpen: fehlt in den N-Alpen östlich des Tennengebirges. Ansonsten: Karpaten, Balkan.
B Sehr ähnlich ist der in den SW-Alpen endemisch vorkommende Villars-E., **G. villarsii**
(Griseb.) Ronniger ● He; F I, mit 2-teiligem, auf
einer Seite bis zum Grund aufgeschlitzten Kelch
und goldgelber Krone. **StO** Wie oben, bis
2700 m. **V** Seealpen bis M. Viso.

457 Gentiana purpurea L.
Purpur-Enzian
Gentiane pourpre
Genziana porporina

He; F I H D Ö; § in I H D Ö; RL in H (4) D (4), ✠, ⚘

M 25–60 cm. Blätter gekreuzt gegenständig, eilanzettlich, glänzend grün, die oberen sitzend, die unteren gestielt. Blüten zu mehreren in den oberen Blattachseln, die obersten kopfig gehäuft. Kelch 2-teilig, auf einer Seite bis fast zum Grund aufgeschlitzt. Kelchzipfel nicht nach außen gekrümmt. Krone 5-zählig, 2,5–4 cm lang, außen purpurrot, innen gelblich

StO ①②⑤ Weiderasen, Hochstaudenfluren, Grünerlengebüsch, Zwergstrauchheiden, 1600–2000(2700) m.

V Alpen: Grajische Alpen nach Osten bis zum Allgäu, zerstreut, gebietsweise häufig. Ansonsten: Apennin, Skandinavien.

458 Gentiana pannonica Scop.
Ungarischer Enzian
Gentiane de Hongrie
Genziana rossigna
panonski svišč

He; ●I H D Ö S; § in I H D Ö; RL in H (2) D (3), ✠; ⚘

M 25–60 cm. Blätter gekreuzt gegenständig, die unteren elliptisch, gestielt, die oberen lanzettlich, sitzend. Blüten zu mehreren in den oberen Blattachseln, die obersten kopfig gehäuft. Kelch 5–8-zipfelig, ohne Schlitz. Kelchzipfel nach außen gekrümmt. Krone 5-zählig, 2,5–5 cm lang, außen trüb weinrot bis schmutzig lila, schwarzrot punktiert.

StO ①②⑤ Weiderasen, Zwergstrauchheiden, Hochstaudenfluren, Latschengebüsch, bis 2200 m.

V Endemit der O-Alpen, westlich bis Allgäu, O-Schweiz, Bergamasker Alpen, zerstreut, gebietsweise häufig.

459 Gentiana asclepiadea L.
Schwalbenwurz-Enzian

Gentiane à feuilles d'asclépiade
Genziana asclepiade
kokoševčevolistni svišč

He; F I H D Ö S; § in I H D Ö; RL in H (4) D (3),
✠, ✿

M 15–60(100) cm, dicht beblättert. Blätter
>1 cm breit, eilanzettlich, (3–)5-nervig, deutlich
netzadrig, lang zugespitzt. Blüten zu 1–3 in den
oberen Blattachseln. Krone 3–5 cm lang, glockenförmig, innen rotviolett punktiert mit hellblauen
Längsstreifen. Kelchzipfel sehr kurz.
StO ①⑤ Wiesen, Weiden, lichte Wälder, Grünerlengebüsch, v. a. auf Kalk, bis 2200 m.
V Alpen: im gesamten Gebiet ziemlich häufig.
Allgemein: Alpenvorland, mittel- und südeuropäische Gebirge; Kaukasus.
B Der Kreuz-E., **G. cruciata** L.; He; F I H (D) (Ö)
(S); § in H D; RL in H (3) D (3); ✿ erreicht gelegentlich die subalpine Stufe. **M** 10–40 cm. Blätter kreuzweise gegenständig. Krone 4-zählig, 2–
2,5 cm lang, außen schmutzig blau bis grünlich,
innen blau, ungefleckt.

460 Gentiana prostrata Haenke
Niederliegender Enzian

Gentiane couchée
Genziana a dieci punte

Th; I H Ö; § in I H Ö; RL in H (2) Ö (4)

M 2–7(10) cm, niederliegend oder aufsteigend,
ohne nichtblühende Triebe. Untere Blätter gedrängt stehend, verkehrt eiförmig bis verkehrt
eilänglich, stumpf, 6–9 mm lang, mit knorpeli-
gem Rand. Blüten einzeln, endständig. Krone
1–2 cm lang, hellblau, röhrenförmig. Anhängsel
zwischen den Kronzipfeln groß, nur wenig kleiner als Kronzipfel (Krone daher 10zipfelig erscheinend). Kelch röhrenförmig, mit ungeflügel-
ten Kanten.
StO ④ Feuchte, lückige Rasen, Feinschutt,
2200–2800 m.
V Alpen: Graubünden, Etschtal und Stubaier Alpen ostwärts bis Hohe Tauern, selten. Ansonsten: N- und Z-Asien, N-Amerika, Anden.
B Bei der geringsten Schattenbildung schließen
sich die Blüten.

461 Gentiana frigida Haenke
Steirischer Enzian, Kälte-Enzian

He; Ö; § in Ö; RL in Ö (4)
M 5–10 cm, mit kurzem, unverzweigtem Stängel.
Grundständige Rosettenblätter eilanzettlich bis
schmal lanzettlich, 1-nervig, kurz gestielt. Obere
Stängelblätter mit scheidigem Grund sitzend.
Blüten 1–2(3), 5-zählig. Krone 2–4 cm lang,
schmal glockenförmig, gelblich weiß, v. a. außen
blau oder purpurfarben gestreift und gepunk-
tet. Kelchzähne breit lanzettlich, grün, etwa so
lang wie die Kelchröhre. Griffel kurz, mit zurück-
gerollten Narben.
StO ④⑤ Kalkarme, steinige Rasen, Felsfluren,
2000–2500 m.
V Alpen: nur in der Steiermark (Niedere Tauern,
Eizenerzer Alpen), selten. Ansonsten: Karpaten,
Bulgarien.

462 Gentiana froelichii Jan.
Karawanken-Enzian
Genziana di Froelich
Froelichov svišč

He; ●I Ö S; § in I Ö S; RL in Ö (4)
M 5–10 cm, mit kurzem, unverzweigtem Stängel.
Grundständige Rosettenblätter länglich lanzett-
lich, glänzend, 3-nervig. Blattrand oft nach oben
eingerollt. Blüten 1(–2). Krone 3–4 cm lang, blau,
ohne Streifen und Punkte, mit 5 kurzen, spitzen
Zipfeln, dazwischen jeweils ein zackenförmiger
Zahn. Kelch grünlich bis bräunlich. Kelchzähne
schmal lanzettlich, fast so lang wie die Kelch-
röhre.
StO ④ Steinige Rasen, Fels- und Schuttfluren,
an Graten, auf Kalk, 1800–2400 m.
V Endemisch in den SO-Alpen, selten.
B Zwei Unterarten: In den Karawanken, den
Steiner Alpen und am M. Plauris ssp. **froelichii**
mit ± geraden Kelchzähnen, in den südlichen
Karnischen Alpen ssp. **zenarii** Martini et Poldini
mit sichelförmig gekrümmten Kelchzähnen.
Das Bild zeigt ssp. zenarii.

463 Gentiana clusii Perr. et Song.
Stängelloser Kalk-Enzian
Gentiane de Clusius
Genziana di Clusius
Clusijev svišč

He; F I H D Ö S; § in I H D Ö; RL in H (4) D (3), ✿
M 5–15 cm. Grundständige Rosettenblätter lanzettlich bis eilanzettlich, zugespitzt bis spitz, etwas ledrig, am Rand papillös. Krone 3–6 cm lang, keulig glockenförmig, mit dunkelblauen Zipfeln. Kronröhre innen mit blauen Punktereihen auf weißlichen Längsstreifen, nicht oder nur undeutlich olivgrün gefleckt. Kelchzähne mindestens so lang wie die halbe Kelchröhre, der Krone anliegend, scharf zugespitzt, am Grund nie eingeschnürt. Kelchbuchten spitz.
StO ③④⑤ Magerrasen, Felsfluren, Felsschutt, auf Kalk, bis 2700 m.
V Alpen: O- und Z-Alpen, ziemlich häufig. Ansonsten: Apuanische Alpen, Jura, Schwarzwald, Karpaten, Kroatien.

464 Gentiana acaulis L.
Stängelloser Silikat-Enzian
Gentiane de Koch
Genziana di Koch
Kochov svišč

He; F I H D Ö S; § in I H D Ö; RL in H (4) D (3) S (2), ✿
M 8–15 cm. Grundständige Rosettenblätter verkehrt eiförmig bis elliptisch, 25–45(60) mm lang und 10–16 mm breit, stumpf oder mit kurzer Spitze, weich, am Rand glatt. Kronröhre 4–6 cm lang, keulig glockenförmig, mit dunkelblauen Zipfeln, innen olivgrün gefleckt. Kelchröhre 12–13 mm lang. Kelchzipfel über 1,5-mal so lang wie breit, meist kürzer als die halbe Kelchröhre, am Grund eingeschnürt, etwas abstehend, kurz zugespitzt. Kelchbuchten breit, gestutzt, mit weißer Verbindungshaut.
StO ④⑤ Magerrasen, Magerweiden, auf kalkarmen Böden, bis 3000 m.
V Alpen: verbreitet, v. a. in den Z-Alpen häufig. Ansonsten: Pyrenäen, Jura, Karpaten, Balkan.

465 Gentiana angustifolia Vill.
Schmalblättriger Enzian
Gentiane à feuilles étroites
Genziana a foglie sottili

He; F; §; RL
M Ähnlich **G. acaulis**, aber Grundblätter verkehrt lanzettlich linealisch, 3-nervig, spitz, glänzend.
StO ④⑤ Kalkreiche Magerrasen, 2000–2300 m.
V Alpen: französische SW-Alpen, nicht häufig. Ansonsten: Pyrenäen.

466 Gentiana ligustica Vilm. et Chop.
Ligurischer Enzian
Gentiane de Ligurie
Genziana ligure

He; ● F I; § in I
M Ähnlich **G. acaulis**, aber Blätter derber, höchstens bis 25 mm lang und 10 mm breit. Kelch nur 12–14 mm lang, viel kürzer als die 4–5 cm lange Kronröhre. Kelchzipfel nur wenig länger als breit. Kronzipfel lang zugespitzt.
StO ④ Felsen, alpine Rasen, auf Kalk, bis 2500 m.
V Piemonteser Alpen bis Seealpen, stellenweise häufig.

467 Gentiana alpina Vill.
Alpen-Enzian
Gentiane des Alpes
Genziana acaule

He; F I H; § in I H; RL in H (3)
M 4–8 cm. Grundständige Rosettenblätter nur
1–2(3) cm lang, breit lanzettlich (1–2-mal so lang
wie breit), 1–3-nervig, matt gelbgrün, ledrig, fleischig. Krone 3–4 cm, keulig glockenförmig, blau,
innen heller, mit olivgrünen Streifen und Flek-
ken, mit 5 breiten, kurz zugespitzten dunkelblauen Zipfeln. Kelchzähne meist kürzer als die
halbe Kelchröhre, mit breiten Buchten und heller Verbindungshaut zwischen den am Rand
rauen Zähnen.
StO ④⑤ Steinige Rasen, Magerweiden, Felsen,
auf kalkarmen Böden, 2000–2600 m.
V Alpen: SW- und S-Alpen (südliches Graubünden vom St. Gotthard bis ins Comerseegebiet,
Savoyer Alpen und Walliser Alpen bis ins Val di
Annivers), selten. Ansonsten: Pyrenäen, spanische Gebirge.

468 Gentiana nivalis L.
Schnee-Enzian
Gentiane des neiges
Genziana nivale
snežni svišč

Th; F I H D Ö S; § in I H D Ö; RL in H (4) D (3)
M 3–15 cm, ohne nicht blühende Triebe, vom
Grund an ästig verzweigt, mehrblütig. Grundblätter rosettig, eiförmig, Stängelblätter lanzettlich Kelch nicht aufgeblasen, der Kronröhre anliegend, an den Kanten höchstens 0,5 mm breit
geflügelt. Krone stieltellerförmig, hell- bis dunkelblau.
StO ④⑤ Magerwiesen/-weiden, offene Rasen,
Grate, kalkliebend, bis 2800 m.
V Alpen: verbreitet und ziemlich häufig. Ansonsten: Pyrenäen, Jura, Apennin, Karpaten, Balkan
bis Kleinasien, N-Europa, Grönland, N-Amerika.

469 Gentiana verna L.
Frühlings-Enzian

Gentiane printanière
Genziana primaticcia
spomladanski svišč

Ch-He; F I H D Ö S; § in I H D Ö; RL in H (4) D (3)
M 1–12 cm, mit blütenlosen Trieben. Rosettenblätter elliptisch lanzettlich, meist 4–10 mm breit, 2–3-mal so lang wie breit, 1–3-nervig (Mittelnerv deutlich), meist spitz, viel größer als die Stängelblätter. Kelch an den Kanten (0,5) 1–2 mm breit geflügelt. Kelchzähne 2,5–6 mm lang. Blüten stieltellerförmig. Krone tief blau, zwischen den Zipfeln mit je einem 2-spitzigen Anhängsel. **StO** ①③④⑤ Wiesen, Weiden, Rasen, Flachmoore, Felsschutt, kalkliebend, bis 2600 m. **V** Alpen: verbreitet. Allgemein: Alpen und Vorland, Mittelgebirge, spanische Gebirge bis Balkan; Asien. **B** Ähnlich ist der Karst-E., **G. tergestina** Beck, aber die Grundblätter sind lanzettlich, 4–6-mal so lang wie breit, 3-nervig. Kelchröhre 1,5–3(4) mm breit geflügelt. **StO** Trockenrasen, bis 1800 m. **V** SO-Rand der Alpen, Balkan.

470 Gentiana pumila Jacq. ssp. pumila
Niedriger Enzian

Genziana a foglie acute
nizki svišč

He-Ch; ● I Ö S; § in I Ö
M 4–12 cm, mit blütenlosen Trieben. Rosettenblätter lineal lanzettlich bis schmal lanzettlich, nur 1–2,5 mm breit, 6–7-mal so lang wie breit, 1-nervig, deutlich größer als die Stängelblätter. Kelch an den Kanten nicht geflügelt, 11–14 mm lang. Blüten stieltellerförmig, Krone dunkelblau, Kronzipfel spitzlich. **StO** ④ Frische Magerrasen, Schneetälchen, nur auf Kalk, bis 2500 m. **V** Endemit der O-Alpen: v. a. nordöstliche und südöstliche Kalkalpen, zerstreut bis mässig häufig. **B** Der sehr ähnliche Dauphiné-E., ssp. **delphinensis** (Beauverd) Fourn. He; F; unterscheidet sich in folgenden **M** Kronzipfel rundlich, Kelch 16–20 mm lang. **StO** ④ Felsfluren auf Kalk. **V** SW-Alpen (Dauphiné). Ansonsten: O-Pyrenäen.

471 Gentiana bavarica L.
Bayerischer Enzian
Gentiane de Bavière
Genziana bavarese

472 Gentiana bavarica L. var. subacaulis

He-Ch; §; ● F I H D Ö; § in I H D Ö; RL in H (4)
M 4–20 cm, kleine Rasen bildend, mit rosettenartigen blütenlosen, dicht beblätterten Trieben.
Stängel 1-blütig. Blätter bis 1 cm lang, am Rand
glatt, ohne knorpelige Spitze, alle etwa gleich
groß, die unteren höchstens so lang wie die oberen, verkehrt eiförmig bis zungenförmig, abgerundet, stumpf, die unteren dicht genähert, aber
nicht in Rosetten. Kelch länger als die halbe
Kronröhre, röhrig-trichterförmig, an den Kanten
nicht oder nur sehr schmal geflügelt. Kelchzähne spitz, 5–6 mm lang. Krone stieltellerförmig, tiefblau, oft mit weißem Schlund. Zwischen
den Kronzipfeln je ein 2-spitziges Anhängsel.
StO Quellmoore, Bachränder, Sumpfwiesen,
Schneetälchen, Felsschutt, 1800–3000 m.
V Alpen: endemisch, Seealpen bis Schneeberg,
zerstreut bis häufig.

Gentiana bavarica L. var. subacaulis ist klein-
wüchsiger (bis 4 cm hoch), hat fast kreisrunde,
dicht dachziegelig gedrängte, nach unten kleiner werdende Blätter; breiteste Stelle der Blätter
deutlich in der vorderen Hälfte. Kelch sehr
schmal geflügelt.
Vorkommen: Hochlagen der Alpen.

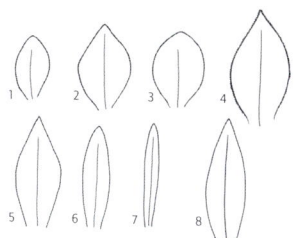

Blätter von
1 G. bavarica, 2 G. brachyphylla, 3 G. orbicularis,
4 G. schleicheri, 5 G. tergluensis, 6 G. rostani,
7 G. pumila, 8 G. verna

473 Gentiana rostani Reuter
Rostan-Enzian
Gentiane de Rostan
Genziana di Rostan

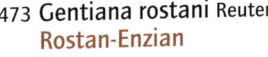

He-Ch; ● F I; § in I
M 3–14 cm, mit dicht beblätterten blütenlosen Trieben. Stängel 1-blütig. Grundständige Rosettenblätter 3–4-mal so lang wie breit, 5–20 mm lang und 1,5–5 mm breit, schmal eiförmig, vorne stumpf, ohne Knorpelrand. Stängelblätter etwas kleiner, die untersten häufig gedrängt. Kelch kaum geflügelt. Kelchzähne höchstens ½-mal so lang wie die Kelchröhre. Krone stieltellerförmig, tiefblau, oft mit weißem Schlund.
StO ③⑤ Feuchte Rasen, Bachufer, bis 2600 m.
V Endemit der SW-Alpen: Cottische Alpen und Seealpen, selten.

474 Gentiana schleicheri (Vaccari) Kunz
Schleicher-Enzian
Gentiane de Schleicher
Genziana di Schleicher

He-Ch; ● F I H; § in I H; RL in F (4) H (4)
M 3–6 cm, mit zahlreichen, dicht dachziegelig beblätterten blütenlosen Trieben. Stängel 1-blütig. Grundständige Rosettenblätter 5–8 mm lang und 4–5 mm breit, lanzettlich, zugespitzt, ziemlich starr, mit knorpeliger Spitze, abstehend bis aufrecht abstehend. Blattrand stark papillös. Stängelblätter nur wenig kleiner, gedrängt stehend. Kelch schmal geflügelt, Kelchzähne ca. ⅓-mal so lang wie die Kelchröhre.
StO ④ Steinige Rasen, Felsschutt, bis 3000 m.
V Endemit der W-Alpen (M. Viso bis Penninische Alpen.
B Sehr ähnlich ist der Julische E., **G. terglouensis** Hacq. He-Ch; ● I Ö S, aber Grundblätter der blühenden Triebe ± aufrecht, 4–6 mm lang und 2–3 mm breit. Kelchzähne ca. ½-mal so lang wie die Kelchröhre. **StO** Wie oben. **V** Endemit der SO-Alpen (Dolomiten; Karnische, Julische, Steiner Alpen, Karawanken.

475 **Gentiana brachyphylla** Vill.
Kurzblättriger Enzian
Gent. à feuilles courtes
Genziana a foglie brevi

He-Ch; F I H Ö; § in I H Ö; RL in H (4)
M 3–6 cm, mit blütenlosen Trieben. Blätter rosettig, die untersten etwas größer und dachziegelig, rhombisch bis eilanzettlich, in der Mitte am breitesten, vorne ± spitz, matt, hell bläulich grün. Kelch an den Kanten nicht geflügelt. Blüten 2–15 mm über dem obersten Stängelblattpaar. Krone hell bis dunkelblau, Kronzipfel etwa 2-mal so lang wie breit, Außenseite oft etwas grünlich. Kronröhre schmal.
StO ④ Magerrasen, Schneetälchen, bis 3100 m.
V Alpen: zerstreut bis häufig. Ansonsten: Pyrenäen, Sierra Nevada
B Ähnlich ist der im Gebiet sehr zerstreut vorkommende Rundblättrige E., **G. orbicularis** Schur, He-Ch; F I H D Ö; § in I H D Ö; RL in H (4).
U Blätter an der Spitze meist abgerundet, dunkelgrün. Kelchkanten deutlich geflügelt. Blüten höchstens 2 mm über dem obersten Stängelblattpaar. Kronzipfel etwa so lang wie breit.
StO kalkreiche Gesteine, bis 2800 m.

476 **Gentiana utriculosa** L.
Schlauch-Enzian
Gentiane à calice renflé
Genziana alata
trebušasti svišč

Th; F I H D Ö S; § in I H D Ö; RL in H (4) D (2)
M 8–25 cm, ohne blütenlose Triebe, einfach oder verzweigt, meist mehrblütig. Grundständige Rosette zur Blütezeit meist schon verwelkend. Kelch aufgeblasen, fast so lang wie die Kronröhre, an den Kanten 2–4 mm breit geflügelt. Krone stieltellerförmig, tief blau, außen oft grünlich.
StO ③⑤ Feuchte Wiesen und Weiderasen, Flachmoore, kalkliebend, bis 2400 m.
V Alpen: verbreitet, aber nicht häufig. Ansonsten: Alpenvorland, S-Karpaten, Apennin, Balkan.

477 Gentianella nana (Wulf.) Pritchard
Zwerg-Fransenenzian
Genziana nana

Th; ● I Ö; § in I Ö; RL in Ö (4)
M 2–5 cm, vom Grund an verzweigt. Grundständige Rosettenblätter verkehrt eiförmig, zur Blütezeit oft schon verwelkt. Blühende Stängel mit meist nur einem Blattpaar. Blüten meist 5-zählig, einzelne 4-zählig. Blütenstiel 0,5–2(4) cm lang. Kelch bauchig glockig, etwa so lang wie die Kronröhre, fast bis zum Grund geteilt. Krone röhrig glockig, blasslila bis blauviolett, mit eiförmigen aufrechten bis abstehenden Kronzipfeln und weißlichen, gefransten Schlundschuppen. Kronröhre 3–7 mm lang, 1–2-mal so lang wie breit, zwischen den Staubblättern je 1 Nektargrube.
StO ④ Feuchte, meist kalkarme Böden, Moränen, Feinschutt, lückige Rasen, 2200–2800 m.
V Endemit der östlichen Z-Alpen, von Kärnten bis W-Tirol und Salzburg, selten.

478 Gentianella tenella (Rottb.) Börner
Zarter Fransenenzian
Gentiane délicate
Genziana peduncolata
nežni svišcevec

Th; F I H D Ö S; § in I H D Ö; RL in H (4) D (3) S (4)
M 4–10 cm. Stängel am Grund verzweigt, Äste lang, meist 1-blütig, zart. Blätter länglich elliptisch, die unteren spatelig, etwas rosettig, obere spitz. Grundblätter zur Blütezeit oft verwelkt. Blüten meist 4-zählig, einzelne 5-zählig. Blütenstiel (1)2–5(6) cm lang. Kelch tief 4-teilig, etwa so lang wie die Kronröhre, mit gleich breiten, am Grund sackförmig ausgebuchteten Zipfeln. Krone kurz bauchig glockig, schmutzig violett, innen bärtig. Kronzipfel eiförmig bis breit lanzettlich, spitz, aufrecht abstehend. Kronröhre 3–10 mm lang, 2–4-mal so lang wie breit, zwischen den Staubblättern je 2 Nektargruben.
StO ④⑥ Lückige Rasen, Grate, Lägerfluren, Felsschuttfluren, 1600–3100 m.
V Alpen: v. a. in den Z-Alpen, zerstreut. Allgemein: Spanische Gebirge bis Karpaten; Arktis, asiatische Gebirge.

479 Gentianella ciliata (L.) Borkh.
Gewöhnlicher Fransenenzian
Gentiane ciliée
Genziana sfrangiata
resasti sviščevec

He; F I H D Ö S; § in I H D Ö; RL in H (4) D (3)
M 5–30 cm. Stängel einfach oder seltener verzweigt, kahl, ohne Grundblattrosette. Blätter schmal lanzettlich. Blüten einzeln, endständig, 4-zählig. Kelch 4-zipfelig. Krone 25–50 mm lang, hell- bis violettblau (selten weiß), mit 4 am Rand gefransten Kronzipfeln, im Schlund nicht bärtig. Kelch tief 4-spaltig, Kelchzipfel lang zugespitzt. Fruchtknoten gestielt, keulenförmig. Narbe sitzend, kreisförmig.
StO ①⑤ Almweiden, Halbtrocken- und Kalkmagerrasen, Waldwiesen, bis 2200 m.
V Alpen: im gesamten Gebiet, zerstreut bis häufig. Allgemein: M- und S-Europa, Kaukasus, Kleinasien.

Kelche von
1 G. campestre, 2 G. anisodonta, 3 G. pilosa,
4 G. engadiensis, 5 G. aspera, 6 G. germanica,
7 G. austriaca, 8 G. amarella, 9 G. amarella

480 Gentianella ramosa
(Hegetschw.) J. Holub
Reichästiger Fransenenzian
Gentianelle ramifiée
Genziana ramosa

Th-He; ● F I H; § in F I H; RL in F (4) H (4)
M 5–15 cm, Stängel vom Grund an ästig verzweigt, zur Blütezeit ohne grüne Grundblätter. Blüten 5-zählig. Kelch tief geteilt, Kelchzipfel alle fast gleich breit, am Rand glatt. Buchten zwischen den Kelchzipfeln gerundet. Krone 10–20 mm lang, helllila oder weißlich, glockig röhrenförmig, im Schlund bärtig.
StO ④⑤ Rasen, Weiden, auf Urgestein, 1700–3100 m.
V Endemisch in den Z-Alpen vom Wallis und Piemont bis Tirol, zerstreut, stellenweise häufig.

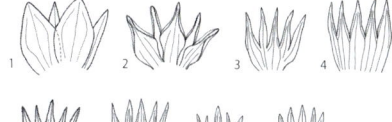

481 Gentianella campestris (L.) Börner
Feld-Fransenenzian
Gentianelle champêtre
Genziana campestre

Th-He; F I H D Ö; § in I H D Ö; RL in H (4) D (3)
M 5–20(35) cm. Stängel unterhalb der Mitte
bzw. vom Grund an ästig, zur Blütezeit am Grund
blattlos, aber mit vertrockneten Blattresten.
Grundblätter verkehrt eiförmig spatelig, im vorderen Drittel am breitesten. Blüten 4-zählig
(einzelne Blüten 5-zählig). Kelch fast bis zum
Grund geteilt, mit 4 sehr ungleich breiten Zipfeln. Kelchrand rau, nicht zurück gerollt. Krone
15–30 mm lang, lila, röhrenförmig, im Schlund
(wie bei allen Fransenenzianen) bärtig mit Ausnahme von **477.**
StO ④⑤ Magerrasen, bis 2500(2800) m.
V Alpen: verbreitet und ziemlich häufig. Allgemein: N-Europa über die mitteleuropäische Gebirge bis S-Europa.
B Weitere sehr ähnliche Arten bzw. Unterarten
mit meist 5-zähliger Blütenhülle. Wichtige Merkmale betreffen den Kelch (vgl. Abb. S. 263).

482 Polemonium caeruleum L.
Blaue Himmelsleiter
Polémoine bleue
Valeriana greca

He; F I H D (Ö); § in I H D Ö; RL in D (3), ❁
M (20)30–80(120) cm. Stängel bis oben wenig
ästig, kantig, hohl, kahl bis zerstreut drüsig flaumig. Blätter unpaarig gefiedert (8–15 elliptische
Teilblättchen), wechselständig, 7–12 cm lang. Blüten in reichblütiger, 13–17 cm langer, drüsig
behaarter Rispe. Kelch bis zur Mitte geteilt,
glockenförmig. Krone kurz trichterförmig, radiär,
blau, am Grund weißlich, selten weiß,
15–20 mm Ø, Staubbeutel orangegelb. Frucht
eine runde, 3-fächrige Kapsel.
StO ①③④ Bachufer, Hochstaudenfluren, Gebüsche, bis 2300 m.
V Alpen: zerstreut. Allgemein: N- und M-Europa
südlich bis zu den Pyrenäen, Balkan, Russland.

483 **Myosotis alpestris** F. W. Schmidt
Alpen-Vergissmeinnicht
Myosotis alpestre
Nontiscordardimè alpino
planinska spominčica

He; F I H D Ö S; ❀

M 5–15 cm, rasenförmig wachsend. Rosettenblätter gestielt. Stängelblätter sitzend, eiförmig bis (ei-)lanzettlich. Blütenstand gedrungen. Blüten bis 9 mm Ø, tief azurblau, ohne Tragblätter. Kelchgrund in den Stiel verschmälert, nicht abbrechend. Kelch bis über die Mitte geteilt, mit zahlreichen anliegenden und wenigen abstehenden, überwiegend geraden Haaren. Nüsschen 2–2,5 mm lang, schwarz glänzend, in der Mitte am breitesten, stumpf.
StO ④⑤ Magerrasen und -weiden, Schuttfluren, bis 2750 m.
V Alpen: verbreitet und häufig. Allgemein: Gebirge Europas.
B Weitere Vergissmeinnicht-Arten mit Hauptvorkommen in tieferen Lagen vorwiegend an Feuchtstandorten oder in Wäldern (Nüsschen kleiner, spitz, Kelch abbrechend, höchstens bis zur Mitte geteilt).

484 **Eritrichium nanum** (L.) Gaud.
Himmelsherold
Eritriche nain
Eritrichio nano
triglavska neboglasnica

Ch; ● F I H Ö S; § in I H Ö; RL in H (4) Ö (4)

M 2–5 cm, polsterförmig wachsend, mit zahlreichen nicht blühenden Rosetten, seidig glänzend behaart. Stängel am Grund verholzt, verzweigt. Blätter 5–10 mm lang, lanzettlich bis spatelförmig. Blütenstand 3–7-blütig. Blüten mit Tragblättern, 5–9 mm Ø, anfangs rosa-purpurn, später hell- bis tief himmelblau, vergissmeinnichtartig. Kelch etwa 5 mm lang, fast bis zum Grund 5-teilig. Nüsschen etwa 2 mm lang, mit geflügeltem und gezähnten Rand.
StO ④ Felsspalten, Felsschutt, steinige Rasenstellen, auf Silikat oder Dolomit, bis 3000 m.
V Endemisch in den Alpen, von den Seealpen bis in die Tauern und Karawanken, selten.

485 Pulmonaria australis (Murr) Sauer
Südalpen-Lungenkraut
Pulmonaria sudalpina
ozkolistni pljučnik

He; I H (Ö); RL in Ö (2)
M 15–40 cm. Pflanze weichborstig. Grundblätter schmal eiförmig lanzettlich, fast immer ungefleckt, Spreitengrund in den Blattstiel verschmälert. Stängel und Blattoberseite mit deutlich verschieden langen Borsten. Kelch 5-kantig, höchstens bis zur Mitte geteilt, breit röhrenförmig glockig. Krone zuerst rosa, dann violett bis blau, innen bis auf den Haarring (fast) kahl. Kronenschlund nicht verschlossen.
StO ①⑤ Rasen, Zwergstrauchheiden, Gebüsche, Bergwälder, bis 1700 m.
V Alpen: S-Alpen, Tessin bis Dolomiten. Ansonsten: Wienerwald, ob in Kroatien?
B Weitere, sehr ähnliche Lungenkräuter vorwiegend in tieferen Lagen. Unterschiede beziehen sich auf die Behaarung der Sommerblätter. Die subalpine Stufe erreichen: a) Karawanken-L., **P. carnica** Sauer Ö S, RL in Ö (4); und b) Weiches L., **P. mollis** Wulfen ex Hornem., F H I Ö.

486 Ajuga pyramidalis L.
Pyramiden-Günsel
Bugle pyramidale
Iva piramidale
piramidasti skrečnik

He; F I H D Ö S; RL in D (3); ✿
M 5–20(35) cm. Stängel 4-kantig, kurzhaarig, mit dichter Rosette, Rosettenblätter deutlich größer als Stängelblätter, ganzrandig, mit schwach welligem Rand. Stängelblätter in den Blattachseln Blüten tragend, langsam kleiner werdend, ganzrandig oder schwach gekerbt, oft violett überlaufen. Blütenstand pyramidenförmig. Blüten 10–18 cm lang, meist hell violettblau, Oberlippe sehr kurz.
StO ⑤ Bodensaure Magerrasen, kalkmeidend, bis 2400(2800) m.
V Alpen: im ganzen Gebiet zerstreut bis häufig. Allgemein: Gebirge Europas, Skandinavien, N-Spanien, N-Italien bis Balkan.
B Die subalpine Stufe erreichen auch: a) Kriechender G., **A. reptans** L., mit beblätterten Ausläufern und b) Genfer G., **A. genevensis** L., mit im Blütenstand deutlich gezähnten Blättern.
StO Wiesen, Wälder, Trockenrasen. Häufig.

487 **Teucrium montanum** L.
ssp. montanum
Berg-Gamander
Germandrée des montagnes
Camedrio montano, gorski vrednik

Ch; F I H D Ö (S); § in H; RL in H (4); ✠
M 5–20 cm, mit niederliegenden, stark verzweigten Ästen. Junge Stängel und Blätter angedrückt weißfilzig. Blätter lanzettlich bis lineal, ganzrandig, immergrün, am Rand umgebogen, oberseits graugrün, kahl und glatt, unterseits weißfilzig. Kelch kaum ausgesackt. Blüten 12–15 mm lang, gelblich weiß, kurz gestielt zu 1–3 in den Achseln stark verkleinerter Laubblätter. Oberlippe scheinbar ganz fehlend.
StO ①⑤ Trockenrasen, Felshänge, Felsschutt, Föhrenwälder, auf Kalk, bis 2400 m.
V Alpen: verbreitet. Allgemein: Gebirge M- und S-Europas, Pyrenäen, Apennin bis Russland.

488 **Teucrium lucidum** L.
Glänzender Gamander
Germandreé lisse
Camedrio lucido

Ch; ● F I
M 10–40(60) cm. Stängel vollständig kahl. Blätter kahl, länglich eiförmig, bis 4 cm lang und 3 cm breit, gezähnt bis seicht gelappt, Zähne bzw. Blattabschnitte abgerundet. Blütenstand mit weit voneinander abstehenden Teilblütenständen. Kelch 5–8 mm lang. Kelchzähne etwa ⅓-mal so lang wie die Kelchröhre, am Rand bewimpert. Krone 14–17 mm lang, purpurrot.
StO ④ Felsen, felsige Hänge, Geröll, bis 1800 m.
V Endemit der See- und Ligurischen Alpen, selten.
B Der ähnliche Edel-G., **T. chamaedrys** L; Ch; F I H (D) (Ö) (S); ✠, ✤ steigt im Westteil der Alpen bis in die subalpine Stufe. **M** 15–25 cm. Stängel abstehend weich wollhaarig, Blätter eiförmig, jederseits mit 4–8 stumpfen Zähnen, weich behaart. Kelch behaart oder kahl. Kelchzähne ca. ⅔-mal so lang wie die Kelchröhre. Krone 9–16 mm lang, blass oder tief purpurrot, seltener weiß.

489 Scutellaria alpina L. ssp. alpina
Alpen-Helmkraut
Scutellaire des Alpes
Scutellaria delle Alpi

Ch; F I H
M 10–30 cm, niederliegend aufsteigend. Stängel häufig zu mehreren, ± behaart. Blätter eiförmig, gezähnt. Blüten gestielt, in einem dichten 4-seitigen, endständigen Blütenstand. Tragblätter eiförmig, länger als der Kelch, rötlich überlaufen, dachziegelig übereinander stehend. Kelch 2-lippig, auf der Oberseite mit 2–5 mm langer Schuppe. Krone 2,5–3 cm lang, blauviolett mit weißlicher Unterlippe, Kronröhre drüsig behaart, aufwärts gebogen.
StO ④ Felsschutt und lückige Rasen, 1500–2500 m, auf Kalk.
V Alpen: Seealpen bis Venetianische Alpen. Ansonsten: Pyrenäen, Apennin, Balkan.

490 Sideritis hyssopifolia L.
ssp. hyssopifolia
Ysopblättriges Gliedkraut
Crapaudine à feuilles d'hysope
Stregonia alpina

Ch; F I H; ❀
M 10–30 cm. Stängel am Grund verholzt, behaart. Blätter lanzettlich bis eilanzettlich, 4–10 mm breit, ± ganzrandig. Gesamtblütenstand dicht ährig, mit stachelig begrannten Tragblättern, in deren Achseln 4–6-zählige Blütenquirle sitzen. Untere Tragblätter 9–12 mm lang und 9–16 mm breit, mindestens so lang wie der Kelch. Kelch mit 5 stachelig begrannten Zähnen. Krone 7–9 mm lang, hellgelb.
StO ④⑤ Felsige Hänge, bis 1800 m.
V Alpen: SW-Alpen. Allgemein: SW-Europa nordöstlich bis Schweizer Jura.
B Eine weitere Unterart ssp. **guillonii** (Timb.-Lagr.) besitzt schmal lanzettliche, 2–4 mm breite Blätter, untere Tragblätter 5–8 mm lang und 3–4(6) mm breit, kürzer als der Kelch. **V** SW-Frankreich, Pyrenäen, Portugal.

491 **Prunella grandiflora** (L.) Scholler
Großblütige Braunelle
Brunelle à grandes fleurs
Prunella delle Alpi
velecvetna črnoglavka

He; F I H D (Ö) S; ✶; ❀

M (5)10–30(40) cm, ohne Ausläufer. Blätter eiförmig bis lanzettlich, abgerundet, ganzrandig oder seicht gekerbt, gestielt, 2–6 Paare pro Stängel. Blütenstand vom obersten Blattpaar abgesetzt. Krone 20–25 mm lang, dunkelviolett, zuweilen rotviolett, rosa oder weiß, mit nach oben gebogener Kronröhre. Oberlippe helmförmig.
StO ①④⑤ Halbtrockenrasen, Wiesen, Schuttfluren, lichte Wälder, kalkliebend, bis 2400 m.
V Alpen: verbreitet bis zerstreut. Allgemein: ganz Europa mit Ausnahme des Nordens.
B Häufig erreicht die Kleinblütige B., **P. vulgaris** L.; He; F I H D Ö S; ⑩, ✶, ❀; die subalpine Stufe.
U 5–20(30) cm, mit Ausläufern. Oberstes Blattpaar dem Blütenstand genähert. Blüten (7)10–13(18) mm lang. Häufig. **StO** Wiesen und Weiden, bis 2200 m.

492 **Galeopsis speciosa** Mill.
Bunter Hohlzahn
Galéopsis splendide
Canapetta screziata
pisani zebrat

Th; (F) I H D Ö S

M 20–70 cm. Stängel unter den Knoten verdickt, steifhaarig, mit oder ohne Stieldrüsen. Blätter eiförmig bis lanzettlich, mit Drüsen. Kronröhre weißlich, doppelt so lang wie der Kelch, Krone 20–40 mm lang, schwefelgelb, Mittellappen dunkelviolett mit veränderlicher Zeichnung. Unterlippe der Krone am Schlund mit 2 hohlen Zähnen (Gattungsmerkmal!)
StO ①⑥ Waldschläge, lichte Wälder und Gebüsche, bis 1600 m.
V Alpen: verbreitet und meist häufig. Allgemein: Europa, im Norden fehlend. W-Asien, N-Amerika.
B Fünf weitere Hohlzahn-Arten erreichen in den Alpen die subalpine Stufe. Wichtige Unterscheidungsmerkmale: Behaarung an Stängel und Kelch, Farbe der Drüsenhaare, Verdickung unter den Stängelknoten, Blattform, Farbe und Größe der Krone.

493 Dracocephalum ruyschiana L.
Nordischer Drachenkopf
Tête de dragon de Ruysch
Melissa de Ruysch

Ch; F I H Ö; § (§B §F) in I H Ö; RL in I (3) H (4), Ö (3); ✿
M 10–30 cm. Stängel einfach, mit kurzen sterilen Seitentrieben, dünn, krautig, kahl oder kurz behaart. Blätter lineal lanzettlich, sitzend, stumpf, ganzrandig, Rand umgerollt, ledrig derb, mattgrün, kahl, die unteren kurz gestielt, die oberen sitzend. Blütenquirle 2–6-blütig, in dichter Traube am Stängelende übereinander stehend. Kelch ± regelmäßig 5-zähnig, sehr kurz behaart. Krone 2-lippig, 2,5–3 cm lang, blau bis violett, mit helmförmig gewölbter 2-lappiger Oberlippe und 3-teiliger Unterlippe.
StO ①⑤ Bergwiesen, trocken warme Lärchen- und Föhrenwälder, kalkliebend, bis 2200 m.
V Alpen: Seealpen über Dauphiné bis Vorarlberg und Tirol, sehr selten. Allgemein: Skandinavien, Pyrenäen bis Balkan.

494 Dracocephalum austriacum L.
Österreichischer Drachenkopf
Tête de dragon d'Autriche
Melissa austriaca

Ch; F I H (Ö); § (§B §F) in F I H; RL in F (3) I (3) H (2) Ö (2)
M 20–40(60) cm. Stängel einfach, dicht beblättert, zottig behaart. Blätter fast bis zur Mittelrippe fiederteilig, mit linealischen Abschnitten. Blütenquirle 2–4-blütig, in ± dichter Ähre übereinanderstehend. Kelch unregelmäßig 5-zähnig, zottig behaart. Krone 2-lippig, 3,5–5 cm lang, blauviolett. Oberlippe 2-lappig, helmförmig gewölbt, Unterlippe 3-teilig.
StO ①⑤ Trockene Wiesen, felsige Hänge, Föhrenwälder, meist in tieferen Lagen, auf kalkhaltigen Böden, bis 2200 m.
V Alpen: isolierte Vorkommen in den SW- und Z-Alpen, Alpenostrand, sehr selten. Allgemein: Pyrenäen, französisches Zentralplateau, W-Alpen bis Ukraine, Kaukasus.

495 **Lamium orvala**
Riesen-Taubnessel, Nesselkönig
Falsa-ortica
velecvetna mrtva kopriva

He; I Ö (S); ✿
M 40–100 cm, ohne Ausläufer. Stängel 4-kantig, kahl oder nur wenig behaart. Blätter bis 15 cm lang und bis 10 cm breit, 3-eckig eiförmig, am Rand unregelmäßig grob gezähnt, gestielt. Blüten in übereinanderstehenden Quirlen in den Achseln der Tragblätter. Krone 30–45 mm lang, rosa bis dunkelpurpurn, 2-lippig, Unterlippe dunkel gefleckt. Staubbeutel kahl (alle anderen Taubnesseln besitzen bärtige Staubbeutel!).
StO ①②Gebüsche, Hochstaudenfluren, Bergwälder, bis 1750 m.
V Alpen: S-Alpen, Bergamasker Alpen, Julische Alpen. Ansonsten: Balkan.
B Die Blassgelbe Goldnessel, **L. flavidum** F. Herm. F I H D Ö; kommt in Schluchtwäldern und Hochstaudenfluren bis in die subalpine Stufe vor. **M** 25–50 cm, ohne Ausläufer, Krone blassgelb, 14–17 mm lang, mit blühenden Seitenästen. 5 weitere Taubnessel-Arten.

496 **Ballota frutescens** (L.) J. Woods
Halbstrauchige Schwarznessel
Ballote buissonnante
Cimiciotta spinosa

Ch; ● F I; §; RL in I (4)
M 10–50 cm, stark verzweigt. Blätter elliptisch bis eiförmig, 1,5–3 cm lang und 10–20 mm breit, mit 2–4 groben, abgerundeten Zähnen auf jeder Seite, behaart, in den Blattachseln 7–10 mm lange, gelbliche Dornen. Blütenquirle 2–6-blütig, entfernt stehend. Kelchröhre 6–7 mm lang, konisch, Kelchzähne dornartig, 3–8 mm lang. Krone 2-lippig, weiß oder blassrosa, 12–15 mm lang. Oberlippe ungeteilt, am Rand mit zahlreichen, bis 3 mm langen Haaren, Unterlippe 3-teilig, mit größerem Mittellappen.
StO ④ Steile Kalkfelswände, bis 1500 m.
V Endemit der französischen und italienischen Seealpen, selten.

497 Betonica alopecuros L.
Fuchsschwanz-Betonie

Epiaire vulpin
Betonica bianca
jacquinov čistec

He; F I H D Ö S

M 20–40(50) cm. Stängel aufrecht oder aufsteigend, mit 2–3 Paar Blättern, untere Blätter rosettig gehäuft, lang gestielt. Blätter herzförmig, grob gezähnt, höchstens doppelt so lang wie breit, beiderseits locker behaart. Krone 12–15 mm lang, blassgelb. Kronröhre innen mit Haarring. Oberlippe 2-teilig, gerade, flach. Unterlippe 3-lappig, herabgeschlagen.

StO ①②④⑤ Wiesen, Weiden, Hochstaudenfluren, Zwergstrauchheiden, Schuttfluren, auf Kalk, bis 2300 m.

V Alpen: Dauphiné bis Niederösterreich und SO-Alpen, häufig in den Kalkgebieten vom Allgäu und Comersee an ostwärts, im westlichen Teil der Alpen vereinzelt. Allgemein: N-Spanien bis N-Griechenland, Apennin.

498 Betonica pradica (Zant.) Greut. & Pign.
Dichtblütige Betonie

Epiaire du Mont Prada
Betonica densiflora

He; F I H Ö

M 10–30 cm. Stängel aufrecht oder aufsteigend, besonders im oberen Teil bis 3 mm lang abstehend behaart, mit 2–3 Paar Stängelblättern, grundständige Blätter rosettig, 2–10 cm lang gestielt. Laubblätter herzförmig, grob gezähnt, weich wollig behaart, etwa 3-mal so lang wie breit. Krone 15–22 mm lang, dunkel purpurrot. Kronröhre innen kahl. Oberlippe flach und ± gerade, ganzrandig, Unterlippe mit 3 abgerundeten Lappen, herabgeschlagen.

StO ①⑤ Bergwiesen, Zwergstrauchheiden, bis 2000(2400) m.

V Alpen: See-Alpen bis Julische Alpen, zerstreut, v. a. in den W- und S-Alpen, fehlt in den N-Alpen. Außerdem: südeuropäische Gebirge.

B Bis 1800 m kommt die Echte B., **B. officinalis** L. F I H D Ö S; ✽ vor. **U** 30–70 cm, Blätter nur zerstreut behaart, Krone 10–15 mm lang. **StO** ⑤ Magerwiesen. **V** Alpen: verbreitet.

499 Stachys alpina L.
Alpen-Ziest

Epiaire des Alpes
Stregona alpina
alpski čišljak

He; F I H D Ö S

M 40–100 cm. Stängel abstehend behaart, oberseits mit Stieldrüsen und oft violett überlaufen. Blätter länglich eiförmig, gestielt, am Grund abgerundet, fein bis grob gesägt, oberseits dunkelgrün, angedrückt behaart. Blüten trüb braunviolett, außen langzottig behaart, 15–18 mm lang, zu 6–18 in 12–20 voneinander etwas entfernten Scheinquirlen, diese alle von Hochblättern überragt.

StO ①②⑥ Hochstaudenfluren, lichte Wälder, Ruderalfluren, bis 2000 m.

V Alpen: verbreitet. Allgemein: Gebirge S- und M-Europas, Kaukasus.

500 Nepeta nepetella L.
Lanzettblättrige Katzenminze

Népéta petit népéta
Gattaia minore

He; F I H; ✿

M 30–80 cm, unangenehm riechend, graufilzig behaart. Blätter elliptisch lanzettlich, 1–4 cm lang und 0,5–2 cm breit, bis 15 mm lang gestielt, grob gezähnt. Blütenstand meist verzweigt. Quirlige Teilblütenstände locker übereinander stehend. Kelch 5–8 mm lang, behaart, 5-zähnig, Zähne oft rosa oder violett getönt. Krone 2-lippig, 10–12(15) mm lang, weiß, rosa oder blauviolett, den Kelchschlund um 5–7 mm überragend.

StO ④⑤ Felsige Hänge, Geröll, Straßenränder, bis 2000 m.

V Alpen: W-Alpen bis Savoyen und Piemont, gebietsweise häufig. Allgemein: Westlicher Mittelmeerraum bis in die Alpen, ostwärts bis S-Italien.

501 Micromeria marginata (Sm.) Chater
Seealpen-Bergminze
Micromérie petit-poivre
Issopo di Alpi Marittimi

Ch; ● F I
M 10–20 cm, mit aufsteigenden, meist unverzweigten, flaumig behaarten Stängeln. Blätter (3)6–12 mm lang und 3–5 mm breit, breit eiförmig, ganzrandig, stumpf, ± kahl. Teilblütenstände 2–12-blütig, locker stehend, gestielt, die Tragblätter überragend. Kelch 5–8 mm lang, 13-nervig, kurzhaarig, im Schlund wollig behaart, Kelchröhre etwa 2,5-mal so lang wie die ungleich großen, pfriemlichen Kelchzähne. Krone 2-lippig, 12–16 mm lang, purpurn oder violett. Oberlippe ± flach. Griffeläste gleich lang.
StO ④ Felsspalten, auf Kalk, bis 1500 m.
V Endemisch in den Seealpen und in den Ligurischen Alpen.

502 Horminum pyrenaicum L.
Drachenmaul
Hormin des Pyrénées
Ormino
pirenejska zmajevka

He; F I H D Ö S; § in I H D Ö; RL in H (4) S (4); ✿
M 10–25(45) cm. Stängel unverzweigt, fast kahl, aber von kleinen Haaren mit sitzenden Drüsen etwas rau, matt dunkelgrün. Laubblätter fast alle in einer grundständigen Rosette (höchstens 1–2 Paar kleine Stängelblätter), auffallend runzelig, breit elliptisch, abgerundet, gleichmäßig gekerbt, lang gestielt, derb, ± kahl. Blüten ± einseitswendig, 15–20 mm lang, zu 2–6 in 5–10(13) Scheinquirlen, die ½–¾ des Stängels einnehmen. Kelch 2-lippig, mit lang zugespitzten Zähnen. Krone violett (selten weiß). Oberlippe ausgerandet, Unterlippe 3-teilig.
StO ④⑤ Kalkreiche, sonnige Magerrasen, Weiden, bis 2450 m.
V Alpen: Luganer See bis Julische und Salzburger Alpen, Savoyen, See-Alpen. Selten, gebietsweise häufig in den Südalpen (z. B. Gardasee-Gebiet). Ansonsten: Pyrenäen, Apuanische Alpen.

503 Acinos alpinus (L.) Moench
Alpen-Steinquendel
Sarriette des Alpes
Acino alpino

He; F I H D Ö (S); ❀
M 10–25 cm. Stängel niederliegend aufsteigend, dünn, meist kahl. Blätter oval bis elliptisch, ganzrandig oder vorne gezähnt. Blüten in 3–8-blütigen Scheinquirlen, übereinanderstehend. Kelch 13-nervig, 2-lippig, gebogen, in der Mitte verengt, am Grund höckrig. Krone 2-lippig, 1,5–2 cm lang, lebhaft violett, selten rosa. Oberlippe ca. ½ so lang wie die Unterlippe.
StO ④ Steinige Rasen, Felsschutt, auf Kalk, bis 2500 m.
V Alpen: verbreitet und häufig. Allgemein: Gebirge M- und S-Europas; N-Afrika.
B In tieferen Lagen (vereinzelt bis in die subalpine Stufe steigend) kommt verbreitet der Gewöhnliche Wirbeldost, **Clinopodium vulgare** L. vor. **M** (20)30–60 cm, aufsteigend, dicht zottig behaart. Blätter eiförmig, abgerundet, kurz gestielt, gekerbt. Kelchröhre gerade. Blüten zu 10–20 in dichten, kopfartigen Scheinquirlen. Krone 2-lippig, 10–15 mm lang, hellpurpurn.

504 Thymus pulegioides L. ssp.
polytrichus (A. Kern. ex Borbás) Ronniger
Alpen-Thymian, Langhaar-T.
Thym serpolet
Timo commune, dlakava materina dušica

(= **Thymus praecox** Opiz. ssp. **polytrichus** (Borbás) Jalas
Ch; F I H D Ö S; ⑨; ✠, ❀
M 3–10 cm, rasenförmig wachsend, kriechend. Zweige enden nicht in einem Blütentrieb. Blühende Stängel 4-kantig, auf 2 gegenüber liegenden Seiten behaart, Blätter derb, rundlich, am Grund bewimpert, von unten nach oben an Größe zunehmend. Blütenstand kugelig kopfig. Kelch 2-lippig. Krone 2–6 mm lang, purpurn.
StO ④⑤ Felsschutt, lückige Rasen, bis 2600 m.
V Alpen: verbreitet und häufig. Ansonsten: Gebirge M- und S-Europas.
B Es kommen je nach taxonomischer Auffassung bis zu 8 weitere ähnliche **Thymian**-Arten in der subalpinen Stufe der Alpen vor. Zur sicheren Bestimmung ist Spezialliteratur erforderlich.

505 **Plantago alpina** L.
Alpen-Wegerich
Plantain des Alpes
Piantaggine delle Alpi

He; F I H D Ö

M 4–12(20) cm. Laubblätter in grundständiger Rosette, lineal lanzettlich bis schmal lanzettlich, plötzlich in die Spitze verschmälert, 2–10 cm lang, (1,5)2–5 mm breit, ganzrandig oder stumpflich gezähnt, 3-nervig, Seitennerven dem Rand genähert. Ährenstiel behaart, vor dem Aufblühen nickend. Ähren 1–3(5) cm lang und 3–5 mm breit. Einzelblüten 2–3 mm lang, Krone außen flaumig behaart, Kronzipfel weißlich.

StO ④⑤ Weiderasen, Fettwiesen, Schneetälchen, kalkarme Böden, bis 2700 m.

V Alpen: W-Alpen nördlich der Seealpen ostwärts bis Ammergauer Alpen, Pinzgau und Etschgebiet, häufig. Ansonsten: Pyrenäen, S-Frankreich, Jura, lokal in SO-Europa.

B Ähnlich: Schlangen-W., **P. serpentina** All. F I H (D) Ö. **M** Blätter linealisch, Ähren 2–8 cm lang. Blätter schwach 3-nervig, Seitennerven auf der Mitte zwischen Rand und Mittelnerv. **V** v. a. S-Alpen.

506 **Plantago atrata** Hoppe ssp. atrata
Berg-Wegerich
Plantain noirâtre
Piantaggine nera
črnikasti trpotec

He; F I H D Ö S

M (2)5–15(20) cm. Blätter lineal lanzettlich bis lanzettlich, 2,5–9(15) mm breit, deutlich 3–5-nervig. Ährenstiel rund, abstehend behaart. Ähren schwärzlich, kugelig bis eiförmig, 5–15(20) mm lang. Einzelblüten 2–3 mm lang, Kronröhre kahl, Kronzipfel bräunlich.

StO ④⑤ Rasen, Schneetälchen, bis 2750 m.

V Alpen: häufig. Allgem.: europäische Gebirge.

B Endemisch in den SW-und S-Alpen wächst bis 2400 m der Bräunliche W., **P. fuscescens** Jord. ● F I. **U** Blätter und Ährenstiele anliegend langhaarig. Der häufige Spitz-W., **P. lanceolata** L, F I H D Ö S; ⚭, ✠; hat (5)7–30 mm breite, lanzettliche, 3–7-nervige, verkahlende Blätter. Ährenstiel kantig, angedrückt behaart. Ähre rundlich bis eiförmig, bis 9 mm breit. Kronröhre kahl. Außerdem bis über 2000 m: Breit-W., **P. major** L. und Mittlerer W., **P. media** L. **StO** Weiden, Lägerstellen, beide verbreitet.

507 Linaria alpina (L.) Mill. ssp. alpina
Alpen-Leinkraut
Linaire des Alpes
Linajola alpina
alpska madronščica

Th-He-Ge; F I H D Ö S; § in H; RL in H (4); ✿
M 5–10 cm. Stängel niederliegend bis aufsteigend, kahl. Blätter 5–15 mm lang, schmal lanzettlich, fleischig, bläulich grün, kahl, bereift. Fast alle Blätter zu 3–4 quirlständig. Blüten (mit Sporn) 12–22 mm lang, lebhaft violett, Oberlippe tief 2-spaltig, Unterlippenwülste safrangelb oder weißlich. Sporn 8–10 mm lang, gerade, kegelig, unterseits etwas abgeflacht. Kapsel eiförmig.
StO ④ Feinschuttfluren, bis 2800(4100) m.
V Alpen: v. a. in den Kalkalpen verbreitet. Allgemein: Gebirge S-Europas, Tatra.
B Von Tallagen bis 2000 m, v. a. im westlichen Teil der Alpen findet sich an Schutthängen und Wegrändern das Gestreifte L., **L. repens** (L.) Mill. **M** 30–80 cm. Stängel aufrecht, obere Blätter wechselständig, Krone 8–15 mm lang, gelblich bis lilaweiß, dunkelviolett gestreift. Sporn 3–5 mm lang, gestutzt, gerade weiß.

508 Linaria tonzigii Lona
Bergamasker Leinkraut
Linajola alpina

Th-He; ● I; RL (4)
M 5–15 cm. Stängel bogig aufsteigend. Blätter elliptisch bis lanzettlich, 8–25 mm lang und 5–8 mm breit, etwas fleischig. Blütenstiele und Kelch zottig weiß behaart. Blüten kurz gestielt, dicht gedrängt am Ende des Stängels, halb so lang wie der Kelch. Kelchzipfel breit lanzettlich. Krone reingelb, mit Sporn 20–27 mm lang. Sporn kürzer als die übrige Kronröhre. Oberlippe tief 2-spaltig, Zipfel so lang wie breit, Unterlippe 3-lappig, mit einer den Schlund verschließenden Wölbung.
StO ④ Auf bewegtem Kalkschutt, 1600–2500 m.
V Endemisch in den Bergamasker Alpen, sehr lokal und selten.

509 Linaria supina (L.) Chaz.
Niederliegendes Leinkraut
Linaire couchée
Linajola minore

Th-He; F I H

M 5–15(20) cm. Stängel bogig aufsteigend. Blätter lineal, bis 24 mm lang und ca. 1 mm breit, ± einseitig angeordnet, blaugrün. Blütenstand endständig, meist aus 3 kurz gestielten Blüten bestehend. Haare im Blütenstand sehr kurz. Krone gelb, bis 22 mm lang, 2-lippig. Oberlippe 2-geteilt, Zipfel doppelt so lang wie breit, Unterlippe 3-lappig, mit einer den Schlund verschließenden Wölbung. Sporn 6–10 mm lang, meist mit feinen rotbraunen Linien.
StO ④ Kalkschutt, sonnige Rasen, bis 2500 m.
V Alpen: W-Alpen, zerstreut. Ansonsten: Apennin bis S-Spanien, S-England; N-Afrika.
B In den SW-Alpen erreicht das Italienische L., **L. angustissima** (Loisel.) Borbás die subalpine Stufe. **M** Stängel bis 80 cm hoch, aufrecht, verzweigt, vollständig kahl. Blätter lineal lanzettlich, 1–2(5) mm breit, blaugrün, flach. Krone gelb, mit Sporn 15–22 mm lang.

510 Veronica aphylla L.
Blattloser Ehrenpreis
Véronique à tige nue
Veronica minore
brezlistni jetičnik

He; F I H D Ö S; ✿

M (1)3–6(8) cm. Stängel kurz, scheinbar blattlos. Blätter rosettig, kurz gestielt bis sitzend, eiförmig elliptisch bis rundlich, dicht- und langhaarig, am Rand gekerbt. Blüten zu 2–5 in Trauben (diese drüsig behaart), klein, 6–8 mm Ø, blaulila oder satt blau, dunkel geadert. Frucht 7–8 mm lang, 5–6,5 mm breit, breit elliptisch, spitz ausgerandet, drüsig, 2-mal so lang wie der Kelch.
StO ④ Felsfluren, Steinrasen, Schneetälchen, auf Kalk, 1500–2800(3000) m.
V Alpen: in Kalkgebieten verbreitet und ziemlich häufig. Allgemein: Gebirge M- und S-Europas.
B Bis 2500 m findet sich auf Fettweiden, in Hochstauden- und Lägerfluren häufig eine Gebirgsform des Thymianblättrigen E., **V. serpyllifolia** L. **M** 3–12 cm, Stängel am Grund kriechend. Blätter eiförmig, glänzend. Blüten in den Achseln ungestielter Tragblätter, 6–9 mm Ø. Krone blau und Frucht breiter als lang.

511 Veronica bellidioides L.
Gänseblümchen-Ehrenpreis
Véronique fausse pâquerette
Veronica con folgie di margherita

He; F I H D Ö
M (5)10–20 cm. Stängel aufsteigend, stielrund, unten spärlich flaumig, oben drüsig zottig, mit 2–3 entfernt stehenden Blattpaaren. Blätter 1–4 cm lang, Grundblätter rosettig, größer, ganzrandig bis gekerbt, angedrückt dichthaarig. Blütenstand drüsig. Blüten 5–10, anfangs gedrungen, später gestreckt, 6–9 mm Ø, trübblau bis rötlich violett. Frucht oval, 2-mal länger als der Kelch, drüsig.
StO ④⑤ Bodensaure Magerrasen, Krummseggenrasen, kalkmeidend, bis 3250 m.
V Alpen: v. a. Z-Alpen, häufig, in den Kalkalpen selten oder fehlend. Ansonsten: Pyrenäen, Karpaten, Sudeten, nördlicher Balkan.
B In sauren Weiderasen bis ca. 2000 m findet sich häufig der Echte E., **V. officinalis** L. **M** Stängel bis 30 cm, niederliegend, behaart. Blätter eiförmig. Blütenstände aufrecht, 15–30-blütig, drüsig behaart. Krone helllila bis purpurviolett.

512 Veronica alpina L.
ssp. pumila (All.) Dostál.
Alpen-Ehrenpreis
Véronique des Alpes
Veronica delle Alpi, alpski jetičnik

He (Ge); F I H D Ö S; ❀
M (2)5–15(25) cm, mit dünnen Ausläufern, 1 bis wenige blühende Triebe, Stängel stielrund, behaart, krautig. Blätter elliptisch bis verkehrt eiförmig, untere etwas kleiner als obere, keine Rosettenbildung. Blütenstand drüsenlos. Blüten zu (5)8–12(20), dicht beieinander, (4)5–7 mm Ø, blaulila. Frucht eiförmig, den Kelch überragend.
StO ④⑤⑥ Feuchte Rasen, Schneetälchen, Lägerfluren, 1500–2500(3400) m.
V Alpen: verbreitet, in den S-Alpen seltener. Allgemein: Gebirge Europas; Arktis.
B In einigen Trockengebieten der Alpen kommen außerdem vor: a) Frühlings-E., **V. verna** L., b) Dillenius-E., **V. dillenii** Crantz, c) Acker-E., **V. arvensis** L. Alle genannten Arten wachsen in sonnigen Lagen, v. a. in Trockenrasen, z. T. in über 2000 m Höhe.

513 Veronica fruticulosa L.
Halbstrauch-Ehrenpreis
Véronique sous-ligneuse
Veronica rosea
Grmičasti jetičnik

Ch; F I H D Ö S; ❀
M (5)10–25(30) cm, lockerrasig, Ausläufer verholzend, Stängel aufsteigend, fast rund, behaart. Blätter oval bis lanzettlich, kurz gestielt, etwas dicklich, glänzend, fast kahl. Blüten zu (5)8–20 in dichter Traube, 10–13 mm Ø, rosa, dunkler geadert, Schlund grünlich weiß, Blütenstiel und Kelch drüsighaarig. Frucht elliptisch, seicht ausgerandet, samtig drüsig, den Kelch kaum überragend.
StO ④⑤ Felsspalten, Felsschutt, lückige Rasen, vorwiegend auf Kalk, bis 2700 m.
V Alpen: v. a. in den S- und W-Alpen, in den NO-Alpen fehlend, zerstreut bis selten. Ansonsten: Sierra Nevada, S. de Guadarrama, Pyrenäen, Jura, Korsika, Karpaten.

514 Veronica fruticans Jacq.
Felsen-Ehrenpreis
Véronique buissonnante
Veronica fruticosa
skalni jetičnik

Ch; F I H D Ö S; ❀
M 5–10(20) cm, lockerrasig, Ausläufer verholzend, Stängel aufsteigend, rund, dicht bis locke mit kurzen, aufwärts umgebogenen, drüsenlosen Haaren. Blätter elliptisch bis lanzettlich, dicklich, glänzend, glatt oder schwach kerbzähnig. Blüten zu (1)3–7(9), locker traubig, 10–12(14) mm Ø, kräftig azurblau (selten rötlich), Schlund weiß mit purpurnem Schlundring. Blütenstiel drüsenlos, flaumig. Frucht eilänglich, kaum ausgerandet, den Kelch deutlich überragend.
StO ④⑤ Felsfluren, lückige Rasen, auf Kalk und Silikat, bis 2500(3100) m.
V Alpen: verbreitet und ziemlich häufig, v. a. in den Kalkgebieten. Ansonsten: Gebirge Spaniens, Pyrenäen, Apennin, Korsika, Cevennen, Jura, Vogesen, Schwarzwald, Bosnien, Karpaten, Schottland, Island, Skandinavien östlich bis Kola-Halbinsel.

515 Veronica allionii Vill.
Allioni-Ehrenpreis
Véronique de Allioni
Veronica di Allioni

Ch; ● F I
M 5–15 cm, mit niederliegenden, kahlen, am Grund verholzten Stängeln. Blätter bis 15 mm lang, kahl, ledrig, derb, undeutlich gezähnt. Blüten zahlreich (30–60), in sehr dichten Ähren. Blütenstandsstiel kurzhaarig. Kelch 4-teilig. Krone 7–9 mm Ø, blauviolett. Kapsel länger als breit, nur wenig ausgerandet.
StO ①④⑤ Steinige Rasen, Weiden, lichte Bergwälder, 1800–2500 m.
V Endemit der SW-Alpen, Savojer Alpen bis Seealpen, nicht häufig.
B Außerdem erreichen die subalpine Stufe: a) Nesselblättriger E., **V. urticifolia** Jacq. in Wäldern und Hochstauden, b) **V. chamaedrys** L., Gamander-E., in Wäldern, Rasen, Hochstauden, Lägerfluren, c) **V. becca-bunga** L., Bachbungen-E., in Quellfluren, an Bächen. Alle Arten (a–c) in den Alpen verbreitet.

516 Paederota bonarota L.
Blaues Mänderle
Bonarota comune
modro milje

He; ● I Ö S; § in I; RL in Ö (4)
M 5–15(20) cm, meist überhängend, mit kurz kraushaarigen Stängeln. Blätter 1,5–3 cm lang, rundlich bis breit eiförmig, mit maximal 9 nach vorne gerichteten Zähnen auf jeder Seite, etwas starr, kurzgestielt. Blütenstand zur Blütezeit dicht traubig. Kelch bis 7 mm lang, abstehend behaart. Krone 8–13 mm lang, 2-lippig, bis zur Hälfte röhrig verwachsen, tiefblau-violett. Kapsel bis 3 mm lang.
StO ④ Felsspalten auf Kalk oder Dolomit, bis 2600 m.
V Endemisch in den O-Alpen von den Bergamasker bis in die Julischen Alpen, zerstreut bis selten, sehr vereinzelt in den nördlichen Kalkalpen.

517 Paederota lutea Scop.
Gelbes Mänderle
Bonarota gialla
rumeno milje

He; ●I Ö S; § in I
M 10–30 cm, meist überhängend, mit spärlich
kraushaarigen Stängeln. Blätter bis 5(7) cm lang,
eilanzettlich bis eiförmig, am Rand unregelmäßig gesägt, mit mehr als 10 Sägezähnen je
Seite, weich, fast sitzend. Blütenstand zur Blütezeit ± dicht traubig. Blütenstiele dichtflaumig.
Kelch bis 7 mm lang, behaart. Krone 10–15 mm
lang, 2-lippig, bis etwa zur Hälfte röhrig verwachsen, gelb. Kapsel etwa 6 mm lang.
StO ④ Felsspalten und Schuttfluren, auf Kalk
oder Dolomit, bis 2500 m.
V Endemisch in den SO-Alpen, von den Vicentiner Alpen bis Krain, zerstreut bis selten, gebietsweise häufiger, sehr vereinzelt in den
nordöstlichen Kalkalpen.

518 Digitalis grandiflora Mill.
Großblütiger Fingerhut
Digitale à grandes fleurs
Digitale gialla grande
velecvetni naprsrec

He; F I H D Ö (S); § in I H Ö; RL in H (4) ⚘!, ✠,
❀
M 40–120 cm. Stängel aufrecht, zu mehreren,
unverzweigt, unten kahl, oben drüsig rauhaarig.
Blätter eilanzettlich, sitzend, wechselständig,
unterseits am Rand und auf den Nerven behaart, unregelmäßig gesägt. Blüten 3–4 cm lang,
kurz gestielt, in einseitswendiger Traube, gelb,
glockig, innen hellbraun gezeichnet.
StO ①④⑤ Waldränder, Wiesen, Böschungen, Geröllhalden, bis 1600(2000) m.
V Alpen: verbreitet. Allgemein: fast ganz M-Europa und große Teile SO-Europas, Rhonetal ostwärts bis Russland, südöstlich bis zum Balkan,
vereinzelt bis ins Altai-Gebiet.
B Der Gelbe F., **D. lutea** L., He; (F) I H D Ö; § in
I H D Ö; ⚘!, ✠, ❀ besiedelt in den Alpen Waldschläge bis 1500 m. **M** obere Blätter kahl, Krone
20–25 mm lang, röhrig, gelb. In tiefen Lagen: **D.
purpurea** L., Roter F.: Krone purpurn.

519 Erinus alpinus L.
Leberbalsam
Erine des Alpes
Erinus

Ch; F I H Ö; § in H; RL in H (4) Ö (4); ✿
M 5–20 cm, mit kriechender Sprossachse, ±
dichte Rasen bildend, drüsenhaarig, Blätter am
Grund rosettig, am Stängel wechselständig, spatelförmig, 5–20 mm lang und 2–5 mm breit, mit
0–4 Kerbzähnen. Blüten zu mehreren am Stängelende. Krone purpurrot bis lila, behaart,
schwach 2-lippig, mit 5 mm langer Röhre und 5-
zipfeligem, 8–12 mm breitem Saum. Kronzipfel
ausgerandet.
StO Felsspalten, Steinrasen, Felsschutt, kalkliebend, bis 2350 m.
V Alpen: westliche und zentrale Alpen, östlich
bis an die W-Grenze Tirols, zerstreut. Ansonsten: Gebirge des westlichen Mittelmeerraums,
Schweizer Jura, Apennin, Sardinien, Mallorca. N-
Afrika. Eingebürgert in W-Europa.

520 Wulfenia carinthiaca Jacq.
Kärntner Kuhtritt
Wulfenia

He; ●I Ö; § in I Ö; RL in I (4), Ö (4); ✿
M 20–40(50) cm. Stängel aufrecht, wenig behaart, im oberen Teil mit schuppenartigen Blättern. Grundblätter in Rosetten, breit verkehrt eiförmig, gekerbt, (fast) kahl, dunkelgrün, glänzend, bis 15 cm lang. Blüten in dichter, einseits-
weniger Traube am Stängelende, kurz gestielt.
Kelch tief 5-teilig, Krone tief blauviolett, bis
15 mm lang, 2-lippig. Oberlippe einfach, Unterlippe 3-lappig, im Schlund bärtig, länger als die
Oberlippe.
StO ①②⑤ Hochstaudenfluren, Weiderasen,
Zwergstrauchheiden, bis 1800 m.
V Endemisch in den Karnischen Alpen, sehr lokal
und selten.
B Die nächstverwandte Art, **W. blecicii,** kommt
im Grenzgebiet von Montenegro, Kosovo und
Albanien vor.

521 Bartsia alpina L.
Europäischer Alpenhelm
Bartsie des Alpes
Bartsia
alpska barčija

He; F I H D Ö S

M (5)10–25 cm. Stängel unverzweigt, unten zerstreut, oben drüsig zottig behaart, dunkelgrün, oben dunkelviolett überlaufen. Blätter eiförmig, zugespitzt, regelmäßig kerbzähnig, nicht über 2 cm, ungestielt, etwas runzelig, gegenständig. Blüte 1,5–2,2 cm lang, dunkelviolett, schwach 2-lippig, Oberlippe helmförmig, länger als Unterlippe, diese 3-zipfelig.

StO ③④⑤ Steinrasen, Quellsümpfe, bis 2950 m.

V Alpen: im gesamten Gebiet zerstreut bis mäßig häufig. Ansonsten: Pyrenäen, Jura, Vogesen, arktisches Eurasien und N-Amerika.

B Die Art lebt als Halbschmarotzer auf Kräutern unterschiedlichster Verwandtschaft, denen sie Wasser und darin gelöste Nährstoffe entzieht und damit ihren Eigenbedarf deckt.

522 Tozzia alpina L.
Alpenrachen
Tozzie des Alpes
Tozzia
alpski goltec

Ge; F I H D Ö S; § in I

M (5)10–40(90) cm hoher Halbschmarotzer. Stängel aufrecht, verzweigt, zerbrechlich, unten kahl, von der Mitte an aufwärts an den Kanten behaart. Blätter bis 3 cm lang, breit eiförmig, spitz, mit abgerundetem bis schwach herzförmigem Grund, mit 1–3 groben Sägezähnen, etwas fleischig, hellgrün, glänzend, kahl, am Rand schwach gewimpert, gegenständig. Blüten (4)6–8(10) mm lang, kräftig gelb, sich streckend, 2-lippig, mit aufrechter, 2-lappiger Oberlippe und 3-lappiger, braunrot punktierter Unterlippe.

StO ②④ Hochstaudenfluren, Grünerlengebüsch, Schotterhänge, bis 2400 m.

V Alpen: Kalkalpen, zerstreut, in den Urgesteinsalpen weitgehend fehlend. Ansonsten: Pyrenäen, Jura, Zentralmassiv, Apennin, Karpaten (andere Unterart?), Balkan.

523 Euphrasia officinalis L.
ssp. **rostkoviana** (Hayne) Towns.
Gewöhnlicher Augentrost
Euphraise de Rostkow
Eufrasia officinale, navadna smetlika

Th; F I H D Ö S; § in H; RL in H (4); ✠
M 5–25 cm, schon unterhalb der Mitte verzweigt. Blütenstand, Hochblätter und Kelch mit gestielten Drüsen. Blätter eiförmig, mit breitem Grund, sitzend, jederseits 4–6 Zähne, an den Hochblättern dicht aufeinander folgend. Blüte weißlila, 10–15 mm lang, aus dem Kelch ragend, mit ± violetter Oberlippe und gelbem Unterlippenfleck. Frucht behaart oder borstig.
StO ⑤ Wiesen und Weiderasen, bis über 2000 m.
V Alpen: verbreitet. Allgemein: fast ganz Europa mit Ausnahme des Nordens und Südens.
B Der Bunte A., **E. picta** Wimmer § in H; RL in H (4) ist ähnlich, aber gestielte Drüsen fehlen (Blütenstand, Hochblätter, Kelch). Stängel meist einfach. Die Bestimmung der Augentrost-Arten ist mitunter sehr schwierig, eine allgemein anerkannte Gliederung der Gattung steht noch aus.

524 Euphrasia christii Gremli
Christ-Augentrost
Euphraise de Christ
Eufrasia di Christ

Th; ● I H; RL in H (4)
M 5–10(15) cm, meist von unten an verzweigt, ohne Drüsenhaare. Blätter verkehrt eiförmig, mit 3–5 spitzen Zähnen. Krone 7–15 mm lang, goldgelb mit dunkleren Streifen. Kronröhre ausgewachsener Blüten 6–10 mm lang.
StO ⑤ Magerrasen, trockene Hänge, über Silikat, bis 2600 m.
V Endemisch in den westlichen S-Alpen: Simplon bis M. Rosa-Gebiet, Tessin und angrenzendes Italien, selten.
B Der Zottige A., **E. hirtella** Jord. ex Reut., Th; F I H D Ö ist 5–20 cm hoch, meist unverzweigt. Blütenstand, Hochblätter und Kelch drüsig (bis 1 mm lang). Blätter eiförmig, mit breitem Grund, sitzend, jederseits mit 4–6 Zähnen. Blüten 4–8 mm lang, weißlich violett, geadert. Hochblätter rundlich, stumpf, gezähnt, mit (3–)4 Zähnen, dachziegelig. Frucht behaart. Bis 2200 m.

525 **Euphrasia alpina** Lam.
Alpen-Augentrost

Euphraise des Alpes
Eufrasia delle Alpi

Th; F I H; § in H; RL in H (4)

M 5–15 cm, von unten an verzweigt, ohne Drüsenhaare. Untere und mittlere Blätter mit jederseits 2–4 stumpfen oder spitzen Zähnen, die Zähne der Tragblätter 0,5–1,5 mm lang begrannt. Krone 9–15 mm lang, lila weißlich, mit violetten Streifen und gelbem Schlundfleck.

StO ④⑤ Weiden, Magerasen, steinige Hänge, kalkmeidend, bis 2200(2750) m.

V Alpen: Seealpen bis Wallis, Engadin bis Adamello-Gebiet, streckenweise häufig. Ansonsten: Pyrenäen, Auvergne, Apennin.

B Alle Augentrost-Arten sind Halbschmarotzer, die v. a. Gräsern Wasser und Nährstoffe entziehen. Folgende weitere Arten erreichen die subalpine Stufe: Kamm-A., **E. pectinata** Ten., Aufrechter A., **E. stricta** Lehm, Kerners A., **E. kerneri** Wettst.

526 **Euphrasia minima** Jacq ex Dc.
Zwerg-Augentrost

Euphraise naine
Eufrasia minima
pritlikava smetlika

Th; F I H D Ö S; § in H; RL in H (4); ✠

M 2–12 cm. Stängel meist unverzweigt. Blütenstand, Hochblätter und Kelch drüsenlos. Blätter eiförmig, mit breitem Grund sitzend, am Rand oder unterseits borstig behaart, jederseits mit 3–7 nicht begrannten Zähnen. Blüten gelb, weiß, blauviolett oder bunt, 5–7(8) mm lang, nicht aus dem Kelch ragend, Hochblätter mit (2–)3(–4) Zähnen pro Seite. Frucht behaart.

StO ④⑤ Magerrasen, Weiden 1500–3200 m.

V Alpen: verbreitet und häufig. Ansonsten: süd- und mitteleuropäische Gebirge.

B 2 weitere, ähnliche, erst vor kurzem beschriebene Arten mit nur ca. 5 mm langen, weißlila Kronen kommen endemisch in Tirol vor: a) Unerwarteter A., **E. inopinata** Ehrend. et Vitek ● Ö, mit spitzen Buchten zwischen den Deckblattzähnen (Ötztal) und b) Buchten-A., **E. sinuata** Autor, ● Ö, mit stumpflichen Buchten (Rofangebirge, Kitzbüheler Horn).

527 Euphrasia salisburgensis Hoppe
Salzburger Augentrost
Euphraise de Salzbourg
Eufrasia di Salisburgo
solnograška smetlika

Th; F I H D Ö S; § in H; RL in H (4);
M 5–20 cm, fast kahl, ohne Drüsen. Blätter nur 2–5-mal so lang wie breit, lanzettlich, mit keilförmigem Grund, jederseits mit 2–3(4) Zähnen. Hochblattzähne mindestens 3, nicht unmittelbar aufeinanderfolgend, dazwischen gerader Blattrand. Blüte weiß, violett geadert, 6–8 mm lang. Frucht kahl oder randlich mit spärlichen, krummen Haaren, aber nicht abstehend bewimpert, 2,5–3-mal so lang wie breit.
StO ④ Kalkschuttfluren, Kalkmagerrasen, bis 2700 (3300) m.
V Alpen: in den Kalkgebieten verbreitet und häufig. Allgemein: nordspanische Gebirge bis Karpaten, Apennin, Balkan, N-Europa.
B Sehr ähnlich ist der vom Tessin bis Friaul bis 2300 m vorkommende Südtiroler A., **E. portae** Wettst., Th; ● I. **U** Krone 8–9 mm lang, Frucht 3–4-mal so lang wie breit.

528 Rhinanthus facchinii Chabert
Facchini-Klappertopf
Cresta di gialli di Facchini

Th; (F) H I Ö; (⚥)
M 10–20(30) cm. Stängel, Hochblätter und Kelch dicht zottig behaart. Stängelblätter lanzettlich, gekerbt bis gesägt. Hochblätter mit etwa gleich großen Zähnen, Hochblattzähne grannenlos. Blütenröhre stark aufwärts gebogen, Oberlippenzähne fast aufgerichtet, 1–2,5 mm lang, blau, Unterlippe waagerecht abgespreizt, daher Schlund offen. Krone 18–20 mm lang.
StO ④⑤ Wiesen, Schuttfluren, bis 2400 m.
V Alpen: Wallis, Graubünden bis Tirol, gebietsweise häufig. Ansonsten: Auvergne, Cevennen?.
B Wie alle Klappertöpfe (**Rhinanthus**) ist diese eng mit dem Zottigen K., **R. alectorolophus** (Scop.) Pollich (Blütenröhre nur schwach aufwärts gebogen, Oberlippenzähne nach unten weisend, Unterlippe der Oberlippe angedrückt, daher den Schlund verdeckend) verwandte Art ein Halbschmarotzer. Weitere ähnliche, formenreiche, z. T. sehr lokal verbreitete Arten.

529 **Rhinanthus glacialis** Personnat
Grannen-Klappertopf

Rhinanthe des glaciers
Cresta di gallo aristato
resasti škrobotec

Th; F I H D Ö S; § in H; RL in H (4) D (3); (⚥)
M 20–50 cm. Stängel, Hochblätter und Kelch
kahl, höchstens Kelch am Rand borstig bewimpert. Stängelblätter lanzettlich, gekerbt bis gesägt. Hochblätter mit grannenartigen, zugespitzten Zähnen, am Grund 4–8 mm lang mit 1–5 mm länger Granne. Blütenröhre stark aufwärts gebogen, Oberlippenzahn 1–2 mm lang, blau, Schlund offen. Krone 15–20 mm lang.
StO ①④⑤ Wiesen, Weiden, Felsschutt, Föhrenwälder, bis 2000(2600) m.
V Alpen: verbreitet und häufig. Ansonsten: deutsche Mittelgebirge nordwärts bis zum Harz, Vogesen, Jura, Balkan.
B Ähnlich ist der Altertümliche K., **R. antiquus** (Sterneck) Sch. et Th., ●H I; §, der an grasigen Hängen der SO-Schweiz und der Bergamasker A. bis 2500 m vorkommt. **M** 8–15 cm, Stängel und Blattunterseite behaart. Krone ca. 15 mm lang, Schlund offen. Oberlippenzähne nur 1 mm lang.

530 **Pedicularis foliosa** L.
Durchblättertes Läusekraut

Pédiculaire feuillée
Pedicolare fronzuta

He; F I H D Ö; § in I Ö; ⚥
M 20–50 cm. Stängel unverzweigt, wenigblättrig. Blätter doppelt fiederteilig, bis 25 cm lang. Hochblätter ähnlich den Stängelblättern. Blütenstand vielblütig, in dichter Traube. Blütenkrone rein gelb, 20–28 mm lang, Kelch häutig, nicht gespalten, deutlich 5-zähnig, alle Kelchzähne lanzettlich 3-eckig. Oberlippe der Krone fast ungeschnäbelt (Schnabel höchstens 1 mm lang), ungefleckt, dicht zottig behaart, Schlund offen.
StO ②⑤ Frische Rasen, Hochstaudenfluren, Grünerlengebüsche, auf Kalk, 1500–2400 m.
V Alpen: v.a. in den Nördlichen Kalkalpen, in den Z- und S-Alpen selten. Ansonsten: Pyrenäen, Apennin, Balkan.
B Alle Läusekräuter sind Halbschmarotzer, die auf verschiedenen Wirten parasitieren.

531 Pedicularis hacquetii Graf
Karst-Läusekraut, Hacquet-L.
Pedicolare di Hacquet
Hacquetov ušivec

He; I Ö S; § in I Ö; RL in Ö (2)
M Ähnlich **P. foliosa**, aber 30–100 cm hoch, Kelch ledrig, auf der Unterseite bis zur Mitte gespalten, (undeutlich) 5-zähnig, hintere Kelchzähne breit 3-eckig. Oberlippe der Krone kahl oder zerstreut behaart.
StO ②④⑤ Frische Rasen, Ruhschutt, Hochstauden, Grünerlengebüsch, bis 2000 m.
V Alpen: S-Alpen vom Gardasee östwärts, selten. Ansonsten: Karpaten.
B Weitere ähnliche Arten: a) Hoermann-L., **P. hoermanniana** K. Malÿ; He; S. Wie **P. foliosa**, aber Kelch ledrig, Oberlippe kurz behaart. **V** Slowenien bis zum Balkan.

532 Pedicularis oederi Vahl
Buntes Läusekraut
Pédiculaire d'Oeder
Pedicolare di Oeder

He; F I H D Ö; § in I Ö; ⚘
M 5–10(20) cm. Stängel aufrecht, dick, etwas kantig, oben behaart, im unteren Teil kahl. Blätter 2–8 cm lang und 5–10 mm breit, kahl, bläulich grün, lanzettlich, einfach fiederteilig. Stängelblätter wenig oder ganz fehlend. Hochblätter nur wenig länger als der Kelch. Kelch langhaarig, 5-zähnig bis 5-spaltig. Kelchzipfel meist ganzrandig. Blütenkrone gelb, 20–25 mm lang, Oberlippe ungeschnäbelt, kahl, rot gefleckt, mit stumpfer Spitze, Schlund offen.
StO ①④ Magerrasen, Zwergstrauchheiden, v. a. auf kalkhaltigen Böden, 1500–2500 m.
V Alpen: Nördliche Kalkalpen vom Kanton Waadt bis zu den Schlierseer Bergen, vom Brenner bis in die östlichen Niederen Tauern, Gurktaler und Seetaler Alpen, selten, in den Bergen am Brenner stellenweise häufig, in den SW-Alpen sehr selten. Ansonsten: Arktis, Skandinavien, Karpaten, Asien.

533 Pedicularis verticillata L.
Quirlblättriges Läusekraut
Pédiculaire verticillée
Pedicolare a foglie verticillate
vretenčasti ušivec

He; F I H D Ö S; § in I Ö; ⚥

M 5–15(30) cm. Blätter tief fiederteilig, mit unregelmäßig kerbig gesägten Abschnitten, zerstreut behaart, bis 10 cm lang. Stängelblätter zu 3–4 quirlständig. Blütenkrone rot, 17–18 mm lang, Oberlippe ungeschnäbelt, mit dunkler Spitze. Kelch 5-zähnig, etwas aufgeblasen, rauhaarig, mit kurzen Zähnen.

StO ③⑤ Feuchte Rasen, frische Wiesen und Weiden, Quellmoore, bis 2800 m.

V Alpen: zerstreut bis häufig, v. a. in den Kalkgebieten. Ansonsten: Arktis, Spanische Gebirge, Pyrenäen, Auvergne, Apennin, Karpaten, Balkan.

534 Pedicularis rostratospicata
Crantz ssp. rostratospicata
Fleischrotes Läusekraut
Pédiculaire incarnate
Pedicolare carnicina, klasasti ušivec

He; F I H D Ö S; § in I; ⚥

M (10)20–40 cm. Stängel ± aufrecht, oben flaumig bis wollig zottig, mehrblättrig. Blätter lanzettlich, einfach gefiedert mit gesägten Fiedern. Krone 12–16 mm lang, fleischrosa oder hellpurpurn, in ährig verlängerten Blütenständen. Kelch wie Tragblätter spinnwebig behaart, Kelchzipfel lanzettlich pfriemlich, ganzrandig. Oberlippe 4–6 mm lang geschnäbelt, ohne Zähne. Unterlippe randlich ohne Wimpern.

StO ④⑤ Magerrasen, Rostseggenrasen, auf Kalk, bis 2700 m.

V Alpen: O-Alpen, Tirol und Berchtesgaden ostwärts bis zum Schneeberg und den Karawanken, zerstreut. Ansonsten: O-Karpaten.

B ssp. **helvetica** (Steininger) O. Schwarz besitzt zottig behaarte Kelche und Tragblätter, Kelchzähne der unteren Blüten ± gesägt. **V** Engadin bis Seealpen, Pyrenäen; zerstreut.
Das Bild zeigt ssp. **helvetica**.

535 **Pedicularis rostratocapitata**
Crantz ssp. rostratocapitata
Geschnäbeltes Läusekraut
Pédiculaire à bec et en tête
Pedicolare a spiga breve, glavičasti ušivec

He; I H D Ö S; § in I; ⚘
M 5–20 cm. Stängel zu mehreren, bogig aufsteigend, zerstreut behaart. Blätter länglich lanzettlich, einfach gefiedert, mit fiederteiligen Abschnitten. Blütenstand kopfig, (1)3–12(15)-blü-
tig. Krone hellpurpurn, 15–25 mm lang. Oberlippe
lang geschnäbelt, Unterlippe randlich bewimpert,. Kelch unregelmäßig 5-teilig, mit blattar-
tigen, gekerbten Zipfeln, kahl oder nur auf den
Nerven ± flaumig.
StO ④ Lückige Rasen, auf Kalk, von 1800–2500
(2870) m.
V Alpen: O-Alpen, von Graubünden und den
Bergamasker Alpen an ostwärts, zerstreut bis
häufig. Ansonsten: Karpaten.
B ssp. **glabra** H. Kunz kommt nur in den Bergamasker Alpen vor. Diese Unterart zeichnet sich
durch eine unbewimperte Unterlippe aus.

536 **Pedicularis kerneri** D. T.
Kerner-Läusekraut
Pédiculaire de Kerner
Pedicolare di Kerner

He; F I H Ö; § in I; ⚘
M 5–15 cm. Stängel zu mehreren, seitenständig,
aus den Achseln der Rosettenblätter bogig aufsteigend, armblättrig, zerstreut behaart. Blätter
länglich lanzettlich, einfach gefiedert, mit gesägten Abschnitten. Blütenstand kopfig, 1–3
(–4)-blütig. Krone hellpurpurrot, 17–20 mm
lang, Oberlippe lang geschnäbelt, Unterlippe
kahl. Kelch 5-teilig, mit gekerbten Zipfeln,
gleichmäßig weißlich flaumig behaart, selten
kahl.
StO ④⑤ Magerrasen, Krummseggenrasen, Felsschutt, kalkmeidend, 2100–2800(3250) m.
V Alpen: Seealpen ostwärts bis zu den Hohen
Tauern. Ansonsten: Pyrenäen.
B Ähnlich ist das Zweiblütige L., **P. portenschlagii**
Sauter; He; ● Ö, aber Kelch gewimpert und auf
den Nerven flaumhaarig, sonst kahl. Blütenkrone 21–25(30) mm lang, Blütenstand 1–3(5)-
blütig. **StO** Magerrasen, Gesteinsfluren. **V** Endemit der östlichen Z- und N-Alpen.

537 Pedicularis asplenifolia Floerke
Farnblättriges Läusekraut
Pédiculaire à feuilles d'asplenium
Pedicolare dei ghiaioni

He; ●I H Ö; § in I; ⚤
M 2–8 cm. Stängel in der Blattrosette entspringend, aufrecht, unten fast kahl, oben behaart. Blätter lanzettlich, einfach fiederteilig, mit gesägten Abschnitten. Blattstiele und obere Blätter meist behaart. Blütenstand kopfig, 2–5(8)-blütig. Blütenkrone rosarot, 13–18 mm lang. Oberlippe 4–6 mm lang geschnäbelt. Unterlippe nicht gewimpert. Kelch 5-teilig, mit gekerbten Zipfeln, rötlich wollig zottig behaart.
StO ④⑤ Magerrasen und feuchte Felsschuttfluren, v. a. auf Kalkschiefer, bis 2800 m.
V Endemit der O-Alpen, von den Bergamasker Alpen und dem Engadin ostwärts bis zu den Venezianischen Alpen und den nordöstlichen Tauern. In den Z-Alpen ziemlich häufig, sonst sehr selten.

538 Pedicularis cenisia Gaudin
Mont-Cenis-Läusekraut
Pédiculaire du Mont Cenis
Pedicolare del Moncenisio

He; F I; § in I; ⚤
M 7–30 cm, oft mit mehreren, bogig aufsteigenden wenigblättrigen Stängeln. Stängel, Tragblätter und Kelch weiß wollig behaart. Blattstiele der unteren Blätter ebenfalls behaart. Untere Blätter einfach gefiedert, mit gesägten Abschnitten. Blütenstand kopfig, 3–8-blütig. Blüten fast sitzend. Krone 16–18 mm lang, rosarot, Schnabel 4–6 mm lang, purpurn. Unterlippe nicht gewimpert. Kelch 5-teilig, 4 Zipfel laubblattartig, fiederteilig, der obere Kelchzipfel kleiner, meist ungeteilt, ± 3-eckig.
StO ④ Steinige, lückige Rasen, 1500–2600 m.
V Alpen: W-Alpen, ostwärts bis ins Aostatal, zerstreut. Ansonsten: Alpi Apuane, N-Apennin.

539 **Pedicularis gyroflexa** Vill.
Gedrehtblütiges Läusekraut
Pédiculaire arquée
Pedicolare spiralata

He; F I H; § in I H; RL in H (3); ⚘
M 15–30 cm. Stängel bogig aufsteigend oder aufrecht, allseits kurz und dicht behaart. Blätter einfach gefiedert mit tief fiederteiligen Abschnitten und unregelmäßig gesägten Zipfeln. Blattstiel kurz behaart. Tragblätter weiß wollig behaart. Blütenstand dichtblütig, mit kurz gestielten bis fast sitzenden Blüten. Krone hellpurpurn, bis 25(30) mm lang. Oberlippe 2–3 mm lang geschnäbelt. Unterlippe bewimpert. Kelch 5-teilig, wollig flaumig behaart, Kelchzipfel aufrecht, 4 laubblattähnlich, ein Zipfel kleiner, schmaler.
StO ④ Steinige Rasen, an Felsen, auf Kalk, 1500–2800 m.
V SW-Alpen, nordöstlich bis S-Schweiz und S-Tirol, zerstreut bis selten. Ansonsten: Pyrenäen, Z-Apennin.

540 **Pedicularis rosea** Wulfen ssp. rosea
Rosarotes Läusekraut
Pedicolare rosea
rožnati ušivec

He; I Ö S; § in I Ö; ⚘
M 5–15 cm, aufrecht. Stängel unten kahl, im oberen Teil weiß wollig. Laubblätter einfach gefiedert mit etwa bis zur Mitte eingeschnitten-gesägten Abschnitten. Tragblätter dicht weiß wollig, höchstens so lang wie die Blüten, die unteren nur wenig eingeschnitten. Kelch dicht weiß wollig, Kelchzipfel ganzrandig. Krone 12–18 mm lang, rosarot. Oberlippe gerade, vorne abgerundet, ungeschnäbelt. Die beiden längeren Staubblätter sind bärtig behaart.
StO ④ Steinige Rasen, auf Kalk, 1900–2700 m.
V Alpen: südliche und nördliche Kalkalpen, vom Toten Gebirge und Bergamasker Alpen an ostwärts. Ansonsten: Karpaten
B Das Allioni-L., ssp. **allionii** (Rchb. fil.) E. Mayer, kommt in den SW-Alpen von 2000–2900 m vor; He; F I; ⚘. **U** untere Tragblätter tief fiederspaltig, länger als die Blüten. Staubblätter kahl oder nur wenig behaart.

541 **Pedicularis recutita** L.
Gestutztes Läusekraut
Pédiculaire tronquée
Pedicolare alata
prisekani ušivec

He; ● F I H D Ö S; § in F I; RL in F (3); ☠
M 20–40(60) cm, kahl. Stängel mit zahlreichen Blättern. Blätter einfach gefiedert mit doppelt gesägten Abschnitten. Blüten in dichtem, endständigem Blütenstand. Tragblätter fiederspaltig bis ungeteilt. Krone bis 15 mm lang, braunrot bis grünlich, Oberlippe ungeschnäbelt. Kelch kahl, tief 5-spaltig.
StO ②③④ Hochstaudenfluren, Grünerlengebüsche, Rostseggenrasen, Quellfluren, bis 2500 m.
V Endemit der Alpen: Savoyen bis Niederösterreich, zerstreut.
B Bis in die subalpine Stufe wächst in Mooren, Quellfluren und feuchten Wiesen das Sumpf-L., **P. palustris** L. He; F I H D Ö S; § in I H Ö; RL in H (4) Ö (2) D (2), S (4); ☠. **M** 20–70 cm, ästig verzweigt. Laubblätter einfach gefiedert mit fiedrig gelappten Abschnitten. Blütenstand aufgelockert. Kelch tief 2-lippig. Krone 13–22 mm lang, hellpurpurn, Unterlippe gewimpert.

542 **Pedicularis comosa** L.
Schopfiges Läusekraut
Pédiculaire à toupet
Pedicolare chiomosa
šopasti ušivec

He; F I S; § in I; RL in S (4); ☠
M 10–50 cm, mit spindelig knollig verdickten Wurzeln. Stängel aufrecht, unten dicht, oben zerstreut behaart, beblättert. Blätter bis 15(25) cm lang, einfach gefiedert, mit entfernt stehenden, fiederteiligen Abschnitten. Tragblätter laubblattähnlich – mit Ausnahme der untersten – kürzer als die Blüte. Krone 18–30 mm lang, gelblichweiß bis zitronengelb. Oberlippe ungeschnäbelt, mit 2 Zähnen unterhalb ihrer Spitze. Unterlippe bewimpert. Kelch an den Kanten bewimpert, Kelchzipfel ganzrandig.
StO ⑤ Wiesen und Weiden, 1500–2000 m, zerstreut bis selten.
V Alpen: W- und S-Alpen ostwärts bis Savoyen und Gardasee-Gebiet. Ansonsten: Spanische Gebirge, Cevennen, Auvergne, Korsika, Apennin, Donaubecken, Bessarabien, S-Russland, Kaukasus.

543 **Pedicularis tuberosa** L.
Knolliges Läusekraut
Pédiculaire tubéreuse
Pedicolare zolfina

He; F I H Ö; § in I; ☠
M 10–25 cm, mit bogig aufsteigenden Stängeln, diese am Grund allseits wollig behaart. Blätter fast bis zur Mitte fiederteilig, mit ± tief gesägten Abschnitten, kahl oder unterseits zerstreut behaart. Blattstiel mit langen Haaren. Blütenstand anfangs kopfig, etwa so lang wie breit. Krone 14–20 mm lang, blassgelb. Oberlippe mit deutlichem Schnabel. Kelch außen behaart. Kelchzipfel innen kahl, fast immer gezähnt.
StO ④⑤ Bodensaure Rasen, Wiesen und Weiden, kalkmeidend, bis 2500 m.
V Alpen: zentrale und südliche Urgesteinszüge, zerstreut bis häufig, selten in den N-Alpen. Ansonsten: Spanien, Pyrenäen, Apennin.
B Ähnlich ist das Aufsteigende L., **P. ascendens** Schleich, He; F I H; § in I; ☠. **U** Kelch außen kahl, Kelchzipfel ± ganzrandig, randlich bewimpert. Abschnitte der oberen Tragblätter ganzrandig. **StO** Bergwiesen der westlichen Kalkalpen.

544 **Pedicularis elongata** Kerner
Langähriges Läusekraut
Pediculare gialla

He; ● I Ö; § in I; ☠
M 10–35 cm, mit kurz bogig aufsteigenden Stängeln, diese am Grund 2–3-zeilig behaart. Blätter einfach gefiedert, mit ± tief gesägten Abschnitten, kahl. Blattstiel flaumig bewimpert. Tragblätter kahl oder bewimpert. Blütenstand zu Blühbeginn deutlich länger als breit. Krone 12–16 mm lang, blassgelb. Oberlippe mit deutlichem Schnabel. Kelch außen kahl. Kelchzipfel innen flaumhaarig, fast immer gezähnt.
StO Kalkmagerrasen, bis 2300 m.
V Endemit der mittleren südlichen Kalkalpen, von der Brenta bis zum Dobratsch, zerstreut bis selten.
B Sehr ähnlich ist das Julische L., **P. julica** E. Mayer, He; ● I Ö S; § in I; RL in S (4); das endemisch in den Julischen und Steiner Alpen und in den Karawanken vorkommt. **U** Tragblätter und gesamte Außenseite des Kelches dicht zottig. Kelchzipfel innen schwach flaumig. Krone 14–18 mm lang.

545 Orobanche gracilis Sm.
Blutrote Sommerwurz
Orobanche grêle
Succiamele rossastro
nežni pojalnik

Ge; (F) I (H) D (Ö) (S); § in H; RL in H (3) D (3)
M 15–30(60) cm. Stängel bräunlich. gelb oder
rötlich. Blüten innen meist glänzend blutrot,
außen wachsgelb, zum Rand rötlich, helldrüsig.
Narbe gelb, rot gerandet. Wirte: Fabaceen.
StO ⑤ Halbtrockenrasen, Trockenwiesen, vom Tal
bis über 1800 m.
V Alpen: zerstreut bis häufig Allgemein: warme
Gebiete Europas vom Atlantik bis zum Schwarzen Meer; Transkaukasien, N-Afrika.
B Weitere, bis in die subalpine Stufe aufsteigende
Arten: a) **O. alba** Stephan ex Willd., Thymian-S.,
Wirt: Lippenblütler, bes. Thymus. b) **O. laserpi-
tii-sileris** Reuter, Bergkümmel-S., auf Laserpitium siler. c) **O. caryophyllacea** Smith, Lab-
kraut-S., auf Galium, seltener Asperula. d) **O.
purpurea** Jacquin, Violette S., v. a. auf Achillea,
selten an anderen Korbblütlern.

546 Orobanche flava Mart. ex F. W. Schultz
Hellgelbe Sommerwurz
Orobanche jaune clair
Succiamele d. petasites
rumenkastobeli pojalnik

Ge; (F) I H D Ö (S); § in H; RL in H (4) D (3)
M 15–40 cm. Stängel wachsgelb. Blüten gelblich,
rötlich gesäumt, Oberlippensaum etwas zurückgeschlagen, tief ausgerandet, fast kahl, Staubfäden in der Mitte der Kronröhre ansetzend, mit
hellen Drüsen, Griffel drüsig. Wirte: Petasites
paradoxus (selten andere Arten der Gattung),
Tussilago farfara.
StO ①④ Steinschutt, Schotterfluren, Auenwälder,
bis 1950 m.
V Alpen: im gesamten Alpenraum zerstreut, im
westlichen Teil der nördlichen Kalkalpen häufig.
Ansonsten: Karpaten, Balkan; Kaukasus.
B Weitere, bis in die subalpine Stufe aufsteigende Arten: a) **O. lucorum** A. Braun, Hain-S.,
auf **Berberis**, seltener auf **Rubus**. b) **O. elatior**
Sutton, Große S., auf **Centaurea**-Arten., vorwie-
gend auf **C. scabiosa**. c) **O. teucrii** Holandre,
Gamander-S., Wirt: **Teucrium**-Arten.

547 Globularia cordifolia L.
Herzblättrige Kugelblume
Globulaire à feuilles en coeur
Vedovelle celesti
srčastolistna mračica

Ch; F I H D Ö S; § in H D; RL in H (4) ❀
M 3–10 cm. Ganze Teppiche bildend. Stängel blattlos, nur mit 1–2 Schuppen, Grundachse kriechend, verästelt, verholzend. Blätter bis 4 cm lang und 1 cm breit, länglich, keilförmig bis verkehrt herzförmig, vorn ausgerandet (bis abgerundet, dann mit Mittelzahn), ledrig. Blütenköpfe hellblau, (10)12–15(20) mm breit. Krone bis 8 mm lang.
StO ①④⑤ Felsspalten, Felsschutt und magere Trockenwiesen, auf kalkhaltigen Böden, bis zu 2800 m.
V Alpen: In den Kalkgebieten allgemein verbreitet, in den Z-Alpen selten oder fehlend. Ansonsten: Französischer und Schweizer Jura, Niedere Tatra, Große Fatra.

548 Globularia repens Lam.
Kriechende Kugelblume
Globulaire rampante
Vedovelle minori

Ch; F I
M Ähnlich **G. cordifolia**, aber nur bis 3 cm hoch. Blätter 8–15 mm lang und 1–3 mm breit, schmal lanzettlich (dann sitzend) oder verkehrt eiförmig (dann mit langem Stiel), vorn nicht ausgerandet, die größeren zuweilen mit kleinem Zahn. Blütenköpfe 10–12 mm breit. Krone bis 6 mm lang.
StO ④ Felsspalten, Felsschutt, auf Kalk, bis 2000 m.
V Alpen: Seealpen, selten. Ansonsten: Pyrenäen und Cordillera Cantabrica in N-Spanien.

549 Globularia nudicaulis L.
Nacktstängelige Kugelblume
Globulaire à tige nue
Vedovelle alpine
golostebelna mračica

He; F I H D Ö S; § in H D; RL in H (4) ✿
M 5–25(30) cm. Stängel blattlos, nur mit 1–2
Schuppen, nicht verholzend, mit Einzelrosetten.
Grundblätter bis 15 cm lang und 3 cm breit, läng-
lich, keilförmig, vorn abgerundet (bis seicht aus-
gerandet). Blütenköpfe blauviolett, (15)18–25
(30) mm breit.
StO ①④⑤ Trockene Rasen, Zwergstrauchheiden,
lichte Föhrenwälder, Legföhrengebüsch, auf Kalk,
bis 2650 m.
V Alpen: O- und S-Alpen verbreitet, sonst selten
oder fehlend. Ansonsten: Pyrenäen, Gebirge N-
Spaniens, Corbières, Apennin.
B Die Gewöhnliche K., **G. punctata** Lapeyr., He;
F I (H) D (Ö) (S); §; ✿ kommt in den Alpen bis
2000 m auf Trockenrasen vor. **M** 5–25(40) cm.
Stängel beblättert. Grundblätter spatelig, ledrig,
vorn oft ausgerandet, kurz 3-zähnig oder abgerundet. Köpfchen 15–25 mm.

550 Pinguicula alpina L.
Alpen-Fettkraut
Grassette des Alpes
Erba-unta bianca
alpska mastnica

He; F I H D Ö S; § in H D; RL in H (4) D (3), ✿
M 5–15 cm. Wurzeln fleischig, weißgelb, ausdauernd, dicklich. Blätter ganzrandig, drüsig klebrig,
in grundständiger Rosette, auf der Hauptader
nur haarfeine Drüsen. Blüten mit Sporn 10–14 mm
lang, weiß, mit 1–3 gelben Schlundflecken, einzeln, Sporn kegelförmig, 2–3 mm lang. Kapsel eilänglich, doppelt so lang wie Kelch.
StO ③④ Rieselfluren, Quellmoore, feuchte Steinrasen, bis 2620 m.
V Alpen: im gesamten Gebiet zerstreut. Ansonsten: Skandinavien, Gotland, Wiener Becken, Kroatien, Pyrenäen, Karpaten; Z-Asien.

551 Pinguicula vulgaris L.
Gewöhnliches Fettkraut

Grassette vulgaire
Erba-unta commune
navadna mastnica

He; F I H D Ö (S); § in I H D; RL in H (4) D (3), (✽), ✿

M 5–20 cm. Wurzeln weiß, fein, im Herbst absterbend. dicklich. Blätter ganzrandig, drüsig klebrig, in grundständiger Rosette, auf der Hauptader mit kopfigen Drüsen. Blüten mit Sporn (10) 15–22 mm lang, einzeln, blauviolett mit weißem Schlundfleck (selten reinweiß), Sporn walzlich pfriemlich, 3–6 mm lang. Untere Kelchblätter etwa bis zur Mitte miteinander verwachsen. Lappen der Kronunterlippe länger als breit.
StO ③ Rieselfluren, Flachmoore, Sumpfwiesen, bis 2200 m.
V Alpen: verbreitet und häufig. Ansonsten: Grönland, Island, Faröer, Shetland, Großbritannien, Skandinavien, südliches W- und Z-Europa östlich bis zum Ural; Alaska über Kanada bis Labrador.

552 Pinguicula leptoceras Rchb.
Dünnsporniges Fettkraut

Grassette à éperon étroit
Erba-unta bianco-maculata

He; F I H Ö; § in H; RL in H (4)

M Ähnlich **P. vulgaris**, aber untere Kelchblätter (fast) bis zum Grund getrennt. Blüten mit Sporn 20–30 mm lang. Lappen der Kronunterlippe ca. so lang wie breit.
StO ③⑤ Quellmoore, nasse Wiesen, bis 3000 m.
V Alpen: Seealpen bis zum Genfer See, von da ostwärts bis Vorarlberg und Tirol bis zur Piave, zerstreut.
B In den W-Alpen (Savoyen und Dauphiné) sowie im Schweizer Jura kommt **P. grandiflora** Lam., Großblütiges F., He; F H; RL in H (2), vor. **M** Blüten samt Sporn 25–35 mm lang. Sporn walzlich stumpf, 10–12 mm lang. Krone tiefblau (ssp. **grandiflora**) oder blassrosa (ssp. **rosea** (Mutel) Casper). Untere Kelchblätter zu ⅔ ihrer Länge verwachsen. Selten.

553 Phyteuma spicatum L. ssp.
occidentale R. Schulz
Ährige Teufelskralle
Raiponce en épi
Raponzolo giallo, klasasti repuš

He; F I H Ö D (S); ⑪, ⚘
M 30–80 cm. Spreite der Grundblätter eiförmig,
1–2-mal so lang wie breit, mit tief herzförmigem Grund, oft dunkel gefleckt, kerbt gesägt.
Blütenstand eiförmig bis walzlich, sich nach der
Blüte stark verlängernd. Hüllblätter deutlich,
schmal lanzettlich. Blüten vor dem Aufblühen
gekrümmt. Krone gelblich weiß, an der Spitze
grünlich (ssp. **spicatum**) oder himmelblau (ssp.
occidentale). Narben 2.
StO ①②⑤ Buchen u. Mischwälder, Hochstaudenfluren, Bergwiesen, bis 2100 m.
V Alpen: verbreitet. Außerdem: S-England, S-Norwegen, Benelux, Deutschland, Ungarn, N- u. M-
Italien, Bosnien, Montenegro, Serbien, W-Russland.
B Bis 2300 m kommt auf Bergwiesen, in Hochstauden und lichten Wäldern **P. ovatum** Honck,
Eirunde T., vor. **M** wie **553**, aber Krone schwarzviolett. Laubblätter grob doppelt gesägt.

554 Phyteuma betonicifolium Vill.
Ziestblättrige Teufelskralle
Raiponce à feuilles de bétonie
Raponzolo montano
trnocljev repuš

He; ● F I H Ö D S
M 15–70 cm. Spreite der Grundblätter eilanzettlich, (2)3–6-mal so lang wie breit. Stängel kahl
oder am Grund behaart, im obersten Drittel
blattlos. Stängelblätter lanzettlich, die oberen
sitzend. Blütenstand eiförmig bis walzlich., Hüllblätter fädig, unscheinbar. Blüten vor dem Aufblühen gerade bis leicht gekrümmt. Krone blauviolett (selten weiß). Narben 3, selten einzelne
Blüten 2-narbig.
StO ①⑤ Bergwiesen, lichte Wälder, vorzugsweise
auf kalkfreien Böden, bis 2600 m.
V Endemit der Alpen: ziemlich häufig.
B Sehr ähnlich ist **P. zahlbruckneri** Vest, Pfir-
sichblättrige T., He; ● I Ö S. Wie **554**, aber Pflanze
kahl, Stängel meist ganz beblättert, Narben 2,
selten einzelne Blüten 3-narbig. Krone blau. Zerstreut in den S- und O-Alpen. Endemisch.

555 Phyteuma cordatum Balbis
Herzblättrige Teufelskralle
Raiponce on cœur
Raponzolo delle Alpi Marittimi

He; ● F I; § in I F; RL in F(4) I(4)
M 10–25 cm. Laubblätter eiförmig, an der Basis herzförmig, grob unregelmäßig gesägt, die unteren lang gestielt, die obersten fast sitzend. Hüllblätter lanzettlich, am Rand dicht behaart. Blütenköpfe eiförmig, sich nach der Blüte kaum verlängernd. Krone weiß oder himmelblau. Narben 3.
StO ④ Felsspalten, auf Kalk, 1500–2400 m.
V Endemit der Seealpen und der Ligurischen Alpen, sehr selten.

556 Phyteuma sieberi Spreng.
Dolomiten-Teufelskralle
Raponzolo di Sieber
Sieberjev repuš

He; ● I Ö S
M 5–30 cm. Stängel spärlich beblättert. Spreite der Grundblätter eiförmig bis breit lanzettlich, am Grund seicht herzförmig bis keilig. Obere Stängelblätter eilanzettlich bis eiförmig, sitzend oder halbstängelumfassend. Äußere Hüllblätter breit eiförmig bis rundlich, 1–1,5-mal so lang wie breit, am Grund deutlich gezähnt, am Rand dicht bewimpert, nicht in eine lange Spitze ausgezogen, höchstens so lang wie der Blütenkopf. Krone tief blauviolett. Narben 3.
StO ④ Felsen, steinige Rasen, auf Kalk und Dolomit, 1600–2600 m.
V Alpen: Endemit der südlichen Kalkalpen, Dolomiten bis Sannthaler Alpen, zerstreut.
B Bis 2500 m kommt auf Magerwiesen häufig die Kugelige T., **P. orbiculare** L., He; F I H D Ö (S); § in H; RL in H (4) D (3); vor. **U** Äußere Hüllblätter eilanzettlich, meist 2–4-mal so lang wie breit, am Grund ganzrandig oder wenig gezähnt.

557 Phyteuma scheuchzeri All.
Scheuchzer-Rapunzel
Raiponce de Scheuchzer
Raponzolo di Scheuchzer
Scheuchzerjev repuš

He; I H Ö S
M 10–40 cm. Grundblätter lang gestielt, eiförmig bis lanzettlich, an der Basis herzförmig, gezähnt oder ganzrandig. Untere Stängelblätter gestielt, obere sitzend. Tragblätter kahl. Äußere Hüllblätter lineal lanzettlich, an der Basis wenig verbreitert, länger als der Blütenkopf, abstehend oder zurückgebogen, kahl. Blütenkopf kugelig oder kurz eiförmig. Blüten tiefblau. Narben 3. Zwei Unterarten.
StO ④⑤ Felsspalten, Blockschutthalden, grasige Hänge, bis 2250 m, auf Kalk und Silikat.
V Alpen: Südliche Ketten von den Grajischen Alpen bis zu den Steiner Alpen, zerstreut bis häufig. Ansonsten: Slowenien, Kroatien.
B Ähnlich ist **P. charmelii** Vill, Charmeil-T.; He; F I. **M** 7–25 cm. Hüllblätter schmal lineal, wie die Tragblätter am Rand bewimpert, ± so lang wie der Blütenkopf. Narben 2. **StO** ④ Felsspalten. **V** Seealpen bis Bergamasker Alpen. Pyrenäen, Apennin.

558 Phyteuma hemisphaericum L.
Halbkugelige Teufelskralle
Raiponce hémisphérique
Raponzolo alpino

He; F I H D Ö; ❀
M 5–15(30) cm. Grundblätter schmal linealisch, grasartig, 0,5–2(3) mm breit, in der Mitte am breitesten, meist ganzrandig, kahl. Blütenstand kugelig. Hüllblätter eiförmig bis lanzettlich, kurz zugespitzt, zumindest am Grund ganzrandig oder stumpf gezähnt, meist kürzer als der Blütenkopf. Krone blauviolett.
StO ④⑤ Silikatfelsfluren, bodensaure Magerrasen, bis 2600(3600) m.
V Alpen: Seealpen bis Salzburger und Steirische Alpen, in den Silikatgebieten verbreitet und häufig. Ansonsten: Sierra di Guadarrama, Pyrenäen.

559 **Phyteuma hedraianthifolium** Schulz
Rhaetische Teufelskralle
Raiponce à feuilles d'edréanthe
Raponzolo rupestre

He; ● I H
M Ähnlich wie **P. hemisphaericum**, aber Grundblätter gegen die Spitze verbreitert, mit entfernt
stehenden Zähnchen. Hüllblätter lineal lanzettlich bis lineal, ohne eiförmige Basis, oft gesägt,
spitz, den Blütenkopf weit überragend.
StO ④ Silikatfelsspalten, 1800–3100 m.
V Endemit der Z- und S-Alpen (Rhaetische und
Bergamasker Alpen, Adamello, Nonsberg, Dolomiten), ziemlich selten.

560 **Phyteuma humile** Schleicher
Niedrige Teufelskralle
Raiponce naine
Raponzolo del Carestia

He; ● I H
M Ähnlich wie **P. hemisphaericum**, aber nur bis
12 cm hoch. Grundblätter 2–4 mm breit, mit
wenigen spitzen Zähnchen an der Basis. Hüllblätter lang zugespitzt, oft länger als der Blütenkopf, an der Basis mit scharfen Zähnen.
StO ④ Felsritzen, auf Silikat, 1800–3200 m.
V Endemit der Penninischen Alpen, sehr selten.

561 Phyteuma globulariifolium Sternb.
Armblütige Teufelskralle
Raiponce à feuilles de globulaire
Raponzolo minore

He; ● F I Ö
M 1–6 cm. Grundblätter 1–3 cm lang und 3–7 mm breit, spatelförmig, stumpf, vorne mit 3–5 kleinen Kerben oder ganzrandig, plötzlich in den Stiel verschmälert. Äußere Hüllblätter rundlich bis eiförmig, stumpf, an der Spitze ganzrandig oder etwas gezähnt, am Rand bewimpert, etwa so lang wie das 2–7-blütige Köpfchen. Blüten blauviolett. Narben 3.
StO ④ Magerrasen, Fels- und Schuttfluren, auf Silikat und Glimmerschiefer, 2000–3000 m.
V Endemit der O-Alpen, zerstreut.
B Sehr ähnlich ist **P. pedemontanum** Schulz, Piemont-T., He; F I H. **M** 5–12 cm, Blätter spitz, oft 3-zähnig, allmählich in den Stiel verschmälert. Äußere Hüllblätter eiförmig lanzettlich, kurz zugespitzt. **V** Westliche Z-Alpen bis zum Ortler, südlich bis zum Col di Tenda; Pyrenäen. Ob eigene Art?

562 Phyteuma confusum Kerner
Zungenblättrige Teufelskralle

He; Ö
M Ähnlich **P. globulariifolium**, aber Pflanze 1–15 cm hoch. Grundblätter lineal bis länglich spatelförmig, meist 3–10 cm lang und 2–4 mm breit, Blattspreite allmählich in den geflügelten Stiel verschmälert. Äußere Hüllblätter breit eiförmig, mit abgerundeter Spitze. Blütenköpfe 5–10(15)-blütig.
StO ④⑤ Magerrasen, Felsfluren, kalkmeidend, 1700–2800 m.
V Alpen: Östliche Z-Alpen (Stangalpe, südliche u. östliche Niedere Tauern, Saualpe, Seetaler Alpen, Koralpe, Stub- u. Gleinalpe, Lungau, Steiermark u. Kärnten) Ansonsten: Karpaten, Bosnien, Albanien, Bulgarien.

563 Physoplexis comosa (L.) Schur
Schopfteufelskralle
Raponzolo chiomoso
sopasti repušnik

He; ● I Ö (S); § in I Ö; RL in I (4); Ö (4)
M 5–20 cm. Grundblätter lang gestielt, ihre Spreiten nierenförmig, eiförmig oder elliptisch, grob gezähnt, oberseits glänzend, blaugrün. Hüllblätter schmal elliptisch bis lanzettlich, tief gezähnt. Blütenstand doldig, 8–20(30)-blütig, 4–7 cm im Ø. Krone 15–20(30) mm lang, im unteren Teil bauchig, hell purpurlila, zur Spitze hin dunkel blauviolett. Narben 2(–3).
StO Felsspalten senkrechter Kalk- u. Dolomitfelsen, bis 2000 m.
V Endemit der südlichen Kalkalpen, vom Comer See bis Kärnten, Slowenien.

564 Campanula thyrsoides L.
ssp. **thyrsoides**
Strauß-Glockenblume
Campanule en thyrse
Campanula gialla, šopasta zvončica

He; F I H D Ö S; § in I H D Ö; RL in H (4) Ö (4); ✾
M 10–40 cm. Stängel unverzweigt, wie die schmal lanzettlichen Blätter steifhaarig. Blütenstand 8–30 cm lang. Blüten in sehr dichter kolbenförmiger Ähre. Krone 17–22 mm lang, außen behaart, blassgelb. Kelchblattanhängsel fehlen.
StO ④⑤ Magerwiesen, Felsen, Felsschutt, auf Kalk, bis 2600 m.
V Alpen: zerstreut. Ansonsten: Jura, Balkan.
B Die Krainer Strauß-Glockenblume, ssp. **carniolica** (Sünd.) Podl. He; I Ö S, § in I Ö; RL in Ö (4) findet sich selten in Wiesen, an Waldrändern, auch im Felsschutt der montanen Stufe der O-Alpen. **M** 40–100 m hoch. Blütenstand 30–60 cm lang. Blüten locker stehend, gelblichweiß bis fast weiß.

565 Campanula spicata L.
Ährige Glockenblume

Campanule en épi
Campanula spigata
klasasta zvončica

He; F I (H) Ö (S); RL in Ö (4)

M 15–80 cm. Pflanze rauhaarig, unverzweigt. Blätter schmal lanzettlich und unregelmäßig gezähnt, am Rand gewellt. Obere Stängelblätter am Grund halbstängelumfassend. Blütenstand ährig, am Grund meist unterbrochen, mit zahlreichen, dicht stehenden, blauvioletten (12)15–22(25) mm langen, glockig bis trichterförmigen Blüten. Kelch mit stumpfen Buchten, ohne Anhängsel. Kelchzipfel lanzettlich, behaart.

StO ④⑤ Sonnige, buschige Abhänge, Magerrasen, Felsen, Schuttfluren, bis 2500 m.

V Alpen: S-und Z-Alpen, zerstreut bis selten. Ansonsten: Apennin, Balkan.

566 Campanula cenisia L.
Mont Cenis-Glockenblume

Campanule du Mont Cenis
Campanula del Moncenisio

He; ● F I H Ö; § in H; RL in H (4) Ö (4)

M 1–5 cm, lockere Rasen bildend, mit zahlreichen nicht blühenden Trieben. Stängel bogig aufsteigend, bis unter die Blüte beblättert. Laubblätter eiförmig bis breit lanzettlich, fleischig, ganzrandig. Blüten einzeln, aufrecht, sternförmig ausgebreitet. Krone 15–20 mm Ø, weit trichterförmig, bis zur Hälfte geteilt, hell blaulila bis graublau. Kelch (wie Frucht) behaart. Kelchbuchten stumpf. Anhängsel fehlen.

StO ④ Felsschutt, Moränen, meist auf Kalkschiefer, bis 3600 m.

V Endemit der W-Alpen, Dauphiné bis W-Tirol.

567 Campanula zoysii Wulfen
Zois-Glockenblume

Campanula di Zois
Zoisova zvončica

He; ● I Ö S; § in Ö
M 2–10 cm, in Polstern oder lockeren Rasen
wachsend. Grundblätter rundlich bis eiförmig,
gestielt. Stängelblätter lanzettlich bis lineal, fast
sitzend. Blütenstand 1–4-blütig. Blüten meist
nickend. Krone 15–20 mm lang, krugförmig, mit
zusammenneigenden Kronzipfeln, innen dicht
weißhaarig, hell blauviolett. Kelchzipfel grannenartig, abstehend. Anhängsel fehlen.
StO ④ Felsspalten, Felsschutt, auf Kalk, bis 2300 m.
V Endemit der SO-Alpen. In den Karawanken,
Steiner Alpen und Julischen Alpen, zerstreut bis
selten.

568 Campanula morettiana Rchb.
Dolomiten-Glockenblume

Campanula di Moretti

He; ● I; § in I; RL (4)
M 3–8 cm, in kleinen Rasen oder Polstern wachsend. Stängel meist 1-blütig, wie die Laubblätter und der Kelch abstehend steifhaarig. Grundblätter breit eiförmig bis herzförmig, eckig gezähnt, lang gestielt, die folgenden kürzer gestielt, die obersten Blätter sitzend. Blüten endständig, 20–30 mm lang. Krone glockig trichterförmig, blau- bis rotviolett, bis zu ⅓ in 3-eckige
Zipfel gespalten. Kelchzipfel lanzettlich, in den
Buchten ohne Anhängsel.
StO ④ Felsspalten senkrechter oder überhängender Kalkfelsen, 1500–2300 m.
V Endemit der Südtiroler Dolomiten, selten.

569 Campanula raineri Perpenti
Rainer-Glockenblume
Campanula del l'arciduca

He; ● I; §; RL (4)
M 5–10 cm, in lockeren Rasen wachsend. Stängel zu mehreren, bogig aufsteigend, kurzflaumig, 1-blütig. Grundblätter eiförmig, 1–2 cm breit, gezähnt, am Rand und auf den Nerven kurzhaarig, gestielt, die obersten elliptisch bis lanzettlich, sitzend. Blüten endständig, aufrecht. Krone trichterförmig oder weit glockenförmig, 3–4 cm breit, hellblau. Kelchzipfel breit lanzettlich, deutlich 3-nervig, kurz behaart, zugespitzt, etwa ½ so lang wie die Krone. Kelchbuchten spitz, ohne Anhängsel.
StO ④ Felsspalten, Felsschutt, nur auf Kalk und Dolomit, bis 2300 m.
V Endemit der südlichen Kalkalpen zwischen Luganer See und Judikarien, selten.

570 Campanula alpestris All.
Allionis Glockenblume
Campanule d' Allioni
Campanula occidentale

He; ● F I; § in I
M 3–10(15) cm, einzeln oder in kleinen Gruppen wachsend, mit aufrechtem Stängel. Laubblätter graugrün, behaart, ± ganzrandig, die grundständigen spatelförmig lanzettlich, die oberen lineal lanzettlich. Blüten meist einzeln, aufrecht oder nickend. Krone glockenförmig, 3–4 cm lang, blauviolett. Kelchzipfel rauhaarig, linealisch, in den Kelchbuchten mit zurückgeschlagenen Anhängseln, diese ⅓-mal so lang wie die Kelchzipfel. Griffel mit drei Narben.
StO Steinige Rasen, Felsschutt, Feinschutt, auf Kalk und kalkhaltigem Schiefer, 1500–2800 m.
V Alpen: Endemit der W- u. SW-Alpen (Savoyen bis Piemonteser Alpen, Cognetal), selten.

571 Campanula barbata L.
Bärtige Glockenblume
Campanule barbue
Campanula barbata
brkata zvončica

He; F I H D Ö S; ✿
M 10–40(60) cm. Stängel unverzweigt, zottig behaart. Blätter länglich eiförmig oder lanzettlich. Blüten in einseitswendiger Traube, nickend. Krone glockig, 20–30 mm lang, hellblau, violettblau, innen am Rand locker kraushaarig. Kelchzipfel breit lanzettlich, kürzer als die halbe Krone. Kelchbuchten mit zurückgeschlagenen, 1,5–3 mm langen, eiförmigen Anhängseln. Griffel mit drei Narben.
StO ①②⑤ Magerweiden, Rasen, Zwergstrauchheiden, Grünerlengebüsch, meist auf Silikat, immer auf versauerten Böden, bis 2830 m.
V Alpen: verbreitet und häufig. Ansonsten: S-Norwegen, Karpaten, Sudeten.

572 Campanula alpina Jacq.
Alpen-Glockenblume
Campanula alpina
alpska zvončica

He; I D Ö S; § in I; RL in S (4); ✿
M 5–15 cm. Stängel wollig zottig behaart. Blätter länglich lanzettlich. Blütenstand traubig, oft bis zur Stängelbasis reichend. Krone 10–20 mm lang, hellblau, am Rand wollig zottig. Kelchzipfel linealisch, deutlich länger als die halbe Krone. Kelchbuchten mit zurückgeschlagenen, sehr kurzen (0,5–1 mm langen) Anhängseln. Griffel 3–4.
StO ④⑤ Magerwiesen, steinige Weiden, Felsen, auf Silikat bis 2400 m.
V Alpen: N- und Z-Alpen östlich von Wendelstein und Lungau, Steiermark u. Kärnten, Slowenien, zerstreut, gebietsweise häufig.
B Die Knäuel-G., **C. glomerata** L., He; F I (H) D (Ö) S; ✿ ist 20–60 cm hoch. Grundblätter eiförmig. Blüten an der Stängelspitze in köpfchenförmigen Büscheln. Kelchzipfel spitz. Krone meist kräftig bläulich lila. **StO** Bergwiesen, Weiden. Meist häufig.

573 Campanula elatinoides Mor.
Insubrische Glockenblume
Campanula dell'Insubria

He; ● l
M 10–20(60) cm. Mit einem oder mehreren aufrechten oder aufsteigenden, etwas fleischigen Stängeln, ohne sterile Blattrosetten. Stängel und Blätter dicht weißfilzig behaart. Laubblätter eiförmig bis herzförmig, grob und scharf gesägt. Grundblätter lang, die oberen Stängelblätter kurz gestielt. Blütenstand allseitswendig, dichtblütig. Krone sternförmig ausgebreitet ca. 2 cm Ø, blau. Griffel 3-narbig, weit herausragend. Kelchzipfel aufrecht, weißfilzig behaart.
StO ④ Senkrechte oder überhängende, meist trockene Kalk- und Dolomitfelsen, von Tallagen bis 1900 m.
V Endemit der S-Alpen, vom Comersee ostwärts bis zum Gardasee, zerstreut, stellenweise häufig.

574 Campanula elatines L.
Piemonteser Glockenblume
Campanula piemontese

He; ● l
M Ähnlich **C. elatinoides**, aber Pflanze kahl oder nur spärlich behaart. Stängel nicht fleischig, kriechend oder herabhängend. Blütenstand einseitswendig, lockerblütig. Kelchzipfel zurückgeschlagen, nicht weißfilzig behaart.
StO ④ Schattige Granitfelsen, Gneisfelsen, Mauern, bis 1800 m.
V Endemit der Grajischen und Kottischen Alpen, selten.

575 Campanula pulla L.
Dunkle Glockenblume

576 Campanula rhomboidalis L.
Rautenblättrige Glockenblume
Campanule à feuilles rhomboïdales
Campanula romboidale

He; ●Ö

M 5–15(20) cm. Stängel kahl oder am Grund borstig, im oberen Teil unbeblättert, 1-blütig. Alle Stängelblätter gesägt gekerbt. Spreite der unteren und mittleren Stängelblätter eiförmig, elliptisch oder rundlich. Kelchzipfel aufrecht, pfriemlich. Blüten lang gestielt, 15–25 mm lang, nickend, bauchig glockig, dunkel blauviolett. Blütenknospen nickend. Kapsel nickend.

StO ④ Steinige Matten, Felsschutt, feuchte Felsen, quellige Stellen, 1500–2200 m.

V Endemit der Ostalpen, v. a. in den nordöstlichen Kalkalpen, nicht selten.

B In den NO-Alpen findet sich in lichten Wäldern und auf Wiesen die endemische Vielblütige G., **C. beckiana** Hayek; He; ●Ö. **M** 15–60 cm. Spreite der mittleren Stängelblätter lanzettlich, 7–10 mm breit, gezähnelt, oberseits kurzflaumig. Blüten in vielblütiger Rispe. Knospe und Kaspel nickend. Fruchtknoten glatt. Krone blauviolett, 15–18 mm.

He; F I H (D) Ö

M 20–50(90) cm. Stängel kantig. Grundblätter zur Blütezeit verwelkt. Stängelblätter eiförmig bis eilanzettlich, grob gezähnt, sitzend, abstehend rauhaarig. Kelchblätter pfriemlich. Blüten 12–20 mm lang, weit glockig, blauviolett, zu 4–15 in einseitswendigen Trauben. Blütenknospen aufrecht. Kapsel nickend.

StO ⑤ Kalkhaltige, feuchte Wiesen u. Weiden, bis 2300(3000) m.

V Alpen: W-Alpen (Cottische Alpen über die Grajischen und Savoyer Alpen bis zum Schweizer Jura, ostwärts bis ins Vorder- und Hinterrheingebiet

577 Campanula cochleariifolia Lam.
Zwerg-Glockenblume

Campanule à feuilles de cranson
Campanula die ghiaioni
trebušasta zvončica

He; F I H D Ö S; § in H; RL in H (4); ✿
M 5–15(30) cm. Pflanze dichtrasig, mit sterilen Blattrosetten. Stängel an der Basis flaumig behaart. Grundblätter höchstens schwach herzförmig, rasch in den Stiel verschmälert, zur Blütezeit meist nicht verwelkt. Untere Stängelblätter lanzettlich, die oberen lineal, ± deutlich kurzborstig. Blüten in 2–6-blütiger Traube oder einzeln, meist nickend. Krone 10–15(18) mm lang, hellblau. Fruchtknoten glatt.
StO ④ Felsen, Schuttfluren, Mauern, auf Kalk, bis 3000 m.
V Alpen: in den Kalkgebieten verbreitet und häufig. Ansonsten: Pyrenäen, Zentralfranzösische Gebirge, Jura, Vogesen, Schwarzwald, Karpaten, Slowenien.

578 Campanula carnica
Schiede ex M. et K.
Karnische Glockenblume

Campanula della Carnia
karnijska zvončica

He; ●I Ö S
M 20–35 cm. Rosettenblätter rundlich bis herzförmig, grob und scharf gezähnt, zur Blütezeit häufig noch vorhanden. Stängelblätter lineal. Blühtriebe und Blätter kahl. Krone blauviolett, 15–30 mm lang. Kelchzipfel pfriemlich, ± so lang wie die Krone, abstehend oder zurückgeschlagen. Blütenknospen nickend. Kapsel ± aufrecht. Fruchtknoten papillös.
StO Felsspalten, Felsschuttfluren, auf Kalk, bis 2200 m.
V Endemit der südöstlichen Kalkalpen, Bergamasker Alpen ostwärts bis Steiner Alpen, zerstreut.
B Sehr ähnlich ist die am Alpenostrand endemisch vorkommende Rax-G., **C. praesignis** G. Beck, He; ●Ö. **U** Kelchzipfel deutlich kürzer als die Krone. Stängel unten dicht kurzflaumig. Blütenknospen aufrecht. Fruchtknoten nur spärlich papillös. Nicht selten.

579 Campanula excisa Murith.
Ausgeschnittene Glockenblume
Campanule incisée
Campula incisa

He; ●I H; § in I
M 5–12 cm. Stängel zu mehreren, meist behaart. Rosettenblätter rundlich bis herzförmig, gezähnt, zur Blütezeit verwelkt. Stängelblätter lineal bis lineal lanzettlich. Krone blauviolett, eng glockig. Kronzipfel am Grund zusammengezogen, mit rund ausgeschnittenen Buchten. Knospen und Kapsel nickend. Fruchtknoten ohne Papillen.
StO ④ Felsspalten, Felsschuttfluren, auf Silikat, bis 2500 m.
V Endemit der W-Alpen (französische W-Alpen, Penninische Alpen, Tessin), zerstreut.
B In den Provenzalischen Alpen kommt **C. fritschii** Witasek He; ● F vor. **M** 20–35 cm, Stängel im unteren Teil dicht behaart, im oberen Teil kahl und blattlos. Stängelblätter elliptisch bis schmal lanzettlich, stumpf, gezähnt. Kelchzähne schmal 3-eckig. Krone 18–22(26) mm lang. Knospen aufrecht. Kapsel nickend. Fruchtknoten papillös. **StO** ④ Felsfluren. Selten.

580 Campanula cespitosa Scop.
Rasen-Glockenblume
Campanula cespugliosa
rušnata zvončica

He; ●I Ö S
M 10–20(30) cm. Rosettenblätter rundlich bis elliptisch, keilförmig in den Laubblattstiel verschmälert (nicht herzförmig!). Stängelblätter lanzettlich bis linealisch, im unteren Teil des Stängel dicht gedrängt. Blütenstand mehrblütig, etwas einseitswendig. Krone hellblau, 10–15 mm lang, unter den Kronzipfeln etwas verengt. Blütenknospen und Kapsel nickend.
StO ④ Felsen , feuchte Schuttfluren, auf Kalk, bis 3000 m.
V Endemit der O-Alpen, von der Etsch ostwärts bis ins Karstgebiet Kroatiens, zerstreut bis häufig.
B Im slowenischen Karstgebiet wächst lokal **C. marchesettii** Witasek, He; ●I S; RL in I (v). **M** 20–40 cm. Stängel bis oben beblättert. Rosettenblätter zur Blütezeit verwelkt. Stängelblätter ganzrandig, schmal lanzettlich. Krone 16–18 mm. Kelchzähne und Knospen aufrecht. Fruchtknoten papillös. Kapsel nickend.

581 Campanula scheuchzeri Vill.
Scheuchzers Glockenblume
Campanule de Scheuchzer
Campanula di Scheuchzer
Scheuchzerjeva zvončica

He; F I H D Ö S;
M (5)10–30 cm., meist ohne sterile Blattrosetten. Grundblätter lang gestielt, herzförmig oder rundlich, zur Blütezeit meist verwelkt. Stängelblätter lanzettlich bis lineal lanzettlich, am Grund deutlich bewimpert. Blüten ein- bis wenigblütig, in Vollblüte ± aufrecht, in Knospe nickend, blauviolett. Krone 16–25(30) mm lang. Fruchtknoten glatt.
StO ④⑤ Wiesen, Rasen, Felsfluren, bis 2600 m.
V Alpen: häufig. Ansonsten: Pyrenäen, Jura, Schwarzwald, Apennin, Balkan.
B Weitverbreitet und häufig ist die ähnliche Rundblättrige G., **C. rotundifolia** L. He; F I H D Ö S;
M 10–30(60) cm meist mit sterilen Blattrosetten. Blüten in meist vielblütiger Rispe. Blütenknospen aufrecht. Krone 10–20 mm lang, blau. Fruchtknoten (oft nur schwach) papillös. Kapsel nickend. Bis 2100 m.

582 Campanula stenocodon
Boiss et Reut.
Schmalkronige Glockenblume
Campanule sténocodon
Campanula a corolla stretta

He; ● F I
M Ähnlich **C. scheuchzeri**, aber Stängel rund, unten behaart (bei C. scheuchzeri Stängel kantig, kahl oder nur an den Kanten kurzborstig). Blüten ± einzeln. Blütenkrone 12–20 mm, schlank, rosa-violett.
StO ④⑤ Felsen, Schuttfluren, bis 2100 m.
V Endemisch in den SW-Alpen (Cottische Alpen bis Seealpen), zerstreut.
B Ein verholztes Rhizom hat die in den Seealpen nicht seltene, an Kalkfelswänden wachsende Riviera-G., **C. macrorrhiza** Gay ex DC. Ch; ● F I. Rosettenblätter zur Blütezeit meist vorhanden. Kelchzipfel, Blütenknospen und Kapsel aufrecht, bis 1500 m, nicht selten. Ähnlich **C. scheuchzeri** ist die Witasek-G., **C. witasekiana** Vierh. He; I Ö S, mit rübenförmigen Wurzelknollen, vielblütiger Rispe und auffallend dünnen Blütenstielen. **V** O-Alpen.

583 Asperula hexaphylla All.
Seealpen-Meier
Aspérule à feuilles par six
Stellina delle Alpi Marittimi

He; ●I F
M 5–15 cm. Stängel aufsteigend oder herabhängend, kahl. Laubblattquirle (5–)6-zählig, lineal lanzettlich, 14–25 mm lang und 1–1,5 mm breit, am Rand rau. Blütenstand köpfchenförmig, mit linealen Hochblättern. Kronröhre 5–7 mm lang, 2,5–3-mal so lang wie die Kronzipfel. Krone (hell-)rosa. Frucht glatt.
StO ④ Felsspalten und Felsschutt, auf Kalk, bis 2000 m.
V Endemit der Seealpen und Cottischen Alpen, sehr selten.
B Der Ostalpen-M, **A. neilreichii** Beck He; ●D Ö, kommt zerstreut in Felsfluren der nordöstlichen Kalkalpen vor. **M** 5–15 cm, starr. Untere Stängelblätter auch zur Blütezeit frisch (bei **A. cynanchica** vertrocknet), verkehrt eiförmig, zurückgekrümmt. Kronröhre 1,5–2,5 mm lang, 1–1,5-mal so lang wie die Kronzipfel, außen glatt. Frucht undeutlich warzig.

584 Galium anisophyllum Vill.
Ungleichblättriges Labkraut
Gaillet à feuilles inégales
Caglio alpino
Raznolistna lakota

Ch, He; F I H D Ö S
M 5–15(20) cm. Pflanze dichtrasig, mit zahlreichen nicht blühenden Trieben, wenig kriechend. Stängel 4-kantig, mit fadenförmigem Grund, ca. 1 mm Ø, kahl oder behaart. Blätter 6–8(12)-mal so lang wie breit, am Rand mit rückwärts gerichteten Stachelchen, flach, mit Stachelspitze, zu 7–9 im Quirl. Blüten gelblich weiß bis weiß, in armblütigen, doldig abgeflachten Blütenständen. Fruchtstiel gerade.
StO ④⑤ Weiderasen, Schutt- u. Gesteinsfluren, Krummholz, kalkliebend, bis 2500 m.
V Alpen: verbreitet und häufig. Allgemein: Gebirge M- u. S-Europas.
B Das Triften-L., **G. pumilum** Murray, He; F I (H) D Ö (S) kommt verbreitet auf Magerwiesen bis über 2000 m vor. **M** 10–50 cm, locker rasig. Stängel glatt. Blätter schmal lanzettlich, zu 7–9 im Quirl, sichelförmig, matt. Blüten weiß, in schmal pyramidalen Blütenständen.

585 Galium pseudohelveticum Ehrend.
Falsches Schweizer Labkraut
Gaillet sauvage
Caglio pseudohelvetico

586 Galium baldense Sprengel
Monte Baldo-Labkraut
Caglio del Monte Baldo

Ch, He; ●I F
M Ähnlich **G. anisophyllum**, mit zahlreichen aufsteigenden blühenden und nicht blühenden Trieben. 8–12(15) cm. Blätter dicklich, 5–6,5-mal so lang wie breit, am Rand mit zur Blattspitze gerichteten Stachelchen, zu 7–8 im Wirtel, knorpelig bespitzt. Blüten gelblich weiß. Fruchtstiel gerade, 1,6–2,2 mm lang. Frucht aufrecht oder abstehend, (fast) glatt.
StO ④ Felsschutt, auf Kalk, bis 2800 m
V Endemit der SW-Alpen.
B Sehr ähnlich ist das Schweizer L., **G. megalospermum** All. Ch, He; ●F I H D Ö. **M** 2–5 (10) cm hoch, aber mit im Schutt weit kriechenden, niederliegenden Trieben. Blätter zu 6–7 im Quirl, 3,5–5-mal so lang wie breit, undeutlich knorpelig bespitzt. Fruchtstiel abwärts gekrümmt, 2,2–3 mm lang, Frucht 2–2,5 mm lang, glatt. **StO** Felsschutt. **V** Alpen: endemisch in den westlichen und nördlichen Kalkalpen, vereinzelt in den Z- und S-Alpen, nicht häufig, bis 2900 m.

Ch, He; ●I
M 4–7 cm, kahl, mit zahlreichen niederliegenden Trieben, lockere Polster bildend, beim Trocknen schwarz werdend. Blätter in Quirlen zu (6)7–9(10), lineal lanzettlich, 0,5–0,8(1,1) mm breit, dicklich, kahl, glänzend, am Rand glatt, mit 0,1 mm langer Knorpelspitze. Blütenstand spitz, schmal pyramidenförmig. Krone 3–3,5 mm Ø, Kronblätter gelblich weiß, zugespitzt (aber ohne Granne!). Fruchtstiele aufrecht.
StO ④ Steinige Magerrasen, Gesteinsfluren, kalkliebend, 1500–2200 m.
V Endemit der O-Alpen (Cadore bis M. Grappa, M. Baldo und Bergamasker Alpen nördlich bis Sterzing), sehr selten.
B Sehr ähnlich ist das Norische Labkraut, **G. noricum** Ehrend., He; ●I D Ö S; **M** 2–10(14) cm; Blätter breiter als 1 mm. Krone 3,5–5 mm Ø. **V** Endemit der O-Alpen, in den südlichen und nördlichen Kalkalpen nicht selten.

587 **Lonicera caerulea** L.
Blaue Heckenkirsche
Chèvrefeuille bleu
Caprifoglio turchino
modro kosteničevje

Np; F I H D Ö S; (🌼); ❀
M 0,6–1,2 m. Stängel aufrecht, verzweigt, Äste rötlich braun. Blätter 2–8 cm lang, oval, stumpf, verkahlend, unterseits blaugrün. Blüten nickend gelblich bis grünlich, zu 2, doppelt so lang wie die Blütenstiele. Früchte blauschwarz, vollständig miteinander verwachsen, bereift.
StO ①② Bergwälder, Zwergstrauchheiden, Grünerlengebüsch, bis 2000(2350) m.
V Alpen: verbreitet und ziemlich häufig. Allgemein: Skandinavien, Schottland, Russland, Pyrenäen, Jura, Alpen, Karpaten, Balkan, Kaukasus; N-Amerika, N-Asien, Japan.
B Die Schwarze Heckenkirsche, **L. nigra** L.; Np; F I H (D) S; N, ❀ kommt verbreitet in Bergwäldern vor. **M** Blätter lanzettlich, kahl, glatt, ± sitzend, oben glänzend grün, unten bläulich. Blüten trübrosa bis weißlich, zu 2, Blütenstiele 3–4-mal so lang wie Blüte. Früchte blauschwarz, nur am Grund paarweise verwachsen.

588 **Lonicera alpigena** L.
Alpen-Heckenkirsche
Chèvrefeuille des Alpes
Caprifoglio alpino
planinsko kosteničevje

Np; F I H D Ö S; 🍂; ❀
M 0,5–2 m. Stängel aufrecht, verzweigt, junge Zweige kantig, graubraun. Blätter 7–10 cm lang, elliptisch, zugespitzt, verkahlend, dunkelgrün, unterseits glänzend. Blüten grünlich gelb bis trübrot, zu 2, kürzer als die 3–4 cm langen Blütenstiele. Früchte rot, vollständig zu einer Beere miteinander verwachsen.
StO ① Bergwälder, bis 2100(–2300) m.
V Alpen: verbreitet, und meist häufig. Allgemein: Pyrenäen, Auvergne, Alpen, Apennin, Karpaten, Balkan.

589 Linnaea borealis L.
Moosglöckchen
Linnée boréale
Linnea
severna linejevka

Ch; F I H (D) Ö (S) § in F I D Ö; RL in F (3) D (3), S (2); ✿
M (5)15–20 cm, bis mehrere Meter kriechend. Stängel fädig, kriechend, mit aufrechten, 1–3-blütigen drüsigen Blütenständen. Blätter rundlich, gekerbt. Blüten glockig, nickend, 10 mm lang, zartrosa, nach Vanille duftend, mit 4 Staubblättern. Fruchtknoten drüsig behaart. Frucht eine Beere.
StO ① Moosige, nährstoffarme, saure Nadelwälder, bis 2100 m.
V Alpen: Z-Alpen zerstreut, ansonsten sehr selten. Allgemein: Schottland, N-England, Skandinavien, O-Dänemark, N-Deutschland, Sudeten, Alpen, Karpaten; Russland, Kaukasus, Sibirien, arktisches und boreales N-Amerika, Grönland, Kalifornien, Rocky Mountains.

590 Centranthus angustifolius (Mill.) DC.
Schmalblättrige Spornblume
Centranthe à feuilles étroites
Camarezza a foglie sottile

Ch; F I (H); § in H; RL in H (4) ✿
M 30–70 cm. Stängel aufrecht. Blätter lineal bis lineal lanzettlich, bis 10 cm lang, nicht breiter als 6 mm, gegenständig, kahl bläulich grün. Blüten in dichten doldenartigen Blütenständen. Krone rosa, mit 12 mm langer Röhre und 5 ausgebreiteten, zugespitzten Zipfeln, am Grund mit einem Sporn, dieser kürzer als die Kronröhre.
StO ④ Sonnige Felsen, Felsschutt, auf Kalk, bis 2450 m.
V Alpen: Ligurische Alpen bis Piemont u. Savoyen, Umgebung von Bozen, zerstreut bis selten, gebietsweise häufig. Allgemein: Nord- und mittelspanische Gebirge, Pyrenäen, S-Frankreich, Jura.

591 Valeriana elongata Jacq.
Ostalpen-Baldrian
Valeriana gialla
podaljšana špajka

He; ● I Ö S
M 5–25 cm, kahl. Stängel meist gebogen, gefurcht. Laubblätter oberseits glänzend, alle ungeteilt. Grundblätter eiförmig, meist ganzrandig,
lang gestielt, mittlere Stängelblätter breit eiförmig oder fast 3-eckig, gekerbt oder gezähnt,
kurz gestielt bis ± sitzend, die oberen lanzettlich.
Blütenstand rispig, aus 3–6 kurz gestielten Blütenquirlen bestehend. Krone 2 mm lang, bräunlich
bis grünlich.
StO ④ Felsspalten, Felsschutt, 1700–2300 m, auf
Kalk.
V Endemit der O-Alpen (Totes Gebirge ostwärts
bis zum Schneeberg, Dolomiten ostwärts bis
Steiner Alpen), zerstreut bis selten.

592 Valeriana celtica L. ssp. pennina Vierh.
Penninischer Baldrian
Valériane celte
Valeriana celtica

He; ● F I H; § in I H; RL (4); ✠
M 5–15 cm, kahl. Grundblätter schmal eiförmig
bis lanzettlich, 1–6 mm breit, mit 3 parallelen Ner-
ven. Stängelblätter linealisch keilförmig, ganz-
randig. Blütenstand aus 3–6 Blütenquirlen bestehend. Krone 2–3 mm lang, rotbräunlich, am
Grund gelblich.
StO ④ Saure, kalkarme, etwas feuchte alpine
Rasen, auch in Gesteinsfluren, 1800–3100 m.
V Endemit der W-Alpen (Grajische u. Penninische
Alpen), ziemlich selten.
B In den O-Alpen (westlich bis Dachstein und
Hohe Tauern) kommt der Norische B., **V. celtica**
ssp. **norica** Vierh. zerstreut bis häufig in sauren,
kalkarmen alpinen Rasen in 2000–3000 m Höhe
vor. ● I Ö; § in Ö. **M** Pflanze robuster; Grundblätter verkehrt lanzettlich bis spatelförmig, 5–12 mm
breit, 5-nervig. Krone 3–4 mm lang, unten gelblich, oben rötlich.

593 Valeriana supina Ard.
Zwerg-Baldrian
Valériane naine
Valeriana strisciante
nizka špajka

He; ● I H D Ö S; ⚭
M 3–10 cm, stark verzweigt, mit ausläuferarti-gem, meist waagerecht kriechendem Rhizom, lockere Rasen bildend. Stängel kurzhaarig. Alle Blätter ungeteilt, etwas dicklich, ± ganzrandig, am Rand kurz bewimpert Grundblätter breit spatelförmig. Stängelblätter kleiner, spatelför-mig, zu 0–2 Paaren. Blüten blassrosa, kopfig ge-häuft, dicht, von kleinen, bewimperten Hoch-blättern umgeben.
StO ④ Feinschuttfluren, Schneetälchen, auf Kalk u. Dolomit, 1800–2700 m.
V Alpen: Endemit der O-Alpen (Graubünden ost-wärts bis Steiermark, Julische und Steiner Alpen), zerstreut bis selten.

594 Valeriana saliunca All.
Weidenblättriger Baldrian
Valériane à feuilles de saule
Valeriana saliunca

He; F I H Ö; § in I H; RL in Ö (4)
M 5–15 cm, mit aufsteigendem, nicht kriechen-dem Rhizom. Stängel aufrecht, mit 0–1 Blatt-paar, kahl. Alle Blätter, etwas dicklich, nicht be-wimpert, ganzrandig oder mit kurzen Zähnen. Grundständige Blätter keilförmig bis verkehrt ei-förmig, stumpf, mit kurzem Stiel. Obere Blätter kleiner, schmal lanzettlich. Blüten blassrosa, kopfig gehäuft, dicht, von kleinen, bewimperten Hochblättern umgeben.
StO ④ Felsspalten, steinige Rasen, auf Kalk; 1800–2600 m
V Alpen: W-Alpen (Dauphiné, Piemont) östlich bis ins Berner Oberland und nach S-Tirol), selten. Ansonsten: Z-Apennin.

595 **Valeriana saxatilis** L.
Felsen-Baldrian
Valériane des rochers
Valeriana delle rupi
skalna špajka

He; I H D Ö S

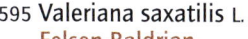 **M** 10–30 cm. Stängel aufrecht, kahl, höchstens mit einem Blattpaar. Alle Blätter ungeteilt, Grundblätter lang gestielt, elliptisch bis schmal verkehrt eiförmig, 3-nervig, am Rand bewimpert, ganzrandig, etwas gekerbt oder gezähnt. Stängelblätter lineal, viel kleiner, kahl. Blütenstand rispig. Teilblütenstände wenigblütig. Krone weiß, bis 4 mm lang.

StO ④ Felsspalten, Schuttfluren, steinige Rasen, auf Kalk, bis 2700 m.

V Alpen: O-Alpen westwärts bis Vierwaldstätter See u. Tessin, verbreitet und ziemlich häufig. Ansonsten: Illyrische Gebirge, O-Karpaten.

B Die subalpine Stufe erreicht an feuchten bis nassen Standorten der weitverbreitete Kleine B., **V. dioica** L. **M** Grundblätter ganzrandig, breit oval, Stängelblätter 1–5 Paare, gefiedert. Blütenstände dicht schirmförmig. Blüten alle eingeschlechtlich, rosa bis weiß, 1–3 mm lang.

596 **Valeriana montana** L. ssp. montana
Berg-Baldrian
Valériane des montagnes
Valeriana montana
gorska špajka

He; F I H D Ö S; ❀

M 10–40(60) cm, kahl oder kurz behaart. Stängel mehrkantig, hohl, mit 3–8 eiförmig lanzettlichen Blattpaaren. Alle Blätter ungeteilt, selten auch 3-zählig, Grundblätter keilig gestutzt (selten herzförmig), ganzrandig oder undeutlich gezähnt. Stängelblätter ± sitzend. Blüten rosa, selten weiß, Blütenstand trugdoldig, reichblütig.

StO ④ Steinige Hänge, Schuttfluren, auf Kalk, bis 2300 m.

V Alpen: verbreitet und häufig. Ansonsten: nordspanische Gebirge, Pyrenäen, Jura, Karpaten, Korsika, Apennin, Balkan.

B Ähnlich ist der häufige und weit verbreitete Dreiblättrige B., **V. tripteris** L. **M** Grundblätter herz-eiförmig, grob gekerbt bis gezähnt. Mittlere und obere Stängelblätter 3(–5)-teilig, mit großem Endabschnitt und schmalen Seitenabschnitten, kahl. **StO** ④ Felsige und schattige Orte, auf Kalk und Silikat, bis 2100 m.

597 Cephalaria alpina (L.) Schrader
Alpen-Schuppenkopf
Céphalaire des Alpes
Vedovina alpina

He; F I H Ö; § in I; RL in Ö (4)
M 60–100 cm. Stängel verzweigt, kantig, im unteren Teil dicht behaart. Stängelblätter fiederschnittig, unterseits behaart. Blattabschnitte lanzettlich, gezähnt. Blüten in kugeligen Köpfchen, lang gestielt. Köpfchenboden mit dicht behaarten Spreublättern. Hülle des Blütenkopfes halbkugelig, mit breit lanzettlichen, dicht stehenden, dem Blütenkopf anliegenden, behaarten Hüllblättern; diese in mehr als 3 Reihen angeordnet. Krone 4-spaltig, gelblich weiß, außen behaart. Außenkelch mit 8 1–2 mm langen Zähnen. Frucht 4-kantig.
StO ②④ Hochstaudenfluren, Schutthänge, Gebüsche, kalkliebend, bis 1800 m.
V Alpen: W- und S-Alpen, nach Osten bis zum Arlberg, selten. Ansonsten: Schweizer Jura.

598 Knautia longifolia (W. et K.) Koch
Langblättrige Witwenblume
Ambretta alpina
dolgolistno grabljišče

He; I Ö S
M 30–80 cm. Stängel im oberen Bereich verzweigt, flaumig behaart, unten kahl, glänzend. Laubblätter alle ungeteilt. Stängelblätter schmal lanzettlich, 6–9-mal so lang wie breit, ganzrandig, etwas glänzend, ± kahl, Köpfchenstiele flaumig behaart, drüsenhaarig und zerstreut abstehend langhaarig. Köpfchen 4–6 cm Ø. Blüten purpurviolett.
StO ②⑤ Bergwiesen, Hochstaudenfluren, Gebüsche, bis 2300 m.
V Alpen: S- u. O-Alpen (Tirol, Salzburg, Kärnten, Venetianische Alpen), ziemlich häufig. Außerdem: Karpaten, Balkan.
B Sehr ähnlich ist die seltene Ressmann-W., **K. ressmannii** (Pacher) Briq., He; ● I S. **M** wie **K. longifolia**, aber Blütenköpfe kleiner (2,5–4 cm). Köpfchenstiele ohne Drüsen. **StO** Bergwiesen, Waldränder, steinige Hänge. **V** Endemit der SO-Alpen.

599 Knautia baldensis Kerner
Monte Baldo-Witwenblume
Ambretta del Monte Baldo

600 Knautia persicina Kerner
Pfirsichrote Witwenblume
Ambretta del Garda

He; ● l
M 20–80 cm. Stängel aufrecht, oft verzweigt, im unteren Teil mit kurzen Internodien, wollig zottig behaart, Haare abstehend. Alle Laubblätter ungeteilt, lanzettlich, unterseits graufilzig, schwach gesägt oder ganzrandig. Köpfchen 3,5–4,5 cm Ø. Köpfchenstiele behaart, mit oder ohne Drüsen. Blüten purpurrot.
StO ⑤ Steinige Magerwiesen, bis 2000 m.
V Endemit der S-Alpen westlich und östlich des Gardasees, Monti Lessini, selten.
B Sehr ähnlich ist die Savoyer W., **K. subcanescens** Jordan. He; ● F. **M** Stängel bis 100 cm, im unteren Teil mit verlängerten Internodien, dicht wollig behaart. Laubblätter eiförmig oder breit lanzettlich, am Rand gesägt oder gezähnt. Köpfchenstiele meistens mit Drüsen. Blüten purpurviolett. **V** Endemit der SW-Alpen (Savoyer bis Piemonteser Alpen). Selten. **StO** Bergwiesen.

He; ● l
M 20–50 cm, Stängel im unteren Teil angedrückt behaart. Grundblätter in der unteren Hälfte fiederlappig oder nur eingeschnitten gezähnt, dicht weichhaarig. Obere Stängelblätter grob gezähnt oder fiederteilig, mit jederseits (2)4–6(10) Fiedern. Endfieder so lang wie der Rest des Blattes. Stiele der Blütenköpfe ohne Drüsen. Blütenköpfe 2,5–4,5 cm Ø. Blüten pfirsichrot.
StO ⑤ Magerwiesen, auf Kalk, bis 2000 m.
V Endemit der S-Alpen, östlich und westlich des Gardasees, Monti Lessini, Verona, selten.
B Die häufige und weit verbreitete Wiesen-W., **K. arvensis** (L.) Coult., ist ähnlich. **M** 30–80 cm, Stängel mit ungleich langen borstigen Haaren, mit oder ohne Drüsen. Obere Stängelblätter meist fiederspaltig, mit jederseits 2–6(8) Abschnitten. Endfieder viel kürzer als der Rest, graugrün, matt, unterseits ± behaart, aber nicht graufilzig. Blüten blauviolett oder lila.

601 Knautia mollis Jordan
Seealpen-Witwenblume
Knautie des Alpes Maritimes
Ambretta delle Alpi Marittimi

He; ● F I
M 20–40(60) cm. Stängel unten mit kurzen Internodien, fein wollig und weichhaarig. Blätter graufilzig. Stängelblätter gefiedert, mit jederseits (2)4–8(10) Fiedern. Endfieder so lang wie bis etwas kürzer als der Rest des Blattes. Köpfchenstiele drüsig. Krone purpurrot.
StO ⑤ Wiesen, steinige Hänge, bis 1900 m.
V Endemit der SW-Alpen (Ligurische Alpen bis Grajische Alpen), stellenweise häufig.
B Die Purpur-W., **K. purpurea** (Vill.) Borb. He; F I H; RL in H (2) auf trockenen, steinigen Wiesen der SW- u. SZ-Alpen ist ähnlich. **U** fein wollige Behaarung des Stängel fehlt. Blätter fast kahl bis leicht filzig. Endfieder deutlich kürzer als Blattrest. Krone violett oder purpurn. Sehr lokal verbreitet (Ljubljana) ist **K. fleischmannii** (Hladnik ex Rchb) Pacher, He; ● S. **M** Stängel unten fast kahl. Laubblätter ledrig, glänzend, fast kahl.

602 Scabiosa lucida Vill.
Glänzende Skabiose
Scabieuse luisante
Vedovina alpestre
bleščeči grintavec

He; F I H D Ö (S); ✿
M 10–30(50) cm. Stängel unten kahl, 1-köpfig. Grundblätter fiederspaltig, Laubblätter nur am Rand oder unterseits auf den Nerven behaart, sonst kahl, etwas glänzend. Köpfchen 2–4 cm Ø. Blüten (wie bei allen Scabiosen) 5-spaltig, randlich strahlig vergrößert, rotlila. Kelchborsten 5–8 mm lang, gekielt, 4–5-mal so lang wie Saum des Außenkelchs.
StO ④⑤ Felsschutt, Rasen, meist auf Kalk, bis 2600 m.
V Alpen: verbreitet u. meist häufig. Allgemein: Pyrenäen bis Balkan, Apennin, Karpaten, Vogesen.
B Lokal und lückenhaft verbreitet (Bergamasker Alpen bis zum M. Baldo) ist die Val-Vestino-S., **S. vestina** Facch. He; ● I. **M** Grundblätter ungeteilt, ganzrandig. Stängelblätter einfach fiederspaltig, mit 1–2 mm breiten Abschnitten. Köpfchen 1,5–2 cm im Ø. Blüten lila, flaumig.

603 Scabiosa hladnikiana Host
Krainer Skabiose
Hladnikov grintavec

He; I (S)
M 20–70 cm. Stängel aufrecht, meist verzweigt, mit 6–8 Blattpaaren. Laubblätter beiderseits kurz weich flaumig, die Grundblätter eiförmig, gekerbt oder leierförmig mit großem Endfieder und 1–2 Paar kleiner Seitenfiedern, die obersten 1–2fach fiederspaltig, mit schmal lanzettlichen Abschnitten. Endfieder der mittleren Stängelblätter 3–6-mal so breit wie die Seitenfiedern. Blütenköpfchen 1,5–2 cm Ø. Blüten rotlila, außen flaumig. Kelchborsten 4 mm lang.
StO ⑤ Sonnige, felsige Rasen, bis 2000 m.
V Alpen: sehr selten. Friaul, Slowenien. Ansonsten: Kroatien, Bosnien.
B Ähnlich ist die Piemonteser S., **S. vestita** Jordan. ● He; F I. **M** Stängel mit wenigen Blattpaaren, meist 1-köpfig. Endfieder der mittleren Stängelblätter ca. 1,5-mal so breit wie die Seitenfiedern. **V** Selten in den W-Alpen.

604 Adenostyles alliariae (Gouan) Kern.
Grauer Alpendost
Adénostyle à feuilles d'alliaire
Cavolaccio alpino
dlakavi lepen

He; F I H D Ö S; ✿
M 60–150(200) cm. Blätter unterseits locker spinnwebig behaart, untere bis 50 cm breit, herznierenförmig, am Blattrand mit ungleichen Zähnen, mit wenig hervortretendem., weitmaschigem Adernetz. Obere Stängelblätter sitzend oder gestielt, mit halb stängelumfassenden Öhrchen. Köpfchen 3–6(10)-blütig, zahlreich, in dichten Doldenrispen. Krone purpurn, selten weiß.
StO ①② Hochstauden, Wälder, bis 2600 m.
V Alpen: verbreitet und meist häufig. Allgemein: Gebirge Z- und S-Europas.
B Ähnlich ist der in den Alpen weit verbreitete und häufige Grüne A., **A. glabra** (Mill.) DC.; He; F I H D Ö S; ✿ **M** 30–60(80) cm. Blätter unterseits fast kahl, regelmäßig gezähnt Blattstiele nicht geöhrt, Adernetz engmaschig, deutlich hervortretend. **StO** Auf Kalkböden.

605 Adenostyles leucophylla (Willd.) Rchb.
Weißfilziger Alpendost
Adénostyle à feuilles blanches
Cavolaccio lanoso

He; ● F I H Ö; RL in Ö (4); ✿
M 20–30(50) cm. Stängel filzig behaart. Blätter 3-eckig-herzförmig, grob und ± gleichmäßig gezähnt, unterseits dicht weißfilzig. Alle Blätter gestielt. Stiele der obersten Blätter mit oder ohne Öhrchen. Blütenköpfchen zahlreich, mit 12–24 rosa bis purpurfarbenen Blüten, in einer ziemlich dichten Doldenrispe. Hüllblätter 8, filzig behaart.
StO ④ Steinschuttfluren, auf Silikat oder Schiefer, 2000–3100 m.
V Endemit der W-Alpen (Seealpen bis Rhätische Alpen, Ötztal), ziemlich selten.
B Im Alpengebiet kommt an Ufern u. Böschungen der häufige Huflattich **Tussilago farfara** L. Ge; F I H D Ö S; (✿), ✤; ⑪ von Tallagen bis 2600 m vor. **M** bis 25 cm, Blütenstängel truppweise, mit Schuppenblättern, vor den derben, rundlich herzförmigen Blättern (10–20 cm Ø), erscheinend. Blütenköpfe 3–4 cm breit, gelb.

606 Petasites albus (L.) P. Gaertn.
Weiße Pestwurz
Pétasite blanc
Farfaraccio bianco
beli repuh

Ge; F I H D (Ö) (S); ✤; ✿
M 10–40 cm (fruchtend bis 80 cm). Stängel mit bleichen Schuppen. Blätter dünn und schlaff, rundlich herzförmig, bis 40 cm breit, unterseits grau bis weißfilzig, auf den Nerven fast kahl, am Rand doppelt gezähnt. Blattzähne fast stachelspitzig, lang, ohne schwarze Spitzen. Krone weißlich.
StO ①②③ Bachufer, Hochstauden, Bergwälder, bis 1850 m.
V Alpen: verbreitet u. meist häufig. Allgemein: M-Europa nördlich bis S-Skandinavien, südlich bis Spanien u. zum Balkan. Asien.
B Verwechslungsgefahr mit Laubblättern vom Huflattich, **Tussilago farfara**: Dieser besitzt aber kleinere und regelmäßiger gelappte Blätter mit nur seicht und entfernt gezähntem Blattrand. Blattzähne mit schwarzen Spitzen.

607 **Petasites paradoxus** (Retz.) Baumg.
Alpen-Pestwurz

Pétasite paradoxal
Farfaraccio niveo
speznobeli repuh

Ge; F I H D Ö S; ✠; ❀

M 8–30 cm (fruchtend bis 60 cm). Stängel mit rötlichen Schuppen. Blätter 3-eckig herzförmig, bis 30 cm breit, unterseits dicht schneeweißfilzig, am Rand gleichmäßig einfach gezähnt. Blattstiel seitlich zusammengedrückt, nicht gerippt, oberseits abgeflacht. Krone rötlich.
StO ①④ Felsschuttfluren, Föhrenwälder, auf Kalk, bis 2000(2600) m.
V Alpen: in den Kalkgebieten verbreitet und häufig, in den Z-Alpen u. SW-Alpen selten. Allgemein: Pyrenäen, Alpen, Schweizer Jura.
B Ähnlich ist die sehr häufige Gewöhnliche P., **P. hybridus** (L.) P. Gaertn., B. Mey & Scherb., Ge; F I H (D) (Ö) (S); ✠; ❀. **M** 10–40 cm (fruchtend bis 120 cm). Blätter rundlich herzförmig, bis 90 cm breit, unterseits graugrün und nur schwach graufilzig, später verkahlend. Blattstiel rund, deutlich. gerippt, oberseits tief und scharfkantig gefurcht. **StO** Bachufer, Auwälder.

608 **Homogyne alpina** (L.) Cass.
Grüner Alpenlattich

Homogyne des Alpes
Tossilaggine alpina
alpski planinšček

He; F I H D Ö S; ❀

M 10–40 cm. Pflanze mit beblätterten Ausläufern. Stängel blattlos oder mit 1–3 schuppenförmigen Blättern. Grundständige Blätter rundlich nierenförmig, ledrig, oberseits glänzend, unterseits fast kahl. Köpfchen einzeln, nur mit Röhrenblüten. Krone purpurn oder lila. Pappus schneeweiß.
StO ①④⑤ Rasen, Zwergstrauchheiden, lichte Wälder u. Gebüsche, kalkmeidend, bis 3200 m.
V Alpen: verbreitet und meist häufig. Allgemein: Pyrenäen, Corbières, Jura, Mittelgebirge, Alpen, Apennin, Balkan.
B Der Filzige A., **H. discolor** (Jacq.) Cass.He; ●I D Ö S; ❀, ist ein Endemit der O-Alpen. **M** 10–25 cm, ohne Ausläufer. Grundständige Blätter ledrig, oberseits glänzend, unterseits weißfilzig. Pappus schmutzig weiß. **StO** ①④⑤ Rasen, Zwergstrauchheiden, Schneetälchen, bis 2400 m.
V In den Kalkalpen häufig, sonst selten.

609 Doronicum grandiflorum Lam.
  Großköpfige Gemswurz
  Doronic à grandes fleurs
  Doronico dei macereti
  velecvetni divjakovec

He; F I H D Ö S; § in H; RL in H (4)
M 15–50(60) cm. Grundblätter breit eiförmig, am Grund gerundet bis herzförmig, Blattstiel deutlich, dieser (1–)2-mal so lang wie die Spreite. Stängelblätter buchtig gezähnt, obere deutlich. stängelumfassend. Blattrand mit mehrzellreihigen Zotten-, einzellreihigen Glieder- und kurzen Drüsenhaaren. Blütenköpfe 1(–3), 4–6 cm Ø.
StO ④ Felsschutt, auf Kalk, 1550–3120 m.
V Alpen: in den Kalkgebieten der Alpen ziemlich verbreitet, Seealpen bis Steiner Alpen, ziemlich häufig. Ansonsten: Pyrenäen, Korsika.
B Weitere Gemswurz-Arten mit 4–12 Blütenköpfen: a) **D. austriacum** Jacq., Österreichische G., He; F I D Ö S, ⚘, in Bergwäldern u. Hochstaudenfluren ziemlich verbreitet. b) **D. cataractarum** Widder, Sturzbach-G. He; ● Ö; §; RL in Ö (3), an und in Bächen, endemisch auf der Koralpe, sehr selten.

610 Doronicum glaciale (Wulfen) Nyman
  Gletscher-Gemswurz
  Doronico nivale
  ledeniški divjakovec

He; ● I D Ö S
M 5–25 cm. Grundblätter länglich spatelig, in den Blattstiel verschmälert. Obere Stängelblätter am Grund nur seicht herzförmig und wenig stängelumfassend. Blattrand und Blattfläche mit mehrzellreihigen Zottenhaaren und kurzen Drüsenhaaren, aber ohne Kraushaare. Köpfchen einzeln, 3–5 cm Ø.
StO ④ Schuttrasen, Schneeböden, über Kalk u. Silikat, 1600–2600 m.
V Endemit der O-Alpen.
B Sehr ähnlich ist die häufige a) Kalk-G., **D. calcareum** Vierh. He; ● Ö, auf Weiderasen u. Schneeböden der nordöstlichen Kalkalpen. **M** Köpfe 4–7,5 cm Ø, am Rand u. auf der Blattfläche keine Drüsenhaare, auf Kalk. Am Blattrand mit dünnen Kraushaaren versehen sind: b) Kahlblatt-G., **D. clusii** (All.) Tausch; F I H D Ö, mit dünnen Blättern u. fast völlig kahler Blattoberfläche und c) Zottige G., **D. stiriacum** Dalla Torre; Ö, H? mit derben Blättern u. zottig behaarter Blattoberfläche.

611 Tephroseris tenuifolia (Gaudin) Holub
Läger-Greiskraut
Senecione di Gaudin

He; ● I H D Ö; RL in (2)
M 30–80 cm. Stängel spinnwebig wollig, später verkahlend, kaum drüsenhaarig. Grundblätter zur Blütezeit oft schon verwelkt, ihre Spreiten so lang oder kürzer als ihr Stiel, am Rand grob gezähnt. Untere Stängelblätter ± vom Stiel abgesetzt, mittlere gegen den Grund zu stielartig verschmälert. Ober- und Unterseite der Laubblätter wenig verschieden (± spinnwebig) behaart. Hüllblätter 13.
StO ②⑤⑥ Viehläger, Fettwiesen, Gebüsche, auf Kalk, bis 2500 m.
V Endemit der O-Alpen, von der Grigna ostwärts bis Kärnten, zerstreut, gebietsweise ziemlich häufig.
B Vier weitere ähnliche Arten mit z. T. lokaler Verbreitung, die sich in der Art der Behaarung, in der Blattform, der Anzahl der Hüllblätter und der Behaarung der Früchte voneinander unterscheiden.

612 Tephroseris capitata
(Wahlenb.) Gr. & Sch.
Kopfiges Greiskraut
Séneçon en tête
Senecione capitato

He; F I H Ö; § in H Ö, RL in H (2) Ö (2)
M 15–40 cm. Stängel kräftig, spinnwebig wollig bis fast weißfilzig. Grundblätter schmal eiförmig, plötzlich in einen kurzen Stiel verschmälert. Stängelblätter mit verschmälertem Grund, sitzend. Laubblätter spinnwebig bis graufilzig wollig behaart. Hüllblätter ± purpurn bis rot-braun. Blütenstand kopfig, mit 2–10 gedrängten Blütenköpfen, diese 2–3 cm Ø. Zungen der Randblüten orange bis rot. Frucht kurzhaarig.
StO ④⑤ Felsrasen, Weiderasen, auf Kalk u. Silikat, 1800–2500 m.
V Alpen: Seealpen bis Steiermark, mit großen Verbreitungslücken, selten. Ansonsten: Pyrenäen, Apennin, Balkan, Karpaten.
B Ähnlich ist das Orangerote G., **T. aurantiaca** (Hoppe ex Willd.) Gries. & Schenk, He; I Ö S; § in Ö, RL in Ö (1). **M** 20–50 cm, schlank. Stängel ± kahl, Blütenstand locker. **StO** ②⑤ Wiesen, Gebüsch, bis über 1000 m, sehr selten.

613 **Senecio abrotanifolius** L.
Eberrauten-Greiskraut

Séneçon à feuilles d'aurone
Senecione abrotanico
abraščevolistni grint

Ch; I H D Ö S; § in I Ö; ✿

M 15–40 cm. Stängel aufsteigend, am Grund verholzend. Stängelblätter 1–2fach fiederteilig, mit schmal linealen Abschnitten, am Grund nicht geöhrt, glänzend dunkelgrün. Köpfchen 2,5–4 cm Ø. Hüllblätter 21. Zungenblüten 10–13, leuchtend orangegelb. Früchte kahl.
StO ①④ Zwergstrauchheiden, Gesteinsfluren, trockene Rasen, kalkliebend, bis 2700 m.
V Alpen: M. Rosa (Piemont) ostwärts bis Steiner Alpen. Allgemein: W-Alpen bis zum Balkan.
B Das Felsen-G., **S. squalidus** L. Th, He; I H D Ö S. erreicht in den Alpen vielerorts die subalpine Stufe. **M** 20–60 cm, oben verzweigt. Blätter meist etwas wollig behaart. Spreite unregelmäßig fiederspaltig. Abschnitte länglich, grob gezähnt. Köpfchen 2–3 cm Ø. Äußere Hüllblätter 6–12, mit schwarzer, behaarter Spitze. Blüten hellgoldgelb. Zungenblüten meist 13. **StO** ④⑥ Steinige Hänge, Wegränder, Viehläger.

614 **Senecio doronicum** (L.) L.
Gemswurz-Greiskraut

Séneçon doronic
Senecione mezzano
divjakovski grint

He; F I H D Ö S; § in H; RL in H (4); ✿

M 20–40(60) cm. Pflanze zerstreut bis dicht spinnwebig behaart. Blätter ledrig derb, breit lanzettlich, spitz gesägt mit abstehenden Zähnen. Köpfchen 4–6 cm Ø, zu (1)3–5. Zungenblüten 10–20, gold-orangegelb. Hülle ± wollig behaart. Außenhülle vielblättrig.
StO ④⑤ Felsschutt, steinige Rasen und Hänge, Zwergstrauchheiden, kalkliebend, bis 2400 m.
V Alpen: Seealpen bis Steiner Alpen, zerstreut bis häufig. Allgemein: Spanische Gebirge, Pyrenäen, Französische Mittelgebirge, Alpen, Jura, Illyrische Gebirge, O-Karpaten, Appenin.
B Das ähnliche Wollige G., **S. scopolii** Hoppe & Hornsch. He; S; kommt im Karstgebiet Sloweniens vor. **M** 25–50 cm, Stängel v. a. im oberen Teil (wie auch die Hülle) spinnwebig weiß wollig, stets 1-köpfig. Laubblätter krautig weich. Zungenblüten hellgelb. **StO** ⑤ Trockene bis frische Wiesen, bis 1100 m.

615 **Senecio halleri** Dandy
Einköpfiges Greiskraut
Séneçon de Haller
Senecione unifloro

He; ● F I H; § in I
M 5–15 cm. Stängel unverzweigt, weißfilzig, wenig beblättert, 1-köpfig. Grundblätter grau bis weißfilzig, spatelförmig, stumpf gezähnt-gekerbt bis fiederteilig, in den langen Stiel verschmälert. Obere Blätter ± ganzrandig. Köpfchen 2–2,5 cm Ø. Hüllblätter graufilzig, von zahlreichen Außenhüllblättern umgeben. Blüten goldgelb oder orangegelb. Früchte behaart.
StO ④ Kurzgrasige Matten, Felsschutt, auf Urgestein, 1900–3600 m.
V Endemit der Grajischen und südlichen Walliser Alpen, selten.
B Nur auf die Ligurischen Alpen beschränkt ist Persoons G., **S. persoonii** De Not. He; ●I. **M** 7–20 cm. Stängel mehrköpfig. Laubblätter weißfilzig, fiederspaltig. Blütenköpfe 2–6. Röhrenblüten dottergelb, Zungenblüten fehlen! **StO** ⑤ Felsen, Felsschutt, steinige Rasen, 2000–2600 m, auf Silikat.

616 **Senecio incanus** L.ssp. incanus
Graues Greiskraut
Séneçon blanchâtre
Senecione biancheggiante
kranjski grint

He; F I H
M 5–15 cm. Pflanze dicht weißfilzig. Blätter breit eiförmig, bis fast zum Mittelnerv fiederspaltig, plötzlich in den Stiel verschmälert. Köpfchen 3–15, ca. 13 mm Ø. Hüllblätter (6)8(10), filzig behaart. Zungenblüten 3–5, wie Röhrenblüten lebhaft dottergelb.
StO ④⑤ Steinige Rasen, Felsschutt, Felsspalten, kalkmeidend, 1800–2600(3500) m.
V Alpen: W-Alpen (Gotthard südwärts bis Seealpen). Ansonsten: N-Apennin.
B Ähnlich ist das Krainer G., ssp. **carniolicus** (Willd.) Br.-Bl. He; I H D Ö S; § in D; RL in D (2); ❀. **M** Pflanze graugrün, oft verkahlend. Blätter nur bis zur Mitte fiederspaltig oder gekerbt. **V** Graubünden u. Allgäu ostwärts bis Slowenien. Ansonsten: Karpaten: Zw. den beiden Unterarten (Behaarung, Blattform) steht das Südliche G., ssp. **insubricus** (Chenev.) Br.-Bl. ●I H. **V** Graubünden, Bergamasker Alpen.

617 Senecio alpinus (L.) Scop.
Alpen-Greiskraut
Séneçon des Alpes

618 Senecio subalpinus Koch
Berg-Greiskraut
Senecione subalpino
predalpski grint

He; F I H D Ö; ❀
M 30–100 cm. Stängel oben verzweigt. Blätter herzförmig 3-eckig, etwa 1,5-mal so lang wie breit, unregelmäßig gesägt, unterseits spinnwebig wollig (zuweilen verkahlend), graugrün, oberseits dunkelgrün. Stiele der oberen Blätter ohne Flügel, höchstens am Grund mit kleinen Öhrchen. Köpfchen 3–4 cm Ø. Zungenblüten 13–16, Krone goldgelb.
StO Hochstaudenfluren, Viehläger, Bachufer, kalkliebend, bis 2000 m.
V Alpen: Penninische Alpen bis Steiner Alpen, zerstreut bis häufig. Ansonsten: Alpenvorland, Apennin.

He; I Ö (D) (S); RL in S (4)
M 30–70 cm. Stängel oben verzweigt, kantig. Blätter herzförmig 3-eckig, etwa so lang wie breit, beiderseits grasgrün, unterseits höchstens auf den Nerven behaart. Blattrand grob gesägt. Stiele der oberen Blätter geflügelt und gelappt, am Grund mit stängelumfassenden Öhrchen. Köpfchen 3–4 cm Ø. Zungenblüten 21, Krone dottergelb.
StO ②③⑥ Bäche, Viehläger, Hochstaudenfluren, feuchte Wiesen und Wälder, bis 1600 m.
V Alpen: O-Alpen (Salzburg und Tirol bis Slowenien), zerstreut bis häufig. Ansonsten: Bayerischer Wald, Karpaten, Balkan.

619 **Arnica montana** L.
Echte Arnika, Berg-Wohlverleih
Arnica
Arnica
navadna arnika

He; F I H D Ö S; § in I H D Ö; RL in H (4) D (3), (N), ✵, ❀

M 20–60 cm. Stängel einfach oder wenigästig, mit 1–2(3) gegenständigen Blattpaaren. Grundblätter meist rosettig, elliptisch, ganzrandig. Köpfchen 6–8 cm Ø, dunkeldottergelb. Blütenboden behaart.

StO ④⑤ Trockene Weiden, Moore, kalkmeidend, bis 2700 m.

V Alpen: verbreitet. Allgemein: Europa, nordwärts bis Skandinavien, ostwärts bis Polen, Russland, in S-Europa nur in höheren Lagen (Portugal, O- u. N-Spanien, Pyrenäen, N-Italien, N-Balkan).

620 **Solidago virgaurea** L.
ssp. **minuta** (L.) Arcang.
Alpen-Goldrute
Solidage verge-d'or
Verga d'oro alpina, planinska zlata rozga

He; F I H D Ö S; ✵; ❀

M 10–30 cm. Stängel aufrecht mit einfachem oder nur wenig verzweigtem Gesamtblütenstand. Blätter wechselständig, 4–6-mal so lang wie breit, untere eiförmig, gestielt, obere schmal lanzettlich, sitzend, gesägt. Gesamtblütenstand traubig, mit meist 10–20(30) Köpfchen, 15–20 mm Ø. Zungenblüten 6–12, die Röhrenblüten weit überragend und deutlich länger als die 7–9 mm lange Hülle.

StO ①⑤ Zwergstrauchheiden, Rasen, bis 2500 m.

V Alpen: häufig. Ansonsten: Arktis, Gebirge Europas.

B In tieferen Lagen kommt häufig die Gewöhnliche G., ssp. **virgaurea**, vorzugsweise v. a. in Bergwäldern vor. **U** Pflanze bis 1 m hoch. Blütenstand verzweigt, mit zahlreichen (30)50–100(200) Blütenköpfchen. Köpfchen 10–15 mm Ø, Hülle 5–7 mm lang.

621 Aster alpinus L.
Alpen-Aster
Aster des Alpes
Astro alpino
alpska nebina

He; F I H D Ö S; § in I H D Ö; RL in H (4); ❀
M 5–15 cm. Stängel behaart, mit sitzenden, schmal lanzettlichen Blättern. Grundständige Blätter spatelförmig bis lanzettlich, ganzrandig, weichhaarig. Köpfchen einzeln (selten mehr), 3–5 cm Ø. Zungenblüten blauviolett. Röhrenblüten gelb. Früchte mit gelblichem Pappus.
StO ④⑤ Magerrasen, Felsen, etwas kalkliebend, bis 3100 m.
V Alpen: verbreitet und meist häufig. Allgemein: Pyrenäen bis Balkan, Karpaten, N-Peleponnes, Türkei, Kaukasus, N-Iran, Ural bis W-Sibirien. Asien, N-Amerika.

622 Aster bellidiastrum (L.) Scop.
Alpenmaßliebchen
Fausse pâquerette
Bellidiastro
marjetičasta nebina

He; F I H D Ö S; § in H; RL in H (4)
M 5–30 cm. Stängel behaart, blattlos. Laubblätter in einer grundständigen Rosette, spatelförmig oder elliptisch, ganzrandig oder stumpf gezähnt, lang gestielt, kraushaarig. Köpfchen einzeln, 2–4 cm Ø. Hüllblätter lang zugespitzt, 2-reihig. Zungenblüten weiß, unterseits oft rötlich, Röhrenblüten gelb. Früchte behaart, mit 3 mm langen Pappusborsten.
StO ①③④ Steinige Hänge, Rutschhänge, Blaugrashalden, Föhrenwälder, bis 2500 m.
V Alpen: Seealpen bis Slowenien, verbreitet und meist häufig. Ansonsten: Jura, Apennin, N-Karpaten, Balkan.
B Das weit verbreitete und sehr häufige Gänseblümchen **Bellis perennis** L., He; F I H D Ö S; ✠; ⑪, ❀ steigt in den Alpen bis über 2000 m an.
U zu **622**: 5–15 cm. Köpfchen 1–3 cm Ø. Hüllblätter meist stumpf, 1-reihig. Pappus fehlend.

623 Erigeron atticus Vill.
Drüsiges Berufkraut
Vergerette d'Attique
Céspica attica

He; F I H D Ö; ✿; RL in Ö (3)
M 20–60 cm. Pflanze aufrecht, drüsig behaart, mit kräftigen, kantigen Stängeln, diese oberhalb der Mitte verzweigt, mit zahlreichen, 1- bis mehrköpfigen Ästen. Blätter lanzettlich oder länglich eiförmig, ganzrandig, drüsig behaart. Köpfchen 20–35 mm Ø. Zunge der Randblüten intensiv purpurn, die Hülle um 5–8 mm überragend.
StO ④ Steinige Rasen, Felsen, bis 2400 m.
V Alpen: zerstreut, gebietsweise fehlend. Ansonsten: Pyrenäen, Karpaten, Velebit, Balkan.
B Das Felsen-B., **E. gaudinii** Brügger, He; F I H D Ö ist ziemlich selten. **M** 10–30 cm. Pflanze aufsteigend, mit dünnen, dicht drüsigen, rundlichen Stängeln, unterhalb der Mitte verzweigt, mit wenigen (2–8) 1-köpfigen Ästen. Blätter länglich elliptisch bis lanzettlich linealisch. Köpfchen 10–25 mm Ø. Zunge der Randblüten blasslila, die Hülle um 3–5 mm überragend.

624 Erigeron alpinus L.
Alpen-Berufkraut
Vergerette des Alpes
Céspica alpina
alpska suholetnica

He; F I H D Ö S; ✿
M 5–20(40) cm. Stängel ohne Drüsenhaare, 1–10(15)-köpfig, meist grün, unten meist dicht zottig behaart. Untere Blätter lanzettlich, beiderseits behaart, nicht dicklich. Köpfchen 2–3 cm Ø. Hüllblätter meist grün, langhaarig bis verkahlend, mit einzelnen kurzen Drüsenhaaren. Zungenblüten purpurn oder lila. Zwischen Zungen- und Röhrenblüten Blüten mit verkümmerter fadenförmiger Krone ohne deutliche Zipfel (Fadenblüten).
StO ④ Kalkarme, sonnige Steinrasen, bis 3000 m.
V Alpen: Seealpen bis Norische Alpen u. Niedere Tauern, ziemlich verbreitet u. häufig. Ansonsten: Spanien, Pyrenäen, Apennin, Jura, Karpaten, Balkan. Kleinasien, Kaukasus.
B Ähnlich ist das Verkannte B., **E. neglectus** Kern, He; F I H D Ö; **M** wie **624** aber Blätter etwas dicklich, am Rand bewimpert, oberseits meist kahl. Zungenblüten pfirsich- bis weinrot. Selten.

625 Erigeron uniflorus L.
Einköpfiges Berufkraut
Vergerette à une tête
Céspica uniflora
enokoškasta suholetnica

He; F I H D Ö S

M 2–10 cm. Stängel ohne Drüsenhaare, 1-köpfig, meist rötlich, oben locker langhaarig, unten ± kahl. Grundblätter schmal verkehrt eiförmig, nur randlich behaart, etwas dicklich; Köpfchen 1–1,5 cm Ø. Hüllblätter etwa in der Mitte am breitesten, grün oder rot, dicht weiß wollig behaart. Zungenblüten weiß, blasslila oder rosa. Fadenblüten fehlend.

StO ④⑤ Rasen, Gratlagen, bis 3750 m, meist auf kalkarmer Unterlage.

V Alpen: verbreitet u. ziemlich häufig. Allgemein: Gebirge M- u. S-Europas, Arktis.

B Das Kahle B., **E. glabratus** Bluff & Fingerh., He; F I H D Ö S ist ähnlich. **U** Stängel 5–30 (40) cm, 1–3(–6)-köpfig. Köpfchen 15–30 mm Ø. Hülle kahl oder angedrückt kurzhaarig. **StO** Steinrasen, Felsspalten, auf Kalk. **V** Alpen: verbreitet und ziemlich häufig. Ansonsten: Gebirge Europas.

626 Anthemis carpatica W. & K.
Karpaten-Hundskamille

He; Ö; RL (4)

M 10–25 cm. Stängel aufrecht oder bogig aufsteigend, behaart, im unteren Teil beblättert, meist 1-köpfig. Laubblätter einfach oder unregelmäßig 2fach fiederteilig, jung langhaarig, drüsig punktiert, später verkahlend. Hüllblätter mit dunkel- bis schwarzbraunem, zerschlitztem Hautsaum, zerstreut behaart. Blütenköpfe 3,5–4,5 cm Ø. Köpfchenboden mit verkehrt lanzettlichen, oben zerschlitzten, in eine Spitze auslaufenden Spreublätter. Zungenblüten weiß, Röhrenblüten gelb. Pappus ein kurzes Krönchen.

StO ④ Felsen und Felsschutt, auf Silikat, 1800–2300 m.

V Alpen: Niedere Tauern, sehr selten. Ansonsten: Karpaten, Balkan, Griechenland.

B Ähnlich ist die Berg-H., **A. montana** L., He; F I; aber Hüllblätter mit strohfarbenem oder hellbraunem Hautsaum, ziemlich dicht langhaarig. Köpfchen 2–3 cm Ø. **StO** Felshänge, Felsen. **V** W-Alpen, Balkan, Gebirge S-Europas.

627 **Achillea oxyloba** (DC.) Sch.-Bip.
Dolomiten-Schafgarbe
Millefoglio dei macereti

He; ● I Ö; § in I
M 12–25 cm. Stängel aufsteigend bis aufrecht, meist 1-köpfig, unten kahl im oberen Teil zottig behaart. Blätter im Umriss lanzettlich, tief fiederspaltig, Abschnitte bis 0,5 mm breit, 0–5-spaltig, dunkelgrün, spärlich langhaarig. Blütenköpfe 20–30 mm Ø. Hüllblätter zerstreut langhaarig, mit breitem schwarzbraunem Hautrand. Zungenblüten 13–18(20), weiß. Röhrenblüten gelblich weiß.
StO ④ Felsrasen, Felsschutt, über Kalk u. Dolomit, 1600–2800 m.
V Endemit der östlichen S-Alpen (V. Camonica bis Karnische Alpen), zerstreut, gebietsweise häufig.

628 **Achillea clavenae** L.
Bittere Schafgarbe
Achillée de Clavena
Millefoglio di Clavena
planinski pelin

He; I H D Ö S; § in I H D Ö; RL in H (3) ✿
M 5–30 cm. Pflanze weißgraufilzig behaart. Stängel aufrecht, unverzweigt. Blätter beiderseits anliegend behaart, unregelmäßig fiederspaltig oder -teilig, mit ganzrandigen, grob gezähnten oder gelappten Abschnitten. Blütenstand doldenrispig, mit 3–20 Köpfchen. Hüllblätter schwarzbraun berandet. Zungenblüten 5–9, Zunge 3–5 mm lang. Röhrenblüten weißlich.
StO ④⑤ Felsen, Felsrasen, steinige Weiden, auf Kalk, 1500–2600 m.
V Alpen: verbreitet und häufig in den Kalkgebieten der O-Alpen, selten im Tessin. Ansonsten: Slowenien bis N-Griechenland.

629 **Achillea erba-rotta** All.
Westalpen-Schafgarbe
Achillée
Millefoglio erba-rotta

He; ● F I; § in I
M 5–20 cm, aromatisch duftend. Stängel aufrecht, unverzweigt, mit mehrköpfigem Blütenstand. Laubblätter lanzettlich-spatelförmig, an der Spitze mit Zähnchen, selten auch am Rand gezähnt, meist ungeteilt, selten auch etwas fiedernervig (dann Mittelnerv breiter als die Blattabschnitte). Blütenstand doldenrispig. Blütenköpfe ca. 15 mm Ø. Hüllblätter schmal braun berandet, fast kahl. Zungenblüten weiß, länger als die Hülle. Röhrenblüten hellgelb bis weißlich.
StO ④⑤ Kalkarme Felsrasen, 1500–3000 m.
V Endemit der SW-Alpen (Seealpen bis Grajische und Cottische Alpen), zerstreut bis selten.

630 **Achillea moschata** Wulfen
Moschus-Schafgarbe
Achillée musquée
Millefoglio del granito

He; F I H Ö; § in I
M 7–20 cm, aromatisch duftend. Stängel aufrecht, unverzweigt, spärlich behaart. Laubblätter länglich, drüsig punktiert, kahl oder wenig behaart, untere gestielt, obere sitzend, grün. Blattspreite bis zum Mittelnerv fiederteilig. Fiederabschnitte länglich bis linealisch, 0,5–1 mm breit, ganzrandig bis 1–3-zähnig. Blütenstand mehrköpfig. Blütenköpfe 10–14 mm Ø. Hüllblätter langhaarig, mit braunem Hautsaum. Zungenblüten 4 mm lang, zu 6–8, weiß. Röhrenblüten gelblich.
StO ④ Steinige Rasen, Schuttfluren, auf Silikat, 1800–2800(3400) m.
V Endemit der O-Alpen (Mont Blanc bis Niedere Tauern u. Seetaler Alpen), verbreitet und meist häufig.

631 **Achillea atrata** L.

Schwarzrandige Schafgarbe

Achillée noirâtre

Millefoglio del calcare

črnikasti rman

He; ● F I H D Ö S; § in I D; RL in F(4); ✠; ❀

M 8–30 cm. Pflanze zerstreut behaart, kaum aromatisch. Laubblätter im Umriss lanzettlich, einfach fiederschnittig, nicht drüsig punktiert. Zipfel ca. 1 mm breit. Vordere Abschnitte 3–4(5)-teilig. Köpfchen zu 3–10, 11–16 mm Ø, doldenrispig. Zungenblüten 7–12, ihre Zunge 5–7 mm lang. Hüllblätter mit schwarzem Rand. Röhrenblüten gelblich.

StO Feuchte, steinige Rasen, Schutthalden und Schneetälchen, auf Kalk, bis 2980 m.

V Alpenendemit: Savoyen und Piemont bis Steiner Alpen, häufig, in den Z-Alpen selten.

B Ähnlich ist die in den NO-Alpen endemische Clusius-Sch., **A. clusiana** Tausch., He; ● Ö; ✠; **U** Stark aromatisch. Laubblätter 2–3fach fiederschnittig, Zipfel etwa 0,5 mm breit. Vordere Abschnitte 5- bis vielspaltig. Blütenköpfe 9–12 mm Ø. Zungenblüten 3–4(5) mm lang. **StO** Wie **631**. Zerstreut bis häufig.

632 **Achillea nana** L.

Zwerg-Schafgarbe

Achillée naine

Millefoglio nano

He; ● F I H; § in I

M 5–15(20) cm. Pflanze dicht weiß wollig behaart, stark aromatisch duftend. Stängel aufrecht, unverzweigt. Laubblätter drüsig punktiert, im Umriss länglich, fiederschnittig. Vordere Abschnitte ganzrandig bis 2–5-spaltig. Köpfchen zu 5–20, 5–10 mm Ø, doldenrispig. Zungenblüten 6–8, weiß, 2,5–3 mm lang. Hüllblätter mit dunkelbraunem Hautrand. Röhrenblüten schmutzig weiß.

StO Schuttfluren, auf kalkarmer bzw. kalkfreier Unterlage, 1800–3320 m.

V Endemit der SW-Alpen (Seealpen bis Ortlergebiet), häufig bis zerstreut.

B Die Gelbe Sch., **A. tomentosa** L., He; I H, kommt in Trockenrasen inneralpiner Trockentäler bis 1750 m vor. **M** 10–30 cm. Pflanze ± wollig zottig behaart. Laubblätter 1–2fach fiederschnittig. Zungenblüten 4–6, gelb. Scheibenblüten gelb. **V** Alpen, SW- und W-Europa.

633 Achillea macrophylla L.
Großblättrige Schafgarbe
Achillée à grandes feuilles
Millefoglio delle Radure

He; F I H D ; § in I
M (30)50–100 cm. Stängel besonders unten kurz behaart, reichblättrig. Blätter zerstreut kurzhaarig, im Umriss eiförmig, fiederschnittig, mit lanzettlichen, am Rand scharf gesägten, spitzen Abschnitten. Gesamtblütenstand locker doldenrispig mit 10–35 Köpfchen. Hüllblätter braun berandet. Zungenblüten meist 5(–8), Zunge 4–7 mm lang. Röhrenblüten weißlich.
StO ② Hochstaudenfluren, Grünerlengebüsch, bis 2050 m.
V Alpen: in den W- u. S-Alpen verbreitet, hier zerstreut bis mäßig häufig, im Osten fehlend. Ansonsten: N-Apennin.
B Im weiteren erreichen Arten aus dem Verwandtschaftskreis der Gewöhnlichen Schafgarbe die subalpine Stufe: a) Gewöhnliche Sch., **A. millefolium** L. (weit verbreitet) und b) Steife Sch., **A. stricta** Schleich. (S-Alpen).

634 Tanacetum corymbosum (L.) Sch. Bip.
ssp. subcorymbosum (Schur) Simonkai
Straußblütige Wucherblume
Tanaisie en corymbe
Erba-amara die boschi, češuljasti vratič

He; F I (H) (D) Ö S; § in H; RL in H (4) ❀
M 40–150 cm. Pflanze kaum aromatisch. Stängel oben verzweigt. Blätter im Umriss länglich eiförmig, gefiedert bis fiederteilig, mit 3–7 Paar 2fach eingeschnitten gesägten Fiedern. Blattspindel gesägt. Köpfchen zu 3–14(20) in lockeren Doldenrispen oder -trauben, 25–50 mm Ø. Zungenblüten weiß. Röhrenblüten gelb. Früchte gerippt, mit Krönchen.
StO ①⑤ Lichte Laubwälder, Bergwiesen, vorzugsweise auf Kalk, bis 2000 m.
V Alpen: zerstreut bis häufig. Allgemein: O- und M-Europa, nördlich bis Polen u. Deutschland, südlich bis Portugal u. M-Italien, Balkan; Kleinasien, Kaukasus, Russland.

Blätter von Leucanthemopsis (1) und Leucanthemum (2–7)
1 L. vulgare, 2 L. alpina, 3 L. halleri, 4 L. atratum, 5 L. coronopifolium, 6 L. ceratophylloides, 7 L. burnati

635 Leucanthemopsis alpina
(L.) Heywood
Alpen-Margerite
Marguerite des Alpes
Margherita alpina

He; F I H D Ö

M 5–10(15) cm, dicht anliegend behaart bis kahl. Stängelblätter ungeteilt, linealisch, ganzrandig. Grundblätter rundlich eiförmig, kammförmig-fiederteilig. Köpfchen lang gestielt, einzeln, 2– 4 cm Ø. Hüllblätter schwarzbraun berandet. Zungenblüten weiß, Röhrenblüten gelb. Früchte etwa 3 mm lang, mit Krönchen.
StO Felsen, Rasen, Schutthalden, Schneetälchen, auf Silikat, bis 3600 m.
V Alpen: Z-Alpen verbreitet und häufig, ansonsten zerstreut bis selten. Allgemein: Pyrenäen, Alpen, Karpaten, Balkan, Apennin.

636 Leucanthemum ceratophylloides
(All.) Nyman
Zerschlitztblättrige Margerite
Marguerite noirâtre
Margherita laciniata

He; F I

M Wie **L. halleri**, aber 15–50 cm hoch, Grundblätter spatelförmig-keilförmig, mittlere Stängel 1–2fach fiederteilig, mit linealischen Abschnitten. Blütenköpfe 4 cm Ø. Pappus rudimentär.
StO Steinige Rasen, 1500–2400 m. **V** Alpen: SW-Alpen (Kottische Alpen bis Seealpen), Apennin.
B In den Kottischen und Seealpen endemisch ist **L. coronopifolium** Vill., ● F I. **M** Wie **636**, aber Grundblätter spatelförmig-keilförmig, mittlere Stängelblätter eingeschnitten gezähnt, aber nicht fiederteilig, gestielt, mit nach außen gerichteten Zähnen. Pappus ausgebildet. **StO** Felsen, Felsschutt, auf Kalk, bis 2700 m, häufig. Weitere **Leucanthemum**-Arten erreichen in den Alpen die subalpine Stufe.

1   2   3   4   5   6   7

637 Leucanthemum heterophyllum DC.
Verschiedenblättrige Margerite

Marguerite comune
Margherita sudalpina
raznolistna ivanjščica

He; F I H (Ö) S
M 30–50 cm. Stängel kräftig, 1-köpfig, bis
5–10 cm unter dem Blütenkopf (5–7 cm Ø), beblättert. Laubblätter etwas fleischig, auf jeder
Seite mit 10–20 nach vorne gerichteten spitzen
Zähnen. Grundblätter zur Blütezeit verwelkt, die
untersten lanzettlich bis spatelförmig, die mitt-
leren nahe der Mitte am breitesten, die oberen
sitzend, ohne geöhrten Blattgrund. Hautrand der
Hüllblätter hellbraun.
StO ④ ⑤ Magerwiesen, steinige Hänge, be-
sonders auf Kalk, bis 2200 m.
V Alpen: Piemonteser Alpen bis Slowenien, zer-
streut bis häufig. Ansonsten: Apennin.
B Sehr ähnlich ist die Berg-M., **L. adustum** (Koch)
Gremli., He; F I H D Ö S; **U** Grundblätter zur
Blütezeit noch vorhanden. Spreite abrupt in den
Stiel verschmälert. Hautrand der Hüllblätter
dunkelbraun. **StO** Steinige Rasen, bis 2000 m.
V v. a. W-Alpen, häufig.

638 Leucanthemum halleri (Suter) Duc.
Haller-Margerite

Marguerite de Haller
Margherita di Haller

He; ● H D Ö
M 10–20 cm. Stängel 1-köpfig. Stängelblätter
dicklich, dunkelgrün, kahl, die oberen nur wenig
kleiner als die unteren. Mittlere Stängelblätter
lanzettlich, in der Mitte am breitesten, mit 3–7
z. T. länglichen, abstehenden bis etwas zurück-
gebogenen Zähnen. Hüllblätter schwarz berandet. Alle Früchte mit deutlichem Krönchen.
StO ④ Felsschuttfluren, auf Kalk, bis 2840 m.
V Alpen: zerstreut in den nordwestlichen Kalkalpen, selten in den Z-Alpen.
B Ähnlich ist die Schwarzrand-M., **L. atratum**
Jacq., He; ● Ö. Wie **635**, aber höher als 20 cm.
Zähne der mittleren Stängelblätter 3-eckig, gerade und nach vorne gerichtet. Endemit der
nordöstlichen Kalkalpen, vom Höllengebirge bis
zum Schneeberg. Die Steineralpen-M., **L. litho-
politanicum** Horvatić, He; ● Ö S hat linealische
mittlere Stängelblätter. Endemit der Steiner Alpen, S-Kärnten, zerstreut.

639 Artemisia umbelliformis Lam.
Echte Edelraute
Genépi jaune
Assenzio genepi bianco

Ch; F I H D Ö; § in I H D Ö; RL in H (4); ✤; ❀
M 5–20 cm. Pflanze silberglänzend seidenhaarig, meist unverzweigt, aromatisch duftend. Obere Stängelblätter gestielt, handförmig geteilt. Köpfchen eiförmig, aufrecht, zu 3–20, locker traubig, ährig angeordnet, untere meist gestielt. Hüllblätter seidig filzig. Köpfchenboden dicht behaart. Röhrenblüten gelb, behaart. Früchte behaart.
StO ④ Felsen und Felsschutt, steinige Rasen, auf schwach sauren oder neutralem Gestein, bis 3700 m.
V Alpen: Seealpen bis Steiermark, in den Z-Alpen zerstreut bis mäßig häufig, ansonsten selten. Allgemein: Pyrenäen, Alpen, Apennin.

640 Artemisia nitida Bertol.
Glänzende Edelraute
Assenzio lucido
bleščeči pelin

Ch; ● I Ö S; § in I Ö; RL in Ö (4) S (4)
M 10–45 cm, seidig weißfilzig, meist unverzweigt, aromatisch duftend. Laubblätter stark seidig glänzend, 2fach fiederteilig, mit linealischen, 0,5 mm breiten Zipfeln, nur die obersten 1fach fiederteilig. Untere Laubblätter gestielt. Köpfchen kugelig, 6–8 mm breit, 25–30-blütig, nickend, in einseitswendiger Traube. Köpfchenboden behaart. Hüllblätter seidig filzig. Röhrenblüten gelb. Früchte kahl.
StO ④ Felsen, felsige Abhänge, auf Kalk u. Dolomit, bis 2000(2400) m.
V Alpen: Endemit der S-Alpen (Dolomiten zwischen Adda und Piave, Karnische Alpen) u. Apuanische Alpen (N-Apennin), zerstreut bis sehr selten.

641 **Artemisia genipi** Weber
Ährige Edelraute

Genépi noir
Assenzio genepi a spiga
klasnati pelin

Ch; ● F I H Ö S; § in H Ö; RL in H (4) S (4); ✠
M 5–15 cm. Pflanze silbrig behaart, kaum aromatisch duftend. Grundblätter 3-teilig mit geteilten Abschnitten. Stängelblätter kurz gestielt, 1 fach fiederteilig, oberste ungeteilt. Köpfchen eiförmig, aufrecht, sitzend, 3–5 mm Ø, in anfangs nickender, später aufrechter, von Hochblättern unterbrochenen, nach oben hin dichter werdenden Ähre. Hüllblätter grau wollig-filzig, Blüten 8–15. Köpfchenboden kahl. Röhrenblüten gelb, kahl. Früchte behaart.
StO ④ Fels- u. Moränenschutt, fast ausschließlich auf Kalkschiefer, 2000–3800 m.
V Endemit der Alpen: Steiermark bis Piemont u. zum Dauphiné, Seealpen, zerstreut bis selten.
B Die Fels-E., **A. eriantha** Ten., Ch; F I kommt selten in den SW-Alpen vor. **M** Wie **641**, aber wollig-filzig behaart. Köpfchen 4–7 mm Ø. Blüten 25–50, Röhrenblüten behaart. Hüllblätter hellrandig. Blütenstand anfangs nicht nickend.

642 **Artemisia nivalis** Br.-Bl.
Schnee-Edelraute

Genépi des neiges
Assenzio genepi nivale

Ch; ● H; § in H; RL in H (2)
M Ähnlich **A. genipi**, aber Pflanze nur 5–10 cm hoch, vollständig kahl. Stängel rötlich überlaufen. Köpfchen 2–3 mm Ø. Früchte kahl.
StO Felsschutt, Felsspalten, bis 3450 m.
V Endemit der Penninischen Alpen, sehr selten und sehr lokal verbreitet.
B Bis in die subalpine Stufe der W- u. SW-Alpen hinein wächst der Wermut, **A. absinthum** L., Ch; F I H D (Ö) (S); (⚥), (🌂), ✠, ❀; an Wegrändern und an gestörten Plätzen. **M** 60–120 cm. Pflanze weiß und graufilzig, stark aromatisch und bitter schmeckend. Untere Blätter 2–3fach fiederschnittig; Zipfel 2–3 mm breit, lanzettlich bis lineal lanzettlich, beidseits seidig filzig. Köpfchen kugelig, 2,5–4 mm Ø, kurz gestielt u. nickend, in einer meist schmalen Rispe. Köpfchenboden rauhaarig. Röhrenblüten gelb.

643 Artemisia glacialis L.
Gletscher-Edelraute
Genépi des glaciers
Assenzio genepi glaciale

Ch; ● F I H; § in H; RL in H (4)
M 5–20 cm, aromatisch duftend, graufilzig behaart. Stängel aufsteigend. Blätter filzig seidig
behaart, gestielt, die unteren handförmig geteilt, mit 3–5 Abschnitten, diese nochmals 3-
spaltig, mit kurzen Abschnitten. Stängelblätter
weniger geteilt, die obersten oft ungeteilt, sitzend. Blütenköpfe zu 3–10 am Stängelende
knäuelig gehäuft. Köpfchen 4–6 mm Ø, mit 30–
40 kahlen Röhrenblüten. Hüllblätter braun gerandet. Köpfchenboden dicht kurzhaarig.
StO ④ Felsspalten, Felsschutt, auf Silikat, 2000–
3200 m.
V Endemit der SW-Alpen, Seealpen bis Walliser
Alpen.

644 Artemisia atrata Lam.
Schwarzer Beifuß
Genépi noirâtre
Assenzio nero
črnikasti pelin

Ch; ● F I S; RL in S (3)
M 10–30(40) cm, fast ohne aromatischen Geruch. Stängel aufrecht, unten kahl oben flaumig
behaart. Blätter 2fach fiederteilig, mit linealischen, ca. 1 mm breiten Abschnitten, diese an
den unteren Blättern oft fiederig gelappt. Untere Blätter lang gestielt, nach oben hin allmählich kürzer gestielt, kahl oder zerstreut behaart. Blütenköpfe 8 mm Ø, 30–40-blütig, kurz
gestielt, in einer einseitswendigen, meist unverzweigten Traube. Hüllblätter kahl, breit schwarzbraun berandet. Röhrenblüten gelb, behaart.
Köpfchenboden behaart.
StO ④ Felsspalten, Rasenhänge, auf Kalk, 1700–
2400 m.
V In den Alpen endemisch: sehr selten mit jeweils nur sehr wenigen Fundorten im Dauphiné,
in den Piemonteser-, Kottischen und Julischen
Alpen.

645 Artemisia chamaemelifolia Vill.
Schafgarbenblättriger Beifuß
Armoise à feuilles de camomille
Assenzio a foglie d'Achillea

Ch; F I
M 20–60 cm, aromatisch, kahl oder zerstreut behaart. Stängelblätter 2–3fach fiederspaltig, sitzend, am Grund geöhrt. Abschnitte linear. Blütenköpfe 4–6 mm Ø, halbkreisförmig, kurz gestielt, nickend, in einer einseitswendigen schmalen Rispe. Hüllblätter fast kahl, grünlich. Röhrenblüten gelblich, nicht behaart, etwas drüsig. Köpfchenboden kahl oder behaart.
StO ④ Sonnige Felsrasen, steinige Hänge, bis 2300 m.
V Alpen: SW-Alpen: Grajische Alpen bis Seealpen, sehr selten und lokal. Ansonsten: Pyrenäen, N-Spanien, NW-Bulgarien.

646 Artemisia borealis Pallas
Nordischer Beifuß
Armoise boréale
Assenzio nano

Ch; F I H Ö: § in F H Ö; RL in F (4) I (4) H (3) Ö (4)
M 10–20 cm, fast geruchlos. Stängel meist aufrecht, meist braunrot, locker filzig behaart oder kahl. Blätter kahl oder seidig behaart, 2–3fach eingeschnitten fiederspaltig, mit 1–1,5 mm breiten Abschnitten, Laubblattzipfel stachelspitzig. Blütenstand traubig oder nur sehr spärlich rispig verzweigt. Rispenäste daher 1–3-köpfig. Köpfchen 3,5–6 mm Ø. Köpfchenboden kahl. Röhrenblüten zu 15–30, meist gelb, selten rötlich. Hüllblätter kahl.
StO ④ Gesteinsfluren, Zwergstrauchheiden, auf Silikat, bis 2600 m.
V Alpen: Grajische Alpen bis Hohe Tauern, selten bis zerstreut. Allgemein: Alpen, Grönland, N-Amerika, Sibirien, circumpolar.

647 Antennaria dioica (L.) P. Gaertn.
Gewöhnliches Katzenpfötchen
Pied-de-chat dioïque
Sempiterni di montagna
navadna majnica

Ch; F I H D Ö (S); § in H D; RL in H (4) D (3); ✤; ❀
M 5–25 cm. Zweihäusige Pflanze mit oberirdischen Ausläufern, rosettenbildend. Blätter graufilzig, oberseits verkahlend, untere breit spatelförmig, obere schmal lanzettlich, 1-nervig. Köpfchen zu 3–12, doldig gehäuft. Hüllschuppen im oberen Teil trockenhäutig. Innere Hüllblätter der männlichen Blütenköpfe weiß, die der weiblichen Blütenköpfe meist rosa bis dunkelrot.
StO ①⑤ Bodensaure Magerrasen und -weiden, Föhrenwälder, bis 3000 m.
V Alpen: zerstreut bis häufig, in den Kalkgebieten ziemlich selten. Allgemein: M- u. N-Europa, im Süden (Spanien bis Sierra. Nevada, Abruzzen, Balkan) nur in den Gebirgen. N-Asien, Kaukasus, Mongolei, Amurgebiet bis Sachalin u. N-Japan.

648 Antennaria carpatica
(Wahlenb.) Bluff & Fingerh.
Karpaten-Katzenpfötchen
Pied-de-chat des Carpates
Sempiterni del calcare, carpatska majnica

He; F I H D Ö S
M 5–15(20) cm. Pflanze zweihäusig, ohne Ausläufer. Alle Blätter ± lanzettlich, beidseits wolligfilzig, schwach 3-nervig. Köpfchen zu 2–6, doldig gehäuft. Hüllblätter im oberen Teil trockenhäutig, bräunlich, mit hellerem Rand.
StO ④ Magere Steinrasen, oft an windexponierten Stellen, auf kalkarmen Böden, bis 3200 m.
V Alpen: Z-Alpen zerstreut bis mäßig häufig, in den Kalkgebieten selten. Ansonsten: Pyrenäen, Karpaten, arktisches Skandinavien, Sibirien.

649 Leontopodium alpinum Cass.
Alpen-Edelweiß
Etoile-des-Alpes
Stella alpina
planika

He; F I H D Ö S; § in I H D Ö S; RL in I (3) H (4) D (2) Ö (4); ✿
M 5–20 cm. Pflanze weiß wollig-filzig, unverzweigt. Blätter schmal lanzettlich. Gesamtblütenstand von 5–15 sternförmig ausgebreiteten Hochblättern umgeben. Köpfchen 5–7 mm breit, zu 2–10 doldig gehäuft. Röhrenblüten gelblich, Zungenblüten fehlend.
StO ④ Sonnige Felsrasen, Felsbänder, auf Kalk, bis über 3000 m.
V Alpen: verbreitet, aber nur gebietsweise häufig (z. B. Dolomiten), insgesamt zerstreut bis selten. Allgemein: Z-Pyrenäen, Alpen, Schweizer Jura, Karpaten, Balkan.

650 Gnaphalium supinum L.
Zwerg-Ruhrkraut
Gnaphale couché
Canapicchia glaciale
mačje tačke

He-Ch; F I H D Ö S; § in H; RL in H (4)
M 2–8(10) cm, mit Ausläufern, weißfilzig. Blätter 1–2 mm breit, beiderseits dicht filzig behaart. Köpfchen zu 1–6(12). Hüllblätter fast 2-reihig, äußere etwa so lang wie die inneren, hellbraun, zur Fruchtzeit sternförmig ausgebreitet. Röhrenblüten hellgelb.
StO ④ Schneetälchen, feuchte, lückige Silikat-Magerrasen, 1600–3200 m.
V Alpen: zerstreut bis häufig. Ansonsten: Gebirge S- u. M-Europas, Skandinavien, Russland. Asien, N-Amerika.
B Ähnlich ist das Hoppe-R., **G. hoppeanum** W. D. J. Koch, He; F I H D Ö S; **M** Ohne Ausläufer. Blätter (1)2–3(4) mm breit, oberseits schwächer, unterseits dichter graufilzig behaart. Hüllblätter spiralig angeordnet, äußere höchstens ½ so lang wie die inneren, schwärzlich braun, zur Fruchtzeit glockig. **StO** Steinige, feuchte, kalkhaltige Schneetälchen. Selten. § (H).

651 **Gnaphalium norvegicum** Gunnerus
Norwegisches Ruhrkraut
Gnaphale de Norvège
Canapicchia norvegese
norveške mačje tačke

652 **Telekia speciosissima** (L.) Less.
Prächtiges Ochsenauge
Erba regina

He; F I H D Ö S; § in H; RL in H (4)
M 10–30 cm. Stängelblätter lanzettlich, beiderseits graufilzig, mittlere und obere Stängelblätter 3-nervig, 5–10 mm breit. Köpfchen zu 1–3, nur ¼–⅛ der Stängellänge einnehmend und von den Laubblättern meist etwas überragt. Hüllblätter alle mit breitem, dunkelbraunem Hautrand, ganzrandig. Pappus weiß.
StO ①②⑤ Silikat-Magerrasen, Hochstauden, Waldlichtungen, bis 2300(2800) m.
V Alpen: zerstreut. Allgemein: Eurosibirien bis Kanada.
B Ähnlich ist das Wald-R., **G. sylvaticum** L., He; F I H D Ö S; **M** 10–70 cm. Stängelblätter linealisch bis lineal lanzettlich, 1-nervig, 2–5 mm breit. Köpfchen zu 2–8 geknäuelt, ⅓–⅞ der Stängellänge einnehmend. Hüllblätter ± dunkel gefleckt, mit grünlich gelbem Mittelteil und hellem Hautrand, meist zerschlitzt. Pappus rötlich. **StO** Wälder, häufig.

He; ● I
M 20–50 cm. Stängel 1-köpfig, zottig behaart. Blätter 10–15 cm lang und 4–7 cm breit, breit oval, entfernt scharf gezähnt, lederig derb, unterseits mit deutlichen Nerven. Untere Blätter kurz gestielt, die oberen mit halb stängelumfassendem Grund sitzend. Blütenköpfe 4–6 cm Ø. Hüllblätter mehrreihig, die äußeren mit zurückgebogener, krautiger Spitze. Spreublätter vorhanden. Zungenblüten goldgelb. Pappus aus einem ca. 2 mm langen, unregelmäßig zerschlitzten Krönchen.
StO ④ Felsen, sonnige, steinige Hänge, auf Kalk oder Ddolomit, bis 1900 m.
V Endemit der S-Alpen, Luganersee bis Gardasee, selten.

653 **Buphthalmum salicifolium** L.
Weidenblättriges Ochsenauge
Buphthalme à feuilles de saule
Asteroide salicina
vrbovolistni primožek

H; F I H D Ö S; ❀
M 30–70 cm. Pflanze wenig verzweigt. Blätter länglich oder lanzettlich, fast ganzrandig, angedrückt behaart, obere mit verschmälertem Grund sitzend. Köpfchen meist einzeln, lang gestielt, 3–6 cm Ø, mit linealischen Spreublättern. Hüllblätter etwa gleich lang. Zungen- und Röhrenblüten goldgelb. Pappus ein kurzes, zerschlitztes Krönchen.
StO ①⑤ Trockenrasen, trockene Wälder, auf Kalk, bis 2200 m.
V Alpen: Im Gebiet der Kalkalpen häufig, in den Z-Alpen sehr zerstreut. Allgemein: Alpen, Vorland u. angrenzende Mittelgebirge, O-Frankreich, böhmisch-mährische Gebirge, Karpaten, Kroatien bis Montenegro, N-Apennin.

654 **Carlina acaulis** L. ssp. acaulis
Stängellose Silberdistel
Carline sans tige
Carlina bianca
bodeča neža

He; F I H D Ö S, § in D Ö; ✖, ❀
M Stängel 1–15(20) cm. Pflanze 1(–6)-köpfig. Stängelblätter 8–25 cm lang, tief buchtig fiederspaltig bis fiederteilig, die Abschnitte mit breitem Grund der breit geflügelten Mittelrippe aufsitzend. Blattspreite ziemlich flach. Köpfchen (3) 4–5(8) cm Ø, von zahlreichen zungenförmigen, 3–6 cm langen, silberweißen (selten rötlich) inneren Hüllblättern umgeben. Röhrenblüten weißlich oder bräunlich purpurn.
StO ①⑤ Magere Wiesen u. Weiden, lichte Bergwälder, bis 2800 m.
V Alpen: verbreitet u. meist häufig. Allgemein: weite Teile S-, M- und O-Europas.

655 **Saussurea pygmaea** (Jacq.) Spreng.
Zwerg-Alpenscharte
Saussurea monocephala
pritlikava kosmatulja

He (Ch) I D Ö S; § in I; RL in D (3); ✿
M 5–20 cm, oft fast stängellos. Blätter lineal
lanzettlich, sitzend. Stängel 1-köpfig, dicht weiß
wollig. Köpfchen oft von den oberen Stängelblättern überragt, 2–3 cm Ø. Hülle eiförmig. Blüten alle röhrenförmig. Blütenkrone blauviolett.
StO ④ Steinrasen, Felsschutt, Felsspalten, auf Kalk
bis 2500 m.
V Alpen: O-Alpen, Karwendel und Venezianische
Alpen ostwärts bis Schneeberg und Steiner Alpen, zerstreut bis selten. Ansonsten: W-Karpaten.

656 **Saussurea discolor** (Willd.) DC.
Zweifarbige Alpenscharte
Saussurée à feuilles discolores
Saussurea cordata
dvobarvna kosmatulja

He (Ch); F I H D Ö S; § in F I H; RL in F (3) H (4);
✿
M (5)10–35 cm. Blätter eiförmig oder länglich
3-eckig, am Grund gestutzt oder herzförmig, unterseits schneeweißfilzig, untere gestielt. Blattstiel nicht geflügelt. Köpfchen zu 2–8, Ø kleiner
als 3 cm, von den oberen Stängelblättern nicht
überragt. Blüten alle röhrenförmig. Blütenkrone
hellviolett oder tief rosarot, stark duftend.
StO ④ Felsspalten, Felsschutt, steinige, lückige
Rasen, auf Kalk, bis 2800 m.
V Alpen: Savoyer Alpen bis Schneeberg u. Steiner
Alpen, zerstreut bis selten. Ansonsten: Karpaten, Ural, Altai, Himalaya.

657 Saussurea alpina (L.) DC.
Gewöhnliche Alpenscharte
Saussurée des Alpes
Saussurea delle Alpi
alpska kosmatulja

He (Ch); F I H D Ö S; § in I H; RL in H (4);
M (5)10–40(50) cm. Blätter schmal bis lineal lanzettlich, die oberen viel kleiner als die unteren, unterseits locker spinnwebig wollig. Blattstiel schmal geflügelt. Gesamtblütenstand 5- bis vielköpfig. Köpfchen von den oberen Stängelblättern nicht überragt, Ø kleiner als 3 cm. Blüten röhrenförmig. Blütenkrone purpurn.
StO ①④ Alpine Steinrasen, Felsschutt, Zwergstrauchheiden, windgefegte Grate, auf Kalk u. Urgestein, bis 3100 m.
V Alpen: verbreitet, aber nicht häufig. Ansonsten: Großbritannien, Skandinavien, Karpaten. Arktis.
B In den W-Alpen findet sich bis 3300 m die Niedrige A., **S. depressa** Gren., ● F I H; **M** 2–10 cm hoch, Blätter lanzettlich, unterseits graufilzig, die oberen nur wenig kleiner als die unteren. **StO** ④ Felsschutt, auf Kalk.

658 Berardia subacaulis Vill.
Berardie
Berardia

He; ● F I
M 5–15 cm. Stängel kurz oder fehlend, mit großem endständigem Blütenkopf. Blätter 5–10 cm lang, rundlich bis eiförmig, am Rand meist etwas gezähnt, oberseits spinnwebig behaart, unterseits dicht weißfilzig. Hüllblätter lang zugespitzt, lanzettlich. Blütenkopf 5–7 cm Ø. Blüten alle röhrenförmig, hellgelb. Pappus bis 2 cm lang, schraubig gedreht.
StO ④ Felsschutt, auf Kalk u. Kalkschiefer, 1500–2900 m.
V Endemit der SW-Alpen (Cottische Alpen, Dauphiné, Provenzialische und See-Alpen.), selten.

659 Carduus defloratus L. ssp. defloratus
Berg-Distel
Chardon décapité
Cardo dentellato
alpski bodak

He; F I H D Ö S
M 10–80(100) cm. Stängel im oberen Teil blattlos. Blätter ± lanzettlich, ungeteilt bis fiederschnittig, oberseits ± kahl, unterseits schwach kraus behaart, herablaufend, am Rand dornig gezähnt oder gewimpert. Köpfchen 15–30 mm Ø, einzeln, lang gestielt, zuletzt nickend. Hülle kugelig bis eiförmig, kaum behaart. Mittlere Hüllblätter nicht eingeschnürt. Blütenkrone purpurn. Pappus nicht federartig.
StO ①④ Felsschutt, steinige Rasen, Abhänge, lichte Bergwälder, meist auf Kalk, bis 3000 m.
V Alpen: verbreitet, häufig bis zerstreut Ansonsten: Pyrenäen, französische u. deutsche M-Gebirge, Karpaten, Kroatien, Balkan, Apennin.
B Weitere, z. T. (sehr) ähnliche Arten und Unter-Arten der Gattung **Carduus** in der subalpinen und alpinen Stufe vor allem der S-Alpen.

660 Cirsium spinosissimum (L.) Scop.
Alpen-Kratzdistel
Cirse épineux
Cardo spinosissimo
trnati osat

He; ● F I H D Ö S; ✿
M 20–80 cm. Stängel bis zur Spitze meist dicht beblättert. Stängelblätter und Hochblätter tief fiederspaltig, derb und reichdornig, sehr stechend. Hochblätter steif, dornig gezähnt, gelblich, die dicht knäuelig gehäuft stehenden Köpfchen überragend. Krone blassgelb. Pappus wie bei allen Kratzdisteln (Cirsium) federartig (im Gegensatz zur Gattung Carduus).
StO ②⑤⑥ Steinige Weiden, Viehläger, Gesteinsschutt, bis 2400(3000) m.
V Alpen: endemisch, von der Rhone ostwärts bis Niederösterreich, Steiermark u. Slowenien, meist häufig.
B Bis 2300 m steigt die häufige Stängellose K., **C. acaule** Scop., He; F I H D Ö (S); ✿. **M** Stängel 0–5(25) cm. Blätter steif, lanzettlich, gelappt bis fiederspaltig, dornig. Köpfchen meist 1(–4), der Grundblattrosette aufsitzend. Krone purpurn.
StO Wiesen u. Weiden, auf Kalk.

661 Cirsium erisethalis (Jacq.) Scop.
Klebrige Kratzdistel
Cirse glutineux
Cardo zampa d'orso
lepki osat

He; F I H (Ö) S
M 30–150(200) cm. Stängel wenig verzweigt, an der Spitze nickend, im oberen Drittel fast blattlos, flaumig-klebrig, im unteren Teil flaumig, reich beblättert. Blätter tief fiederteilig bis fiederschnittig, mit jederseits 8–12 stachelig gezähnten Abschnitten, die mittleren und oberen stängelumfassend. Blütenköpfe 1–5, einander genähert, ohne einhüllende Hochblätter. Hüllblätter lanzettlich, stechend, dicht drüsig. Blüten fast immer zitronengelb (selten purpurrot).
StO ①② Lichte Wälder, Hochstaudenfluren, bis 1800 m.
V Alpen: O- u. S-Alpen häufig, in den N-Alpen z. T. fehlend. Ansonsten: Französische M-Gebirge, illyrische Gebirge, Karpaten, Russland.

662 Cirsium carniolicum Scop.
Krainer Kratzdistel
Cardo della Carniola
kranjski osat

He; ● I Ö S
M 60–150(200) cm. Stängel wenig verzweigt, bis oben, ± gleichmäßig beblättert, im oberen Teil braunrot behaart. Laubblätter beiderseits grün, am Rand dornig gewimpert, die unteren gestielt, breit eiförmig, ungeteilt oder fiederspaltig, mit breiten stumpfen Abschnitten, die mittleren und oberen schmaler, fiederlappig, stängelumfassend. Blütenköpfe 1–3, aufrecht, einander genähert, von kleinen, lanzettlichen, braunrotfilzigen Hochblättern umgeben. Hüllblätter rostrot filzig, die äußeren dornig gewimpert. Blüten blassgelb.
StO ①②⑤ Hochstaudenfluren, Fettwiesen, Zwergstrauchheiden, Gebüsche, bis 1800 m.
V Endemit der südöstlichen Kalkalpen, selten.
B Die sehr häufige Kohl-D., **C. oleraceum** (L.) Scop., erreicht im Gebiet 2000 m. **M** Blätter weich, kaum stechend. Köpfe zu mehreren knäuelig gehäuft, von gelbgrünen Hochblättern eingehüllt.
StO Feuchte Wiesen u. Wälder, Ufer.

663 Cirsium eriophorum (L.) Scop.
ssp. eriophorum
Wollköpfige Kratzdistel
Cirse laineux
Cardo scardaccio, volnatoglavi osat

He; F I H D (Ö) (S) § in Ö; ⑩; ⚘
M 50–150(250) cm. Stängel ohne herablaufende Blattränder, daher ungeflügelt. Blätter länglich eiförmig bis lanzettlich, tief fiederspaltig, steif, oberseits grün und dornig bis steifhaarig, unterseits weißfilzig; Abschnitte lanzettlich, in einen kräftigen gelben Dorn auslaufend. Köpfchen einzeln, sehr groß, 4–7 cm Ø. Hülle kugelig, dicht spinnwebig wollig behaart. Hüllschuppen kurzstachelig. Krone purpurn.
StO Weiden, trockene Hänge, Waldränder, auf Kalk, bis 2000 m.
V Alpen: zerstreut, gebietsweise häufig. Allgemein: Pyrenäen bis zum Balkan.
B In den Seealpen kommt die Moris-K., **C. morisianum** Rchb., bis etwa 1800 m auf Weiden u. an Wegrändern vor. **M** Hülle konisch, fast kahl, Hüllschuppen mit langer Stachelspitze (10–15 mm), zurückgebogen. Zerstreut.

664 Cirsium waldsteinii Rouy
Wenigblütige Kratzdistel
Waldsteinov osat

He; Ö S
M 50–200 cm. Stängel einfach oder wenig verzweigt, spinnwebig wollig, oben weißfilzig, meist bis zur Spitze beblättert. Blätter ungeteilt oder gelappt, gezähnt, oberseits grün, unterseits spinnwebig wollig bis weißfilzig, am Rand fein dornig gewimpert, die unteren eiförmig, mit am Grund stängelumfassendem Blattstiel, die oberen mit herzförmigem Grund sitzend. Blütenköpfe zu 2–4 gehäuft, nickend. Hüllblätter purpurn, die äußeren mit kurzer, abstehender Stachelspitze. Blüten dunkelpurpurrot.
StO ①②⑤ Hochstauden, Bergwiesen Schluchten, Waldränder, kalkfliehend, bis 2000 m.
V Alpen: O-Alpen (Steiermark und Kärnten bis Steiner Alpen). Ansonsten: O-Europa, Balkan.
B Die Berg-K., **C. montanum** (Waldst. & Kit.) Sprengel, erreicht die subalpine Stufe der südlichen Alpen. **M** Stängel oft ästig, Blätter beiderseits grün, Köpfe zu 2–5 gehäuft, aufrecht, Hüllblätter zurückgekrümmt. Blüten purpurn.

665 **Cirsium heterophyllum** (L.) Hill
Verschiedenblättrige Kratzdistel
Cirse fausse hélénie
Cardo tagliente
Raznolistni osat

He; F I H D Ö; RL in S (4)
M 50–100(150) cm. Stängel einfach oder mit
wenigen 1-köpfigen Ästen, bis oben hin beblättert, ungeflügelt. Blätter ± lanzettlich, ungeteilt
bis fiederspaltig, oberseits grün, unterseits
schneeweißfilzig, wenig stechend, mittlere mit
herzförmigem Grund stängelumfassend, nicht
herablaufend. Köpfchen 3,5–5 cm lang. Hüllblätter ± kahl. Krone purpurrot (selten weiß).
StO ②③⑤ Fettwiesen, Ufer, Hochstaudenfluren,
auf kalkarmen Böden, bis 2100 m.
V Alpen: Dauphiné bis Oberösterreich, zerstreut.
Allgemein: England u. Island bis M-Russland u.
Sibirien, südlich bis zu den Pyrenäen, Provence
u. Alpen bis zu den Karpaten.

666 **Serratula tinctoria** L. ssp.
macrocephala (Bertol.) Wilczek & Schinz
Großköpfige Färber-Scharte
Serratule des teinturiers
Ceretta commune, veleglava mačina

He; F I H (D) Ö S; RL in Ö (4)
M 10–40 cm hoch. Stängel bis oben mit großen
Blättern besetzt, kahl. Blätter nicht dornig, eiförmig bis lanzettlich, am Rand scharf gesägt,
obere meist fiederspaltig, untere ungeteilt, unterste kurz gestielt. Köpfchen an den Zweigenden zu 2–5 einander genähert. Hülle 6–12 mm
breit, glockig. Hüllblätter breit lanzettlich, grün,
meist violett überlaufen, mit dunkler Spitze, ohne
Anhängsel. Krone purpurn, selten weiß.
StO ①⑤ Weiderasen, Zwergstrauchheiden, steinige Hänge, 1600–2400 m.
V Alpen: Französische Alpen bis Slowenien, selten. Allgemein: N-Spanien, Pyrenäen, Alpen, französische Mittelgebirge, Jura, Vogesen.

667 Stemmacantha rhapontica (L.) Dittr.
Alpen-Bergscharte
Stemmacanthe rhapontique
Stemmacanta gigante
navadna rapontika

He; F I H Ö S; § in I H Ö; RL in H (4) Ö (3) S (4); ✤, ❀

M 40–150 cm. Stängel dick, 1-köpfig, oben verdickt, behaart. Grundständige Blätter 25–50 cm lang, am Grund herzförmig, oberseits grün, unterseits graufilzig, am Rand unregelmäßig gezähnt. Obere Blätter kleiner, ungeteilt bis fiederteilig, sitzend. Köpfchen 5–11 cm Ø, kugelig. Anhängsel der Hüllblätter rundlich, braunhäutig, zerschlitzt. Blüten rosa bis purpurn, die randständigen nicht vergrößert.
StO ②④ Grasige Hänge, Wiesen, Hochstaudenfluren, Gebüsch, Felsschutt, meist auf Kalk, bis 2500 m.
V Alpen: Seealpen bis Slowenien, ziemlich selten.
B Im Gebiet mit mehreren Unterarten.

668 Centaurea alpestris Hegetschw.
Alpen-Skabiosen-Flockenblume
Centaurée scabieuse
Fiordaliso vedovino

He; F I H D Ö; § in H ; RL in H (4)

M 30–70 cm. Stängel rauh, wenig verzweigt, mit 1–2 Köpfchen. Blätter 1–2fach fiederteilig, grün, lederig, kahl oder spärlich rau behaart, Abschnitte länglich bis lanzettlich, ganzrandig bis gezähnt. Hülle 20 mm hoch und 35–40 mm breit. Hüllblattanhängsel den grünen Hüllenteil fast völlig verdeckend, diese daher fast ganz schwarz. Blüten dunkelpurpurn, die randständigen stark vergrößert.
StO Bergwiesen, Hochstaudenfluren, Gebüsche, meist auf Kalk, bis über 2000 m.
V Alpen: zerstreut. Allgemein: Pyrenäen bis W-Karpaten.
B Die **Centaurea**-Sippen aus der Verwandtschaft der Skabiosen-F., **C. scabiosa**, der Schwärzlichen F., **C. nigrescens**, der Rispen-F., **C. stoebe**, sowie der Wiesen-F., **C. jacea** erreichen, z. T. die subalpine Stufe. Sie sind oft schwierig zu bestimmen (z. T. Hybrid-Bildung).

669 Centaurea triumfettii All.
ssp. **aligera (Gugler) Dostal**
Filzige Flockenblume
Centaurée de Trionfetti
Fiordaliso di Trionfetti, triumfettijev glavinec

He; F I H (D) (Ö) S; § in H; RL in H (4) D (1) Ö
(3) ✿
M 20–70 cm. Blätter am Stängel herablaufend,
schmal linealisch bis schmal lanzettlich, beiderseits graufilzig behaart, nicht verkahlend. Fransen der Hüllblätter hell oder silberglänzend,
etwa doppelt so lang wie deren dunkelbrauner
Rand. Blüten blauviolett, die randlichen stark
vergrößert.
StO ①④⑤ Sonnige Bergwiesen, trockene Hänge,
lichte Wälder, auf Kalk, bis 2000 m.
V Alpen: südliche Alpen von Frankreich bis Slowenien. Ansonsten: O- und N-Rand der Alpen,
Niederösterreich, O-Europa, Karpaten, Apennin,
Balkan. Vorderasien.

670 Centaurea montana L.
Berg-Flockenblume
Centaurée des montagnes
Fiordaliso montano
lasuljasti glavinec

He; F I H D Ö S; § in H; RL in H (4); ✠, ✿
M 30–70(100) cm. Blätter am Stängel herablaufend, eiförmig, zugespitzt, unterseits ± graufilzig, verkahlend. Fransen der Hüllblätter schwarz,
etwa so lang wie deren schwarzer Rand. Krone
tiefblau.
StO Bergwälder, Bergwiesen, Hochstaudenfluren,
Gebüsche, bis 2000 m.
V Alpen: zerstreut bis häufig. Allgemein: Pyrenäen, Alpen, Mittelgebirge von Frankreich und
Deutschland, Karpaten, Kaukasus.

671 **Centaurea pseudophrygia**
C. A. Meyer
Perücken-Flockenblume

Centaurée à perruque
Fiordaliso frangiato, lasuljasti glavinec

He; I H D Ö (S); § in H ; RL in H (3)
M 30–100(120) cm. Blätter grün, nicht spinnwebig behaart, breit, die oberen meist mit herzförmigem Grund stängelumfassend sitzend. Hülle
eikugelig, 20 mm breit. Hüllblattanhängsel
dunkelbraun, die Hülle ganz verdeckend, bis auf
die innersten aus lanzettlicher bis eiförmiger
Basis in eine verlängerte pfriemlich bogig zurückgekrümmte, lang fiedrig gefranste Spitze
übergehend, diese bei den äußeren Hüllblatt-
anhängseln bis 10 mm lang. Blüten hellpurpurn,
die randständigen stark vergrößert.
StO ①⑤ Bergwiesen, Waldränder, bis 2000 m.
V Alpen: O-Alpen, von Graubünden ostwärts bis
Slowenien, meist häufig, selten in den SO-Alpen. Allgemein: M-Europa, Schweden, SO-Karpaten.

672 **Centaurea nervosa** Willd.
Fedrige Flockenblume

Centaurée nervée
Fiordaliso alpino
peresasti glavinec

He; F I H Ö S; § in H ; RL in H (4)
M 10–40 cm, kurz rauhaarig, aber nicht weißfilzig. Stängel meist unverzweigt, bis zum Blütenkopf beblättert. Laubblätter lanzettlich, gezähnt,
die unteren gestielt, die oberen mit gestutztem
oder abgerundetem Grund sitzend. Blütenkopf
einzeln. Hülle grün, kugelig, 20–25 cm Ø, von
den Anhängseln der mittleren Hüllschuppen
komplett bedeckt. Anhängsel mit dunklem Zentrum, in eine hellbraune, lang fiedrig gefranste,
zurückgekrümmte Spitze übergehend Blüten
purpurn, die randständigen stark vergrößert.
Früchte ca. 4 mm lang. Pappus 1,5–3 mm lang.
StO ①⑤ Zwergstrauchheiden, Wiesen, Weiden,
auf meist etwas feuchten, kalkfreien Böden, bis
2600 m.
V Alpen: Seealpen bis Steiner Alpen, in den S-
Alpen zerstreut bis häufig, in den N-Alpen selten
oder fehlend. Ansonsten: Karpaten, Balkan.

673 Centaurea uniflora Turra
Einköpfige Flockenblume
Centaurée à un capitule
Fiordaliso unifloro

He; F I; ❀
M Ähnlich **C. nervosa**, Pflanze aber dicht weiß-filzig behaart. Laubblätter linear lanzettlich, selten breiter als 10 mm, ganzrandig oder fein gezähnt, die oberen sitzend. Pappus nur 0,5–1 mm lang.
StO ④⑤ Bergwiesen, sonnige Hänge, bis 2500 m.
V Alpen: W-Alpen (Seealpen bis Val d'Isère u. Grajische Alpen), ziemlich häufig. Ansonsten: N-Apennin.

674 Centaurea rhaetica Moritzi
Rätische Flockenblume
Centaurée rhétique
Fiordaliso retico

He; ● I H; § in H ; RL in H (3)
M Ähnlich **C. nervosa**, aber wenig rauhaarig, zerstreut weißfilzig. Laubblätter beiderseits grün, unterseits ± rauhaarig. Hülle zylindrisch, 10–15 mm breit u. 15–20 mm hoch, von den Anhängseln der Hüllschuppen nicht vollständig bedeckt, daher grün braun gescheckt erscheinend Früchte 3 mm, Pappus 1 mm lang.
StO ①⑤ Trockene Hänge, Zwergstrauchheiden, lichte Föhrenwälder, auf Kalk, bis 2180 m.
V Endemit der S-Alpen (Comer- bis Gardasee, Graubünden), zerstreut bis selten.
B Die in den südlichen Kalkalpen verbreitete Südliche Schwärzliche F., **C. transalpina** Schleicher, He; F I H (Ö), erreicht in Wiesen u. Magerrasen die subalpine Stufe; **M** Stängel verzweigt, Anhängsel schwärzlich, kurz gefranst, die Hülle nur z. T. überdeckend (Hülle daher schwarz grün gescheckt). Äußere Hüllblätter 3-eckig, ansonsten rundlich.

675 Hypochaeris uniflora Vill.
Einköpfiges Ferkelkraut

Porcelle à une tête
Costolina alpina
enoglavi svinjak

He; F I H D Ö S; RL in S (4); ✿

M 15–50 cm. Stängel kräftig, steifhaarig und graufilzig, 1-köpfig, unter dem Köpfchen stark verdickt. Blätter in grundständiger Blattrosette, rauhaarig, ungefleckt. Köpfchenboden mit Spreublättern. Hülle 20–25 mm lang, schwärzlich, kraushaarig. Frucht geschnäbelt. Pappus mit federigen Borsten.

StO ①⑤ Magerrasen u. -weiden, Zwergstrauchheiden, kalkmeidend, bis 2600 m.

V Alpen: Seealpen bis Steiner Alpen, häufig, in den Kalkgebieten selten. Ansonsten: Karpaten, Sudeten.

B Auf Magerwiesen kommt bis 1800 m das Gefleckte F., **H. maculata** L., He; F I H (D) (Ö) (S), RL in D u. Ö (3), vor. **M** Stängel meist verzweigt, (1)2–4-köpfig, unter dem Köpfchen etwas verdickt, rauhaarig, nicht filzig. Laubblätter rosettig, meist braun gefleckt. Hülle 18–25 mm lang, steifhaarig. Zerstreut bis selten.

676 Leontodon incanus (L.) Schrank
Grauer Löwenzahn

Liondent blanchâtre
Dente di leone biancheggiante
sivi jajčar

He; (F) I H D Ö S;

M 15–40(50) cm. Stängel unverzweigt, 1-köpfig, blattlos (nur mit wenigen, sehr kleinen Blattschuppen), sternhaarig. Laubblätter in grundständiger Rosette, ganzrandig bis entfernt gezähnt, von Sternhaaren graufilzig. Hüllblätter sternhaarig. Pappus mehrreihig, schmutzig bis gelblich weiß, innen federig.

StO ①⑤ Felshänge, Trockenrasen, Magerwiesen, Felsschutt, Legföhrengebüsche, auf Kalk, bis 2250 m.

V Alpen: O-Schweiz bis Steiner Alpen, zerstreut bis häufig. Ansonsten: Vogesen, oberes Donautal, Jura, Bayern, Tschechien, Slowenien, Kroatien, Ungarn, Karpaten, Balkan.

B Häufig findet sich der weit verbreitete Herbst-L., **L. autumnalis** L., He; F I H D Ö S, auf Wiesen, Weiden und gestörten Plätzen. **M** Stängel meist verzweigt, Griffel grünlich gelb. Alle Pappusstrahlen gleichartig, gleich lang, federig.

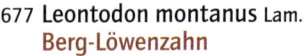

677 **Leontodon montanus** Lam.
Berg-Löwenzahn

Liondent des montagnes
Dente di leone montano
visokogorski jajcar

He; F I H D Ö S; RL in S (4)

M 3–10(20) cm. Stängel unverzweigt, 1-köpfig, mit 0–2 Blattschuppen, unter dem Köpfchen keulig verdickt, im oberen Teil wie die Hülle schwarz zottig (ssp. **melanotrichus** (Vierh.) Widder ex Pittoni) oder grauweiß (ssp. **montanus**) behaart. Rosettenblätter fiederteilig bis entfernt gezähnt, oberseits kahl, fast so lang wie Stängel. Pappushaare schneeweiß, innere federig.

StO ④ Feinschuttfluren, auf Kalk, bis 3000 m.

V Alpen: gesamte Alpenkette, ssp. **montanus** v. a. in den W-Alpen, ssp. **melanotrichus** von der Grigna an ostwärts, zerstreut bis häufig. Ansonsten: Apennin, Illyrische Gebirge.

B In den NO-Alpen kommt selten der sehr ähnliche Nordostalpen-L., **L. montaniformis** Widder, He; ● Ö; RL 4, vor. **U** Stängel unter dem Köpfchen nicht verdickt. Pappus gelblich weiß.

678 **Leontodon hispidus** L. ssp. hispidus
Gewöhnlicher Rauer Löwenzahn

Liondent hispide
Dente di leone comune
navadni jajčar

He; F I H D Ö S

M 30–60 cm. Stängel einzeln oder zu mehreren, unverzweigt, 1-köpfig, mit 0–2(3) schuppen-förmigen Hochblättern, unter dem Köpfchen oft keulig verdickt, steif behaart (überwiegend 2–4strahlige Haare), 2–3-mal so lang wie die Laubblätter. Grundblätter ± ganzrandig bis buchtig gezähnt, von vielen 2–4strahligen Gabelhaaren, rau, 2–3-mal kürzer als Stängel. Köpfchen vor dem Aufblühen nickend. Hülle (9)11–13(15) mm lang, weißlich steifhaarig. Pappushaare gelblich weiß, innere federig.

StO ④⑤ Rasen, Kalkschutthalden, bis 2700 m.

V Alpen: verbreitet Allgemein: weite Teile Europas, Kaukasus; Kleinasien.

B Weitere Unterarten, die sich v. a. im Blattschnitt, in Art u. Dichte der Behaarung der Blätter und in der Verdickung des Stängels unterhalb des Köpfchens unterscheiden.

679 **Leontodon croceus** Haenke
Safran-Löwenzahn

He; Ö
M 10–40 cm. Stängel einzeln oder zu mehreren, 1-köpfig, unter dem Köpfchen deutlich verdickt, mit mehr als 2 schuppenförmigen Hochblättern. Rosettenblätter lanzettlich, spitz gezähnt oder ganzrandig, sitzend unterseits ausschließlich auf den Nerven behaart, Haare 1fach. Köpfchen vor dem Aufblühen aufrecht. Hüllblätter mit schwarzen u. weißen Haaren. Zungenblüten safrangelb. Pappushaare schmutzig bis gelblich weiß, die inneren fedrig.
StO ①⑤ Rasen, feuchte Senken, Zwergstrauchheiden, 1600–2100 m.
V Alpen: Norische Alpen, Niedere Tauern, selten, stellenweise häufig. Ansonsten: O-Karpaten.

680 **Leontodon helveticus** Mérat
Schweizer Löwenzahn
Liondent de Suisse
Dente di leone die graniti
švicarski jajčar

He; F I H D Ö S
M 5–30 cm. Stängel meist unverzweigt, 1-köpfig, unter dem Köpfchen kaum merklich verdickt, mit mehr als 2 schuppenförmigen Hochblättern. Rosettenblätter verkehrt eilanzettlich, meist buchtig gezähnt, gestielt, kahl oder unterseits nicht ausschließlich auf den Nerven behaart, Haare 1fach. Köpfchen vor dem Aufblühen aufrecht, Hüllblätter mit dunklen Haaren. Zungenblüten goldgelb. Pappushaare schmutzig weiß bis gelblich weiß oder bräunlich, die inneren fedrig.
StO ①⑤ Zwergstrauchheiden, Weiderasen, Silikat-Magerrasen, kalkmeidend, bis 2800 m.
V Alpen: In den Silikatgebieten meist verbreitet
Allgemein: Z-Frankreich bis in die Illyrischen Gebirge.

681 Scorzonera aristata Ramond
Grannen-Schwarzwurzel

Scorzonére à arêtes
Scorzonera dorata
resasti gadnjak

He; F I Ö S
M 10–50 cm. Stängel einzeln oder zu mehreren, meist 1-köpfig. Stängelblätter 0, selten 1. Grundständige Laubblätter etwas spinnwebig oder kahl, lineal bis schmal lanzettlich, am Grund etwas verbreitert. Köpfchen 3–4 cm Ø. Hülle 2–2,5 cm lang. Hüllblätter dunkelgrün, hell berandet, die äußeren mit verlängerter Spitze. Zungenblüten gelb, die äußeren mitunter rot gestreift, 2fach so lang wie die Hülle. Pappus federig.
StO ⑤ Mäßig feuchte Fettwiesen, kalkliebend, bis 2300 m.
V Alpen: S-Alpen von Piemont bis Friaul, Z-Alpen von Tirol und Kärnten, zerstreut bis selten. Ansonsten: Pyrenäen, Apennin.
B In Fettwiesen, Weiderasen u. lichten Wäldern der SO-Alpen (Bergamasker bis Julische Alpen) wächst zerstreut die Rosarote Sch., **S. rosea** Waldst. & Kit., I Ö S. **M** Laubblätter linealisch, Zungenblüten rosa.

682 Willemetia stipitata
(Jacq.) Dalla Torre
Gestielter Kronenlattich

Calycocorsus stipité
Lattugaccio palustre, navadna venčnica

He; F I H D Ö (S)
M 15–45 cm. Stängel unten kahl, nach oben dicht schwarz steifhaarig. Grundblätter rosettig, schwach bläulich grün, kahl. Stängelblätter schuppenförmig. Hülle schwärzlich, dicht schwarz zottig behaart. Zungenblüten goldgelb. Früchte deutlich geschnäbelt, an der Basis mit kronenartigem Kranz von Schuppen. Pappus einfach, weiß.
StO ③⑤ Feuchte Wiesen, Flach- u. Quellmoore, bis 2450 m.
V Alpen: selten in den S-Alpen vom Mont Cenis bis zu den Steiner Alpen, in den Z- u. nördlichen Kalkalpen von den ostschweizer Kantonen an bis Niederösterreich verbreitet u. häufig. Ansonsten: Pyrenäen, Bayerischer u. Oberpfälzer Wald, Balkan.

683 Taraxacum austrinum G. Hagl.

Sumpf-Löwenzahn

Pissenlit des marais
Tarassaco delle paludi
močvirski regrat

He; F I H D Ö (S); § in D u. Ö ; RL in D u. Ö (2); ✛, 🌱

M 5–25 cm. Blätter meist lineal lanzettlich bis fast linealisch, nur 3–10 mm breit ungezähnt oder schwach gezähnt bis leicht buchtig gelappt, meist unbehaart. Blüten hell- bis sattgelb. Äußere Hüllblätter in aller Regel eng anliegend, eirund, eiförmig oder breitlanzettlich, mit ± breitem Hautrand. Blütenköpfe in der Regel klein (2–3 cm im Ø). Früchte strohfarben oder hell graubraun, an der Spitze schwach bestachelt bis fast unbestachelt. Pappus reinweiß.
StO ③ Sumpfwiesen, Flachmoore.
V Alpen: zerstreut bis selten. Allgemein: Europa bis S-Skandinavien; Sibirien, Kaukasus, Asien.
B Vertreter der schwierigen Artengruppe der Wiesen-L., **Taraxacum** sect. **Ruderalia** Kirschner, H. Øllg. & Štěpánek, erreichen im gesamten Gebiet oftmals die subalpine Stufe.

684 Taraxacum venustum Dahlst.

Alpen-Löwenzahn

Pissenlit des Alpes
Tarassaco alpino
alpski regrat

He; F I H D Ö S; ✛

M 5–20 cm. Blätter kaum gezähnt oder buchtig gelappt bis tief gelappt. Blüten sattgelb bis fast orangegelb, selten hellgelb. Äußere Hüllblätter ± locker anliegend (selten zurückgekrümmt), eiförmig bis lanzettlich, berandet oder unberandet. Randblüten außen nicht oder kaum gestreift oder mit purpurnem Mittelstreifen. Früchte strohfarben, 3,5–4,0 mm lang, meist schwach bestachelt, Fruchtschnabel kurz, nur 4–5 mm lang. Pappus rein- oder schmutzig weiß.
StO ④⑤ Schneetälchen, feuchter Schutt, Fettweiden, bis 2800 m.
V Alpen: zerstreut bis häufig. Allgemein: Pyrenäen, Alpen, Karpaten, Balkan, Jura, Vogesen, Spanien, Apennin; Asien.
B Die bestimmungskritische Gruppe der Gebirgs-L., sect. **Alpestria** Soest., vermittelt zwischen der sect. **Ruderalia** u. der sect. **Alpina**.

685 Taraxacum cucullatum Dahlst.
Kapuzen-Löwenzahn
Pissenlit à capuchons
Tarassaco a cappuccio
kapucasti regrat

He; ● F I H D Ö S; RL in F (3); ✠, ⑪

M 10–30 cm. Blätter meist buchtig gezähnt bis gelappt. Blütenköpfe hellgelb bis strohfarben. Zungenblüten fast röhrenförmig, an der Spitze wenigstens bis zur Hälfte eingerollt. Äußere Hüllblätter ± locker anliegend bis zurückgebogen, meist ohne deutlichen Hautrand, unbereift oder schwach bereift. Randblüten meist deutlich hellpurpurn gestreift. Frucht strohfarben, 3,5–4 mm lang, meist kurz bestachelt, Fruchtschnabel ca. 8 mm lang. Pappus meist reinweiß.
StO ④⑤⑥ Fettweiden, Schneetälchen, Lagerstellen, bis 2500 m.
V Alpenendemit, von den Seealpen bis zu den Steiner Alpen, zerstreut bis selten.
B Durch die strohgelbe Blütenfarbe und die kapuzenförmige Einrollung der Zungenblüten gut zu erkennen.

686 Taraxacum pacheri Sch.-Bip.
Pacher-Löwenzahn
Pissenlit de Pacher
Tarassaco di Pacher

He; ● I H Ö; RL in Ö (4)

M 2–6 cm. Schaft anfangs ± stark behaart, verkahlend, ohne alte Blattreste. Rosettenblätter 7–10 mm breit, verkahlend, ausgebreitet, kahl, mit wenigen, kurz 3-eckigen, ± stumpfen Seitenlappen. Blütenkopf 11–18 mm Ø. Hüllblätter schwarzgrün, etwas bereift, die äußeren anliegend, halb so lang wie die inneren, ohne deutlichen Hautrand. Zungenblüten flach ausgebreitet, innen orangerot, außen purpurn. Frucht 4–5 mm lang, fast glatt, grau, unter der Spitze ohne oder nur mit undeutlichen Schuppen. Fruchtschnabel dick, kurz, 0,5–1-mal so lang wie die Frucht.
StO ④ Feuchter, kalkhaltiger Feinschutt, Schneetälchen, bis 3000 m.
V Endemit der Z-Alpen von Kärnten, Tirol, Vorarlberg, Engadin, Tessin u. Wallis, selten.
B Gut kenntliche Art!

687 Taraxacum dissectum Ledeb.
Schlitzblättriger Löwenzahn
Pissenlit découpé
Tarassaco inciso

He; F I H; RL in H (2)
M 3–20 cm, meist zu mehreren kleine Polster
bildend. Schaft am Grund locker wollig behaart
mit schwarzen Blattresten. Rosettenblätter kahl
oder locker langhaarig, lanzettlich bis verkehrt
eiförmig, ± tief eingeschnitten bis fast zur Mittelrippe tief fiederspaltig, mit linealischen bis 3-
eckigen Abschnitten. Blütenköpfe 10–25 mm Ø.
Äußere Hüllblätter oliv- bis bräunlich grün, anliegend, mit deutlichem, bleichem Hautrand.
Zungenblüten hellgelb, außen oft rot oder grau
gestreift. Früchte 4 mm lang, blass- oder graubraun. Fruchtschnabel schlank, 1,5–2-mal so
lang wie die Frucht.
StO ④ Offene Rasen, bis 2450 m.
V Alpen: Penninische Alpen, selten. Ansonsten:
Pyrenäen, Sierra Nevada.
B Weitere, meist seltene Löwenzahn-Arten im
Alpenraum.

688 Cicerbita alpina (L.) Wallr.
Alpen-Milchlattich
Cicerbite des Alpes
Cicerbita violetta
navadna gorska ločika

He; F I H D Ö S; ✿
M 60–200(240) cm. Stängel oben dicht braunrot, Drüsen borstig und violett überlaufen. Blätter
fiederteilig, untere gestielt, mit großem 3-eckig
spießförmigem Endabschnitt und mit 3 Paar
Seitenzipfeln, obere einfach, sitzend, z. T. stängelumfassend, mit spitzen Zipfeln. Köpfchen zahlreich, traubig-rispig. Köpfchenstiele braunhaarig.
Hülle langdrüsig behaart. Zungenblüten blauviolett.
StO ①④ Hochstaudenfluren, Edellaubwälder,
meist auf Kalk, bis 2200 m.
V Alpen: verbreitet u. ziemlich häufig. Ansonsten:
Schottland, Skandinavien, Karelien, Pyrenäen,
Mittelgebirge Frankreichs u. Deutschlands, Sudeten, Karpaten, N-Apennin, Balkan.

689 Prenanthes purpurea L.
Gewöhnlicher Hasenlattich

Prénanthe pourpre
Lattuga montana
skrlatnordeča zajčica

He; F I H D Ö (S); ❀
M 30–150 cm. Pflanze reich verzweigt. Blätter oberseits grün, unterseits graugrün, untere länglich verkehrt eiförmig, buchtig gezähnt bis fiederteilig, gestielt, obere länglich lanzettlich, ungeteilt, stängelumfassend sitzend. Köpfchen zahlreich, nickend, 2–5-blütig. Zungenblüten violett bis purpurrot.
StO ①② Schattige Edellaubwälder, Hochstaudenfluren, Waldschläge, bis 2000 m.
V Alpen: verbreitet und meist häufig, in den trockenen Gebieten zurücktretend. Ansonsten: N-Spanien, Pyrenäen, Korsika, Apennin, französische u. deutsche Mittelgebirge, Polen, S-Russland, Balkan, Kaukasus.

690 Crepis conyzifolia (Gouan) Kern.
Großköpfiger Pippau

Crépide à feuilles de conyze
Radicchiella maggiore
velekoškasti dimek

He; F I H D Ö (S)
M 20–60 cm. Pflanze mindestens 4-blättrig, mit meist 2–5(9) 1-köpfigen Ästen. Blätter drüsig weichhaarig. Obere und mittlere Stängelblätter mit pfeilförmigem Grund stängelumfassend. Köpfchenstiele oben verdickt. Hülle 16–20 mm lang, schwarz zottig und drüsenhaarig. Äußere Hüllblätter viel kürzer als innere. Griffel gelb. Pappus reinweiß.
StO ①⑤ Silikat-Magerrasen, Zwergstrauchheiden, Weg- u. Waldränder, bis 2700 m.
V Alpen: zerstreut bis mäßig häufig. Ansonsten: Pyrenäen, Französische Mittelgebirge, Sudeten, Karpaten, N-Apennin, Balkan.
B Die Gattung **Crepis** zeichnet sich durch in zwei Reihen angeordnete Hüllblätter, verschmälerte bis geschnäbelte Früchte und einen weißen bis gelblich weißen, biegsamen Pappus aus.

691 **Crepis bocconi** P. D. Sell
Berg-Pippau
Crépide de Boccone
Radicchiella subalpina
gorski dimek

He; F I H D Ö S; RL in S (4)
M 20–60 cm. Stängel 1-köpfig (selten 2–3-köpfig). Blätter ungeteilt, gezähnelt, etwas kraushaarig. Stängelblätter wenige, mit abgerundetem Grund oder fast stängelumfassend. Köpfchen 4–6 cm Ø, Köpfchenstiel oben filzig, auffällig verdickt. Hülle 12–22 mm lang, dicht braungrün zottig u. sternhaarig. Griffel gelb. Pappus schmutzig weiß.
StO ②④ Alpine Rasen, steinige Hänge, Hochstaudenfluren, kalkliebend, bis 2500 m.
V Alpen: im gesamten Alpenraum, zerstreut, in den Z-Alpen seltener. Ansonsten: Jura, Balkan.
B In Lagen bis 2000 m wächst in Auwäldern u. feuchten Wiesen der Sumpf-P., **C. paludosa** (L.) Moench, He; F H I D Ö (S); **M** 80–120 cm, Stängel verzweigt, röhrig hohl. Blätter länglich, verkehrt eiförmig, unterseits bläulich, obere mit spitzen Öhrchen stängelumfassend. Blütenstand 2- bis mehrköpfig.

692 **Crepis terglouensis** (Hacq.) Kern.
Triglav-Pippau
Crépide du Triglav
Radicchiella del Monte Triglav
triglavski dimek

He; ● I H D Ö S; RL in S (4); ✣
M (2)5–7(10) cm. Pflanze 1-köpfig. Stängel beblättert, unten fast kahl, unter dem Köpfchen schwarz zottig, die Blätter kaum überragend. Blätter bis zur Mitte buchtig fiederspaltig, mit breit 3-eckigen bis halbkreisförmigen Abschnitten, kahl bis zerstreut behaart. Köpfchen 3–5 cm Ø, von den obersten Stängelblättern eingehüllt. Hülle dicht schwarz behaart, drüsenlos. Frucht 10–13-rippig. Pappus reinweiß, nicht federig.
StO ④ Felsschutt, offene Rasen, auf Kalk oder Dolomit, bis 2800 m.
V Endemit der O-Alpen, vom Wallis ostwärts bis Slowenien u. Niederösterreich, ziemlich selten, in den nördlichen Kalkalpen ziemlich häufig.
B Verwechselungsgefahr mit **Leontodon montanus** (**677**).

693 **Crepis rhaetica** Hegetschw.
Rätischer Pippau
Crépide rhétique
Radicchiella retica

He; ● F I H Ö; § in F; RL in F (4) Ö (2)
M 2–10 cm. Pflanze 1-köpfig. Stängel 1–2-blättrig, unter dem Köpfchen wie auch die Blütenhülle durch geschlängelte Haare gelblich zottig. Sternhaare fehlen. Blätter länglich bis schmal, verkehrt eiförmig, ganzrandig oder leicht gezähnt, kahl. Köpfchen 10–15 mm Ø. Zungenblüten goldgelb. Frucht 20-rippig. Pappus schmutzig weiß bis gelblich.
StO ④ Felsschuttfluren, Pionierrasen, kalkliebend, auch auf Schiefer, bis 2800 m.
V Endemit der Z-Alpen von Tirol, der Schweiz u. Savoyen, selten.
B Verwechselungsgefahr mit **Leontodon montanus (677)**.

694 **Crepis aurea** (L.) Cass.
Gold-Pippau
Crépide orangée
Radicchiella aranciata
zlati dimek

He; F I H D Ö S; ⌘
M 5–20 cm. Pflanze meist unverzweigt und 1-köpfig. Stängelblätter 0–2, schuppenförmig. Grundständige Blätter rosettig, buchtig gezähnt bis fiederteilig. Blütenhülle und oberer Stängelteil abstehend schwarz zottig. Blüten orangerot, selten rot oder orangegelb.
StO ④⑤⑥ Kalkarme Wiesen, Weiderasen, Lägerfluren, Schneetälchen, bis 2500 m.
V Alpen: verbreitet u. meist häufig. Ansonsten: Jura, Apennin, Illyrische Gebirge; Kleinasien.
B Der Weichhaarige P., **C. mollis** (Jacq.) Asch., He; F I H D (Ö); RL in D (3), erreicht im Gebiet auf feuchten Wiesen die subalpine Stufe. **M** 30–80 cm. Stängel verzweigt. Blätter länglich eiförmig, ganzrandig oder etwas gezähnt, sitzend, mit abgerundetem Grund ± stängelumfassend. Köpfchen 2–3 cm Ø, Hülle 8–14 mm lang, schwarz zottig, ± drüsenlos. Blüten dunkelgelb. Griffel schwärzlich grün. Pappus reinweiß.

695 Crepis alpestris (Jacq.) Tausch
Alpen-Pippau
Crépide alpestre
Radicchiella alpestre
predalpski dimek

He; (F) I H D Ö S
M 10–40 cm. Pflanze 1-köpfig, selten 2–5(9)-köpfig. Grundblätter buchtig gezähnelt bis schwach fiederteilig, spärlich flaumig, grün. Stängel flaumig behaart, 1–3-blättrig, mit verschmälertem Grund sitzend. Köpfchen 3–4 cm Ø, Stiele kaum verdickt. Hülle graufilzig. Pappus reinweiß, nicht federig.
StO ① ⑤ Trockene Wiesen u. Weiden, Gesteinsschuttt, lichte Wälder, auf Kalk, bis 2200 m.
V Alpen: v. a. O-Alpen, zerstreut, in den W-Alpen (Isére) sehr selten. Ansonsten: Alpenvorland, Jura, W-Karpaten, Illyrische Gebirge.
B In den SW-Alpen findet sich zerstreut der Weiße P., **C. albida** L., He; F l. **M** 10–30 cm, wenig verzweigt. Grundblätter lanzettlich oder schmal elliptisch, gezähnt bis fiederteilig. Hüllblätter flaumig behaart, dachziegelig angeordnet. Zungenblüten hellgelb. Frucht ± 15-rippig.

696 Crepis jacquinii Tausch
ssp. kerneri (Rech. f.) Merxmüller
Kerners Felsen-Pippau
Crépide de Kerner
Radicchiella di Kerneri, Kernerjev dimek

He; I H D Ö S; ✿
M 5–10 cm. Pflanze 1–2(3)-köpfig, unter den Köpfchen kaum verdickt. Grundblätter lanzettlich, die untersten meist ganzrandig. Mittlere Stängelblätter tief fiederteilig, mit sehr schmalen, rechtwinkelig abstehenden Abschnitten, obere sitzend. Köpfchen 2–3 cm Ø, Hülle 11–13 mm lang, meist dicht schwarzhaarig zottig. Pappus gelblich weiß.
StO ④ Felsschutt, steinige Hänge, auf Kalk, bis 2600 m.
V Alpen: O-Alpen, Graubünden bis Nordtiroler Kalkalpen u. Slowenien, ziemlich selten. Ansonsten: nordwestlicher Balkan.
B In den nordöstlichen Kalkalpen (Ö) wächst die 2. Unterart, ssp. **jacquinii; U** Pflanze meist 12–20 cm, (1)3–5-köpfig, unterste Grundblätter meist entfernt gezähnelt. Hülle 9–11 mm lang, ± sternhaarig flaumig bis weißflockig, zerstreut.

697 Crepis froelichiana Froelich
ssp. **froelichiana**
Froelich-Pippau
Crépide de Froelich
Radicchiella di Froelich

He; ● I H
M 15–40 cm. Stängel blattlos. Grundblätter verkehrt eiförmig bis lanzettlich, bis 8 cm lang, ganzrandig oder geschweift gezähnt, etwas dicklich, blaugrün, wie der Stängel kahl oder verkahlend. Köpfchen zu 2–5, doldenrispig angeordnet, ziemlich klein. Hülle 12–15 mm lang, grauflockig oder kahl. Zungenblüten und Griffel hellgelb. Pappus schneeweiß.
StO ④⑤ Bergwiesen, steinige Weiden, auf Kalk, bis 2000 m.
V Endemit der S-Alpen: Lombardische Alpen u. Tessin bis Dolomiten.
B Die 2. Unterart ssp. **dinarica** (Beck) Guterm., He; I Ö S, wächst in den O-Alpen von den Bergamasker Alpen bis zu den Karnischen u. Julischen Alpen. **U** Zungenblüten blasslila bis rosa, selten weiß. Blätter u. Stängel zur Blütezeit behaart.

698 Crepis pygmaea L.
Zwerg-Pippau
Crépide naine
Radicchiella dei ghiaioni

He; F I H
M 5–15 cm, weißfilzig bis kahl. Stängel bogig aufsteigend, 1-köpfig, selten mehrköpfig. Blätter unregelmäßig fiederteilig, mit großem Endfieder und kleinen Seitenabschnitten, die untersten ungeteilt, mit geflügeltem Stiel, unterseits meist violett. Hülle glockenförmig, 10–15 mm lang, weißfilzig. Zungenblüten gelb, außen oft rötlich. Pappus reinweiß.
StO ④ Mäßig feuchter Kalkschutt, bis 2700 m.
V Alpen: SW-Alpen, Ligurische Alpen über das Wallis u. Graubünden bis zum Stilfser Joch, selten. Ansonsten: Apennin, Pyrenäen, spanische Gebirge.

699 Crepis pyrenaica (L.) Greuter
Schabenkraut-Pippau
Crépide des Pyrénées
Radicchiella dei Pirenei
lučnikovolistni dimek

He; F I H D Ö S
M 25–70 cm. Stängel meist verzweigt, (1)2–6-
köpfig, bis oben hin dicht beblättert. Blätter
breit eiförmig, buchtig gezähnt, behaart, obere
sitzend, mit spitzen Öhrchen stängelumfassend,
die grundständigen zur Blütezeit verwelkt. Köpfchenstiele oben nicht verdickt. Köpfchen 2–4 cm
Ø, Hülle 12–17 mm lang, hell behaart, ohne Drüsen. Alle Hüllblätter etwa gleich lang. Blüten und
Griffel gelb. Pappus reinweiß.
StO ② Hochstaudenfluren, Grünerlengebüsch,
Pionierrasen, vorzugsweise auf Kalk, bis 2300 m.
V Alpen: im gesamten Gebiet, häufig bis zerstreut. Ansonsten: Pyrenäen und W-Spanien, S-
Frankreich, Jura, Schwarzwald, Karpaten.

700 Tolpis staticifolia (All.) Sch.-Bip.
Grasnelken-Habichtskraut
Epervière á feuilles de statice
Sparviere con foglie d'armeria
zelenkasti pečnikovec

He; F I H D Ö (S); RL in D (3)
M 15–40 cm. Grundblätter blaugrün, lineal lanzettlich bis lineal, ganzrandig, gezähnelt oder gezähnt. Stängelblätter 0–2, schmal lineal, Blütenstand 1–5-köpfig. Köpfchenstiele gegen die Spitze
etwas verdickt, grau flockig. Hülle schwach krei-
selförmig, haar- u. drüsenlos, reich flockig. Hüllblätter lang feinspitzig, äußere viel kürzer, in zahlreiche, pfriemliche Hüllblätter übergehend. Blüten hell- bis sattgelb (abgestorben deutlich grün-
spanartig verfärbend!). Pappus 1-reihig, weiß,
Pappushaare biegsam.
StO ④ Felsschutt, Bachgeröll, Schotterfluren,
kalkliebend, bis 2500 m.
V Alpen: im gesamten Alpengebiet ziemlich häufig, v. a. in den Kalkalpen. Ansonsten: Fränzösi-
scher Jura, Ungarn, Albanien

701 Hieracium hoppeanum Schult.
Hoppe-Habichtskraut
Epervière de Hoppe
Sparviere di Hoppe
Hoppejeva škržolica

He; I H D Ö S
M 10–20 cm, einköpfig, blattlos. Läufer dick und
kurz (bis 5 cm). Grundblätter spatelig, unterseits
weißfilzig. Köpfchen fast kugelig. Hüllblätter
deutlich dachig, auffallend breit (2–4 mm), zumindest äußere an der Spitze abgerundet. Hüllblätter sehr dicht mit kurzen, dunkelfüßigen Drüsen besetzt, Köpfchen deshalb schwarzgrün bis
graugrün erscheinend.
StO ①④⑤ Wiesen, Weiden, Felsrasen, Zwergstrauchheiden, lichte Wälder, vor allem auf Kalk,
(1100)1700–2400 m.
V Alpen: im gesamten Ostalpenraum, westlich
bis zum Gotthard. Ansonsten: Abruzzen.
B Die Gattung Hieracium zeichnet sich durch
eine mehr als 2-reihige, dachziegelige Anordnung der Hüllblätter, leicht zerbrechliche, meist
schmutzig weiße, nicht biegsame Pappushaare
u. abgestutzte, schnabellose Früchte aus.

702 Hieracium peleterianum Mérat
Peletier-Habichtskraut
Epervière de Lepeletier
Sparviere di Peletier

He; F I H
M 10–20 cm, einköpfig, blattlos. Läufer dick und
kurz (bis 5 cm). Grundblätter lanzettlich, unterseits weißfilzig, Köpfchen eiförmig. Hüllblätter
mehrreihig, aber wenig dachig erscheinend, bis
3 mm breit, grün bis (am Rand) bleichgrün, aus
breitem Grund lang zugespitzt, an der Spitze oft
rötlich, meist reichlich mit 3–4 mm langen, hellen, seidigen Haaren besetzt, Drüsen fehlend
oder zerstreut.
StO ①④⑤ Felsspalten, Felsrasen, Feinschutt, Fels-
steppen, lichte Wälder, Silikat, von den Tallagen
bis 2600 m.
V Alpen: W-Alpen (Seealpen bis Wallis). Allgemein: Spanien, Frankreich, England (zerstreut),
Skandinavien, in Deutschland nur im Südwesten
und (eingebürgert?) in einigen mitteldeutschen
Trockengebieten.

703 **Hieracium lactucella** Wallr.
Geöhrtes Habichtskraut
Epervière petite laitue
Sparviere orecchia di topo
uhata škržolica

He; F I H D Ö S; § in H, RL in H (4)
M 10–20 cm. Läufer lang, Läuferblätter gegen die Spitze an Länge zunehmend. Grundblätter spatelig bis lanzettlich, blaugrün, unterseits kahl. Stängelblätter 1(2), kahl. Gesamtblütenstand gedrängt rispig. Äste (0)1–4. Köpfchen (1)2–7. Hüllblätter grün und weißrandig bis einheitlich schwarz, haarlos bis mäßig behaart, meist reichdrüsig und flockenlos. Blüten zitronengelb.
StO ③⑤ Feuchtwiesen, Weiden, Bachränder, auf Silikat häufiger als auf Kalk. Tallagen bis 2450 m.
V Alpen: gesamter Alpenzug. Allgemein: N-Spanien bis mittleres Skandinavien, westliches Russland, im Süden nur bis M-Italien und zum nördlichen Balkan.

704 **Hieracium angustifolium** Hoppe
Gletscher-Habichtskraut
Epervière des glaciers
Sparviere glaciale

He; ● F I H D Ö
M 5–20 cm. Läufer fehlend oder sehr kurz. Grundblätter schmal lanzettlich bis lineal, spitz bis stumpflich, grün bis schwach bläulich grün, ober- und unterseits in wechselnder Dichte behaart und flockig. Stängelblätter 1, beidseits flockig. Gesamtblütenstand locker oder doldig rispig, Äste 1–4(5), Köpfchen 2–7. Hüllblätter meist reichlich hellhaarig, drüsenlos oder zerstreut bis mäßig drüsig, mäßig bis reichlich flockig.
StO ①④⑤ Felsrasen, Zwergstrauchheiden, magere Weiden 1800–2700 m.
V Endemit des gesamten Alpenzugs.

705 Hieracium alpicola
Schleicher ex Steudel & Hochst.

Alpenbewohnendes Habichtskraut

Epervière de alpicole
Sparviere delle Alpi

He; I H Ö?
M 5–25 cm. Läufer fehlend. Grundblätter spatelig bis schmal lanzettlich, gelblich grün bis schwach bläulich grün, reichlich weichhaarig, besonders am Rand kleindrüsig, ober- und unterseits flockig. Stängelblätter 1, beidseits flockig. Gesamtblütenstand hoch gabelig bis gabelig, Äste 1–2(4), Köpfchen 1–3(5). Hüllblätter sehr reichlich und zottig grauhaarig, zerstreut bis mäßig drüsig, bis reichlich flockig.
StO ①④⑤ Felsrasen, Weiden, Zwergstrauchheiden, 1900–2400 m.
V Alpen: stark zerstückelte Verbreitung mit jeweils kleinen Teilarealen im Wallis, am Monte Moro, in Südtirol und Kärnten (hier erloschen?). Allgemein: Alpen, Tatra, Balkan.

706 Hieracium aurantiacum L.

Orangerotes Habichtskraut

Epervière orangée
Sparviere aureo
oranžana škržolica

He; F I H D Ö S; § in H; RL in H (4)
M 30–80 cm. Läufer (wenn vorhanden) meist kurz, dünn und bleich. Grundblätter weich, hellgrün, breit lanzettlich, reichhaarig oder auf der Fläche verkahlend. Blattoberseite flockenlos, Rand und Unterseite zerstreut flockig. Behaarung von Stängel und Gesamtblütenstand bis sehr reichlich, oben meist schwärzlich. Stängelblätter 14. Gesamtblütenstand meist gedrängt rispig, anfangs häufig knäuelig, Äste 2–5, Köpfchen (2)4–15(25). Blüten gelborange bis dunkelrot.
StO ①②⑤ Wiesen, Weiden, Zwergstrauchheiden, Hochstauden, 1500–2200 m.
V Alpen: gesamter Alpenzug (in manchen Teilen jedoch seltener, in den Seealpen fehlend). Allgemein: Cevennen, Alpen, Karpaten, Balkan, Skandinavien, Nördliches Russland, adventiv in Amerika, Australien, Neuseeland.

707 Hieracium porrifolium L.
Lauchblättriges Habichtskraut

Epervière á feuilles de poireau
Sparviere a foglie sottili
porovolistna škržolica

He; I H Ö S
M 30–50 cm. Grundblätter zahlreich, wie die
5–15 Stängelblätter lineal, ganzrandig, selten
schwach gezähnelt, lauchgrün bis graugrün, am
Grund zerstreut behaart. Gesamtblütenstand
locker rispig, Äste 2–10. Köpfchen 5–20. Hülle
± kugelig, schwarzgrün, 9–10 mm. Hüllblätter
am Rand bis reichflockig, haar- und drüsenlos.
Früchte strohfarben.
StO ① ④ Felsspalten, Felsschutt, Flussgeröll, Gebüsche, nur auf Kalk, zwischen 50–500 m häufig, jedoch auch bis 2100 m aufsteigend.
V Alpen: S-Alpen von Piemont (Varallo) bis zu
den Julischen Alpen und in den nordöstlichen
Kalkvoralpen. Allgemein: Alpen, wenige isolierte
Vorkommen in den Apuanischen Alpen und Kroatien.

708 Hieracium bupleuroides C.C.Gmel.
Hasenohr-Habichtskraut

Epervière faux buplèvre
Sparviere con foglie di Odontite
prerastovolistna škržolica

He; F I H D Ö S
M 20–40(60) cm. Grundblätter 3–5(8), ungestielt, lauchblaugrün, meist kahl. Blattspreite spatelig bis schmal lanzettlich, ganzrandig oder gezähnelt. Stängelblätter 5–10(15), kleiner werdend. Gesamtblütenstand hoch gabelig langästig. Äste 1–4(10). Köpfchen 2–5(12). Hülle ±
kugelig, schwarzgrün, (10)12–15 mm. Hüllblätter
bis mäßig behaart, spärlich drüsig, basal am
Rand auch bis reichlich flockig. Früchte schwarzbraun.
StO ④ Felsspalten, Geröll, Felsrasen, in der Regel
auf Kalk, 500–2400 m.
V Alpen: von den W-Alpen bis zu den O-Alpen,
vor allem am N- und S-Rand, den östlichen Z-Alpen fehlend. Allgemein: Alpen, Jura, Schwäbisch-
Fränkische Alp, Tatra, Balkan, Apuanische Alpen, Abruzzen.

709 Hieracium glaucum All.
Blaugrünes Habichtskraut
Epervière glauque
Sparviere glauco
sinja škržolica

He; F I H D Ö S
M 25–60 cm. Grundblätter zahlreich (meist >8), deutlich gestielt, lauchblaugrün, an Rand und Rückennerv spärlich bis fast reichhaarig. Blattspreite lanzettlich bis lineal lanzettlich, gezähnelt bis gesägt gezähnt. Stängelblätter 2–6(10), lineal, rasch kleiner werdend. Gesamtblütenstand gabelig bis sparrig rispig und langästig. Äste 2–4(6). Köpfchen (2)4–8(18). Hülle eiförmig, schwarzgrün, 9–11(13) mm lang. Hüllblätter haarlos bis spärlich behaart, drüsenlos bis spärlich drüsig, zumindest am Rand reichlich bis fast filzig flockig. Früchte dunkel- bis schwarzbraun, selten hellbraun.
StO ④ Flussgeröll, Feinschutt, in der Regel auf Kalk, 50–2000 m.
V Alpen: gesamter Alpenzug, den östlichen Z-Alpen jedoch fehlend. Allgemein: Alpen, Jura, Apennin, Dalmatien.

710 Hieracium villosum Jacq.
Zottiges Habichtskraut
Epervière velue
Sparviere del calcare
kosmata škržolica

He; F I H D Ö S
M 15–40 cm. Grundblätter fehlend oder wenige, wie die Stängelblätter blaugrün, in den Grund verschmälert, ungestielt, breit lanzettlich, ganzrandig bis kurz gezähnt. Stängelblätter 4–8(15), untere lanzettlich, obere bis eiförmig. Gesamtblütenstand hoch bis tief gabelig. Äste 1–3. Köpfchen 2–4(10). Hülle kugelig bis breit bauchig, 14–17(23) mm lang. Hüllblätter sparrig abstehend, die äußeren breit und blattartig, grün, die inneren bis ± lineal und schwarzgrün, meist drüsen- und flockenlos. Ganze Pflanze von sehr zahlreichen, 4–12 mm langen, weißen und weichen Haaren bedeckt, Blätter gelegentlich verkahlend. Früchte hell- bis schwarzbraun.
StO ①④ Felsrasen, Felsschutt, Zwergstrauchheiden, meist auf Kalk, 1300–2700 m.
V Alpen: gesamter Alpenzug, in den Z-Alpen seltener. Allgemein: Alpen, Jura, Apennin, Balkan, Sudeten, Tatra, Karpaten.

711 Hieracium pilosum Schleicher ex Froel.
Wollköpfiges Habichtskraut
Epervière pileuse
Sparviere di Moris
Morisova škržolica

He; F I H D Ö S
M Wie **H. villosum**, jedoch Grundblätter meist zahlreicher, äußere meist stärker abgerundet, Stängelblattzahl meist geringer und häufig rascher kleiner werdend. Köpfchen vom Stiel deutlich abgesetzt. Hüllblätter weniger spreizend oder ± angedrückt, meist alle gleich gestaltet oder äußere nur wenig breiter als innere. Behaarung der ganzen Pflanze seidiger und zottiger als bei **H. villosum**.
StO ①④ Felsrasen, Felsschutt, Zwergstrauchheiden, meist auf Kalk, 1500–2500 m.
V Alpen: gesamter Alpenzug. Allgemein: Alpen, Jura, Abruzzen, Sudeten, Tatra, Karpaten, Balkan.

712 Hieracium piliferum Hoppe
Grauzottiges Habichtskraut
Epervière poilue
Sparviere peloso-ghiandoloso
dlakava škržolica

He; F I H D Ö S
M 5–20 cm. Grundblätter helllauchgrün, lanzettlich bis lineal lanzettlich, ganzrandig bis gezähnelt, zerstreut bis reichlich behaart, drüsenlos. Stängelblätter 0–1(2), kurz. Stängel 1-köpfig, selten gabelig 2–3-köpfig. Hülle kugelig, (9)10–15(17) mm lang. Hüllblätter gleich gestaltet. Haare der Hülle sehr reichlich, weich seidig und zottig, weiß bis dunkelgrau. Drüsen nur an den Hüllblattspitzen. Blütenzähne ungewimpert. Früchte 2,5 bis 2,8 mm lang, braun bis schwarzbraun.
StO ④⑤ Magere Weiden, Felsrasen, Windkanten, meist auf Silikat, 1700–2700 m.
V Alpen: gesamter Alpenzug, in den W-Alpen häufiger. Allgemein: Alpen, Pyrenäen, Zentralmassiv, Balkan.

713 Hieracium lawsonii Vill.
Lawson-Habichtskraut
Epervière de Lawson
Sparviere di Lawson

He; F I
M 10–30 cm. Grundblätter eilänglich bis läng-
lich-spatelig, bläulich grün, allmählich in einen
breitscheidigen Blattstiel verschmälert, am
Grund dicht wollig behaart. Stängelblätter 0–2.
Gesamtblütenstand gabelig, Äste 1–2(4), Köpfe
2–5(12). Hülle 10–13 mm, Hüllblätter mit zahlreichen kurzen und langen Drüsen, haar- und
flockenlos. Blütenzähnchen gewimpert, Früchte
schwarzbraun.
StO ①④ Felsspalten, Felsrasen, Zwergstrauchheiden, 500–2500 m.
V Alpen: nur in den W-Alpen (Piemont, Dauphiné, Savoyen). Allgemein: Pyrenäen, S-Frankreich, W-Alpen.

714 Hieracium bifidum Kit. ex Hornem.
Gabeliges Habichtskraut
Epervière bifide
Sparviere inciso
razcepljena škržolica

He; F I H D Ö S
M 10–30(50) cm. Grundblätter grün bis lauch-
oder blaugrün, selten auch gefleckt. Blattspreite
oval bis schmal lanzettlich, am Grund herzförmig bis gestutzt oder kurz bis lang in den Stiel
verschmälert, ganzrandig bis stark fiederschnittig, Blattoberseite meist kahl. Stängelblätter 0–
1(2). Gesamtblütenstand hoch gabelig bis locker
rispig, Äste 1–3(5). Köpfchen (1)3–8(20). Hüllblätter häufig lang feinspitzig, zerstreut bis mäßig behaart. Drüsen fehlend oder nur mäßig,
Flocken zumindest am Rand, meist jedoch überall reichlich. Blütenzähne ungewimpert. Früchte
schwarzbraun.
StO ①④ Felsspalten, Felsrasen, Felsschutt, Zwergstrauchheiden, Knieholz, lichte Wälder, bevorzugt auf Kalk, Tallagen bis 2100(2500) m.
V Alpen: gesamter Alpenzug. Ansonsten: Apennin, Balkan, Karpaten, deutsche Mittelgebirge,
England, Skandinavien, Ural.

715 Hieracium tomentosum (L.) L.
Filziges Habichtskraut
Epervière tomenteuse
Sparviere lanoso

He; F I H
M 10–50 cm. Ganze Pflanze von sehr kurzen, krausen Federhaaren sehr dicht weißfilzig. Grundblätter fehlend bis wenige, dick, lanzettlich bis elliptisch, Spreite lang in den Stiel verschmälert, ganzrandig bis gezähnt. Stängelblätter 2–5. Gesamtblütenstand gabelig, Äste 2–4, Köpfe 3–7(12). Hülle dick eiförmig, 12–18 mm lang, Hüllblätter durch die Behaarung verdeckt. Achänen schwarz.
StO ①④⑤ Felsspalten, Feinschutt, Felsrasen, Felsensteppen, lichte Wälder und Gebüsche, 500–2100 m.
V Alpen: W-Alpen (Seealpen bis Wallis). Allgemein: W-Alpen, Apennin.

716 Hieracium humile Jacq.
Niedriges Habichtskraut
Epervière peu élevée
Sparviere lacerato
nizka škržolica

He; F I H D Ö S
M 10–20(45) cm. Grundblätter hell-, bis dunkelgrün, Blattspreite elliptisch, breit bis schmal lanzettlich, kurz bis lang in den Stiel verschmälert, Blattrand meist unregelmäßig grobzähnig oder gegen den Stiel lappig gezähnt, überall mäßig bis deutlich kleindrüsig, jedoch nicht klebrig. Stängelblätter 1–4. Gesamtblütenstand hoch bis tief gabelig. Äste 1–3(5), meist bogig aufsteigend. Köpfchen (1)4–8(12). Köpfchenstiele reichdrüsig. Hüllblätter zerstreut bis reichlich behaart (2–3 mm), mäßig drüsig und zerstreut flockig. Früchte schwarzbraun.
StO ④ Felsritzen, Felsrasen, meist auf Kalk, 300–2500 m.
V Alpen: gesamter Alpenzug. Ansonsten: Pyrenäen, Schweizer und Schwäbischer Jura, Vogesen, S-Schwarzwald, Apennin, Sardinien, Balkan, N-Afrika.

717 **Hieracium alpinum** L.
Alpen-Habichtskraut
Epervière des Alpes
Sparviere alpino
alpska škržolica

He; F I H D Ö S
M 5–20(35) cm. Grundblätter dunkel- bis gras-grün, verkehrt eiförmig bis lanzettlich, zungig oder lanzettlich spatelig, ganzrandig bis buchtig spitzzähnig, zerstreut bis mäßig behaart. Stängelblätter 0–3, klein. Stängel 1-köpfig, selten gabelig. Hülle oval bis dick kugelig, (10)12–18 (20) mm lang. Hüllblätter gleich gestaltet oder äußere abstehend, breiter und grün. Haare der Hülle sehr reichlich, grau und schwarzfüßig, selten hell. Flocken 0. Pflanze reichlich (Blätter oft weniger) drüsig. Blütenzähne deutlich gewimpert. Früchte schwarzbraun.
StO ①④⑤ Felsrasen, Windkanten, Zwergstrauchheiden, meist auf Silikat, 1300–2600(3000) m.
V Alpen: gesamter Alpenzug, in den Kalkalpen selten. Ansonsten: Vogesen, Harz, Sudeten, Tatra, Karpaten, Schottland, Skandinavien (bis Grönland), N-Russland, Ural.

718 **Hieracium amplexicaule** L.
Stängelumfassendes Habichtskraut
Epervière embrassante
Sparviere a foglie abbraccianti
obrasla škržolica

He; F I H D Ö S
M 10–50 cm. Grundblätter spatelig bis lanzettlich, gezähnelt bis grob buchtig gezähnt. Stängelblätter 3–6(10), untere spatelig wie die Grundblätter, obere häufig kurz eiförmig, alle deutlich stängelumfassend, meist langsam kleiner werdend. Gesamtblütenstand hoch gabelig bis locker rispig. Äste (1)2–4(6). Köpfchen (2)5–25. Hülle 10–16 mm. Blüten hell- bis sattgelb, Blütenzähne stark gewimpert. Pflanze bis reichlich klebrig drüsig, dadurch auch duftend.
StO ①④ Felsspalten, Felsrasen, Felsschutt, lichte, felsdurchsetzte Wälder, bis 2600 m.
V Alpen: gesamter Alpenzug. Allgemein: N-Afrika, Iberische Halbinsel, S-Frankreich, Alpen, Jura, S-Schwarzwald, Sardinien, Apennin, Dalmatien.

719 **Hieracium intybaceum** All.
Endivien-Habichtskraut

Epervière a feuilles de chicorée
Sparviere vischioso

He; F I H D Ö
M 5–30 cm. Grundblätter fehlend. Stängelblätter (7)10–15(20), untere häufig scheinrosettig gedrängt, lanzettlich, ungleich vielzähnig. Stängel 1–3-köpfig (bei weit herabreichender Verzweigung auch bis 7-köpfig). Hülle 14–18 mm lang, äußere Hüllblätter abstehend, hellgrün. Blüten gelblich weiß. Pflanze durch lange und reichliche Bedrüsung klebrig und stark duftend. Früchte schwarzbraun.
StO ①④⑤ Felsrasen, Felsschutt, Zwergstrauchheiden, Lärchen-Zirbenwälder, 1300–2700 m.
V Alpen: gesamter Alpenzug, auf Kalk jedoch fehlend. Allgemein: Alpen, Vogesen, S-Schwarzwald.

720 **Hieracium prenanthoides** Vill.
Hasenlattich-Habichtskraut

Epervière faux prénanthe
Sparviere a folgie di Prenanthes
zajčicolistna škržolica

He; F I H D Ö S
M 30–120 cm. Grundblätter fehlend. Stängelblätter 15–30(50), ei- bis schmal lanzettlich, untere stielartig, mittlere geigenförmig verschmälert, halb bis stark stängelumfassend sitzend, obere eilänglich und herzförmig stängelumfassend, ganzrandig bis grobzähnig. Gesamtblütenstand locker rispig. Äste 5–15(20). Köpfchen 10–25(70). Hülle zylindrisch bis eiförmig, (7)9–11(13) mm lang. Hüllblätter haarlos bis zerstreut behaart, meist reichdrüsig, Flocken bis reichlich, Blütenzähne gewimpert. Früchte hellbis rotbraun.
StO ①② Hochstauden, Waldränder, Zwergstrauchheiden, Grünerlengebüsche, bis 2100 m.
V Alpen: verbreitet. Allgemein: Pyrenäen bis Z-Asien, im Norden bis Skandinavien u. zum Ural.

721 Hieracium sparsum Friv.
Zerstreutköpfiges Habichtskraut

He; I Ö; § in Ö; RL in Ö (2)
M 10–80 cm. Grundblätter wenige bis fehlend, hell bis bläulich- oder graugrün, länglich-lanzettlich, lang in einen breitscheidigen Stiel verschmälert. Stängelblätter 2–8(15), verschmälert oder mit gerundetem Grund sitzend, ganzrandig bis gezähnelt. Gesamtblütenstand traubig bis locker rispig, Äste 2–7, Köpfchen 2–10(25). Hülle schmal zylindrisch bis glockig, meist schwarzgrün, 9–12(14) mm lang. Hüllblätter unregelmäßig dachig, kahl oder bis mäßig behaart und drüsig, meist flockenlos. Achänen hell- bis schwarzbraun.
StO ①⑤ Zwergstrauchheiden, grasige Hänge, 1700–2100 m.
V Alpen: sehr lokal mit wenigen Wuchsorten in den Z- und SO-Alpen. Allgemein: O-Alpen, Sudeten, Karpaten, Balkan, Griechenland, Kleinasien, Kaukasus, Z-Asien.

722 Juncus castaneus Sm.
Kastanien-Binse
Jonc marron
Giunco castano

He; I H Ö; RL in H (2) Ö (3)
M 10–20(40) cm, mit 5–10 cm langen, unterirdischen Ausläufern. Stängel 2–3 mm dick, steif, aufrecht,. Blätter rinnig, zu 3–5 nahe dem Stängelgrund, 1 Blatt oft höher am Stängel. Blütenstand aus einem endständigen und einem seitenständigen 2–6-blütigen Köpfchen bestehend Hochblätter den Blütenkopf überragend. Perigonblätter 4–6 mm lang, stumpf oder spitz, kastanienbraun. Reife Früchte 7–10 mm lang, schwarzbraun, deutlich länger als das Perigon.
StO ③ Quellfluren, Bachufer, sumpfige Stellen, kalkfliehend, bis 2800 m.
V Alpen: O-Schweiz bis Steiermark, selten. Allgemein: N-Europa, O-Alpen, Karpaten, Ural, N- u. Z-Asien, N-Amerika, Grönland.

723 Juncus arcticus Willd.
Nordische Binse
Jonc arctique
Giunco artico

Ge; F I H Ö; § in F; RL in F (4) H (3) Ö (3)

M 15–40 cm, mit unterirdischen, waagerecht kriechendem Rhizom. Stängel 2 mm Ø, starr aufrecht, scheinbar blattlos. Tragblatt des Blütenstandes starr aufrecht, fast stechend. Blütenstand im obersten Viertel des Stängels, scheinbar seitenständig, dicht kopfig, 2–12-blütig. Perigonblätter dunkelbraun, spitz u. stumpf, etwas kürzer als die reife Frucht.

StO ③ Sandige, feuchte, schlammdurchsetzte Alluvionen an Gletscherbächen, bis 2600 m.

V Alpen: nur vereinzelt. Ansonsten: Arktis, Sibirien, Apennin, Bithynischer Olymp.

B Die häufige Faden-B., **J. filiformis** L., Ge; F I H D Ö S, besiedelt feuchte Standorte bis 2500 m. **M** Stängel aufrecht, 1 mm Ø, an der Basis mit braunen, nicht glänzenden, spreitenlosen Blattscheiden. Blütenstand meist locker, wenigblütig. Perigonblätter 2,5–3,5 mm lang. Kapsel etwa so lang wie die Perigonblätter.

724 Juncus jacquinii L.
Jacquin-Binse
Jonc de Jacquin
Giunco di Jacquin
Jacquinovo ločje

He; F I H D Ö S

M 10–25(50) cm. Pflanze mit kurzen Ausläufern. Blühende Stängel im obersten ⅓ mit einem Blatt, den Blütenstand weit überragend. Blütenstand kopfig aus 5–12 Blüten. Perigonblätter alle gleich lang (4–8 mm), spitz, glänzend, rotbraun bis schwarzbraun. Kapsel von gleicher Farbe, kürzer als Perigonblätter.

StO ③⑤ Feuchte, saure Magerrasen, Quellfluren, bis 2400 m.

V Alpen: verbreitet und v. a. in den Z-Alpen häufig, bis 2500 m. Ansonsten: N-Apennin.

B Die häufige Alpen-B., **J. alpinus** Vill., He; F I H D Ö S RL in D (3), besiedelt nasse Wiesen, Quellfluren u. Bachufer. **M** 15–40 cm. Stängel aufrecht. Öhrchen der Blattscheide kurz und häutig. Blätter selten dicker als 2 mm im Querschnitt, rund. Einzelne Teilblütenstände meist lang gestielt, d. h. deutlich länger als Köpfchen selbst. Perigonblätter u. Frucht stumpf.

725 Juncus trifidus L. ssp trifidus
Gewöhnliche Dreiblatt-Binse
Jonc trifidus
Giunco delle creste
trokrpo ločje

He; F I H D Ö S; RL in S (4)
M 10–30 cm, ohne Ausläufer, kleine Horste bildend. Blühende Stängel im obersten Drittel mit meist 3 fadenförmigen Blättern, den Blütenstand weit überragend. Grundständige Blattscheiden spreitenlos oder mit sehr kurzer (bis 1 cm langer) Spreite. Blütenstand mit 1–2 wenigblütigen Köpfchen, von 2–3 auffälligen Hochblättern deutlich überragt. Reife Kapseln rotbraun, kürzer als die rotbraunen, alle gleich langen (3–5 mm) Perigonblätter.
StO ④⑤ Magerrasen, Zwergstrauchheiden, Felsspalten, kalkfliehend, 1700–3000 m.
V Alpen: Silikatgebiete verbreitet u. häufig, sonst selten. Allgemein: N-Europa, Gebirge M- und S-Europas, Ural, Sibirien, Altai, N-Amerika.
B Die Wenigblütige D.-B., ssp. **monanthos** (Jacq.) Asch & Graebn., F I H D Ö S, besitzt nur 1 Hochblatt unter dem oft nur 1-blütigen Blütenstand. **StO** Nur auf Kalk, bis 2600 m.

726 Juncus triglumis L.
Dreiblütige Binse
Jonc à trois glumes
Giunco nudo

He; F I H D Ö
M 5–25 cm, mit kurzen Ausläufern, dichte Rasen ausbildend. Laubblätter alle grundständig, viel kürzer als der Stängel. Blütenstand ein endständiges, 2–5-blütiges Köpfchen, mit dicht nebeneinander stehenden Blüten, ohne auffälliges Hochblatt. Perigonblätter 3–4 mm lang, rotbraun mit einem hellen Rand. Reife Frucht dunkelbraun, 5–6 mm lang.
StO ③ Flachmoore, feuchte Wiesen, Quellfluren, kalkfeindlich, bis 3000 m.
V Alpen: Silikatgebiete zerstreut bis häufig, in den Kalkalpen selten oder fehlend. Allgemein: N-Europa, Gebirge M- u. S-Europas, Asien.
B Nur eine Fundstelle in den Alpen (Radstädter Tauern in Ö) besitzt die sehr seltene Zweiblütige B., **J. biglumis** L., He; Ö; RL (2). **M** 4–15 cm hoch. Blüten (1)2(4), dicht übereinander stehend. Laubblätter etwa so lang wie der Stängel. **StO** ③ Sandig-kiesige Ufer, kalkliebend.

727 Luzula alpinopilosa (Chaix) Breistr.
Braune Hainsimse
Luzule marron
Erba lucciola dei ghiacciai
rjava bekica

He; F I H D Ö S; RL in S (4)
M 10–30(50) cm, mit kurzen Ausläufern. Stängel meist schlaff, aufsteigend. Grundständige Blätter 1–3 mm breit, blaugrün. Hochblatt kürzer als der Blütenstand, dieser oft etwas zusammengezogen, meist nickend. Blüten zu 2–5 beieinander. Perigonblätter bräunlich, bis 2,5 mm lang, Staubbeutel 3–4-mal so lang wie Staubfäden. Kapsel kastanienbraun, eiförmig, etwas länger als Perigonblätter.
StO ④ Magerrasen, Felsschutt, Schneetälchen, kalkmeidend, 1700–3250 m.
V Alpen: Silikatgebiete der Alpen, häufig. Ansonsten: Vogesen, Pyrenäen, Apennin.
B Etwa ein Dutzend weiterer **Luzula**-Arten kommen im Alpenraum vor. Diese erreichen oftmals die subalpine bzw. alpine Stufe.

728 Luzula spicata (L.) DC. ssp. spicata
Ähren-Hainsimse
Luzule en épi
Erba lucciola pendula
klasnata bekica

He; F I H D Ö S
M 10–30 cm, ohne Ausläufer, kleine Horste bildend. Grundblätter 1–2(4) mm breit, rinnig gefaltet. Blütenstand ährig, 1–2 cm lang, meist nickend, mehrere ungestielte oder sehr kurz gestielte Teilblütenstände. Staubbeutel deutlich kürzer als die Staubfäden. Reife Frucht so lang oder etwas länger als die 2–3 mm langen Perigonblätter.
StO ④ Steinige Rasen, Felsen, auf Silikat, bis 3500 m.
V Alpen: Silikatgebirge der Alpen zerstreut bis häufig. Allgemein: N-Europa, vom Riesengebirge über die Alpen bis in das französische Zentralmassiv.
B In den W-Alpen (M. Cenis bis Ligurische Alpen) kommt die Nickende H., **L. nutans** (Vill.) Duv.-Jouve, He; F I, bis über 2000 m vor. **U** 30–50 cm hoch, Blätter 4–8 mm breit, flach. Perigonblätter 4–5 mm lang.

729 Eriophorum scheuchzeri Hoppe
Scheuchzer-Wollgras

Linaigrette de Scheuchzer
Pennacchi di Scheuchzer
Scheuchzerjev munec

He; F I H D Ö S; § in I H Ö; RL in H (4) S (3); ❀
M 10–35 cm, mit langen rotbraunen Ausläufern.
Stängel starr aufrecht, rund, glatt. Blätter binsen-
förmig, flach oder hohlrinnig, kürzer als Stängel.
Blattscheide des obersten Stängelblattes nie
deutlich aufgeblasen. Ein einziges endständiges
Ährchen, Ø bis zu 3 cm.
StO ③ Sumpfwiesen, Flachmoore, Ufer, bis
2900 m.
V Alpen: Seealpen bis Slowenien, zerstreut. Ansonsten: Pyrenäen, Apennin, Hohe Tatra, Karpaten, Balkan. W-Asien bis Japan, N-Amerika, Grönland.
B Auch nur mit einem endständigen Ährchen
ausgestattet ist das Scheiden-W., **E. vaginatum**
L., F I H D Ö S; § in H Ö; RL in H (3) S (3); ❀.
U Ausläufer 0, obere Blattscheide aufgeblasen.
3 weitere **Eriophorum**-Arten in den Alpen, mit
mehreren, z. T. überhängenden Ährchen.

730 Trichophorum alpinum (L.) Pers.
Alpen-Haarbinse

Trichophore des Alpes
Tricoforo alpino
alpski mavček

Ge; F I H D Ö S; § in H; RL in H (4) D (3) S (3)
M 10–35 cm, mit kurzen Ausläufern. Stängel
starr aufrecht, 3-kantig, graugrün. Basale Blattscheiden gelbbraun. Oberste Blattscheide mit
1–3 cm langer Blattspreite. Ein 8–12-blütiges,
5–7 mm langes und bis 3 mm breites, endständiges Ährchen. 4–6 weiße, bis 25 mm lange, geschlängelte Perigonborsten. Narben 3.
StO ③ Hoch- und Zwischenmoore, bis 2300 m.
V Alpen: zerstreut bis häufig. Allgemein: Skandinavien, Schottland, M- u O-Europa, Alpen, Pyrenäen, Spanien, Apennin; Sibirien, bis Amurgebiet, Japan und Korea, N-Amerika.
B Durch runde Stängel, feste Horste und kür-
zere Perigonborsten unterscheidet sich die zerstreut vorkommende Rasige H., **T. cespitosum**
(L.) Hartm., He; F O H (§) D Ö S. Selten ist die
Zwerg-H., **T. pumilum** (Vahl) Sch. & Th., F I H; §
in H. **M** 3–12 cm hoch, locker rasig. Ähre 2–4 mm
lang. **StO** Feuchte Rasen, bis 2800 m.

731 Kobresia myosuroides (Vill.) Fiori
Europäisches Nacktried
Elyna fausse queue-de-souris
Elina
alpska elina

He; F I H D Ö S; § in F; RL in F (3)
M 5–25(35) cm, ohne Ausläufer, kleine, feste
Horste bildend. Stängel starr aufrecht, glatt.
Blätter borstenförmig, rinnig, starr, oft länger
als der Stängel. Nur eine, schlanke, endständige
Ähre mit 10–20 glänzend braunen Ährchen. End-
ständiges Ährchen mit mehreren männlichen,
die darunter anschließenden 2-blütig, meist mit
einer männlichen und einer weiblichen Blüte.
Narben 3. Tragblatt der weiblichen Blüte am
Grund an den Rändern verwachsen.
StO ④ Trockene Grasmatten, windexponierte
Grate, auf frischen, basenreichen, meist entkalk-
ten, mäßig sauren Steinböden, 1800 bis 3180 m.
V Alpen: im gesamten Gebiet zerstreut, stellen-
weise häufig. Ansonsten: Arktis, Pyrenäen, Karpaten, Apennin und Balkan. Asien, Grönland, N-
Amerika.

732 Kobresia simpliciuscula
(Wahlenb.) Mack.
Europäisches Schuppenried
Cobrésia simple
Cobresia

He; F I H D Ö; RL in D (4) Ö (4)
M 5–25(35) cm, kleine Horste bildend. Stängel
starr aufrecht, glatt oder unterhalb des Blütenstandes leicht rau. Blätter rinnig zusammenge-
faltet, starr, sehr viel kürzer als der Stängel, bis
2 mm breit. Blütenstand rotbraun, 1–3 cm lang,
aus 4–6(10) dichtgedrängten Ähren zusammengesetzt. Jede Ähre aus mehreren 1-blütigen Ährchen bestehend. Narben 3. Frucht vom Tragblatt
fast ganz eingeschlossen. Kein Fruchtschlauch.
StO ③④ Quellfluren, Flachmoore, Alluvionen, be-
rieselte Felsen, auf Kalk, bis 2620 m.
V Alpen: selten bis zerstreut. Ansonsten: N-Europa, Großbritannien, Pyrenäen, Karpaten. Z-
Asien, Sibirien, Grönland, N-Amerika.

733 Carex baldensis L.
Monte-Baldo-Segge
Laiche du Mont Baldo
Carice candida

He; I H D Ö; § in H D; RL in H (3) D (4) Ö (4); ✿
M 10–40(65) cm, kleine Horste bildend. Blätter graugrün, 2–4 mm breit, starr, am Rand rau. Ø des kopfigen Blütenstandes 1–2,5 cm, mit 3–9 Ährchen. 2–5 laubblattartige Hüllblätter, bis 10 cm lang, horizontal abstehend oder zurückgeschlagen. Blüten am Ährchengrund weiblich, an der Spitze männlich. Deckspelzen weiß bis gelblich, in der Mitte mit einem grünlichen Kiel, Schläuche weiß bis gelbbraun, 4–5 mm lang, ungeschnäbelt. Narben 3.
StO ④ Magerrasen, Felsen, Schuttfluren, auf Kalk, bis 2400 m.
V Alpen: S-Alpen, vom Comer See bis Valsugana ziemlich verbreitet u. stellenweise häufig. N-Alpen u. Z-Alpen sehr selten.
B Etwa 65 Seggen-Arten kommen bis in die subalpine bzw. alpine Stufe der Alpen vor. Hier wird nur eine kleine Auswahl v. a. charakteristischer Arten vorgestellt.

734 Carex curvula All. ssp curvula
Gewöhnliche Krumm-Segge
Laiche courbée
Carice ricurva
upognjeni šaš

He; F I H D Ö S; RL in S (4)
M 5–30(40) cm, dichte Rasen bildend. Stängel auffällig gekrümmt, glatt. Blätter gekrümmt, borstenförmig, 1–2 mm breit, an der Spitze früh absterbend und gelb werdend, im Ø bandförmig mit deutlicher Rinne. Blütenstand 1–1,5 cm lang, ährig bis kopfig. Ährchen. 5–6, Blüten am Ährchengrund weiblich, an der Spitze männlich. Deckspelzen breit eiförmig, kastanienbraun. Schläuche braun, am Rand stachelig rau, geschnäbelt, 5–8 mm lang. Narben 3.
StO ④ Bodensaure Magerrasen, auf saurem Urgestein, 1900–3400 m.
V Alpen: Silikatgebiete vom Tessin ostwärts bis Slowenien häufig, oft bestandsbildend. Ansonsten: Pyrenäen, Frankreich, Karpaten, Balkan.
B Die Kalk-Krumm-S., ssp. **rosae** Gilomen, ist seltener. **M** Blätter u. Stängel kaum gekrümmt, im Ø halbmondförmig, ohne Rinne. Spelzen gelblich- bis hellbraun. **StO** Auf Kalkschiefer.

735 Carex foetida All.
Schneetälchen-Segge
Laiche fétide
Carice puzzolente

He; F I H Ö; RL in Ö (3)
M 5–25(30) cm, lockere Rasen bildend. Stängel
starr, aufrecht, rau. Blätter 2–3 mm breit, flach.
Blütenstand kugelig bis eiförmig, 10–15 mm lang.
Ährchen 8–15, Blüten am Ährchengrund weib-
lich, an der Spitze männlich. Deckspelzen dun-
kelbraun, ohne hellen Hautrand. Schläuche un-
ten gelblich oben dunkelbraun, 3–4 mm lang,
an den Schnabelrändern rau. Narben 2.
StO ④ Steinige Magerrasen und Abhänge,
Schneetälchen, 1700–3050 m.
V Alpen: selten bis zerstreut, v. a. W-Alpen, in den
O-Alpen sehr selten (Seetaler Alpen, Wölzer Tauern) oder fehlend. Ansonsten: Pyrenäen.

736 Carex bicolor All.
Zweifarbige Segge
Laiche à deux couleurs
Carice bicolore

He; F I H Ö; RL in Ö (4)
M 5–20 cm, lockere Rasen bildend. Stängel meist
gebogen. Blätter 1–2(3) mm breit, flach u. schlaff,
graugrün. Blütenstand kopfig, meist nickend,
aus 2–5 Ährchen bestehend. Endständiges Ährchen an der Spitze weiblich, am Grund meist
männlich, seitenständige Ährchen weiblich, sitzend, nur das unterste etwas abgerückt und gestielt. Deckspelze schwarzrot bis schwarzbraun,
mit grünem Mittelstreifen. Schläuche hellgrün,
ungeschnäbelt. Narben 2.
StO ③④ Bachufer, feuchte Schuttfluren, 1600–
3100 m.
V Alpen: zerstreut bis selten. Ansonsten: N-Europa, Schottland, Pyrenäen, Karpaten. N-Asien,
Grönland, N-America.

737 Carex norvegica Retz. ssp. norvegica
Norwegische Segge
Laiche de Norvége
Carice norvegese

He; I H Ö; RL in H (2) Ö (4)
M 5–30 cm, ± dichte Rasen bildend. Stängel gerade, scharf 3-kantig. Blätter kürzer als der Stängel, 1–2(3) mm breit, flach und steif, trüb dunkelgrün. Blütenstand 10–15 mm lang, sehr dicht kopfig, aufrecht, aus meist 3–4 Ährchen bestehend. Endständiges Ährchen an der Spitze weiblich, am Grund männlich, deutlich größer als die übrigen weiblichen Ährchen, sitzend oder sehr kurz gestielt. Deckspelze schwarzpurpurn, ohne Mittelstreifen. Schläuche 1,8–3 mm lang, grünlich bis olivbraun, mit schwarzbraunem Schnabel. Narben 3.
StO ③④ Flachmoore, Bachränder, feuchtes Geröll, feuchte Schuttfluren, 1600–2650 m, auf kalkfreier Unterlage.
V Alpen: sehr selten im Engadin, Puschlav-Gebiet, in den Stubaier u. Ötztaler Alpen sowie im Vintschgau u. im Val di Sole. Ansonsten: N-Europa, Grönland, arktisches Russland.

738 Carex parviflora Host
Kleinblütige Trauer-Segge
Laiche à petites fleurs
Carice nera
drobnocvetni šaš

He; F I H D Ö S
M 10–20(25) cm, ohne oder mit kurzen Ausläufern, lockere, kleine Horste bildend. Stängel starr aufrecht, scharf 3-kantig, glatt oder leicht rau. Blätter 2–3 mm breit, hellgrün. Blütenstand kopfig-büschelig, aufrecht, mit 3–4 Ährchen. Ährchen 5–15 mm lang und bis 4 mm breit, nicht oder nur sehr kurz gestielt, meist dicht beieinander stehend, Schläuche verkehrt eiförmig, 3 mm lang. Narben 3.
StO ④ Feuchte Rasen, Schneetälchen, kalkliebend, 2300–3200 m.
V Alpen: im gesamten Gebiet, zerstreut. Ansonsten: Pyrenäen. Kaukasus, Kleinasien.
B Die Geschwärzte S., **C. atrata** L., He; F I H D Ö S, wird bis 60 cm hoch, besitzt deutlich gestielte 10–30 mm lange Ährchen. Blütenstand locker büschelig, oft etwas nickend. Blätter 3–9 mm breit. **StO** Feuchte Rasen, auf Kalk, häufig.

739 Carex ornithopodioides Hausm.
Vogelfußähnliche Segge
Laiche faux pied-d'oiseau
Carice subnivale
ptičjenogi šaš

He; F I H D Ö S
M 3–10 cm, ohne Ausläufer, kleine Horste bildend. Stängel stark herabgekrümmt, oft einen Halbkreis bildend und den Boden berührend. Blätter 2–4 mm breit, dunkelgrün. Blütenstand mit einem endständigen, gestielten, männlich und 2–3 seitenständigen, weiblichen Ährchen, alle handförmig genähert. Schläuche 2–2,5 mm lang, vollständig kahl, dunkelbraun, stark glänzend. Narben 3.
StO ④ Feuchte Steinrasen, Felsschutt, Schneetälchen, auf Kalk, 1750–2600(2965) m.
V Alpen: zerstreut bis selten. Ansonsten: Pyrenäen, Balkan?
B In tieferen Lagen findet sich die häufige Vogelfuß-S., **C. ornithopoda** Willd., F I H D Ö S. **M** 5–15 cm, Stängel gerade bis schwach gebogen. Weibliche Ährchen lockerblütig, Deckspelzen gelbbraun. Schläuche 2,5–3 mm, behaart.

740 Carex sempervirens Vill.
Horst-Segge
Laiche toujours verte
Carice verdeggiante
vednozeleni šaš

He; F I H D Ö S; ✿
M 15–60 cm, ohne Ausläufer, mittelgroße, feste Horste bildend. Blätter 1,5–3 mm breit, deutlich kürzer als der Stängel, dunkelgrün. Blütenstand mit 1(–3) männlichen und 2–3 weiblichen Ährchen. Weibliche Ährchen meist deutlich gestielt und aufrecht stehend. Schläuche 4–5,5 mm lang. Narben 3.
StO ④⑤ Trockene grasige Hänge, Stein- und Magerrasen, kalkliebend, bis 3115 m.
V Alpen: verbreitet u. ziemlich häufig. Ansonsten: Pyrenäen, Kantabrische Gebirge, Jura, Alpenvorland, Hohe Tatra, Karpaten, Küstengebirge von Kroatien, Apennin, Balkan.

741 Carex firma Host
Polster-Segge
Laiche ferme
Carice rigida
čvrsti šaš

He; F I H D Ö S; § in Ö; ❀
M 5–20 cm, mit sehr kurzen Ausläufern, dichte, hoch aufgewölbte Polster bildend. Blätter sehr starr, flach, 2–3 mm breit, nur bis 5 cm lang, rosettig angeordnet. Blütenstand mit einem endständigen männlichen und 1–3 weiblichen Ährchen, kurz oder ungestielt, aufrecht stehend. Schläuche 3,5–4,5 mm lang. Narben 3.
StO ④ Windexponierte, flachgründige Magerrasen, felsige Hänge, Steinrasen, Felsen, nur auf Kalk, 1600–2970 m.
V Alpen: in den Kalkgebieten verbreitet u. meist häufig. Ansonsten: Karpaten, Kroatien, Apennin.

742 Carex frigida All.
Eis-Segge
Laiche des régions froides
Carice gelida
mrzli šaš

Ge, He; F I H D Ö S; RL in D (3) S (4)
M 25–50(70) cm, mit Ausläufern. Blätter deutlich kürzer als der Stängel, 2–4 mm breit, grasgrün bis dunkelgrün. Blütenstand mit 1(–2) männlichen und 3–4 voneinander entfernt stehenden weiblichen Ährchen. Weibliche Ährchen meist lang gestielt und aufrecht. Deckspelzen dunkelbraun, schmal und spitz, etwa ½-mal so lang wie die reifen Schläuche, diese dunkelrotbraun glänzend, spindelförmig, 5–7 mm lang. Narben 3.
StO ③ Quell- u. Rieselfluren, Bachränder, kalkmeidend, bis 2800 m.
V Alpen: zerstreut bis häufig, v. a. in den Silikatgebieten. Ansonsten: Kantabrische Gebirge, Pyrenäen, Massif Central, Vogesen, Schwarzwald, Korsika, Apennin, Montenegro.
B Mehrere ähnliche Arten!

743 Phleum alpinum L. s.l.
Alpen-Lieschgras
Fléole des Alpes
Codolina alpina
alpski mačji rep

He; F I H D Ö S
M 20–50 cm. Oberste Blattscheide etwas aufgeblasen, Ligula 1 mm lang, gestutzt. Blätter oben undeutlich gerieft, Ligula 1–5 mm lang, spitz, gezähnt. Ährchen 1-blütig, 2 bis zum Grund getrennte Hüllspelzen, stumpf, mit aufgesetzter seitlicher Granne, Ährchen dadurch gestutzt („stiefelknechtartig"), Deckspelze unbegrannt. Ährenrispe 1–4 cm lang, eiförmig bis kurz walzlich beim Umbiegen homogen, wollig, grün oder trübviolett.
StO ③④⑤⑥ Fettwiesen, Weiden, Viehläger, Flachmoore, Schieferschutt, bis 2900 m.
V Alpen: verbreitet, zerstreut, gebietsweise häufig. Allgemein: N-Europa, west-, süd- u. mitteleuropäische Gebirge. Sibirien, Arktis, Gebirge Asiens, N-Amerika, Mexico, S-Amerika.

744 Alopecurus gerardi Vill.
Gerard-Fuchsschwanz
Vulpin de Gerard
Coda di topo alpina

He; F I
M 15–30 cm, mit kurzem, sehr kräftigem Rhizom. Stängel aufsteigend bis aufrecht. Blätter 4–5 mm breit, die oberen mit spindelförmig aufgetriebener Blattscheide. Ligula 1–2 mm lang. Blütenstand eiförmig bis rundlich, 10–19 mm lang und 7–11 mm breit. Hüllspelzen rau haarig, etwa gleich gestaltet, 1,5–3 mm lang begrannt. Deckspelze mit kurzer Granne.
StO ④ Schneetälchen, feuchte Rasen, von 1800–2800 m.
V Alpen: W-Alpen vom Aosta-Tal südwärts bis in die See-Alpen, zerstreut. Ansonsten: Pyrenäen, Apennin bis zum M. Pollino, SO-Europäische Gebirge.
B Ruderal noch 3 weitere **Alopecurus**-Arten über 1500 m.

745 Helictotrichon versicolor (Vill.) Pilg.
Bunter Wiesenhafer
Avoine bigarrée
Avena bronzea
pisana ovsika

He; F I H D Ö S; RL in S (4)
M 15–50 cm, mit unterirdischen Ausläufern. Blätter beiderseits glatt, kahl, flach, mit durchscheinendem, weißen, rauen Blattrand, Ø V-förmig, Scheiden kahl, Ligula 2–4 mm lang. Ährchen 10–13 mm lang, 3-blütig, braun, gelblich oder violett gescheckt, wenigstens 1 Hüllspelze so lang wie Ährchen, Deckspelzen ungekielt, mit 2–3 Grannen. Rispe armblütig, traubig.
StO ①④⑤ Krummseggenrasen, Borstgraswiesen, Zwergstrauchheiden, kalkmeidend, bis 3255 m.
V Alpen: in den Silikatgebieten verbreitet u. ziemlich häufig, fehlt in Nieder- u. Oberösterreich. Ansonsten: Pyrenäen, Massif Central, Tatra, Karpaten, Apennin, Balkan.
B Gut kenntliche Art innerhalb der Gattung **Helictotrichon**. Etwa zehn weitere Arten bzw. Unterarten im Alpenraum; diese z.T. sehr ähnlich und schwierig zu unterscheiden.

746 Koeleria eriostachya Pančič
Wollährige Kammschmiele
Paleo delle Dolomiti
volnata smiljica

He; (F) I H Ö S
M 30–50(80) cm, dichte Rasen bildend. Stängel aufrecht, unter der Rispe dicht behaart, wie die Erneuerungssprosse nicht knollig verdickt. Blattspreiten 2–3 mm breit, flach oder eingerollt, am Rand kurz und steif bewimpert. Ligula bis 1 mm lang. Rispe meist 2–8 cm lang, im unteren Teil meist unterbrochen. Ährchen 4–8 mm lang, ± dicht behaart, grünlich weiß bis hellbraun oder violett überlaufen. Deckspelze unbegrannt.
StO ④⑤ Trockenwiesen, steinige Triften, Geröll, Felsen, auf Kalk, 1600–2300 m.
V Alpen: Z-Alpen u. SO-Alpen, in den Dolomiten ziemlich häufig, sonst zerstreut bis selten. Ansonsten: Karpaten, Balkan
B Bis über 1500 m kommen außerdem vor: a) Zierliche K., **K. macrantha** (Leder) Schult., b) Pyramiden-K., **K. pyramidata** (Lam.) P.B., c) Walliser K., **K. vallesiana** (Honck.) Gaud. u. d) Behaarte K., **K. hirsuta** Gaudin.

747 **Trisetum spicatum** (L.) K. Richt.
ssp ovatipaniculatum Hultén ex Jonsell.
Ähriger Goldhafer

Trisète en épi
Gramigna spicata, klasnati ovsenec

He; F I H D Ö S
M 10–20 cm. Halme oben behaart, Blätter und Scheiden kahl, Ligula ein häutiger Saum. Ährchen 2–3-blütig, 5–8 mm lang, mit 2–5 Grannen, violett, grün und gelb gescheckt, Deckspelze gekielt, Grannen 3–6 mm lang, gekniet, wenigstens 1 Hüllspelze so lang wie Ährchen, 1–3-nervig. Rispe dicht ährenförmig zusammengezogen, walzlich.
StO ④⑥ Feiner Schieferschutt, windexponierte Rasen, Felsen, Wildläger, 2100–3800 m.
V Alpen: W-Alpen bis Kärnten u. Steiermark, zerstreut. Ansonsten: Pyrenäen. Kaukasus
B Bis über 1500 m kommen außerdem vor: a) Goldhafer, **T. flavescens** (L.) P. B., b) Zweizeiliger Grannenhafer, **T. distichophyllum** (Vill.) P. B., c) Alpen-G., **T. alpestre** (Host) P. B.; d) Silber-G., **T. argenteum** (Willd.) R. & S.

748 **Agrostis rupestris** All.
Felsen-Straußgras

Agrostide des rochers
Cappellini delle silice
skalna šopulja

He; F I H D Ö S
M 5–20 cm, dicht rasig. Blätter 1–3 mm breit, die grundständigen borstlich, 1–2 Stängelblätter, oberseits gerieft, unterseits matt, kahl. Ligula 1–3 mm lang. Ährchen 2–3 mm lang, braun- bis schwarzviolett, nur mit einer Blüte, seitlich zusammengedrückt, gleichmäßig über die Rispe verteilt. 2 etwa gleich lange (2,5–3 mm) Hüllspelzen, Deckspelze ca. 2,5 mm lang, begrannt. Untere Rispenäste 1–2, wie Ährchenstiele glatt. Rispe ± kahl, ausgebreitet.
StO ④⑤ Rasen, Felsen, meist auf Silikat, bis 3000 m.
V Alpen: verbreitet u. häufig. Ansonsten: S- und M-europäische Gebirge, Karpaten, N-Afrika.
B Ähnlich ist das Alpen-St., **A. alpina** Scop., He; F I H D Ö S. Wächst meist auf Kalk. **U** Rispenäste rau, am Ende gehäuft. Untere Hüllspelze 3,5–4,5 mm lang, deutlich länger als die obere. 5 weitere Agrostis-Arten.

749 **Nardus stricta** L.
Borstgras
Nard raide
Cervino
volk

He; F I H D Ö S; ✿
M 10–30 cm, dichte Horste bildend. Halme dünn, unter der Ähre rau. Blätter borstlich., wild und dicht gebüschelt. Ligula 2 mm lang, zugespitzt. Blütenstand eine 3–10 cm lange, sehr schlanke Ähre. Ährchen 1-blütig, 7–15 mm lang in 2 Reihen sitzend, einseitswendig, nicht in die Ährenachse eingesenkt, bei Reife kammförmig abstehend. Hüllspelze schuppenförmig, nervenlos.
StO ⑤ Bodensaure Magerrasen u. -weiden, kalkfeindlich, bis 2600 m.
V Alpen: in den Silikatgebieten häufig, sonst selten. Allgemein: fast ganz Europa außer Spitzbergen, Balearen, Sardinien, Kreta. Kaukasus, O-Sibirien, Türkei, N-Afrika, Azoren, eingeschleppt in N-Amerika, Neuseeland u. Tasmanien.

750 **Oreochloa disticha** (Wulfen) Link
Zweizeiliges Kopfgras
Oréochloa distique
Sesleria dei graniti

He; F I H D Ö
M 10–20 cm. Blätter haarfein, borstlich gefaltet, < 1 mm breit. Ährchen 3–5-blütig, einzeln und streng 2-zeilig an der Achse einer 0,7–1,5 cm langen, ährenförmigen Traube, Spindel von der Seite sichtbar, 0,7–1,5 cm lang. Unterste Rispenäste ohne Tragblätter.
StO ① ④ Krummseggenrasen, Zwergstrauchheiden, Felsen, auf Silikat, bis 2800 m.
V Alpen: Silikatgebiete häufig bis zerstreut, sonst selten; M- u. S-europäische Gebirgspflanze.
B Das weit verbreitete Blaugras, **Sesleria albicans** Kit. ex Schult, kommt in den Alpen bis ca. 2600 m vor. **M** 15–30 cm. Blätter 2–3 mm breit, flach, Mittelnerv hervortretend, Spitze kahnförmig. Ährchen 2(–3)-blütig, in dichter, eiförmiger bis walzenförmiger Rispe angeordnet, nach allen Seiten abstehend, die Achse verdeckend. Deckspelze mit 1–5 grannenartigen Spitzen. **StO** Kalkfelsen, Rasen.

751 Sesleria ovata (Hoppe) Kern.
Eiköpfiges Blaugras
Sesleria delle morene
jajčastoklasa vilovina

● He; F I D Ö S; RL in F (2) D (4)
M (1)3–10 cm. Blätter 1 mm breit, gefaltet, Ligula 1 mm lang. Ährchen unregelmäßig in dichter, kugeliger Rispe angeordnet, nach allen Seiten abstehend, die Achse völlig verdeckend. Untere Äste mit schuppenförmigem, häutigem Tragblatt. Deckspelze an der Spitze mit 5 Grannen, mittlere fast so lang wie die Spelze.
StO ④ Steinige Triften, Felsgruß, Felsspalten, kalkliebend, 1500–2900 m.
V Endemit der O-Alpen zerstreut, Savoyen.
B Das Kugelköpfige B., **S. sphaerocephala** Ard., He; ● I H Ö S, besiedelt Felsen und Geröll auf Dolomit in 1600–2800 m Höhe in den S-Alpen. **M** 2–12 cm. Blätter borstenförmig, 1–1,5 mm breit. Blütenstand kugelig, bis 15 mm im Ø, gelblich weiß. Untere Äste mit schuppenförmigem, häutigem Tragblatt. Deckspelzen ohne Grannen oder Grannen bis 0,5 mm lang. **V** Endemit der SO-Alpen, zerstreut bis häufig.

752 Festuca pulchella
Schrad. ssp pulchella
Schöner Schwingel
Fétuque jolie
Festuca elegante, lepa bilnica

He; ● F H I D Ö S
M 30–60 cm, mit 1–10 cm langen Ausläufern. Laubblattspreiten zumindest angedeutet rinnenförmig, 2–4 mm breit, Scheiden bis zur Hälfte verwachsen, dunkelbraun, nach dem Absterben rasch netzartig zerfallend Ligula fehlend. Rispe locker, bis über 10 cm lang, nickend, reichblütig. Rispenäste dünn, geschlängelt. Ährchen breit eiförmig, abgeflacht, 6–7 mm lang, 3–4-blütig, meist rotbraun und goldgelb gescheckt. Deckspelze ohne Granne.
StO ②④ Steinige Rasen, Schutthalden, Grünerlengebüsch, nur auf Kalk, bis 2600 m.
V Nur Alpen: Französische Alpen bis Steiner Alpen, vor allem in den nördlichen Ketten, nach Westen u. Süden abnehmend.
B Exemplarisch werden hier 3 Schwingel-Arten vorgestellt. Diese sehr schwer zu bestimmende Gattung ist mit über 40 Arten u. Unterarten, die die subalpine Stufe erreichen, vertreten.

753 Festuca quadriflora Honck.
Niedriger Schwingel
Fétuque naine
Festuca dei seslerieti
nizka bilnica

He; F I H D Ö S

M 10–20 cm, kleine dichte Polster bildend, ohne
Ausläufer. Stängel und Blätter oben rau, alle
Laubblattspreiten eingerollt oder eng V-förmig
gefaltet, 0,5–0,6 mm breit, hart aber nicht stechend, im Querschnitt 6-eckig. Ligula 0,5–1,0
mm lang. Rispe 2–4 cm lang, locker, aufrecht.
Ährchen 7–9 mm lang, elliptisch rot, braun und
gelb gescheckt. Deckspelze 4–6 mm lang, 0,2–
1,3 mm begrannt. Fruchtknoten dicht kurzborstig.

StO ④ Alpine Rasen, Felsschuttfluren, Felsen, vorwiegend auf Kalk, bis 3300 m.

V Alpen: verbreitet u. ziemlich häufig. Ansonsten: Pyrenäen, Jura.

B Einige sehr ähnliche Arten, die man nur mit
Hilfe von Blattquerschnitten sicher unterscheiden kann. Dazu verwende man voll entwickelte
nicht blühende Erneuerungstriebe, die knapp
oberhalb der Mitte geschnitten werden, sowie
Spezialliteratur und ein Mikroskop!

754 Festuca varia Haenke
Bunt-Schwingel
Fétuque bigarrée
Festuca varia
pisana bilnica

He; ● I Ö S

M 25–50 cm, grüne Horste bildend, ohne Ausläufer, mit zahlreichen Erneuerungssprossen.
Laubblattspreite borstenförmig eingerollt, deutlich stechend, etwa 1 mm dick, glatt. Ligula der
Halmblätter mindestens 1 mm lang. Rispe 3–
8 cm lang, ziemlich dicht mit kurzen Ästen, mit
wenigen Ährchen. Ährchen 4–7-blütig, blaugrün, violett gescheckt, 8–12 mm lang, Deckspelze 4,5–6 mm lang, spitz oder mit einer bis
1,2 mm langen Granne. Fruchtknoten oben kurz
behaart.

StO ④ Offene, steile, sonnige Magerrasen, oft
ausgedehnte Bestände bildend, kalkmeidend,
1650–2700 m.

V Alpen: Endemisch in den O-Alpen, häufig.

755 Poa alpina L.
Alpen-Rispengras
Paturin des Alpes
Fienarola delle Alpi
alpska latovka

He; F I H D Ö S; ❀

M 10–40 cm, horstig, ohne Ausläufer. Blätter 2–5 mm breit. Blattspitze kahnförmig, neben der Mittelrippe je 1 Rinne (Skispur). Untere Ligulae kurz gestutzt, die oberen meist zerschlitzt, 2,5–4 mm lang. Rispe bis 7 cm lang, mit abstehenden bis zurückgeschlagenen Ästen, untere Äste zu 1–2. Ährchen violett überlaufen, ohne Granne, seitlich zusammengedrückt, mit ± gekielter Hüllspelze. Hüllspelzen 3-nervig, fast gleich lang, in eine scharfe Spitze verschmälert. Ährchen am Ende der Rispenäste gedrängt, oft ergrünend (vivipar).

StO ④⑤⑥ Fettweiden, Lagerstellen, Schuttfluren, Böschungen, bis 2700(4200) m.

V Alpen: verbreitet und häufig. Allgemein: N-Europa u. Gebirge Europas, Z- u. O-Asien, O-Sibirien, N-Afrika, Grönland, N-Amerika, Mexico.

B Etwa ein Dutzend weiterer Poa-Arten erreichen in den Alpen die subalpine Stufe.

756 Asphodelus albus Miller
Weißer Affodil
Asphodèle blanc
Asfodelo montano
navadni zlati koren

He; F I H; § in I H; RL in H (3)

M 50–150 cm, Stängel einfach, blattlos. Laubblätter alle grundständig, 1–2,5 cm breit und bis 60 cm lang, rinnig, fleischig. Blütenstand eine bis 50 cm lange, dichte Traube, meist unverzweigt oder mit wenigen kurzen Seitenästen. Blüten trichterförmig, gestielt. Tragblätter dunkelbraun. Perigonblätter 6, alle gleich, bis 25 mm lang, schmal eiförmig, weiß mit grünlichem bis bräunlichem Mittelnerv. Staubblätter 6. Griffel 1. Frucht eine ledrige, eiförmige Kapsel.

StO ②④⑤ Bergwiesen, Felsfluren, Gebüschsäume, kalkliebend, bis über 2000 m.

V Alpen: S-Alpen, zerstreut. Allgemein: Spanien, Pyrenäen, S- u. W-Frankreich, bis zum westlichen Balkan.

757 Paradisea liliastrum (L.) Bertol.
Weiße Trichterlilie
Lis des Alpes
Paradisia

He; F I H Ö; § in I H Ö; RL in H (4)
M 30–50 cm. Stängel aufrecht, wenig verzweigt. Laubblätter alle grundständig, grasartig, bis 25 cm lang u. 2–8 mm breit. Blütenstand eine (2)4–10-blütige einseitswendige Traube. Blüten trichterförmig, 3–5 cm lang, weiß. Tragblätter spitz, länger als die Blütenstiele. Perigonblätter etwas ungleich, zu 6. Staubblätter 6. Griffel 1, mit deutlich verdickter Narbe. Frucht eine ledrige eiförmige Kapsel.
StO ②⑤ Bergwiesen, Grünerlengebüsche, Hochstaudenfluren, bis 2500 m.
V Alpen: S-Alpen, zerstreut. Allgemein: Pyrenäen, Alpen, Jura, Apennin, Balkan.

758 Allium victoralis L.
Allermannsharnisch
Ail victoriale
Aglio serpentino
vanež luk

Ge; F I H D Ö S?; § in I H D; RL in H (4); ✿
M 30–50 cm. Stängel rund, (scheinbar) beblättert, Blattscheiden umfassen bis zur Hälfte den Stängel. Blätter 2–5 cm breit, elliptisch, lanzettlich, ± gestielt, mit Lauchgeruch. Blüten weißlich gelb bis grünlich gelb, (3)4–6 mm lang, in kugeligen bis 5 cm breiten Scheindolden, vor dem Aufblühen nickend.
StO ②④ Rostseggen-Rasen, Bergwiesen, Hochstaudenfluren, bis 2500 m.
V Alpen zerstreut bis häufig. Allgemein: Z-Spanien durch ganz Europa u. Asien bis N-Amerika, vor allem in den Gebirgen.

759 **Allium schoenoprasum** L. ssp. alpinum
Alpen-Schnittlauch
Ciboulette
Aglio ungherese
drobnak

Ge; F I H D Ö S; ✿; ⑪
M 5–20 cm, horstig wachsend. Stängel rund, hohl, im unteren Teil beblättert, mit bis zur Mitte des Stängels reichenden Laubblattscheiden (daher scheinbar bis zur Mitte des Stängels beblättert). Laubblätter rund, oft etwas abgeflacht, hohl, glatt, bis 35 cm lang. Blütenstand doldig, kugelig, dicht, bis 5 cm Ø, ohne Brutzwiebeln. Blütenstiele kürzer als die violetten (selten weißen), 8–15 mm langen, zusammenneigenden Perigonblätter, diese werden von den Staubblättern nicht überragt.
StO ③④ Sumpfwiesen, Flachmoore, feuchte, steinige Hänge, Quellfluren, bis 2600 m.
V Alpen: Alpen: zerstreut, gebietsweise häufig. Allgemein: europäische Gebirge, Asien, N-Amerika.

760 **Allium insubricum** Boiss.& Reut.
Insubrischer Lauch
Aglio d'Insubria

Ge; ● I; §; RL (4)
M 15–25 cm. Zwiebeln oberhalb eines kurzen Rhizoms. Äußere Häute der Zwiebeln papierartig, dünn, nicht netzfaserig. Stängel aufrecht, blaugrün, 2-kantig, nur im unteren Drittel beblättert. Blätter flach, blaugrün, 4–5 mm breit, an der Spitze rundlich, zu 3–4. Blütenstand doldig, 3–5-blütig. Blüten glockig, nickend, bis 2 cm lang, purpurrosa. Hüllblatt 1-klappig, häutig, weißlich, spitz, bleibend.
StO ④ Schutthalden, Geröll, Felsen, lückige Rasen, auf Kalk u. Dolomit, 1600–2100 m.
V Endemit der S-Alpen, zwischen Comersee u. Gardasee (Grigna bis Corna Blacca bei Brescia), selten.

761 Allium narcissiflorum Vill.
Narzissenblütiger Lauch

Ail à fleurs de narcisse
Aglio piemontese

Ge; ● F I; § in I; RL in I (4)
M 10–40 cm. Zwiebeln oberhalb eines kurzen Rhizoms. Äußere Zwiebelhäute bräunlich, netzfaserig. Stängel aufrecht, grün, fast rund, nur im oberen Teil 2-kantig. Blätter zu 3–5, flach, 2–5 mm breit, grün. Blütenstand doldig, (2)3–8(15)-blütig. Blüten glockig, anfangs nickend, in voller Blüte aufrecht purpurrosa. Hülle 2-klappig, häutig, bleibend.
StO ④ Kalkschutthalden, seltener auf Kalkfels, 1500–2000 m.
V Endemit der SW-Alpen: Französische Kalkalpen, Seealpen, Dauphiné, Cottische und Grajische Alpen. zerstreut bis selten.

762 Tofieldia calyculata (L.) Wahlenb.
Gewöhnliche Simsenlilie

Tofieldie à calicule
Tajola comune
navadna ?iljka

He; F I H D Ö S; § in H; RL in H (4) D (3); ❀
M 10–30(50) cm. Stängel aufrecht, kahl. 1–4 Blätter, 2-zeilig, steif, reitend, lineal lanzettlich, bis 2–15 cm lang, 3–11-nervig, allmählich zugespitzt. Blüten in endständigen, 2–6 cm langen Trauben, 15–30-blütig, Perigon 2–3 mm lang, blass gelblich grün, oft mit rötlicher Spitze. Blütenstiele mit 3-teiligen Vorblättern, Deckblätter ungeteilt.
StO ③⑤ Flachmoore, feuchte Wiesen, Quellfluren kalkliebend, bis 2500 m.
V Alpen: verbreitet und ziemlich häufig. Allgemein: Pyrenäen und SO-Frankreich über die Alpen bis zum Balkan, den Karpaten und SW-Russland, nördlich bis Estland, Gotland und Ösel.

763 Tofieldia pusilla (Michaux) Pers.
Kleine Simsenlilie
Tofieldie naine
Tajola minore

He; F I H D Ö; § in F; RL in F (3) I (4) D (4); ❀
M Ähnlich wie **T. calyculata**, aber kleiner, 5–12
(15) cm. Blätter kurz zugespitzt, 3–4-nervig. Blüten weißlich, in meist kopfiger Traube, 0,5–1(2)
cm lang, Blütenstiele ohne Vorblätter. Deckblätter 3-lappig.
StO ③④ Humusreiche, feuchte Rasen, moorige
Stellen, feuchter Felsschutt, 1800–2670 m.
V Alpen: selten. Ansonsten: Tatra, Arktis.

764 Veratrum album L. ssp album
Weißer Germer
Vératre blanc
Veratro bianco
bela čmerika

He; F I H D Ö S; § in Ö; N!; ✠; ❀
M 50–150 cm. Stängel aufrecht, Blätter schraubig angeordnet, breit eiförmig bis elliptisch, bis
35 cm lang, stark längs gefaltet, unterseits flaumig behaart. Blütenblätter 7–15 mm lang, innen weiß, außen grünlich bis schmutzig gelb,
Hochblätter viel länger als Blütenstiele, Blüten
in dichten, traubigen Rispen. Frucht behaart.
StO ②⑤⑥ Hochstaudenfluren, Weiderasen, Lägerfluren, Flachmoore, bis 2700 m.
V Alpen: zerstreut bis häufig. Allgemein: zentral
u. südeuropäische Gebirge bis zum Kaukasus, O-
Europa, Asien.
B Der Grünliche G., ssp **lobelianum** (Bernh.) Arcang., He; F I H D Ö S; § in Ö; ⚥!; ✠; ❀, ist ähnlich. **U** Blütenblätter beiderseits grünlich, Hochblätter wenig länger als Blütenstiele. Vorherr-
schende Sippe tieferer Lagen.

765 Erythronium dens-canis L.
Hundszahnlilie
Erythrne dent-de-chien
Dente di cane
navadni pasji

Ge; F I H (Ö) (S); § in I H Ö ; RL in H (3)
M 10–20 cm, mit zahnähnlicher Zwiebel. Laubblätter 2, lanzettlich, gegenständig, unter der Mitte des Stängels, grün und dunkelbraun gefleckt. Blüten meist einzeln, nickend. Perigonblätter 6, meist zurückgekrümmt, hellpurpurn, selten weiß, innen am Grund gelb. Die 3 äußeren Perigonblätter jederseits mit einem ca. 0,5 mm langen, abstehenden Zahn. Frucht eine 3-fächerige Kapsel.
StO ①②⑤ Laubwälder, Gebüsche, Bergwiesen, bis 2000 m.
V Alpen: In den S-Alpen zerstreut bis selten, ansonsten fehlend. Ansonsten: S-Europa: Spanien bis Balkan. Kaukasus, Sibirien, Japan.

766 Gagea fragifera
(Vill.) Ehr. Bayer & G. López
Röhriger Gelbstern
Etoile-jaune fistuleuse
Cipollaccio fistoloso

Ge; F I H D Ö; § in Ö
M 6–12(20) cm. Stängel bis auf Hochblätter unbeblättert. (1–)2 grundständige Blätter, diese röhrig, hohl, halb stielrund, zottig behaart, 2–3 mm breit. Stängelblätter 2 fast gegenständig. Perigon gelb, 1–1,5 cm lang, stumpflich., Blütenstiele behaart. 2 von gemeinsamer Haut umschlossene Zwiebeln.
StO ⑤⑥ Fette Wiesen, Lägerstellen, kalkarme, feuchte, nährstoffreiche Böden, bis 2800 m.
V Alpen: W-Alpen bis Kärnten u. Friaul, zerstreut bis selten. Ansonsten: Pyrenäen, Apennin, Sizilien, Karpaten, Russland, Balkan.
B Der Kleine G., **G. minima** (L.) Ker-Gawl., erreicht auf trockeneren, kalkhaltigen Böden (Weiden, Lägerstellen) die subalpine Stufe. **U** Grundblatt 1, flach, Perigonblätter auffällig zugespitzt, 1–2 cm lang. Weitere Gelbstern-Arten in tieferen Lagen.

767 Lloydia serotina (L.) Rchb.
Späte Faltenlilie
Loïdie tardive
Falandio alpino
lojdija

Ge; F I H D Ö S; § in H Ö; RL in H (4) D (4)
M 5–15(40) cm. Stängel gleichmäßig beblättert, Grundblätter 2, grasartig, fadenförmig, 7–20 (30) cm lang, etwas fleischig. Blüten, aufrecht, trichterförmig, meist einzeln (bis 3), am Grund mit kleiner schüsselförmiger Nektardrüse (im Gegensatz zur Gattung Gagea (Gelbstern), die keine Nektardrüsen aufweist). Perigonblätter bis 15 mm lang, weiß, am Grund gelb, mit 3 braun-roten Streifen.
StO ④ Windexponierte Felsen, trockene Rasen mit kurzer Schneebedeckung, Zwergstrauchheiden, auf kalkarmen Böden.
V Alpen: In den Silikatgebieten zerstreut, in den Kalkgebieten selten oder fehlend. Allgemein: Alpen bis Karpaten, vom Balkan bis Z-Asien u. Sibirien, N-Amerika.

768 Lilium martagon L.
Türkenbund-Lilie
Lis martagon
Giglio martagone
turška lilija

Ge; F I H D Ö S; § in I H D Ö; RL in H (4); ✿
M 30–100(150) cm. Stängel reich beblättert, mittlere Blätter quirlig zu 4–8, breit lanzettlich bis länglich spatelförmig. Blüten groß, purpurn gefleckt, nickend, unangenehm riechend. Perigonblätter bis 7 cm lang, zurückgeschlagen, in (1)3–10(20)-blütigen Trauben. Staubblätter 6. Frucht eine 3-fächerige Kapsel.
StO ①②⑤ Hochstaudengebüsch, Bergwiesen, Latschengebüsch, bis über 2000 m.
V Alpen: zerstreut bis mäßig häufig. Allgemein: S-, M- u. O-Europa. M-Asien bis Japan.

769 Lilium bulbiferum L.
ssp. croceum (Chaix) Arcang.
Feuer-Lilie
Lis safrané
Giglio rosso, brstična lilija

Ge; F I H D Ö (S); § in I H D Ö S; RL in H (3∕4)
D (1∕3) S (4); ✿
M 20–80(90) cm. Stängel reich beblättert, alle
Blätter wechselständig, lineal lanzettlich, in den
oberen Achseln mit (ssp. **bulbiferum**) oder ohne
(ssp. **croceum**) Brutknöllchen. Blüten einen weiten Trichter bildend, aufrecht, einzeln oder bis
zu 5 in Dolden, geruchlos. Perigonblätter bis
6 cm lang, feuerrot, in der Mitte heller, dunkelbraun gefleckt, auch ungefleckt. Kapsel stumpfkantig (ssp. **bulbiferum**) oder scharfkantig (ssp.
croceum).
StO ②④⑤ Bergwiesen, Schuttfluren, Felsen, Gebüschränder, bis 2200 m.
V Alpen: Seealpen bis Niederösterreich, zerstreut,
stellenweise häufig (z. B. Dolomiten), selten in
den N-Alpen. Ansonsten: Apennin, Korsika, verwildert auch in M-Europa u. Skandinavien.

770 Lilium carniolicum Bernh.
Krainer Lilie
Giglio di Carniolica
kranjska lilija

Ge; I Ö S; § in I Ö; RL in I (3), Ö (3)
M 30–50(100) cm. Stängel aufrecht, kahl, dicht
beblättert. Blätter lanzettlich, 5–8 cm lang und
1–1,5 cm breit, 7-nervig, unterseits am Rand
und auf den Nerven kurz und dicht bewimpert,
aufrecht abstehend, alle wechselständig. Blüten
einzeln oder 2–3, nickend, unangenehm riechend. Perigonblätter 3–6 cm lang, gelborange
bis zinnoberrot, am Grund dunkel gefleckt, zurückgeschlagen. Staubblätter 6. Staubfäden grün.
Staubbeutel orange. Frucht eine 3-fächerige
Kapsel.
StO ②④⑤ Bergwiesen, Hochstaudenfluren, Felsschutt, Abhänge, auf Kalk, bis 2300 m.
V Alpen: SO-Alpen (Karawanken, Julische Alpen),
zerstreut bis selten.

771 Lilium pomponium L.
Turban-Lilie
Giglio a fiocco
Fari
staj

Ge; ●F I; § in F I; RL in I (2) ✿
M 30–90 cm. Stängel aufrecht, kahl, beblättert. Blätter im unteren Teil des Stängels gehäuft, lineal lanzettlich, 5–8(13) cm lang und bis 0,5 cm breit, 1–3-nervig, am Rand silbrig bewimpert, oberseits kahl, untere aufrecht abstehend, alle wechselständig. 1–6, nickend. Perigonblätter 3–6 cm lang, leuchtend scharlachrot, innen purpurn gestreift, am Grund dunkel gefleckt, zurückgeschlagen. Staubblätter 6. Staubfäden grün. Staubbeutel orangerot. Frucht eine 3-fächerige Kapsel.
StO ④ Felsschutt, Felsen, lockere Rasen, auf Kalk, bis 2000 m.
V Endemit der Seealpen, selten.

772 Fritillaria tubiformis
Gren. & Godr. ssp tubiformis
Dauphiné-Schachblume
Fritillaire du Dauphiné
Meleagride alpino

Ge; ●F I; § in F I; RL in I (4)
M 10–30 cm. Stängel aufrecht, zylindrisch, nur im oberen Teil beblättert, ohne Grundblätter, graugrün. Blätter wechselständig, lanzettlich, untere 5–9 cm lang und 8–12 mm breit, etwas fleischig, blaugrün. Blüten 5–6 cm lang, meist einzeln, nickend, glockig. Perigonblätter alle stumpf, außen purpurn mit bläulichem Schein, innen purpurn gefleckt, im oberen Teil schachbrettartig gemustert. Höcker auf den Perigonblättern stark ausgeprägt.
StO ④⑤ Bergwiesen, steinige Rasen, auf Kalk, bis 2100 m.
V Endemisch in den SW-Alpen.
B vgl. Bemerkung bei **F. burnatii**.

773 Fritillaria tubiformis Gren. & Godr.
ssp moggridgei Boiss. & Reut.
Moggridgei-Schachblume
Fritillaire de Moggridge
Meleagride di Moggridge

Ge; ●F I; § in I

M 8–30 cm hoch. Stängel aufrecht, zylindrisch, nur in der oberen Hälfte beblättert, ohne Grundblätter. Laubblätter meist 5, wechselständig, 5–8 cm lang und 8–12 mm breit, oliv bis blaugrün. Blüten 4–5 cm lang, meist einzeln, nickend, glockig. Perigonblätter gelb oder gelblich grün, mit oft nur schwach ausgeprägtem Schachbrettmuster, die inneren und äußeren stumpf bis abgerundet, in der Regel mit ausgeprägten, grünlich gelben Perigonhöckern.

StO ④⑤ Bergwiesen, steinige Rasen, Almweiden, bis 2000 m, auf Kalk.

V Endemit der SW-Alpen (Seealpen), selten.

774 Fritillaria burnatii Planchon
Burnat Schachblume
Meleagride alpino

Ge; ●I; §; RL (4)

M Sehr ähnlich *F. tubiformis*, aber Blätter linealisch, bis 10 cm lang und 5–10 mm breit. Äußere Perigonblätter spitz oder stumpf, die inneren stets stumpf, purpurn.

StO Bergwiesen, steinige Rasen, auf Kalk, bis 2000 m.

V Endemit der S-Alpen: Passo Croce Domini, Bergamasker Alpen, selten.

B Da die Unterscheidung von **F. tubiformis** u. **F. burnatii** problematisch ist, lässt sich eine klare Aussage zur genauen Verbreitung kaum treffen. Werden in der **Flora d' Italia**, Vol III. nicht voneinander unterschieden.

775 Fritillaria involucrata All.
Piemonteser Schachblume
Meleagride piemontese

Ge; ●F I; § in I; RL in I (3)
M 20–40 cm, Stängel aufrecht, zylindrisch, beblättert, nur im untersten Teil blattlos. Blätter zu
6–9, lineal lanzettlich, 5–11 cm lang und
5–6 mm breit, alle gegenständig, die obersten
zu dritt, wirtelig angeordnet. Blüte glockig,
3–5 cm lang, violettbraun bis gelbgrün,
schwach oder gar nicht schachbrettartig gemustert, oft dunkelpurpurn gefleckt.
StO ④⑤ Kalkfelsen, steinige Rasen, Gebüsche,
bis 1500 m.
V Endemit der SW-Alpen, M. Viso bis Seealpen,
selten.

776 Tulipa australis Link
Südliche Tulpe
Tulipe de montagne
Tulipano montano

Ge; F I H; § in I H; RL in H (3)
M 10–40 cm, Zwiebeln eiförmig. Stängel aufrecht, kahl, mit 2–3 schmal lanzettlichen bis
20 cm langen und 12–20 mm breiten Stängelblättern. Blätter wechselständig, graugrün, dicklich. Blüten einzeln, endständig, vor dem Aufblühen und während der Blühphase aufrecht
Perigonblätter 6, gelb, die inneren mit dunklem
Längsstreifen, die äußeren auf der Außenseite
rot überlaufen. Staubfäden am Grund dicht behaart. Narbe 3-lappig. Frucht eine 3-fächerige
Kapsel, etwa so lang wie breit.
StO ⑤ Bergwiesen, bis 2000 m.
V Alpen: SW- u. S-Alpen, sehr zerstreut. Ansonsten: Italien bis Kalabrien, Gebirge des westlichen Mittelmeergebiets.

777 Colchicum autumnale L.
Herbst-Zeitlose
Colchique d'automne
Colchico d'autumno
jesenski podlesek

Ge; F I H D Ö S; ⚥!; ✠; ✿

M 5–25 cm. Stängel fehlend. Dunkelgrüne, dickliche Blattrosette mit meist 4 bis zu 35 cm langen und 7 cm breiten, glänzenden Blättern. Blüten mit 6 ± gleichen Perigonblättern, ihr freier Teil 4–6 cm lang, offen sternförmig mit langer Blütenröhre, blassviolett, selten weiß, mit 3, bis zum Grund freien Griffeln, im Spätsommer erscheinend. Staubblätter 6. Fruchtknoten unterirdisch. Narbe herablaufend. Frucht eine 3-fächerige Kapsel, im Frühjahr erscheinend.
StO ①⑤ Fettwiesen, Gebüsch, Auwälder, bis 2100 m.
V Alpen: verbreitet und häufig. Allgemein: S-, W- und Z-Europa, nördlich bis Dänemark u. S-Skandinavien, ostwärts bis Ukraine, N-Afrika.

778 Colchicum alpinum DC.
Alpen-Zeitlose
Colchique des Alpes
Colchico minore

Ge; F I H; ; ⚥!; ✠; ✿

M Ähnlich wie **C. autumnale**, aber Pflanze kleiner, 10–30 cm. Blätter meist 2(3–5), 8–15 (28) cm lang und 0,6–2,2 cm breit. Freier Teil der Perigonblätter 2–3 cm lang. Narbe kurz, kopfig, nicht herablaufend.
StO ⑤ Trockene Bergwiesen, von Tallagen bis 1800 m.
V Alpen: S-Schweiz (Tessin, Wallis) bis zu den Seealpen, zerstreut, gebietsweise häufig. Ansonsten: Apennin, Korsika, Sardinien, für Sizilien fraglich.

779 **Bulbocodium vernum** L.
Lichtblume
Bulbocode du printemps
Colchico di Spagna

Ge; F I H (Ö); § in I Ö; RL 3 (Ö)

M 5–15 cm, Laubblätter 2–3, bis 15 cm lang und 1,5 cm breit, grundständig, lineal bis lineal lanzettlich, an der Spitze kapuzenförmig, im zeitigen Frühjahr mit den Blättern erscheinend. Blüten zu 1–3, rosa oder weiß, mit 6 Perigonblättern. Oberer, ausgebreiteter Teil der Perigonblätter bis 5 cm lang, schmal lanzettlich, am Grund jederseits mit einem Zahn, unterer Teil nicht verwachsen, bandförmig, von Blattscheiden umgeben. Staubblätter 6, die äußeren kürzer als die inneren. Griffel 1, oben 3-spaltig.

StO ⑤ Im Frühjahr von Schmelzwasser durchfeuchtete, später trockene Bergwiesen, bis 2100 m.

V Alpen: Wallis bis Seealpen, 1 Fundort in Kärnten, selten bis zerstreut. Ansonsten: Pyrenäen, Apennin, Karpaten, Serbien.

780 **Crocus albiflorus**
Kit. ssp albiflorus (Kit.) Asch. & Graebn.
Weißer Krokus
Crocus du printemps
Zafferano alpino, beli žafran

Ge; F I H D Ö S; § in I H D Ö; RL in H (4) D (3), ☙; ⚘

M 4–12(15) cm. Stängel fehlend. Blätter grundständig, schmal lineal, 4–8 mm breit, mit weißem Mittelstreif, zur Blütezeit vorhanden, meist länger als die Blüte. Blüten glockig, aufgerichtet, mit langer Blütenröhre, innen am Grund behaart (nur frisch gut zu sehen). Perigonblätter 6, ihr freier Teil 20–50 mm lang, weiß, seltener schwach violett (oft am Grund). Staubblätter 3. Griffel meist kürzer als Staubblätter. Fruchtknoten unterirdisch. Frucht eine vielsamige Kapsel. Blütezeit: Frühjahr.

StO ⑤ Fettwiesen und Weiden, von Tallagen bis 2700 m.

V Alpen: häufig, gebietsweise zerstreut: Allgemein: Von den Pyrenäen über die Alpen u. das Alpenvorland bis nach Albanien.

781 Crocus versicolor Ker-Gawler
Verschiedenfarbiger Krokus
Crocus
Zafferano della Riviera

782 Crocus medius Balbis
Ligurischer Krokus
Crocus de Ligurie
Zaffarano ligure

Ge; ●F l; § in l

M 7–20 cm. Stängel fehlend. Blätter grundständig, linealisch, 4–10(13) cm lang, 1,5–2(3) mm breit, mit weißem Mittelstreif, zur Blütezeit vorhanden, meist kürzer als die Blüte. Blüten glockig, aufgerichtet, mit langer Blütenröhre. Perigonblätter 6, ihr freier Teil 35–60 mm lang, weiß, violett oder weiß mit violetten Streifen. Innere Perigonblätter meist intensiver gefärbt. Staubblätter 3. Griffel wächst während der Blütezeit über die Staubblätter hinaus. Fruchtknoten unterirdisch. Frucht eine vielsamige Kapsel. Blütezeit: Frühjahr.

StO ⑤ Trockene, flachgründige, felsige Wiesenhänge, auf Kalk, bis 1600 m.

V Endemit der SW-Alpen: Dauphiné über die Provençalischen Alpen bis zu den Seealpen und den Ligurischen Alpen.

Ge; ●F l; § in l F; RL in F (3)

M 15–20 cm. Stängel fehlend. Blätter zu 2–3, grundständig, linealisch, 20–30 cm lang, 4–6 mm breit, mit weißem Mittelstreif, zur Blütezeit nicht vorhanden, entwickeln sich erst im folgenden Frühjahr. Blüten glockig, aufgerichtet, mit langer Blütenröhre. Perigonblätter 6, ihr freier Teil 25–50 mm lang, hell oder dunkelviolett. Staubblätter 3. Griffel dunkelorange, mit 3 scharlachroten, fein zerteilten Narben, viel länger als die Staubblätter. Fruchtknoten unterirdisch. Frucht eine vielsamige Kapsel. Blütezeit: Herbst.

StO ①⑤ Gebüsche, Kiefernwälder, Strauchheiden, bis 1800 m.

V Endemit der östlichen Seealpen u. der Ligurischen Alpen, selten.

783 Cypripedium calceolus L.
Gelber Frauenschuh
Sabot-de-Venus
Pianelle della Madonna
lepi čeveljc

Ge; I F H D Ö S; § in I H D Ö S; RL in I (3) H (3)
D (3) Ö (3); ✿
M 20–50 cm, oft in mehrtriebigen Horsten.
Blätter 3–4, 10–18 cm lang, spitz eiförmig, mit
deutlichen, unterseits flaumhaarigen Nerven,
Rand oft etwas gewellt. Blüten 1–2(3), Tragblatt größer als die Blüte, spitz eiförmig. Blüten
etwa 10 cm Ø, Sepalen spitz eilanzettlich, seitliche verwachsen (daher scheinbar nur 5 Blütenblätter), braun. Petalen schmal lanzettlich, oft
etwas korkenzieherartig gedreht, braun. Lippe
pantoffelförmig, etwa 5 cm lang, gelb.
StO ① Lichte Bergwälder, Gebüsche, Latschen,
auf Kalkgrund, bis 2200 m.
V Alpen: in den Kalkgebieten zerstreut, im W
und S selten. Allgemein: Pyrenäen, von M-Europa nach Osten bis in die Mandschurei.

784 Coeloglossum viride (L.) Hartm.
Grüne Hohlzunge
Orchis grenouille
Celoglosso
zeleni volčji jezik

Ge; I F H D Ö S; § in I H D Ö; RL in H (4)
M 5–35 cm hoch. Blätter 3–5, am Stängel verteilt, länglich eiförmig bis breit lanzettlich, spitz.
Blütenstand zylindrisch, meist dicht mit 5–25
Blüten, Tragblätter etwa so lang wie die Blüten.
Blüten gelblich grün, oft ± intensiv braunrot
überlaufen (besonders die Lippe), auffallend
höher als breit. Sepalen eiförmig, einen halbkugeligen Helm bildend, Lippe länglich, verkehrt
keilförmig, 2-spaltig mit deutlichem Mittelzahn
und kugelförmigem Sporn.
StO ①⑤ Alpine Rasen, Gebüsche, Latschen,
lichte Wälder, auf kalkfreiem oder oberflächlich
entkalktem Untergrund bis 2700 m.
V Alpen: verbreitet. Allgemein: zirkumboreal.

785 Dactylorhiza sambucina (L.) Soó
Holunder-Knabenkraut

Orchis à odeur de sureau
Orchide sambucina
prstata kukavica

Ge; I F H Ö S; § in I H Ö; RL in H (4)
M 10–25 cm, gedrungen und kräftig wirkend.
Blätter 4–6, am Stängel verteilt, verkehrt eilanzettlich, spitz, immer ungefleckt. Blütenstand
dicht, eiförmig, Tragblätter länger als die Blüten, nach oben gekrümt. Blüten hellgelb oder
purpurrot, die Lippenmitte immer mit dunkelroten Punkten; das Mengenverhältnis beider Farb-
formen innerhalb einer Population ist variabel,
Mischfarben sind selten. Die seitlichen Sepalen
sind zurückgeschlagen, die fast runde Lippe ist
undeutlich 3-lappig. Der Sporn ist so lang wie
der Fruchtknoten und liegt diesem an, aus breitem Grund kegelförmig verschmälert.
StO ⑤ Magere, extensiv bewirtschaftete Wiesen
und Weiden auf kalkfreiem oder oberflächlich
entkalktem Untergrund, bis 2000 m.
V Alpen: lokal häufig, streckenweise (D) fehlend.
Allgemein: Fast ganz Europa (auch D), im
Mittelmeergebiet nur im Gebirge.

786 Dactylorhiza majalis (Rchb.) Hunt &
Summerh. ssp alpestris (Pugsley) Senghas
**Alpines Breitblättriges
Knabenkraut**

Orchis à feuilles larges, Orchide a foglie larghe

Ge; I F H D? Ö; § in I H Ö
M 15–35 cm hoch, kräftig, mit dickem (3–6 mm)
hohlem Stängel. Blätter 3–5, spitz elliptisch,
seitwärts abstehend, braun gefleckt. Blütenstand dicht, zylindrisch, Tragblätter länger als
die Blüten. Blüten purpurrot, auf der ganzen
Lippe mit dunklerer Schleifenzeichnung. Seitliche Sepalen zurückgeschlagen, Lippe 12–16 mm
breit, queroval, schwach 3-lappig mit kleinem
Mittel- und breiten Seitenlappen.
StO ⑤ Feuchte bis nasse Wiesen, von 1200 bis
2600 m.
V Alpen und Pyrenäen, genaue Verbreitung un-
genügend bekannt.
B Die ssp. **majalis** der tieferen Lagen M-Europas
ist schlanker mit 4–6 spitzen eiförmigen Blättern und Blüten mit 9–13 mm breiter, tief 3-tei-
liger Lippe.

787 Dactylorhiza cruenta
(O. F. Müller) Soó
Blutrotes Knabenkraut
Orchis couleur de sang
Orchide sanguigna

Ge; I F H Ö; § in I H Ö; RL in I (3) H (3) Ö (2)
M 15–35 cm hoch, gedrungen und kräftig mit dickem, hohlem Stängel. Blätter 3–5, spitz eiförmig, seitlich abstehend, beiderseits braunrot gefleckt (selten ungefleckt), oft ist die ganze Pflanze ± rot überlaufen (Name!). Blütenstand dicht, eiförmig bis zylindrisch. Tragblätter länger als die Blüten, aufwärts gebogen, in gleicher Weise wie die Blätter gefleckt. Blüten hell purpurrot mit feiner, dunkler Schleifenzeichnung auf der Lippe, seitliche Sepalen zurückgeschlagen. Die Lippe ist klein (6–7 mm breit), schwach 3-lappig mit vorgezogenem Mittellappen.
StO ⑤ Nasse Wiesen auf Kalk bis 2500 m.
V Hochlagen der Alpen (fehlt in Deutschland), Skandinavien.

788 Dactylorhiza fuchsii (Druce) Soó
ssp sudetica (Poech ex Rchb. f.) Verm.
Sudeten-Knabenkraut
Orchis tacheté, Orchide macchiata
Fuchsova prstata kukavica

Ge; I F H D Ö (S); § in I H D Ö; RL in H (4)
M 15–30 cm hoch, zierlich mit dünnem Stängel. Blätter 3–5(6), das unterste länglich eiförmig, stumpf, obere lanzettlich, alle dunkel gefleckt. Blütenstand dicht, ziemlich kurz (eiförmig), Tragblätter kürzer als die Blüten. Grundfarbe der Blüten (weiß-) blasslila, Lippe mit kräftiger dunkler Strich- und Schleifenzeichnung. Seitliche Sepalen seitlich ausgestreckt, Lippe 7–11 mm breit, queroval, deutlich 3-lappig.
StO ⑤ Feucht bis nasse, magere Wiesen der montanen bis alpinen Stufe, auch auf sauren Böden.
V Alpen bis 2300 m, Mittelgebirge; genauere Verbreitung nicht bekannt (übersehen).
B Die ssp. **fuchsii** des Tieflands ist größer (bis 60 cm) mit 5–9 Blättern, langem und vielblütigem Blütenstand und größeren Blüten, Lippe 9,5–13,5 mm breit und tiefer 3-spaltig.

789 Gymnadenia conopsea (L.) R. Br.
Mücken-Händelwurz
Orchis moucheron
Manina rosea
navadni kukovičnik

Ge; I F H D Ö S; § in I H D Ö; RL in H (4)
M 20–60 cm hoch. Blätter am unteren Teil des Stängels lanzettlich, aufrecht, am oberen Teil des Stängels kleiner werdend. Blütenstand vielblütig, lang zylindrisch, dicht oder locker. Tragblätter so lang wie der Fruchtknoten. Blüten hell- bis dunkelrosa ohne jede Zeichnung. Seitliche Sepalen länglich, stumpf, waagrecht abstehend. Lippe queroval, breiter als lang, deutlich 3-lappig mit etwa gleich großen Lappen. Sporn fadenförmig, spitz, 1½ bis 2-mal so lang wie der Fruchtknoten.
StO ⑤ Verbreitet, auf frischen bis nassen Wiesen, auf kalk- oder zumindest basenreichen Böden, vom Tiefland bis 2800 m.
V Westeuropa bis Japan.
B Die Art ist (z. T. standortabhängig) sehr variabel in den Merkmalen Größe, Blattbreite, Dichte des Blütenstandes, Blütezeit und Duft, aber immer unverkennbar (vgl. **G. odoratissima**!).

790 Gymnadenia odoratissima (L.) Rich.
Wohlriechende Händelwurz
Gymnadénie odorante
Manina profumata
dehteči kukovičnik

Ge; I F H D Ö S; § in I H D Ö; RL in H (4)
M 15–40 cm hoch. Sehr ähnlich **G. conopsea**, aber in allen Teilen zierlicher mit schmaleren (linealischen bis lineal lanzettlichen) Blättern und oft hellerer Blütenfarbe (rosa bis weiß), Blüten stark würzig duftend. Lippe rautenförmig, etwas weniger breit als lang, nur schwach 3-lappig mit undeutlichen Seitenlappen und vorgestrecktem Mittellappen. Sporn zylindrisch, stumpf, etwas kürzer als der Fruchtknoten.
StO ①⑤ Frische bis nasse Wiesen, Gebüsche, nur auf Kalk.
V Alpen (bis 2700 m). Allgemein: Europa ohne Randgebiete.

791 Pseudorchis albida (L.) Å. & D. Löve
Weißzüngel
Pseudorchis blanchâtre
Orchide candida
belcaste ročice

Ge; I F H D Ö S; § in I H D Ö; RL in H (4)
M 10–35 cm hoch. Blätter breit lanzettlich, aufrecht am unteren Teil des Stängels stehend. Blütenstand schmal zylindrisch, dicht. Tragblätter etwa so lang wie der Fruchtknoten. Blüten klein (3–4 mm Ø), etwas nickend, gelblich weiß. Die Sepalen bilden einen halbkugeligen Helm, Lippe tief 3-spaltig (s. **B**). Sporn zylindrisch, etwa halb so lang wie der Fruchtknoten.
StO ④⑤ Magere Rasen, meist auf kalkfreiem Boden, bis 2700 m.
V Alpen: verbreitet. Allgemein: zirkumboreal.
B Die europäische ssp. **albida** hat typischerweise kurze Seitenlappen der Lippe (etwa halb so lang wie der Mittellappen); in den Alpen z. T. var. **tricuspis** Beck mit Seitenlappen so lang wie der Mittellappen.

792 Chamorchis alpina (L.) Rich.
Zwergorchis
Chamorchis des Alpes
Gramignola alpina
alpska cepetuljka

Ge; I F H D Ö S; § in I H D Ö; RL in H (4)
M 5–15 cm hoch. Blätter zahlreich, linealisch, rinnig, grundständig, aufrecht. Blütenstand kurz zylindrisch, nur wenig länger als die Blätter, mit 5–10 Blüten. Blütenhelm spitz, bräunlich grün. Lippe eiförmig mit angedeuteten Seitenlappen, gelb mit grünlicher Mitte, ohne Sporn.
StO ④ Schneefreie Grate und Matten, nur auf Kalk, besonders in Polstern von **Dryas octopetala** (Silberwurz) und **Carex firma** (Polstersegge), von 1700 bis 2700 m.
V Kalkgebiete der Alpen, Skandinavien, Karpaten, Hohe Tatra, Balkan.

793 Nigritella rhellicani
Teppner & E. Klein (= N. nigra auct. p.p.)
Schwarzes Kohlröschen
Nigritelle noirâtre
Nigritella comune, črna murka

K; I F H D Ö S; § in I H Ö D; RL in H (4)

M 10–25 cm hoch. Blätter zahlreich, linealisch (grasartig), grundständig. Blütenstand sehr dicht, anfangs kurz spitz kegelförmig, später eiförmig. Tragblätter meist mit deutlichem Saum aus stiftartigen Zähnchen (Lupe!). Blüten mit nach oben stehender Lippe, dunkel rotbraun (von ferne schwarz), äußerst selten ziegelrot bis hellgelb (nie hellrot oder rosa!). Lippe 6(5–7) mm lang, spitz eiförmig, Basis mit aufgebogenen Rändern. Sporn 1–1,5 mm lang.

StO ④⑤ Alpine Matten und Rasen, auch auf kalkfreiem Untergrund, bis 2800 m.

V Alpen, am Ostrand fehlend.

B N. rhellicani ist diploid (2n = 40) und sexuell. Ähnliche Arten mit dunkler („schwarzer") Blütenfarbe sind: a. **Nigritella austriaca** Teppner & E. Klein (tetraploid, apomiktisch), das Österreichische Kohlröschen, unterscheidet sich von **793** durch glatte Ränder der Tragblätter, etwas hellere (braunrote) Blütenfarbe, kürzeren Blü-

tenstand (anfangs halbkugelig, später kugelig) und größere Blüten mit 8,5(7–9,5) mm langer Lippe. Blüht 10–14 Tage vor 793 auf, Blütezeit kurz. **StO** ④⑤ Nur auf Kalk, bis 2400 m. **V** Ostalpen (I D Ö) aus den Westalpen (F) sind ebenfalls tetraploid-apomiktische Pflanzen bekannt (ob identisch mit **N. austriaca**?). b. **Nigritella cenisia** Foelsche & Gerbaud (diploid, sexuell), das Mt. Cenis-Kohlröschen, ist größer (bis 35 cm) und robuster als 793, Blütenstand deutlich länger (lang eiförmig) mit doppelter Blütenzahl und längerer Blütezeit (bis August). Blüten etwas heller braunrot und etwas größer (Lippe bis 8,5 mm lang), Lippe an der Basis stärker eingerollt, unterseits mit deutlicherer Einschnürung zwischen Hinter- und Vorderteil. **StO** Wie **793**, wohl immer zusammen mit dieser, bis 2600 m. **V** Nördliche Westalpen: Savoyen, Grajische und Cottische Alpen (F, I), selten.

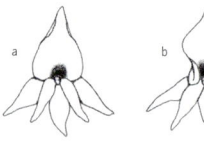

Nigritella-Blüten
a N. rhellicani, b N. rubra

794 Nigritella corneliana
(Beauverd) Gölz & Reinhard
Cornelia-Kohlröschen
Nigritelle corneliane
Nigritella corneliana

Ge; ●F I; § in I
M Wie **N. rhellicani**, aber oft robuster, Blüten warm rosa ohne jeden Blaustich, mit dem Alter (Blütenstandsbasis!) heller werdend, daher Blütenstand zweifarbig. Blüten etwas größer, Lippe bis zu 10 mm lang, stärker eingerollt und eingeschnürt.
StO ④⑤ Alpine Rasen auf Kalk, bis 2500 m.
V Endemit der W-Alpen (Savoyen bis Seealpen).
B Var.(?) **bourneriasii** (E. & R. Breiner) E. Klein besitzt einfarbig hellrote Blüten, die nicht verblassen. Wie andere diploid-sexuelle **Nigritella**-Arten (**N. rhellicani**, **N. cenisia**, **N. lithopolitanica**) ist auch **N. corneliana** stärker variabel in Bezug auf Blütenstandslänge, Farbintensität und Blütezeit und blüht länger als die polyploid-apomiktischen Arten.

795 Nigritella widderi Teppner & Klein
Widder-Kohlröschen

Ge; ●D Ö; § in D Ö; RL in D (?)
M Wie **N. rhellicani**, aber Blüten rosa mit deutlichem Blaustich, mit dem Alter bis zu weiß verblassend. Lippe kurz, stärker eingerollt und eingeschnürt, Vorderteil so breit wie Hinterteil.
StO Alpine Rasen, nur auf Kalk, bis 2200 m.
V Endemit der O-Alpen (fast nur nördliche Kalkalpen), selten.
B Tetraploid, apomiktisch. Ähnlich sind: **N. lithopolitanica** Ravnik (diploid, sexuell), das Steiner-Alpen-Kohlröschen, mit Lippen, deren stärker ausgebreitetes Vorderteil doppelt so breit ist wie das Hinterteil. **V** ●Ö S (Karawanken, Steiner Alpen); § in Ö S, RL in Ö (4) S (4), bis 2000 m. **N. archiducis-joannis** Teppner & E. Klein, das Erzherzog-Johann-Kohlröschen (tetraploid, apomiktisch), hat einfarbig (nicht verblassende!) rosa Blüten mit röhrenförmig eingerollter Lippe. **V** ●Ö (Salzkammergut, sehr selten), §; RL (3), bis 2000 m.

796 Nigritella rubra (Wettst.) K. Richt.
(N. miniata (Crantz) Janchen)
Rotes Kohlröschen
Nigritelle rouge
Nigritella rossa, rdeča murka

Ge; I H D Ö S; § in I H D Ö; RL in H (4) D (2)
M Wie **793**, aber Blütenstand länger (lang eiförmig), Blüten einfarbig leuchtend hellrot,
Tragblätter am Rand mit wenigen kurzen Zähnchen. Lippe stark eingerollt mit deutlicher Einschnürung zwischen Vorder- und Hinterteil, Vor-
der- und Hinterteil gleich breit. Blüht auf glei-
chem Wuchsort 2 Wochen vor **793**.
StO ④⑤ Alpine Rasen, nur auf Kalk, bis 2680 m.
V Ostalpen, Karpaten.
B Tetraploid, apomiktisch.

797 Nigritella stiriaca (Rech)
Teppner & E. Klein
Steirisches Kohlröschen

Ge; ● Ö I; § in I
M Wie **796**, aber Blüten heller, fahlrosa, Spit-
zenhälfte aller Blütenblätter bis fast weiß aus-
blassend (tatraploid, apomiktisch).

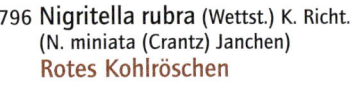

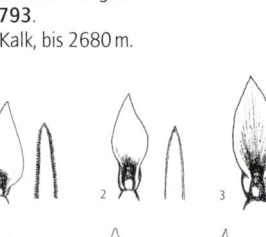

Lippen der Blüten bei
1 N. rhellicani, 2 N. austriaca,
3 N. cenisia, 4 N. corneliana,
5 N. lithopolitanica, 6 N. widderi,
7 N. archiducis-joannis,
8 N. rubra (= miniata), 9 N. stiriaca,
10 N. dolomitensis, 11 N. buschmanniae

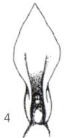

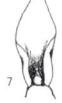

798 Nigritella dolomitensis
Teppner & E. Klein
Dolomiten-Kohlröschen
Nigritella delle Dolomiti

Ge; ● I D Ö; § in I D
M Wie **N. rubra**, aber Blütenstand etwas kürzer, eiförmig, Tragblätter am Rand mit deutlichem Saum aus stiftartigen Zähnchen, Blüten hellrot. Lippe weniger stark eingerollt und eingeschnürt, Vorderteil stärker ausgebreitet. Blütezeit etwas später als **N. rubra**.
StO ④⑤ Alpine Rasen, nur auf Kalk, bis 2500 m.
V O-Alpen, noch unzureichend bekannt, selten.
B Tetraploid, apomiktisch. Sehr ähnlich ist: **N. buschmanniae** Teppner & E. Klein, Buschmann K. (pentaploid, apomiktisch), von **N. dolomitensis** unterschieden durch kurz eiförmigen Blütenstand mit etwas blaustichig hellroten Blüten, die mit dem Alter (Blütenstandsbasis!) stark verblassen, und durch eine etwas stärker eingerollte Lippe.
V Endemit der Brenta (I), bis 2500 m.

799 Traunsteinera globosa (L.) Rchb.
Kugelknabenkraut
Orchis globuleux
Orchide dei pascoli
navadna oblasta kukavica

Ge; I F H D Ö S; § in I H D Ö; RL in H (4)
M 25–60 cm hoch, schlank mit dünnem Stängel. 4–6 bläulich grüne (!) lanzettliche Blätter, aufrecht am Stängel verteilt. Blütenstand sehr dicht und kurz, anfangs kegelförmig, später halbkugelig bis eiförmig. Blüten rosa, auf der Lippe purpurrote Punkte. Sepalen lang ausgezogen mit knopfartiger Spitze, Lippe 3-spaltig, Mittellappen mit aufgesetzter Spitze. Sporn zylindrisch, dünn, kürzer als der Fruchtknoten.
StO ⑤ Magere, frische Bergwiesen bis 2700 m.
V Alpen: verbreitet, europäische Gebirge (Pyrenäen bis Balkan).

Glossar der wichtigsten Fachbegriffe

(Zeichnungen von Andreas Roloff aus Roloff/Bärtels, Gartenflora Bd. 1: Gehölze, Ulmer Verlag 1996)

Wuchsformen

niederliegend   kriechend   aufsteigend

Blattstellung

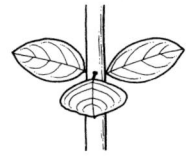 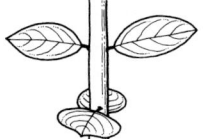 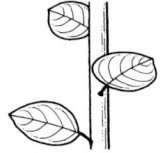 

wirtelig   gegenständig   wechselständig   dachziegelig, schuppenförmig

Blattrand

bewimpert   gekerbt   gesägt   doppelt gesägt   gezähnt   grannig

 eingerollt

Blattaufbau

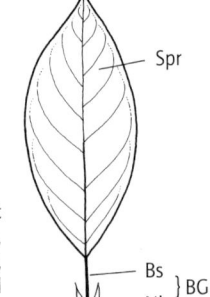

Spr

einfaches Blatt
mit Spreite (Spr),
Blattstiel (Bs),
Blattgrund (BG) und
Nebenblättern (Nb)

Bs
Nb } BG

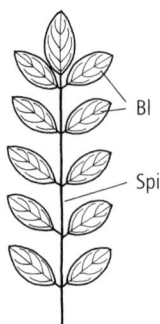

Bl

Spi

unpaarig gefiedertes
Blatt mit Blättchen
(Bl) und Spindel (Spi)

Blattform

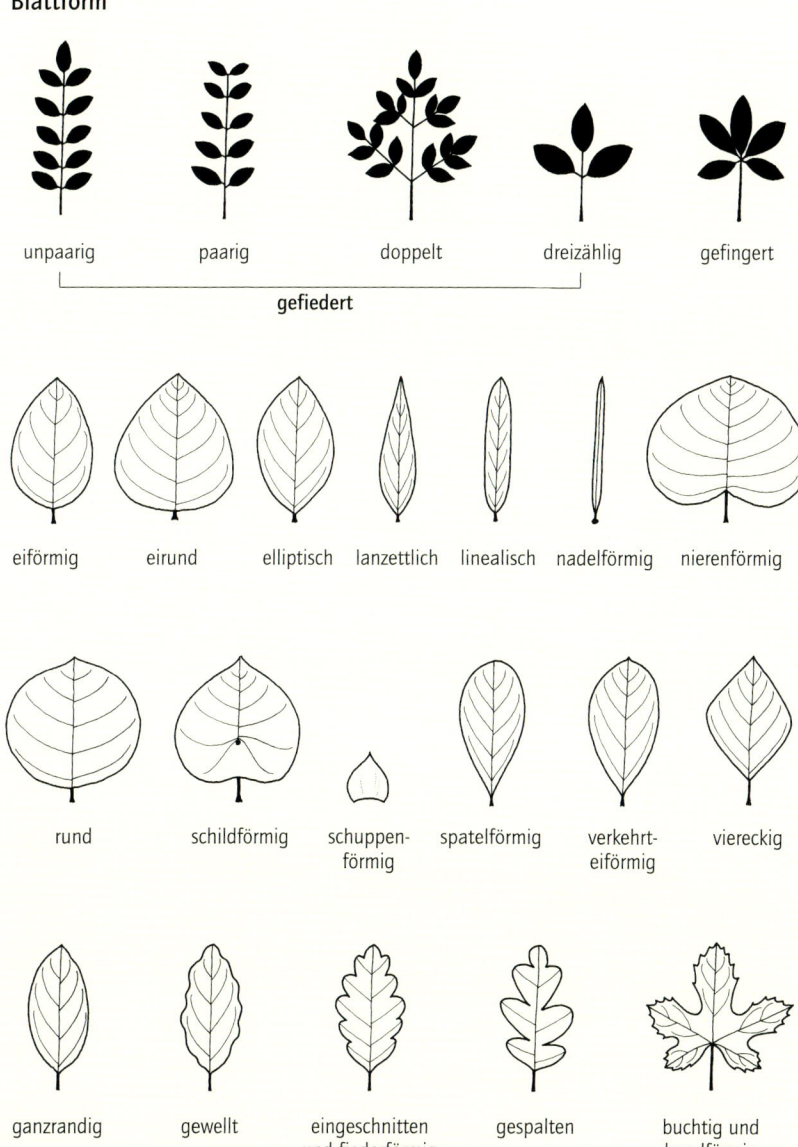

unpaarig | paarig | doppelt | dreizählig | gefingert

gefiedert

eiförmig | eirund | elliptisch | lanzettlich | linealisch | nadelförmig | nierenförmig

rund | schildförmig | schuppen-förmig | spatelförmig | verkehrt-eiförmig | viereckig

ganzrandig | gewellt | eingeschnitten und fiederförmig | gespalten | buchtig und handförmig

gespalten

Blattnervatur

bogig

fiedernervig

handnervig

parallel

netznervig

Blütenstand

Ähre

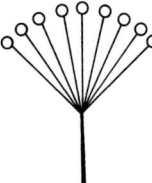
Dolde

Kätzchen

Köpfchen

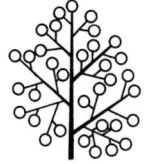
Rispe

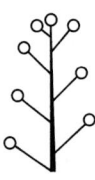
Traube

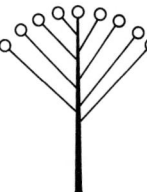
Trugdolde

Zapfen

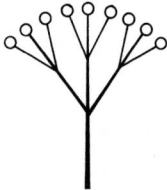
Zusammengesetzte
Dolde

Fruchtknoten

oberständig

mittelständig

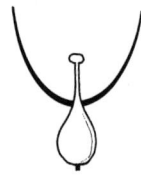
unterständig

Frucht

Balgfrucht
(z. B. Delphinium)

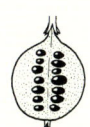
Beere
(z. B. Ribes)

Bruchfrucht
(z. B. Hedysarum)

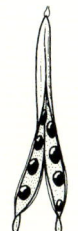
Hülse
(z. B. Astragalus)

Schötchen
(z. B. Brassica)

Blütenaufbau

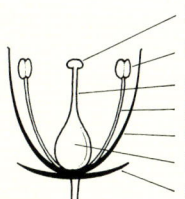

N = Narbe
B = Staubbeutel
G = Griffel
S = Staubfäden
P = Kronblätter (Petalen)
F = Fruchtknoten
K = Kelchblätter

Steinfrucht
(z. B. Rhamnus)

Zapfen
(z. B. Pinus)

Blüte

endständig

achselständig

radiär

bilateral

zygomorph

röhrig

becherförmig

glockig

krugförmig

radförmig

schmetterlingsförmig

stieltellerförmig

trichterförmig

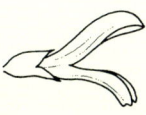
zweilippig

Literaturverzeichnis

ADLER, W., K. OSWALD & R. FISCHER (1994): Exkursionsflora von Österreich. Verlag Eugen Ulmer. Stuttgart.

ANCHISI, E. (1995): Fleurs Rares du Valais. Editions Pillet. Martigny.

ANCHISI, E., A. BERNINI, N. CARTASEGNA & F. POLANI (1985): Flora Protetta dell'Italia Settentrionale. Gruppo Naturalistico oltrepo' Pavese. Milano.

BÄTZING, WERNER (1991): Die Alpen. Entstehung und Gefährdung einer europäischen Kulturlandschaft. C. H. Beck. München.

BONNIER, G. & R. DOUIN (1911–1935): Flore Compléte Illustrée en Coleurs de France, Suisse et Belgique. Paris, Neuchâtel, Brüssel. Neuausgabe in 2 Bänden als: La Grande Flore en Couleures de G. Bonnier (1990). Paris, Neuchâtel.

BOUCHER, C. (1998): La Flore des Alpes de Haut-Provence. Édisud/Adri. Aix-en-Provence.

CHAS, E. (1994): Atlas de la flore des Hautes Alpes. Conservatoire Botanique National Alpin de Gap-Charance Conservatoire des Espaces Naturels de Provence et des Alpes du Sud Parc National des Écrins.

CONTI, F., A. MANZI & F. PEDROTTI (1992): Libro Rosso delle Piante d'Italia. WWF Italia. Rom

EHRENDORFER, F. (Hrsg.) (1973): Liste der Gefäßpflanzen Mitteleuropas. 2. Aufl. (bearbeitet von W. GUTERMANN & H. NIKLFELD. Gustav Fischer Verlag. Stuttgart.

ELLENBERG, HEINZ (1996): Vegetation Mitteleuropas mit den Alpen. 5. Aufl. Verlag Eugen Ulmer. Stuttgart.

ENGEL, FRITZ-MARTIN (1983): Die Pflanzenwelt der Alpen. Süddeutscher Verlag. München.

FINKENZELLER, X. & J. GRAU (2003): Alpenblumen. Steinbachs Naturführer. 2. Aufl. Verlag Eugen Ulmer. Stuttgart.

GUINOCHET, M. & R. DE VILMORIN (1973–1984): Flore de France. Vol. 1–5. Centre National de la Recherche Scientifique. Paris.

HARTL, H., G. KNIELY, G. LEUTE, H. NIKLFELD & M. PERKO (1992): Verbreitungsatlas der Farn- u. Blütenpflanzen Kärntens. Naturwiss. Verein für Kärnten. Klagenfurt.

HAEUPLER, H. & P. SCHÖNFELDER (1988): Altas der Farn- und Blütenpflanzen der Bundesrepublik Deutschland. Verlag Eugen Ulmer. Stuttgart.

HAEUPLER, H. & T. MUER (2000): Bildatlas der Farn- und Blütenpflanzen der Bundesrepublik Deutschland. Verlag Eugen Ulmer. Stuttgart.

HEGI, G. (1935–1998): Illustrierte Flora von Mitteleuropa. Carl Hander-Verlag, München; Paul Parey Verlag, Hamburg, Blackwell Wissenschaftsverlag, Berlin.

HEGI, G., H. MERXMÜLLER & H. REISIGL (1977): Kleine Alpenflora. 25. Aufl. Paul Parey. Berlin, Hamburg.

HESS, H. E., E. LANDOLT & R. HIRZEL (1973): Flora der Schweiz und angrenzender Gebiete. Birkhäuser Verlag. Basel, Stuttgart.

HESS, D. (2001): Alpenblumen – Erkennen, Verstehen, Schützen. Verlag Eugen Ulmer. Stuttgart.

KORNECK, D., M. SCHNITTLER & I. VOLLMER (1996): Rote Liste der Farn- und Blütenpflanzen Deutschlands. In: Rote Liste der gefährdeten Pflanzen Deutschlands. Schriftenreihe Vegetationsk. 28: S. 21–187.

LANGER, W. & H. SAUERBIER (1997): Endemische Pflanzen der Alpen und angrenzender Gebiete. IHW-Verlag. Eching.

LANDOLT, E. (1992): Unsere Alpenflora. Gustav Fischer Verlag. Stuttgart, Jena.

LAUBER, K. (1998): Flora Helvetica. 2. Aufl. Verlag Paul Haupt. Bern, Stuttgart & Wien.

LAUTENSCHLAGER, D. & E. (1994): Die Weiden von Mittel- und Nordeuropa. Birkhäuser Verlag. Basel, Boston, Berlin.

LIPPERT, W. (1981): Fotoatlas der Alpenblumen. Verlag Gräfe und Unzer. München.

LIPPERT, W. (1987): GU Naturführer Alpenblumen. Verlag Gräfe und Unzer. München

MARTINČIV, A. ET AL. (1999): Mala flora Slovenije: ključ za določanje praprotnic in semenk. Tehniška založba. Ljubljana.

MAURER, W. (1996, 1998) : Flora der Steiermark. Bd. 1, 2/1. IHW-Verlag. Eching.

NIKLFELD, H. & L. SCHRATT-EHRENDORFER (1999) gefährdeter Farn- und Blütenpflanzen (Pteridophyta und Spermatophyta) Österreichs. 2. Fassung pp. 31–151. – In: NIKLFELD, H. (Gesamtleitung) (1999): Rote Liste gefährdeter

Pflanzen Österreichs. Grüne Reihe des Bundesministeriums für Gesundheit und Umweltschutz, Vol. 5. Wien.

OBERDORFER, E. (1994): Pflanzensoziologische Exkursionsflora. 7. Aufl. Verlag Eugen Ulmer. Stuttgart.

OLIVIER, F., J.-P. GALLAND & H. MAURIN (1995): Livre Rouge de la Flore Menacée de France, Tome 1: Espèce Prioritaires. Museum National d'-Histoire Naturelle Conservatoire Botanique National de Porquerolles Ministère de l'Environnement.

PIGNATTI, S. (1982): Flora d'Italia. Vol. I–III. Edagricole, Bologna.

PITSCHMANN, H. & H. REISIGL (1957): Endemische Blütenpflanzen zwischen Luganer See und Etsch. Veröff. Inst. Rübel. 35. Zürich. S. 44–68.

PITSCHMANN, H., H. REISIGL & H. SCHIECHTL (1965): Flora der Südalpen. Gustav Fischer Verlag. Stuttgart.

POLATSCHEK, A. (1997, 1999): Flora von Nordtirol, Osttirol und Vorarlberg. Bd. I u. II. Tiroler Landesmuseum Ferdinandeum. Innsbruck.

PRESSER, H. (2000): Die Orchideen Mitteleuropas und der Alpen. Ecomed-Verlag. Landsberg.

RASETTI, F. (1980): I Fiori delle Alpi. Accademia Nazionale dei Lincei. Rom.

REISIGL, H. & R. KELLER (1994): Alpenpflanzen im Lebensraum. 2. Aufl. Verlag Gustav Fischer. Stuttgart, Jena, New York.

ROTHMALER, W. (Begr.) (1994): Exkursionsflora von Deutschland. (8. Aufl.) Bd. 4. Gefäßpflanzen. Kritischer Band. Verlag Gustav Fischer. Jena, Stuttgart.

SAUERBIER, H. & LANGER, W. (2000): Alpenpflanzen. Endemiten von Nizza bis Wien. IHW-Verlag. Eching.

SCHMEIL, O. & J. FITSCHEN (2000): Flora von Deutschland und angrenzender Länder, 91. Auflage. Quelle & Meyer Verlag. Heidelberg, Stuttgart.

SKOBERNE, P. (1996): Rdeci seznam ogrozenih praprotnic in deenk Slovenije. Red Data List of Threatend Vascular Plants in Slovenia. Stanje.

SEBALD, O., S. SEYBOLD & G. PHILIPPI (1990–1998): Die Farn- und Blütenpflanzen Baden-Württembergs. Bd. I–VIII. Verlag Eugen Ulmer. Stuttgart.

TUTIN, T. & V. H. HEYWOOD (1964–1980): Flora Europaea. Vol. I–V. University Press, Cambridge.

VEIT, HEINZ (2002): Die Alpen – Geoökologie und Landschaftsentwicklung. Verlag Eugen Ulmer. Stuttgart.

WEBB, D. A. & R. J. GORNALL (1989): Saxifrages of Europe. Christopher Helm Ltd., London.

WELTEN, M. & R. SUTTER (1982): Verbreitungsatlas der Farn- und Blütenpflanzen der Schweiz. Birhäuser Verlag. Basel.

WISSKIRCHEN, R. & H. HAEUPLER (1998): Standardliste der Farn- und Blütenpflanzen Deutschlands. Verlag Eugen Ulmer. Stuttgart.

ZIMMERMANN, A., G. KNIELY, H. MELZER, W. MAURER & R. HÖLLRIEGEL (1989): Atlas gefährdeter Farn- und Blütenpflanzen der Steiermark. Joanneum-Verein. Graz.

Bildquellen

Die Namen der Bildautoren werden in Kürzeln angegeben. Es bedeuten:

ANG = Oskar Angerer, München
GAR = Edmund Garnweidner, Fürstenfeldbruck
LAN = Dr. Wolfgang Langer, Freiburg
LAU = Konrad Lauber, CH-Liebefeld
MUE = Thomas Muer, Bad Bentheim
NEU = Willi Neumeier, München
SAU = Dr. Herbert Sauerbier, Lauchringen
SCHI = † Jürgen Schimmitat, München
SCHR = Heinz & Dora Schrempp, Breisach
WAN = Josef Wanker, I-St. Ullrich
WU = Dr. Wolfgang Wucherpfennig, Eching
ZIE = Dr. Wolfgang Zielonkowski, Hohenwarth

Die Fotos auf den Seiten 3 bis 23 stammen von Willi Neumeier, München – mit Ausnahme der Fotos auf S. 3 (MUE), S. 21 (ZIE), S. 18 oben rechts (ANG), S. 23 (MUE).

1 ANG, 2 ANG, 3 ANG, 4 ANG, 5 MUE, 6 SCHR, 7 MUE, 8 MUE, 9 MUE, 10 ANG, 11 SCHR, 12 MUE, 13 ANG, 14 MUE, 15 MUE, 16 ANG, 17 ANG, 18 ANG, 19 ANG, 20 MUE, 21 ANG, 22 MUE, 23 MUE, 24 MUE, 25 ANG, 26 ANG, 27 ANG, 28 ANG, 29 ANG, 30 ANG, 31 ANG, 32 MUE, 33 LAU, 34 MUE, 35 MUE, 36 ANG, 37 MUE, 38 ANG, 39 ANG, 40 MUE, 41 LAU, 42 GAR, 43 ANG, 44 MUE, 45 ANG, 46 ANG, 47 ANG, 48 MUE, 49 ANG, 50 ANG, 51 MUE, 52 MUE, 53 MUE, 54 ANG, 55 MUE, 56 ANG, 57 ANG, 58 MUE, 59 MUE, 60 MUE, 61 ANG, 62 ANG, 63 ANG, 64 MUE, 65 SCHR, 66 LAU, 67 MUE, 68 ANG, 69 MUE, 70 MUE, 71 MUE, 72 MUE, 73 MUE, 74 ANG, 75 ANG, 76 MUE, 77 MUE, 78 MUE, 79 MUE, 80 LAU, 81 MUE, 82 MUE, 83 MUE, 84 MUE, 85 ANG, 86 ANG, 87 ANG, 88 LAU, 89 ANG, 90 MUE, 91 GAR, 92 ANG, 93 MUE, 94 MUE, 95 MUE, 96 MUE, 97 MUE, 98 ANG, 99 MUE, 100 ANG, 101 ANG, 102 ANG, 103 ANG, 104 SCHI, 105 MUE, 106 MUE, 107 MUE, 108 SCHI, 109 ANG, 110 SCHI, 111 MUE, 112 MUE, 113 ANG, 114 ANG, 115 ANG, 116 ANG, 117 MUE, 118 SCHI, 119 ANG, 120 ANG, 121 SCHI, 122 MUE, 123 MUE, 124 MUE/SCHI, 125 LAN 126 MUE, 127 MUE, 128 MUE, 129 ANG, 130 ANG, 131 MUE, 132 ANG, 133 SCHR, 134 MUE, 135 MUE, 136 MUE, 137 ANG, 138 GAR, 139 MUE, 140 MUE, 141 ANG, 142 ANG, 143 ANG, 144 ANG, 145 ANG, 146 MUE, 147 ANG, 148 ANG, 149 ANG, 150 MUE, 151 MUE, 152 ANG, 153 GAR, 154 MUE, 155 MUE, 156 SCHR, 157 MUE, 158 ANG, 159 MUE, 160 MUE, 161 ANG, 162 MUE, 163 MUE, 164 ANG, 165 MUE, 166 ANG, 167 ANG, 168 MUE, 169 ANG, 170 MUE, 171 ANG, 172 ANG, 173 SCHR, 174 MUE, 175 MUE, 176 MUE, 177 ANG, 178 ANG, 179 ANG, 180 MUE, 181 ANG, 182 MUE, 183 MUE, 184 ANG, 185 MUE, 186 ANG, 187 ANG, 188 ANG, 189 ANG, 190 ANG, 191 MUE, 192 MUE, 193 MUE, 194 MUE, 195 SCHI, 196 LAN 197 MUE, 198 LAU, 199 ANG, 200 ANG, 201 MUE, 202 MUE, 203 SCHI, 204 ANG, 205 ANG, 206 ANG, 207 ANG, 208 MUE, 209 ANG, 210 ANG, 211 LAU, 212 ANG, 213 ANG, 214 ANG, 215 LAU, 216 MUE, 217 SCHI, M/MUE, 218 LAU, 219 MUE, 220 MUE, 221 SCHR, 222 MUE, 223 MUE, 224 SCHR, 225 ANG, 226 MUE, 227 ANG, 228 ANG, 229 SCHR, 230 ANG, 231 ANG, 232 SCHR, 233 MUE, 234 ANG, 235 ANG, 236 MUE, 237 LAU, 238 ANG, 239 ANG, 240 ANG, 241 ANG, 242 ANG, 243 ANG, 244 ANG, 245 ANG, 246 MUE, 247 ANG, 248 ANG, 249 ANG, 250 MUE, 251 ANG, 252 ANG, 253 MUE, 254 ANG, 255 WAN 256 ANG, 257 ANG, 258 MUE, 259 MUE, 260 ANG, 261 MUE, 262 ANG, 263 ANG, 264 MUE, 265 MUE, 266 MUE, 267 MUE, 268 MUE, 269 MUE, 270 ANG, 271 MUE, 272 MUE, 273 ANG, 274 ANG, 275 MUE, 276 MUE, 277 ANG, 278 MUE, 279 SCHR, 280 MUE, 281 MUE, 282 ANG, 283 MUE, 284 MUE, 285 ANG, 286 MUE, 287 ANG, 288 SCHR, 289 MUE, 290 MUE, 291 MUE, 292 ANG, 293 MUE, 294 MUE, 295 ANG, 296 ANG, 297 SCHI, 298 MUE, 299 MUE, 300 MUE, 301 MUE, 302 MUE, 303 MUE, 304 ANG, 305 ANG, 306 MUE, 307 ANG, 308 MUE, 309 ANG, 310 MUE, 311 MUE, 312 ANG, 313 ANG, 314 ANG, 315 ANG, 316 LAU, 317 ANG, 318 LAU, 319 ANG, 320 ANG, 321 MUE, 322 ANG, 323 MUE, 324 ANG, 325 ANG, 326 ANG, 327 ANG, 328 LAU, 329 MUE, 330 ANG, 331 ANG, 332 MUE, 333 ANG, 334 ANG, 335 MUE, 336 GAR, 337 ANG, 338 MUE, 339 GAR, 340 LAU,

341 ANG, 342 ANG, 343 MUE, 344 MUE, 345 ANG, 346 ANG, 347 ANG, 348 ANG, 349 MUE, 350 ANG, 351 MUE, 352 MUE, 353 ANG, 354 MUE, 355 ANG, 356 MUE, 357 ANG, 358 ANG, 359 MUE, 360 MUE, 361 MUE, 362 MUE, 363 ANG, 364 ANG, 365 ANG, 366 ANG, 367 ANG, 368 MUE, 369 MUE, 370 MUE, 371 ANG, 372 ANG, 373 MUE, 374 ANG, 375 MUE, 376 ANG, 377 ANG, 378 ANG, 379 LAU, 380 SCHI, 381 MUE, 382 MUE, 383 MUE, 384 LAU, 385 MUE, 386 MUE, 387 LAU, 388 MUE, 389 MUE, 390 SCHR, 391 MUE, 392 ANG, 393 MUE, 394 MUE, 395 MUE, 396 MUE, 397 MUE, 398 MUE, 399 MUE, 400 MUE, 401 ANG, 402 MUE, 403 MUE, 404 ANG, 405 MUE, 406 MUE, 407 ANG, 408 ANG, 409 ANG, 410 MUE, 411 ANG, 412 SCHR, 413 MUE, 414 ANG, 415 MUE, 416 LAU, 417 MUE, 418 MUE, 419 ANG, 420 ANG, 421 ANG, 422 MUE, 423 MUE, 424 MUE, 425 ANG, 426 MUE, 427 MUE, 428 MUE, 429 ANG, 430 ANG, 431 MUE, 432 ANG, 433 MUE, 434 MUE, 435 MUE, 436 ANG, 437 MUE, 438 MUE/ SCHI, 439 ANG, 440 MUE, 441 MUE, 442 ANG, 443 MUE, 444 MUE, 445 MUE, 446 ANG, 447 MUE, 448 MUE, 449 ANG, 450 SCHR, 451 SCHR, 452 MUE, 453 SCHR, 454 ANG, 455 MUE, 456 ANG, 457 ANG, 458 MUE, 459 MUE, 460 ANG, 461 SCHR, 462 ANG, 463 ANG, 464 MUE, 465 ANG, 466 MUE, 467 ANG, 468 ANG, 469 MUE, 470 LAU, 471 ANG, 472 MUE, 473 MUE, 474 ANG, 475 MUE, 476 LAU, 477 MUE, 478 MUE, 479 ANG, 480 MUE, 481 ANG, 482 ANG, 483 MUE, 484 ANG, 485 ANG, 486 ANG, 487 MUE, 488 MUE, 489 MUE, 490 ANG, 491 ANG, 492 ANG, 493 ANG, 494 ANG, 495 ANG, 496 MUE, 497 MUE, 498 ANG, 499 LAU, 500 GAR, 501 MUE, 502 ANG, 503 ANG, 504 MUE, 505 MUE, 506 LAU, 507 LAU, 508 MUE, 509 ANG, 510 LAU, 511 LAU, 512 MUE, 513 MUE, 514 MUE, 515 SCHR, 516 MUE, 517 MUE, 518 MUE, 519 ANG, 520 SAU, 521 MUE, 522 MUE, 523 MUE, 524 ANG, 525 ANG, 526 MUE, 527 LAU, 528 MUE, 529 ANG, 530 LAU, 531 MUE, 532 MUE, 533 ANG, 534 ANG, 535 MUE, 536 MUE, 537 LAU, 538 ANG, 539 ANG, 540 ANG, 541 MUE, 542 ANG, 543 MUE, 544 MUE, 545 ANG, 546 ANG, 547 MUE, 548 ANG, 549 MUE, 550 ANG, 551 ANG, 552 MUE, 553 ANG, 554 ANG, 555 LAU, 556 ANG, 557 MUE, 558 MUE, 559 MUE, 560 MUE, 561 MUE, 562 ANG, 563 SAU, 564 MUE, 565 MUE, 566 MUE, 567 MUE, 568 ANG, 569 MUE, 570 MUE, 571 MUE, 572 ANG, 573 MUE, 574 MUE, 575 ANG, 576 ANG, 577 MUE, 578 ANG, 579 MUE, 580 SCHI, 581 ANG, 582 ANG, 583 ANG, 584 MUE, 585 MUE, 586 MUE, 587 ANG, 588 ANG, 589 MUE, 590 MUE, 591 MUE, 592 MUE, 593 MUE, 594 ANG, 595 ANG, 596 MUE, 597 ANG, 598 ANG, 599 MUE, 600 MUE, 601 MUE, 602 ANG, 603 ANG, 604 ANG, 605 MUE, 606 ANG, 607 ANG, 608 ANG, 609 MUE, 610 MUE, 611 MUE, 612 MUE, 613 MUE, 614 ANG, 615 MUE, 616 ANG, 617 MUE, 618 ANG, 619 ANG, 620 ANG, 621 MUE, 622 MUE, 623 ANG, 624 MUE, 625 MUE, 626 ANG, 627 ANG, 628 ANG, 629 MUE, 630 LAU, 631 ANG, 632 MUE, 633 ANG, 634 ANG, 635 LAU, 636 MUE, 637 MUE, 638 MUE, 639 MUE, 640 ANG, 641 MUE, 642 MUE, 643 MUE, 644 MUE, 645 MUE, 646 ANG, 647 ANG, 648 LAU, 649 MUE, 650 MUE, 651 MUE, 652 ANG, 653 ANG, 654 MUE, 655 MUE, 656 ANG, 657 MUE, 658 SCHR, 659 ANG, 660 MUE, 661 ANG, 662 ANG, 663 ANG, 664 MUE, 665 ANG, 666 LAU, 667 MUE, 668 MUE, 669 MUE, 670 LAU, 671 LAU, 672 MUE, 673 MUE, 674 MUE, 675 MUE, 676 MUE, 677 MUE, 678 MUE, 679 ANG, 680 MUE, 681 ANG, 682 ANG, 683 SCHM, 684 MUE, 685 MUE, 686 MUE, 687 MUE, 688 SCHR, 689 ANG, 690 ANG, 691 ANG, 692 MUE, 693 MUE, 694 MUE, 695 ANG, 696 ANG, 697 MUE, 698 MUE, 699 ANG, 700 ANG, 701 MUE, 702 MUE, 703 MUE, 704 MUE, 705 MUE, 706 MUE, 707 MUE, 708 MUE, 709 MUE, 710 MUE, 711 MUE, 712 MUE, 713 MUE, 714 MUE, 715 MUE, 716 MUE, 717 MUE, 718 MUE, 719 MUE, 720 MUE, 721 MUE, 722 ANG, 723 ANG, 724 ANG, 725 MUE, 726 MUE, 727 LAU, 728 ANG, 729 LAU, 730 ANG, 731 ANG, 732 ANG, 733 MUE, 734 ANG, 735 MUE, 736 MUE, 737 MUE, 738 MUE, 739 ANG, 740 ANG, 741 ANG, 742 ANG, 743 MUE, 744 MUE, 745 MUE, 746 MUE, 747 MUE, 748 MUE, 749 MUE, 750 MUE, 751 MUE, 752 MUE, 753 MUE, 754 MUE, 755 MUE, 756 MUE, 757 MUE, 758 MUE, 759 MUE, 760 MUE, 761 ANG, 762 MUE, 763 ANG, 764 MUE, 765 ANG, 766 ANG, 767 MUE, 768 MUE, 769 MUE, 770 MUE, 771 LAU, 772 MUE, 773 MUE, 774 MUE, 775 MUE, 776 ANG, 777 ANG, 778 ANG, 779 ANG, 780 ANG, 781 SAU, 782 ANG, 783 ANG, 784 GAR, 785 MUE, 786 WU, 787 WU, 788 WU, 789 SCHR, 790 MUE, 791 MUE, 792 MUE, 793a MUE, 793b WU, 794 MUE, 795 WU, 796 ANG, 797 SCHI, 798 WU, 799 MUE.

Register der deutschen Pflanzennamen

Die Zahlen verweisen auf Seiten. Kursiv gedruckte Pflanzen sind nicht mit Bild beschrieben.

Register der wissenschaftlichen Pflanzennamen

Die Zahlen verweisen auf Seiten. Kursiv gedruckte Pflanzen sind nicht mit Foto beschrieben.

Titelfoto: Gentiana acaulis (Stängelloser Enzian)

Bibliografische Informationen Der Deutschen Bibliothek
Die Deutsche Bibliothek verzeichnet diese Publikation in der
Deutschen Nationalbibliografie; detaillierte bibliografische Daten
sind im Internet über http://dnb.ddb.de abrufbar.

© 2004 Verlag Eugen Ulmer GmbH & Co.
Wollgrasweg 41, 70599 Stuttgart (Hohenheim)
email: info@ulmer.de
Internet: www.ulmer.de
Lektorat: Dr. Nadja Kneissler
Herstellung und Layout: Dieter Kleinschrot und Katrin Kleinschrot
Printed in Italy
Repro: BRK, Stuttgart
Druck: Printer, Trento
Bindung: Nething, Weilheim/Teck

ISBN 3-8001-3374-1

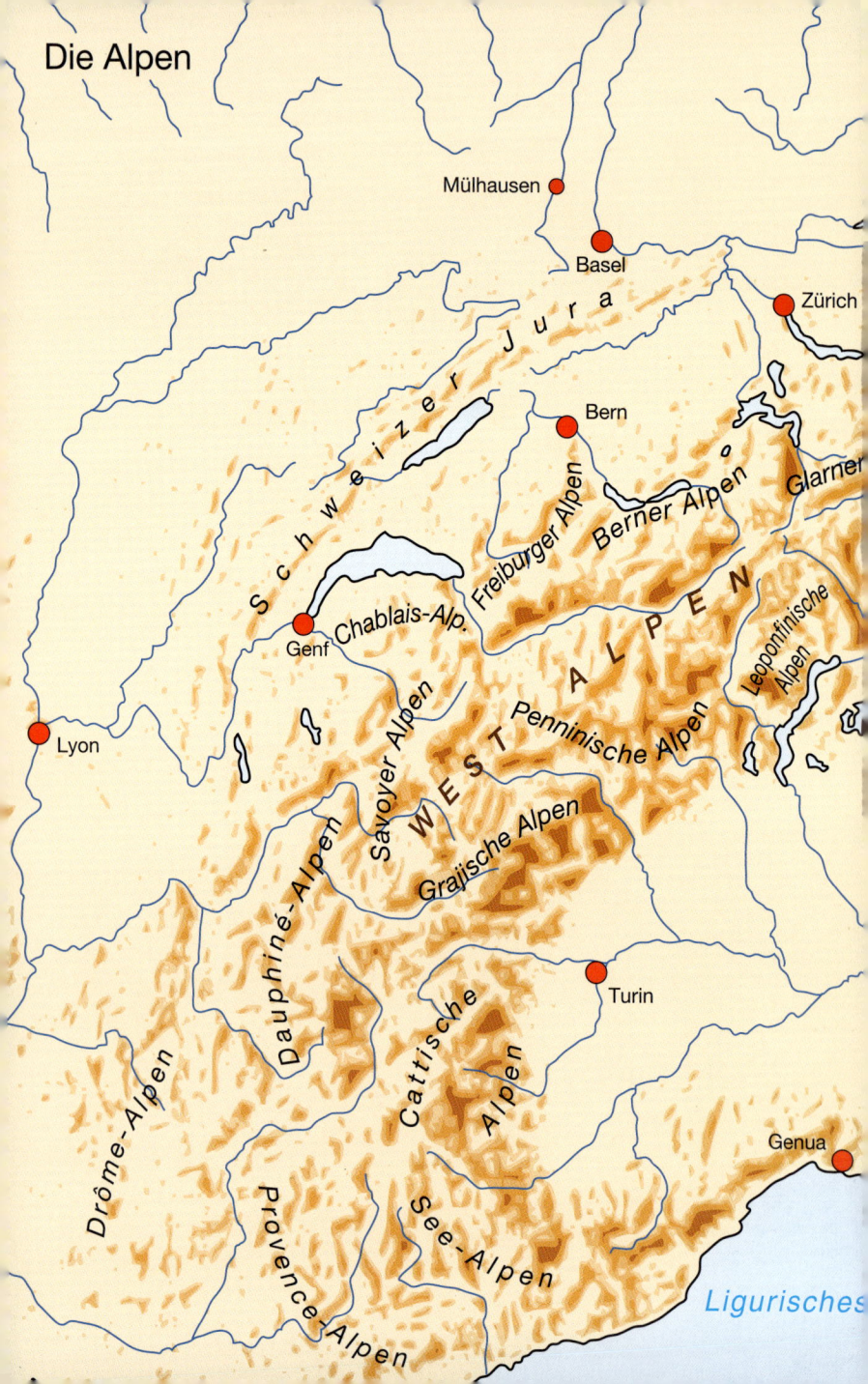

Die Alpen

Mülhausen

Basel

Zürich

Bern

S c h w e i z e r   J u r a

Glarner

Freiburger Alpen

Berner Alpen

Genf

Chablais-Alp.

Leopontinische Alpen

Lyon

Savoyer Alpen

W E S T   A L P E N

Penninische Alpen

Graiische Alpen

Dauphiné-Alpen

Turin

Dröme-Alpen

Cottische Alpen

Genua

Provence-Alpen

See-Alpen

Ligurisches